儒學發展與進化：陳來講談錄

陳來 著

百年來
儒學面臨四次衝擊和挑戰
五次提出回應與建構
兩次復興的機遇

崧燁文化

儒學發展與進化：陳來講談錄
●目錄

目錄

自序

一 儒家思想的根源及對此問題的研究

對「儒家出於司徒之官」的解釋 — 13
漢代三家對儒家起源的論斷 — 14
評章太炎、胡適之得失 — 15
從倫理的角度看儒家起源 — 16
從宗教發展角度看儒家起源 — 18
儒家的精神氣質 — 20
如何研究一種思想的起源 — 21
問答部分 — 23

二 先秦文獻中的「儒」

在百家中尋找儒家根源 — 25
儒服:是服裝也是制度 — 27
關於儒服的幾個故事 — 29
戰國時代的服裝風氣 — 31
儒家的十六條行為規範 — 33
墨子對儒道的批判 — 36
儒效:荀子眼中真正的儒 — 39
問答部分 — 42

三 儒學與中國文化的形成

《儒藏》:思想體系不能缺少經典 — 51
六經:儒家思想的根源 — 53
「五經」與「四書」的形成 — 56
古代儒學發展的三個階段及代表人物 — 58

與時偕行的儒家思想 62
　　從儒家視角反思現代中國 67
　　問答部分 70

四　儒學研究的方法
　　區分幾個概念：儒家 儒教 儒學 73
　　儒學研究的多種類型 75
　　儒學研究的典籍資料 77
　　傳統儒學研究的方法：文獻註疏 79
　　現代儒學的多元化研究方法 80
　　交叉學科的研究方法 83
　　20 世紀 40 年代以來的中國儒學研究 85
　　其他研究的視野 88

五　百年來儒學的挑戰與回應
　　百年來儒學面臨的四次挑戰 91
　　百年來儒學對時代的四次回應 93
　　新時期儒學潛隱與復興 96
　　21 世紀儒學的新機遇 98

六　宋明學案
　　理學起源：韓愈的儒學復興運動 101
　　「宋明理學」不等於「宋明的理學」 103
　　理學的真正發端：周敦頤與張載 104
　　儒學的建立者：二程兄弟 108
　　理學發展的核心人物：朱熹與王陽明 112
　　理學生存的文化土壤 118

七　四書概說
　　「四書」是一個晚出的概念 121

化發展與經典傳承 122
　　「四書」指的是哪四部書？ 124
　　《大學》與《中庸》的歷史使命 125
　　「四書」如何能取代「五經」的地位 127
　　《論語》的定名與版本傳承 130
　　「中庸」的含義與《中庸》作者之謎 137
　　《孟子》與孟子的師承關係 139
　　忠恕之道：「四書」蘊含的精神財富 142

八　朱子學陽明學及其現代意義

　　廣大精微、綜羅百代的朱子學 147
　　「格物致知」與朱子思想的價值 149
　　王陽明的傳奇人生 151
　　龍場悟道與「知行合一」 153
　　致良知與陽明思想的評價 157
　　朱子學陽明學的對當下生活的意義 158

九　理學概說

　　「宋明理學」的教科書定義 164
　　如何判定宋明理學 165
　　宋初三先生與理學的人性論基礎 166
　　理學的分派及其代表人物 169
　　牟宗三、勞思光關於分派的不同意見 170
　　早期理學的演化：宇宙論到人生論 172
　　道學家關注的焦點問題：未發與已發 176

十　哲學的現代化與民族化

　　馮友蘭、金岳霖關於「的、底」的討論 183
　　「中國哲學」還是「哲學在中國」 185
　　「照著講」與「接著講」 186

「就哲學來説」與「就民族來説」..................186
「程度的不同」與「花樣的不同」..................187
21世紀的哲學：中國的還是世界的..................188
問答部分..................189

十一 中日韓三國儒學的特色

什麼是儒教與新儒教？..................197
中日韓儒學研究的差異..................199
中國的「仁愛」..................203
梁漱溟的仁學..................205
《菊與刀》與日本的「忠」..................207
弱肉強食與近代日本的世界觀..................209
士禍的打擊與韓國的「節義」..................212
金忠烈教授談韓國民族精神..................214
中日韓三國儒學的共通性..................215
《德川宗教》對日本文化的研究..................217
問答部分..................221

十二 全球化時代的多元普遍性

用朱子「理勢論」解讀全球化..................225
變西方化為世界化..................226
「全球化」一詞背後的隱憂..................228
東西方價值誰更具有普遍性..................230
羅伯森全球化理論的缺失..................233
梁漱溟：讓西方回到西方..................235
「理一分殊」對全球化的啟示..................235
問答部分..................236

十三 儒學的普遍性與地域性

西方人類學各派別與中國的地域化研究..................247

天下之學：儒學對地域性的超越 250
　　宋以後儒家文化的全國性普及 255
　　儒學各派的由來 258
　　影響晚近儒學的兩大因素 261
　　學術研究需要普遍性的思維 262
　　問答部分 263

十四 儒家能否提出一種新的普世價值

　　談「再中國化」 269
　　全面總結近代成果 270
　　古今中外兼收並蓄 271
　　儒家能否提出一種新普世價值 272
　　「多元普遍性」文化觀的重大意義 273

十五 傳承優秀文化與弘揚民族精神

　　千年文化傳承的生命力 277
　　中國的優秀傳統文化 279
　　我們需要怎樣的民族精神？ 282
　　人類社會離不開文化 284

十六 儒學要義與儒學現狀

　　儒學究竟是什麼？ 287
　　儒家的四大哲學要義 290
　　新世紀國學熱的發展狀況 293
　　孔子與馬克思主義中國化道路 295

十七 儒家思想與當代社會

　　儒家經典的源流 297
　　「五經」到「十三經」的演變過程 299
　　儒家思想代表中國人的核心價值觀 301

儒家的五大治國理念 302
　　儒家與道家政治觀念的對比 307
　　儒家的人生態度與道德理想 308
　　儒學當代價值的十句表述 312
　　儒學在中華人民共和國歷史中的角色 314
　　郭沫若與《馬克思進文廟》 316

十八　孔子與當代中國

　　列文森對孔子的奇特比喻 319
　　李澤厚對世情的重視 321
　　黑格爾怎樣看待「過去」與「現實」 322
　　希爾斯及其《論傳統》 323
　　民間草根的儒學熱情 324
　　孔子與「再中國化」 326
　　我們該如何對待傳統？ 327

十九　市場經濟與傳統文化

　　對待傳統文化需要新的模式 329
　　運用市場經濟法則進行精神文明建設 330
　　對公民道德失範問題的分析 331
　　市場經濟體制下的道德重建 332
　　讓我們的良知再次萌發 334

二十　中國傳統道德修養的起承轉合

　　推薦梁啟超、蔡元培的相關著作 337
　　慎獨與反省：中國傳統修養的起承轉合 340
　　起：漢代鄭玄對「慎獨」的解釋 341
　　承：朱熹對「慎獨」的理解 342
　　轉：王陽明對「慎獨」的解釋 349
　　合：曾國藩的《君子慎獨論》 351

傳統道德修養中的「內省」...353

儒學發展與進化：陳來講談錄
●自序

自序

在大學教書，當然以講課為天職。我在 1981 年研究所畢業，留校北大，次年開始講授中國哲學史課程。而從 1991 年以後，中國哲學史課程我基本不再主講，主要承擔研究所的課程，中國哲學史課程則由當時資淺或年輕的老師擔任講授。90 年代後期開始，規定要求博士生須選修專業學分若干，此後我在北大長期以開設博士生課程為主，當然我也會上一些系內或全校的選修課程。我開的博士生課程多是古典文本精讀課程，以討論為主。另外的一些研究生課程則是以講授為主，如我講過的朱子哲學、王陽明哲學、古代宗教與倫理、宋明理學等。這些課程的講授都是以我的相關論著為基礎，所以學生一般不需要記錄講義。其實，我最喜歡講授這類課程的時期，是在我寫完這些論著、已交稿給出版社尚未出版的這一段時間，內容對學生非常新鮮。而等到書出版之後，我可能離開這些書另講一套，在這種情況下講課有近於照本宣科，自己就先有點意味索然了。至於博士生的讀書課程，同學輪流講讀討論，老師一一評點分析，這種討論課西方叫做斯密那（Seminar），既不需要講義，也不會留下記錄。

不過，近十多年來，藉著一些機緣，我也在自己的大學之外的講壇講課，其中很多是在社會場合的講壇，也有其他大學的講壇。在社會場合的講壇，雖然也以講授為形式，但我一般沒有講稿，多只有一兩頁提綱，也不期待留下什麼記錄。所幸的是，其中一些講壇的主辦單位對報告或演講作了錄音，然後整理了記錄，並發給我修改保存。這些講談的內容，如《光明日報》和岳麓書院合辦的國學講會開壇之講「宋明學案」、中央國家機關讀書講壇的「儒家思想與當代社會」、鳳凰衛視世紀大講堂的「百年儒學」、北大乾元國學教室的「四書概說」，以及最近的國務院參事室的「談中國傳統道德修養」等，都是本來只有提綱，沒有講稿的。如果沒有這些主辦單位的記錄整理，就不可能留下這些講課的任何記錄，這是我要特別向這些主辦單位表示感謝的。

自序

　　這些講談記錄已積累了近二十講，正是由於有了這些記錄的積累，所以當出版社張海濤總編輯、鄭闖琦副總編輯向我介紹出版社學者講談錄計劃並邀請我參加時，我便欣然表示同意了。這些講談的內容，一如我的研究方向一樣，是以儒家思想的發揚、儒學價值的肯定、儒家文化的現代意義為主題，由於這些講談的內容與學術研究論文不同，其中引經據典和文本分析較少，應該說較適合知識界一般讀者閱讀。此外，二十多年來我接受的訪談也有不少，多已在報刊上發表過，考慮到這部分內容較多且與講課記錄體例所不同，就不收入此集了。

　　本書內容的編排、整理，及每講的小標題的設計，九州出版社的領導和編輯同志付出了大量心血，而且效率之高令人驚訝。沒有他們的創意、耐心和辛勞，本書是不可能和讀者見面的，讓我在這裡向他們表示衷心的讚佩和感謝。

陳來

一 儒家思想的根源及對此問題的研究

首先把問題提出的背景和所要談的問題作一個介紹。儒家的創始人是孔子，孔子生於公元前 551 年，卒於公元前 479 年，我們公認他是儒家思想學派的創立者。儒家這個思想學派在孔子以前有沒有更進一步的來源或者根源，這是我們要談的一個基本的問題。事實上這個問題在古代已經有人涉及了，我們現在看到的一個比較早的文獻是《漢書·藝文志》裡面一段講孔子和儒家的話：「儒家者流，出於司徒之官，是助人君，順陰陽，明教化。」它的特點是：「游文於六經，留意於仁義，祖述堯舜，憲章文武，宗師仲尼。」

儒家的思想有這樣幾個特點：第一，崇尚六經的文化，六經就是《詩》、《書》、《禮》、《易》、《樂》、《春秋》，這六部經典的大部分文本在孔子以前就已經有了；第二，以仁義為主要的思想原則；第三，以孔子作為宗師並上溯到古代社會一些聖賢人物。

對「儒家出於司徒之官」的解釋

值得注意的是，「儒家者流，出於司徒之官」這句話。什麼叫「出於司徒之官」呢？在《周禮》這本書裡面，司徒之官主要的職能是主掌教化和管理。「儒家者流，出於司徒之官」實際上隱含了這樣一個思想，春秋戰國時期，諸子百家的思想都有一個來源，即來源於王官。在春秋末期到戰國時代，產生諸子百家以前，這些思想和知識是掌握在王朝的一些專門的官員手裡。比方說有一個官員專門掌管算卦，就是給王朝養生送死，為國家的戰爭、祭祀算卦的。這套專門的知識是由一個太卜的王官來掌握。春秋後期，這些王官流落到民間，因為他們沒有社會地位，就靠自己原來享有的一些專門知識到民間混口飯吃，以後就變成了諸子百家。《漢書》認為，儒家這套知識，從前掌握在司徒這個王官手裡。因為司徒這個職官是主掌教化的，而儒家也是主張教化的。

「出於」這兩個字意思是很含糊的。在 20 世紀早期，胡適就特別反對王官說，他專門寫過一篇文章叫《諸子不出於王官論》，認為諸子百家的思

想跟王官沒有關係。他認為諸子百家的思想都是回應當時社會的挑戰，這個社會有問題出現，大家思想混亂，於是有各種各樣的人提出主張，因此，不能說這些回應具體時代問題的思想，在幾百年以前，在王官裡面就已經有了。但是我想「出於」這兩個字，比較含糊，不是說這一家的思想一定在王官裡全都有了，可以理解為有一種承接的關係，就是說諸子百家的思想不僅是對應時代的問題，而且是順應人類發展的問題，有接續性和繼承性。這樣來說，有些問題的討論可能歷史上有其淵源。「出於」這兩個字，講的當然就是根源或者起源的問題了。

漢代三家對儒家起源的論斷

從漢儒到近代的學者，對儒家的起源和發生都有所論斷，20世紀學者爭論的更多。如果按歷史順序把古今各家的說法排列的話，那麼首先，我們來談古人的論儒。

古人的論儒，第一項，我們舉的是《淮南子·要略》。《淮南子·要略》從西周講起：「武王立，三年而崩，成王在襁褓之中，未能用事，蔡叔管叔輔公子祿父而欲為亂……成王既壯，能從政事，周公受封於魯，以此移風易俗。孔子修成康之道，述周公之訓，以教七十子，使服其衣冠，修其篇籍，故儒者之學生焉。」這是一套討論儒者之學發生的論述。在這樣的一個講法裡，整個周代的文化，也可以說「周道」，是儒者之學的根源。今天我們講儒學的根源、儒家思想的根源，這是其中一種很清楚的講法。

接下來是《史記》。《史記·太史公自序》在六家裡面講到儒者，說：「夫儒者以六藝為法，六藝經傳以千萬數，累世不能通其學，當年不能究其禮，故曰博而寡要，勞而少功。」這些話都是先秦人講過的話。雖然它沒有講儒學之生，儒者之學從哪兒產生出來，儒學之所從出沒有講，但它上來就肯定「儒者以六藝為法」，這個講法對於瞭解早期儒家性格，對於後世還是很有影響的。

接下來就是《漢書·藝文志》，強調諸子之學出於王官論，儒家也不例外。它關於儒家的講法在歷史上影響最大：「儒家者流，蓋出於司徒之官，助人

君順陰陽教化者也。游文於六經之中，留意於仁義之際，祖述堯舜，憲章文武，宗師仲尼，以重其言，於道為最高。」太史公對儒的瞭解是以六藝為主，那麼可以說是得其要領的。《漢書·藝文志》這個講法是把儒家看做源於周代的司徒之官，這個說法，我們知道它是來自劉歆的《七略》，因此，這個說法是在《周官》一書流行以後。而劉歆的說法，從王官之學失其守而降落到民間，導致儒家與諸子之學的產生，這個論述，在後世影響很大。

評章太炎、胡適之得失

　　除了《漢書·藝文志》以外，一千多年以來都沒有很多人特別關注這個問題。可是非常奇怪的是，20世紀初，也就是近代以來，中國學者突然關心起這個問題了，關於儒家思想起源的問題變成了一個許多大學者共同關注的焦點話題。比如說，章太炎是近代專門研究古代文化、古史、古代學術的著名的學者，他寫了一篇文章叫做《原儒》，儒就是儒家思想，原就是推原，就是找它的根源。他說儒有幾種不同的意義，最重要的一種意義是什麼呢？他用《說文解字》來分析。章太炎非常注意文字學、字源學的研究。《說文解字》裡面是這樣講的，儒是術士之稱，術士就是研究方術、法術的人。所以章太炎說，「儒」的第一個基本的意義，就是「儒者，術士也」。他進一步解釋，「儒」這個字出於「需」字，需字是雲上於天，即天上有雲彩的這個形象。認為儒是上知天文、作法求雨的術士，這個講法有一定的影響。

　　胡適也寫了一篇文章，叫《說儒》。胡適的講法更有意思，他說儒是殷人的亡國遺民的教士。大家知道殷是滅於周，周文王、周武王滅殷，殷人就亡國了，可是亡國的一些教士，以後就成為一個階層，因為他們懂得很多具體的知識，特別是關於喪葬禮方面的知識，這個知識成為他們的專有以後，他們就變成一個知識階層，後來周人也要請教他們。這個觀點大家一般不太贊成，可是胡適的結論之一對大家有影響，就是「儒」是一個具有專業知識的職業團體。這專業知識是什麼呢？就是治喪相禮，專門幫助人家做喪事、瞭解禮儀。

一 儒家思想的根源及對此問題的研究

這兩種說法出來以後，在學術界就常常碰到這類討論，大體上可以說是沿襲了他們兩位的想法。從方法上看，20世紀以來研究這個問題大部分就是這兩種：一個是字源學的方法，就是認為，儒就是古代的一種法術之士、巫師；另外一種就是史學的理解，相禮之士，因為所謂儒就是幫人家做禮儀、做喪事的這樣一個職業。現在我們要問，這樣一種討論，能不能幫助我們瞭解儒家的思想根源？我們現在講的這個「儒」，儒家思想，到底跟巫術、魔法、巫師有關係嗎？跟幫助別人做喪禮有關係嗎？我覺得這是很成問題的。我們看這兩種研究方法，一種是語言學的、文字學的方法，一種是歷史學的方法，都沒有切中思想史研究本身。如果我們從思想史研究本身出發，就很容易提出這樣的問題：孔子主張仁義，主張六經的思想是不是僅僅在巫師這裡就可以產生出來？或者是不是僅僅從相禮，做喪事這樣的職業就可以產生出來？因此，我主張研究一種思想的起源，首要的是要關注這個思想體系的內部的元素在歷史上有沒有出現過，怎麼樣發展，怎麼樣承接，怎麼樣改造。如果我們不研究這些問題，僅僅從職業，僅僅從文字的角度去看這個問題，我們就很難達成一致的意見，而且很可能永遠不知道答案。

從倫理的角度看儒家起源

以上把這個問題的背景跟大家做一個交代。這個問題的背景也就是儒家思想的根源問題，前代學者已經提出了幾種解釋，其中，重要的一種就是認為儒家思想、儒家，是來源於巫術、巫師的，這不僅涉及儒家思想是不是跟當時的巫師有關，而且涉及整個巫術或者巫師這套文化，在中國古代文化中的地位；以及我們怎麼樣認識、瞭解和估價古代文化的發展史。所以下面跟大家講的是我怎麼樣看待這個問題。

我想這個問題有兩個方向，第一個方向是倫理，第二個方向是宗教。

正如《論語》裡面所呈現的，儒家思想首先是一套倫理的思想。如果我們從思想史的角度來看，在歷史上有沒有出現過這套思想的一些成分或者元素？我們不要花很多的精力去找一些很難找的材料，從現成的材料我們就可以知道在孔子出生前五百年，就已經產生了若干後來被孔子所繼承的思想。

剛才講儒家的特點，包括孔子崇尚六經，比如說《詩經》、《尚書》，這些內容大部分都產生在孔子以前，而孔子對這些非常重視，他不僅加以整理，而且在他的倫理思想裡常常引用。所以六經所代表的思想對孔子的影響是毫無疑問的。在這個意義上，六經是孔子思想的一個來源，比如說在《尚書》裡就記載了周初的政治家、思想家周公旦。周公提出兩個重要的思想，第一個叫做敬德保民，第二個是明德慎罰。慎罰是說對刑法的應用要慎重，因為周人鑒於商代後期的昏庸暴君的歷史經驗，主張作為一個君主、作為一個統治者、整個的統治階級集團要想維持一個良好的制度秩序，一定要明德治民。明德當然是指自己的道德，我們要不斷加以反省，加以改進。對老百姓用刑罰的時候要特別慎重。敬德保民的思想在周公以前沒有，這個思想後來被孔子、孟子繼承下來。在《尚書》裡，有幾句話我覺得很重要，第一句話叫做「天視自我民視，天聽自我明聽」。天在古代是具有宗教意味的概念，天怎麼聽呢，透過老百姓來聽；天怎樣看呢，透過老百姓的眼睛看。還有一句叫「民之所欲，天必從之」，就是老百姓的慾望，天一定會順從。最後一句話，「天道福善禍淫」。天道就是整個宇宙變化運行的最高法則，這個法則的內涵是什麼呢，是對善人有好處，對惡人有懲罰。這幾句話，很明顯是被後來的儒家思想所繼承的。比如說它的民本主義的思想構成了後來的儒家政治思想所繼承的重要部分。這一切共同構成了西周政治、文化的傳統。在周公以後，一直到春秋時代這幾百年裡面，《尚書》類文獻被經典化，隨著這個經典化的過程，我們剛才所提到的這些觀念表達，慢慢變成了對後來的人有約束力的價值話語。後來人們會受它的約束，認為這些東西是有價值的，也就是說成為後來者所面對的價值傳統。孔子也要面對這個傳統，所以，從儒家思想的根源來講，這些思想構成了儒家學派在春秋後期、春秋末期出現的一個思想背景和文化資源。這是從六經、思想、倫理的這個角度看。

　　此外，影響一個民族文化的，不僅僅是在理論上提出什麼倫理的原則、倫理的思想，而是更有實踐這些理想、原則，身體力行這些德行的賢人、君子。孔子以前的那些道德榜樣和他們的言論，也形成了影響後來思想文化的一個重要因素和資源。因為後人不斷在追慕他們，仿效他們，這些追慕的實踐不斷地延續，就變成了一種積澱、一種建構、一種強化，就把以前的價值

理想強化而成為一個傳統。所以我們從倫理的角度來看，儒家思想、孔子思想不是一下子從巫師中跳出來的，或者從相禮中跳出來的。在孔子以前，我們可以看出，至少從周初已經看到倫理思想的發展，而且這些發展孔子是相當熟悉的。大家知道孔子經常夢見周公，所以他對周公很熟悉，他引用《尚書》，這些都是他很熟悉的文化資源。這是我們從倫理的角度來回答問題，是比較簡明的。

從宗教發展角度看儒家起源

其次，我們要從宗教的角度來談這個問題。宗教的角度就涉及巫術、薩滿這類問題。前面在關於儒家思想根源的問題上提出的一些論點涉及了這個問題。首先需要把這幾個概念作一個區分。

我認為，巫術是原始宗教信仰的一種，是最原始的一種信仰，因為這種信仰是可以沒有神靈的觀念，僅僅是一種操作，當然也可涉及神靈的力量。薩滿跟巫術有些不同，一般來講薩滿是有神靈的，而且薩滿的區域性比較突出，薩滿大部分集中在北亞，特別是在通古斯語和蒙古語族的族群裡。薩滿，從前叫做跳大神，涉及神靈的觀念。比較高級的薩滿是扮演人和神之間的一個角色，所以薩滿跟巫術不一樣。當然有些薩滿也會驅鬼。宗教是對神靈採取一個取悅和討好的方法，因為宗教的神是有人格的，要透過獻祭取悅他、討好他。現在我們用這樣的基本觀念，看中國古代文明的演進。當然我們這裡面講的文明是精神文明。物質文明是說器物還包括制度怎麼樣發展等，我們不講這個。

中國古代有一種巫覡文化，巫覡文化比較接近於薩滿。巫覡是我們中國古人自己的用法，在男曰覡，在女曰巫。那個時代的文化特點可以說就是巫覡文化。至少到了商朝才有明顯的人格神的出現，比如說祖先神。祖先神的觀念當然比所謂原生巫術進了一步。巫術講「交感」的原則，就是接觸這些東西，會有一些交感的作用發生，而人格神的觀念比巫術的觀念複雜得多。因此商代的文化已經不是巫文化，也不是薩滿文化，而是一個保留著薩滿色彩的自然宗教。這個自然宗教主要是以祭祀表現的。

所以早期中國的文化經過以薩滿為內涵的巫覡文化，轉進到第二個階段——祭祀文化。祭祀文化體現了殷商人的宗教信仰，從形式上看，我們可以發現這個信仰的另外一個特點，他們信仰的上帝不是一個關照下民，關愛人間的仁慈的神，而是一個喜怒無常，高高在上的神。人跟這種神靈怎麼打交道呢？怎麼對待他呢？只能每天戰戰兢兢地去祭祀他，去諂媚、討好他，祈求他的福佑。這表明在宗教學上，殷人所具有的宗教信仰雖然比薩滿文化、巫覡文化轉進了一步，但是仍然屬於自然宗教的信仰，還沒有進入到倫理宗教的形態。另外殷人的信仰也沒有體現為一定的教義的形態，殷人信仰的上帝是全能的，但不是全善的。我們在甲骨文的詞彙裡，看不到任何一個道德智慧的術語，這表明殷人信仰的上帝跟我們人世間的倫理沒有關係。這樣一種神靈的意像在殷商的青銅器的饕餮紋上看得最清楚。在殷墟卜辭的研究方面我們可以看出來，到晚期殷商時代的宗教信仰是以「帝」和「帝廷」為代表，帝是最高的神，帝廷是帝擁有的朝廷。這樣一個觀念說明它已經不是單一神教了，是一個多神教的信仰。殷人多神教的信仰在本質上跟宗教學上所謂雅利安人的自然神的信仰，和所謂自然中的上帝的觀念是接近的。它的神主要是管自然，而不是支配人的歷史命運。

可是到了周代以後，周人的宗教信仰有了些變化，周代人仍然信仰天，信仰帝，當然更多的是天，甚至天命。從天命的意義上週人發展出了一些宇宙秩序和宇宙命運的觀念，可是周朝人的文化對天的理解，慢慢就和殷人不一樣，他所理解的天，如果作為一個神格存在來講，它不是一個像雅利安人的自然神，而更多的是像閃米特人的神，就是叫做「歷史中的上帝」，而不是自然的上帝。它更多地把天理解為歷史和民族命運的主宰，天更多是對人世的干涉。這是我們看到的第一種變化。

其次，從道德方面來講。比如我們剛才講殷商的神是一個暴躁的、變幻莫測的，跟倫理沒有關係的神，可是從剛才講到「倫理的方向」的時候提到周人的「天視自我民視，天聽自我民聽」等觀念，我們可以看出在周人的觀念裡面，天已經開始倫理化了，特別是強調天是愛護人民，傾聽人民的意願，而且把人民的意願作為自己的意願，把天意化成為民意的天命觀。以前在殷商的那種不可思索的皇天上帝的意志現在就被我們人間社會所投射過去的這

儒學發展與進化：陳來講談錄

一 儒家思想的根源及對此問題的研究

種倫理原則改變了、塑型了。從此上天的意志不再是一個喜怒無常的暴君，而變成有確定的倫理內涵，善惡有則的一個裁判，特別是強調天是民意的一個終極的支持者和代表者。我們可以看出這個思想對古代的民本論給了一個最高的支持。這樣一些思想雖然在法律上並不能夠對老百姓有什麼實際的幫助，但是當它成為了西周政治文化傳統的一部分的時候，它也就成為一個道德上的約束力量。實際上在西周以後一直到春秋，甚至到中國後來歷史上都可以看出來，這些觀念對歷代的皇權都有制約作用，而且更重要的是這套東西被後來儒家的政治思想所繼承。

從前面倫理的方向所提供的瞭解和我們剛才講的西周的變化，我覺得有一種印象可以給我們呈現出來，就是在儒家思想裡後來所發展出來的那些內容，在周公和西周時代的思想裡已經開始產生了，甚至可以說西周的思想已經為早期儒家思想提供了若干重要的母題，造就了若干的基礎，提供了若干有規範力的範疇、導向。所以在這個意義上，《尚書》後來被儒家奉為經典絕非偶然。西周的政治文化可以概括為四個字，從價值導向來看就是「崇德貴民」，一個強調要敬德，一個強調要保民。或者另一方面，西周的宗教文化體現出一種「天民合一」的天命觀，「天視自我民視，天聽自我民聽」。這種天民合一的天命觀思想正好造就了後來儒家人文道德主義的基礎，構成了儒家思想根源的一部分。這是我們從政治思想和倫理思想的角度來看這個變化，而這些都是早期文明演進的結果。

儒家的精神氣質

剛才我們講早期中國文明的演進，從巫覡文化進入到祭祀文化，從祭祀文化轉到了西周，我們把西周文化定義為禮樂文化。禮樂文化是中國文化的一個非常重要的特色，有了禮樂文化中國的文化才有了確定的基因，在這個基礎上開始得到進一步的發展。禮樂文化首先代表了跟以前宗教不同的一種變化，一方面像我們前面提到的周代的禮樂文化裡面，對天的瞭解是倫理化的。我們看到它的另外一個文化變化就是人文化，在這個時代，祭祀神靈的行為仍然保存，但是已經不是最重要的東西了，這表示在這個文化裡面開始

生長出一些人文主義的東西。比如說，所謂禮樂文化中對「禮」的理解，早在商代，「禮」最主要的是祭祀的禮儀，這個禮儀慢慢就發展出中國的「禮」字來，可是周代這個「禮」慢慢就變化了。我們看現在古代的一些關於禮的記述裡面，有幾種講法。其中，周禮作為一個社會文化的體系，它的主體的部分已經不是殷商時期溝通人神的那種祭祀的禮儀了，它更加占主導地位的是人世間的交往禮儀，所以我們可以看出，在周代，「禮」可以說慢慢地人文化了。「禮」從儀式的角度來講是一種他律的文化，但是這種他律的文化不是以一種法律的形式表現的，也不是以一種神的他律的形式來表現的，它採取的是一種禮儀的和禮俗的形式，這當然就是人文化的一種表現了。所以我們可以說，六禮是圍繞著人的生命過程所展開的一些儀式活動和行為，這就使得周代的禮樂文化有一種很強大的人文主義的趨向。所以禮樂文化所代表的這種文化模式跟殷商相比，神的色彩淡化了，而人的色彩越來越顯著。這個也是從西周開始，一直到春秋人文思潮發展的一個重要的社會基礎。總的說來，西周這個時期已經開始在政治文化、在宗教信仰、在道德情感方面逐步發展出我們現在叫做「儒家」的一些東西。那麼這些東西是什麼呢？最主要是已經養成了一種現在我們所熟悉的精神氣質，這種氣質體現為幾個不同的方面：一個是體現為崇德貴民的政治文化，一個是孝悌和親的倫理文化，一個是文質彬彬的禮樂文化，一種天民合一的存在信仰，特別到春秋的時代還發展出遠神近人的人本趨向，就是自覺地要敬鬼神而遠之，要更接近人本身。

▌如何研究一種思想的起源

　　研究一種思想的起源的方法，首要的是關注這種思想體系的元素，它在歷史上什麼時候開始，起初它是怎樣獲得發展的，這些元素怎樣經由文化歷史的演進而演化，這是很重要的一個基點。然後，我們要注意，這樣的思想，它的氣質和取向跟整個文化傳統的關聯是什麼。如果我們不去處理這些課題，只是把自己的注意力集中在古文字裡面是不是有一個儒字，以及在潛意識裡面受王官說的影響，總是認為只要我們找到一個儒的身份、職業，我們就找到了說明一種思想產生的根源的方法，我想這是一個大問題。因為這樣一種

儒學發展與進化：陳來講談錄

● 一 儒家思想的根源及對此問題的研究

方法根本沒法說明思想發生的歷史。我們看世界歷史偉大的思想名人，他們的偉大思想都不能從他們的職業上得到根本說明。因此，我們說字源、制度的研究、社會的研究都有其意義，但是思想的傳承應該是思想史起源研究的一個重要方向和基點。

儒家思想的發生之所以能在漢代以後居於中國文化的主流地位，除了社會—政治的結構原因以外，有一個重要的原因就是儒家思想本身是三代以來中國文化的產物。這裡所說的產物不是說只是從歷史的結果或者從歷史的過程中間的現象來講，而是說儒家思想是自覺地承接著三代文化的傳統，在這個意義上，我們說儒家思想本身是三代以來中國文化的產物。所以儒家思想的一些要素，它在三代文化的發展裡，特別在西周時代已經逐漸形成，這是一個漫長的、逐步發展的過程。這些要素在儒家思想以前在三代的思想裡邊已經慢慢形成，而且在西周，這些因素成型的發展為一個對整個文化有規範意義的取向。西周的思想是以夏商的文化歷史發展的過程為背景和基礎。西周時代是中國文化的文化模式與文化取向開始確定和成型的時期，在這樣一個大的過程裡來看，我們說，孔子以前的儒家思想的要素，正是參與了這個過程的建構。因此，如果我們離開了三代的中國文化的發展，孤立地考查儒字的源流，我們就難以真正解決儒家思想起源這一思想史的問題。

我想大家都很容易瞭解，孔子是以文武周公為理想，這是很明確的。孔子夢見周公，他是以繼承發揚周的文化為己任，而且孔子的思想裡也肯定三代文化因革損益的聯繫，因此我們說，儒家思想的起源是有跡可尋的。但是這不能僅僅從春秋末期的職業儒去瞭解，一定要從三代文化——觀念、信仰、倫理、意識形態和精神氣質——要從這個發展過程中來尋繹它。如果忽略了這樣的立場和眼光，可能就止於局部的某一點上，不能自覺地看到整個文化發展的全景。以往的各種職業說都是只把儒看做一類傳授某種知識的人，把儒作為一種「藝」，而沒有把儒作為一種「道」——「道」就是信仰、倫理、意識形態——沒有把儒家作為一種思想體系來把握。比如把儒追溯到商代的一種從事祭祀的術士，或者把儒追溯到春秋時代的巫，典型地反映出了這種侷限。我們即使承認在商代已經有求雨祭祀的術士被叫做儒，那麼六百年以後才出來的儒家的思想跟這個歷史到底怎樣銜接、怎樣得到說明？孔子的儒

家思想怎麼能夠跨越這六百年的歷史直接從商代的術士來得到說明？這個困難是根本難以克服的。我們從思想的角度來看，巫師和巫術怎能夠產生出在相當程度上理性化、脫魅，即去掉巫術色彩的儒學，那是有著根本的困難的。

所以，研究儒家思想的根源的問題，一定要在一個中國文化的複雜的全方位的演進過程中來把握，而不能僅僅從字源學或者歷史學的角度把它簡單化。

好了，謝謝大家讓我用這麼多時間來報告這個題目！

問答部分

提問：請先生談一下孔子。大家都知道孔子實際上對堯舜時代也是非常推崇懷念。我想問一下先生，能不能發表一下你的看法，為什麼堯舜時代有那樣好的政策和民風？

陳來：我想這個問題可能不是一個事實的問題，就是說因為你這個問題好像說我們現在接受古人的講法。我們認定有一個那樣的時代，堯舜那個時代是非常好，民風又好，什麼都好，我們接受這個事實。然後我們要問為什麼那時候那個社會那樣好。我現在的想法是，我不對這個問題做認定，我甚至懷疑是不是一定有。但是為什麼孔子講這個？這是有理由的。因為像孔子，像任何一個大的思想家，作為一個理想主義者，他一定有一個價值理想，要把這個價值理想對象化為某種東西來昭示人們。所以我想儒家對三代的推崇，儒家對堯舜禹的這種推崇，不一定是出於儒家對歷史事實的一種認定，更多的是肯定、認可這個傳說、這個講法下所包含的價值理想。為什麼一定要這樣講呢？是因為這樣講了以後這個價值理想就有了一種說服力，就好像被賦予了某種權威，使他的這個理想可以推行。我想這是我自己的一個解釋。

（2001年6月，中國中央電視臺「百家講壇」，原題目為「古代文明的演進與儒家思想的根源」）

二 先秦文獻中的「儒」

二 先秦文獻中的「儒」

各位同學、各位朋友大家好。今天我的題目是《先秦文獻中的儒的刻畫與論說》。為什麼要提這個問題呢？因為國學就其主要的部分而言，我們可以說就是中國傳統文化研究。那麼中國傳統文化，如果我們從思想文化的角度來看，中國傳統的思想文化有三大主流。那就是儒、釋、道。其中儒家、道家和佛教，支配了我們中國人上千年的思想，一直到現在。所以我們必須要瞭解這個傳統。

在百家中尋找儒家根源

瞭解這個傳統的工作從近代以來已經開始。作為近代的學人，在一個近代的學術眼光裡面，對我們的傳統做一些批判性的瞭解，這個從19世紀後期已經開始。其中章太炎已經討論了這個問題，他就很注意儒的問題。在他看來，「儒」在古代是一個能預測天氣的，懂得天氣的人，知道下雨不下雨，能夠求雨的人士。他是做這樣的推測。這是一個例子。

為什麼做這種推測，原因我想是這樣的。我們現在都知道，儒就是儒家或者儒家學派的簡稱。那麼儒家學派是誰創立的呢？是孔子創立的，這個大家都知道。我們知道孔子的著作叫做《論語》。可是《論語》裡面沒有討論儒字，只有一個地方說，你要做君子儒，不要做小人儒。儒到底是什麼，孔子沒有講。所以今天我們要瞭解這個歷史。我們說儒就是孔子所建立的學派的名字，但是這個意義在《論語》裡面並沒有給我們說出來。

雖然《論語》裡面沒有說，但是我們看這個問題也不能像章太炎先生那樣猜，只看字形是怎麼寫的，然後就加以猜測。我想不必。因為孔子死後不久，到了墨子的時代。我們知道先秦除了儒家、道家以外還有很重要的一派叫墨家。那時候還沒有佛教，道家的興起力量也不是很大，所以在先秦很長一段時間內，從春秋的末期到戰國的中期，是以儒墨並稱。那時還無所謂儒釋道，釋還沒有來，力量最大的是儒家和墨家。墨子比孔子稍微晚一點，孔子死後就到了墨子時代。在墨子時代，「儒」這個字和「儒者」這個概念在

二 先秦文獻中的「儒」

墨家裡面已經很流行使用，就是用來指孔子這個學派。所以，雖然《論語》裡面沒有對「儒」作解釋，可是到了墨子的時代，墨子和他的學生已經用儒和儒者來作一個定名，就是以一個很確定的名稱，來指稱孔子的學派。

與墨子同時，儒家發展到這時候叫做「孔門七十子及其後學」的時代。從前講孔子是一個教育家，孔子門下賢人七十、弟子三千。這個數字是大概的。我們講孔子死後就進入七十子的時代，就是孔子學生的時代。他們也帶學生，其中也有一些學生，在孔子活者的時候就聽過孔子講學，孔子死後就跟著比較年長的人學習，這些人統稱叫做七十子及其後學。孔子本人從來沒有說我是儒，他沒有講過這個話。可是在七十子及其後學的文獻裡面，已經用「儒」來自命。就是在這個時代，春秋的晚期到戰國的前期時代，這個時候不僅墨家用儒來指稱孔子這個學派，就是這個學派自己也開始用「儒」來自命。而且在這個時候，在他們的文獻裡面，往往透過追溯「孔子曰」來表達，就是孔子雖然不在了，他們追溯孔子是這樣說的、那樣說的。孔子說了什麼呢？其中就包括孔子關於儒是怎麼說的，這雖然在《論語》裡面是沒有的，但是在七十子的文獻裡面就有這些追溯。這些追溯是不是孔子真正所講的，也無從考證。

我想有些可能是孔子並沒有講，但是他們是根據孔子的思想發展來的，這也是有線索可尋的。剛才我提到了章太炎，就是近代開始對這個問題有研究的人，因為孔子沒有對儒進行說明和解釋，而且現有的甲骨文裡面也沒有這個儒字。於是就引起了很多的大家和學者「原儒」，這個「原」是一個動詞，是推原的意思，即想找出春秋時代之前，儒這個字的本意。原儒就是為了說明春秋末期儒家學派產生的根源和這個學派的特點、特質。

那麼這樣的一種學術的方式，也呼應了20世紀前期對儒學的關注和批判。這類研究中理論上方法上存在的問題，我曾經在我十多年前的一本著作裡面做過詳細的分析，書名叫做《古代宗教與倫理》。今天我接這個話題來講，因為在《古代宗教與倫理》以後，我又寫了一本書，講春秋的思想史，雖然沒有專門接著這個問題講，但也和這個問題有關係。最近我寫了一篇新的文章，就是我今天要講的問題，就是要把戰國時代的儒的論述作一個綜述。

我們不管儒這個字從文字學、字源學上來看原始的意義是什麼，如果我們從學術史的角度來看，從思想文化史的角度看，最重要的是戰國時代當時的人怎麼運用這個儒字。雖然《論語》裡孔子沒有說儒是什麼，但是孔子以後，七十子及其後學的文獻裡有很多地方論述了儒，我們要研究當時的人們是怎麼用這個字。

在這些人的應用裡面有兩種，一個就是戰國時代的儒學，他們自己在應用儒這個字的時候是怎麼表達的，怎麼表達他們的一種自我理解。這個我們需要瞭解。所以即使孔子的《論語》裡面沒有解釋這個儒字，但是我們從他的弟子，從他們用這個儒字的時候的表達理解和自我理解，我們可以從很大的程度上看出先秦時代早期儒家是怎麼樣理解儒這個問題的。

另一個就是除了儒家自己之外，戰國時代其他的學派，特別是和儒家對立的學派，他們怎麼刻畫他們的論敵儒，從而也從另一面，用現代常用的話就是用「他者」的那一面，反映了他們所瞭解的儒的意象。因為他們也有一些對儒的意象的描述。如果我們可以瞭解這些內容，那麼對於什麼是儒家的人格，什麼是儒家的學說，在先秦時代的理解是怎樣的，我們就不是沒有根據的了，我們就有根據了。

▌儒服：是服裝也是制度

第一個問題我是講儒服。這個「服」，在古代不僅僅是服裝。服包括你的帶子、帽子、鞋子，這些都是服。那麼衣服冠帶這套東西在古代是有制度的，古禮裡面是有規定的，我們知道古代這些東西都有定製，這個定製是透過禮的概念，就是禮貌的禮。禮貌的禮當時不僅僅作為禮貌用，也是作為禮制，一種制度。這個制度包括禮貌的部分，當然也包括政治制度，包括很多職官的制度，也包括很多與我們生活密切相關的制度如婚喪嫁娶，包括服飾的規定等等。

春秋後期，進入了一個特別的新時代。春秋時代是一個什麼時代呢？傳統上我們叫做禮崩樂壞的時代。就是從西周下來，我們有一套禮制，這個禮制不僅僅是一些剛才我講的政治、儀式這些規定，它是一個綜合的體系，這

二 先秦文獻中的「儒」

裡面也包括樂，禮崩樂壞就是古代的制度和文化這裡遭到衝擊，各種禮制也就破壞了。那麼這個時候產生的儒家就是要繼承和恢復周代的禮樂制度和文化秩序，以此為己任。由於他們是要努力追求恢復周代的禮樂制度和文化秩序，所以在儒家傳承的禮書裡面，和他們對禮書的討論裡，就往往涉及衣服冠帶的問題，特別是關於喪禮的冠帶問題。

孔子也涉及過這個問題，孔子在《論語》裡面講，「行夏之時、乘殷之輅、服周之冕、樂則韶舞」，就是立法要用夏代的立法，我們的車要坐殷商制度的車，我們要戴周的冠。這個服周之冕就是冠制，冠就是衣冠的冠，就是帽子。這個問題不是作為儒服來提的，是作為恢復周禮、文明禮制的一部分而提出來的，也可以說是這是復禮理想的一部分。後來我們看先秦儒家的大師也有提到。比如荀子，荀子也提到冠制，說「天子山冕，諸侯玄冠」。講大夫戴什麼樣的冠，士戴什麼冠，說這個是禮，也就是說禮是有規定的。因為荀子比較重禮，所以他也注重從天子一直到士的衣冠禮制。但他們一樣都不是作為儒服來提的，剛才說的服和冠都沒有作為儒服來提。那麼根據文獻的記載，到了墨子的時代，就有所謂的儒服的問題出現了。那麼所謂的儒服是什麼呢？就是儒者所穿著的衣冠。

從《論語》裡面看，在孔子的時代是無所謂儒服的。那麼儒服的說法，在儒家自己的系統裡面看，較早期是在《禮記》的《儒行》篇，《禮記》成書的年代是比較複雜的，因為各個篇幅的時代不是完全一樣的，由於郭店簡、上博簡的出現，大體上，我們相信《禮記》裡面的大部分文獻是在戰國時代基本完成的。在漢代的時候也經過了一些整理，可能個別篇章有所加工，但主體和素材是戰國時期的。在戰國時期的典籍裡面有一篇叫《儒行》篇談了這個問題，但是在這篇裡面也表明，在孔子的時候還沒有所謂的儒服，更沒有什麼定製。

《儒行》篇裡面是這麼記載的，說魯哀公和孔子問答，哀公時代是孔子自己生活的主要時代。哀公問孔子說，現在您穿的服裝是儒服嗎？孔子回答說，我從小就生長在魯國，我是穿大袖子的衣服。年紀大了一點的時候我在宋國也住過，也戴宋國的帽子。君子的特點主要是學問很廣博，服裝和一般

的俗人卻是一樣的，所以最後孔子告訴哀公說：我不知什麼是儒服。這些是孔子關於儒服的最著名的言論。

如果這個記錄確實是有這回事的話，可以這樣說，雖然孔子他對於自己的所穿著的衣冠有一定的講究，但是他並沒有定製一種儒服。更沒有要他的弟子也去穿戴，說「你們給我當學生也要穿這個衣服」，這是沒有的。

那麼孔子說他穿著的衣服就是一種魯國的衣服，就是袖子很寬大。宋國的貴族因為是殷的後代，所以他們戴章甫之冠。所以孔子的衣服是從俗的，在魯國穿魯國的衣服，到宋國戴宋國的帽子。剛才我講了，孔子的家族是貴族裡面的一級，但是是最低的一級。貴族還是要注意自己的服裝。所以孔子講的「逢掖之衣、章甫之冠」是符合他身份的，比較低的貴族的穿著。這個是符合孔子身份的。

關於儒服的幾個故事

這個故事到後來就發展出不同的故事，這種類似的問答在《荀子》裡面也有一條。也是說魯哀公問孔子，說我現在是求賢若渴，我現在想找一些士來幫我治國。但是我怎麼樣分辨士呢？《荀子》裡面是這樣記載的，孔子說士是什麼樣的人呢？第一條，雖然生在我們現在這個亂世，但是有志恢復古代的文化秩序。第二條是，生活在今天的社會和風俗裡面，但是穿著一種古代的衣服，也作為自己理想的表達。哀公就問，是不是戴著章甫的禮帽，有一個大的帶子可以插護板的？是不是這樣的人就是賢人？孔子說那倒不一定。雖然穿這樣的衣服，但是志氣不在酒肉，重要的是他志於古道。所以我們看孔子所肯定的士是這樣的士。這兩個故事我們可以說就顯示出來，假如說孔子有類似的說法，就是這個服古之服的說法，這就是後來的儒服說所產生的根源。

《論語》中沒有關於儒服的討論，但是在墨子的時代，墨子這樣講過，說孔子死了以後，他的弟子都要仿效孔子。孔子雖然死了，但是他是一個榜樣，弟子們在各方面都要仿效他。所以從這裡推測，應該是在孔子死後，孔門的弟子就慢慢的以孔子的衣冠，作為儒士、儒者的代表。

二 先秦文獻中的「儒」

因為有了這樣一個變化，就是孔門的弟子們，為了仿效他們所敬仰的老師。所以就穿孔子的衣服來表示自己的一種對老師的紀念，當然也是身份的代表，這樣就產生了儒服的問題。

剛才我講的第一個故事，就是「丘不知儒服」的故事，我們也不能肯定這個一定是哀公和孔子真實的對話，因為它不是在《論語》裡面。但是我們說這個說法是應該符合孔子的立場，也代表了早期儒家的思想。早期就是孔子、七十子及其後學。如果我們這麼說，這個對話是反映七十子及其後學，反映了早期儒家的看法，應該大體上是站得住腳的。

接著說荀子的故事。我們說服古之服，孔子肯定的服古之服。如果孔子是肯定的話，這個就是儒服說的表達，是他的一種根源。但是我們知道孔子在這裡面也講得很明白，就是說他並不認為凡是遵行了「章甫 屨、紳而搢笏」的人一定就是賢士。那麼魯哀公問的故事，我們想和《禮記》的故事大概是同出一源，但是有一些變化。也就是說這個故事裡面其實也是講的儒服的故事。我們甚至可以說，這兩個故事告訴我們，這個「章甫屨、紳而搢笏」的冠服就是戰國時代人們所理解的所謂儒服。我們可以相信，當時很多的儒者、儒士是穿了這個服裝的，於是社會上就把這個叫做儒服。雖然是有很多人穿，很多人這樣叫，但是孔子和早期儒家並沒有堅持說儒服者一定是賢士，沒有把這個強調為儒家學派一個本質性的東西。所以在《荀子》裡面就有另外一句話了。就是魯哀公又問孔子「紳委章甫，有益於仁嗎？」孔子說這只是一種禮制的規定，但是這些東西並不能直接有益於仁的境界的提高，那麼仁的境界怎麼樣可以提高呢？要透過修身才能達到。不能把注意力放衣冠上面。

那麼這三個有關魯哀公和孔子的故事思想基本是一致的。在墨子的書裡面，儒服的問題就比較明確了。就是和墨子同時的儒士裡面，就有明白地聲稱「我是服古之服」和穿儒服的故事了。這個儒士叫做公孟子。這個故事是這樣的，公孟子戴章甫、搢忽（笏）、儒服，而以見墨子。就是說穿這樣的儒服見墨子。他向墨子提了一個問題，這個人雖然這麼穿戴，但是他對這個問題是有思考的，他問：「君子服然後行，還是行然後服？」服就是服裝，行就是實踐。就是你要做一個君子，是先穿一套服裝然後再去實踐呢？或者

是先去做一個君子的實踐，然後再穿衣服呢？墨子的回答很明確，四個字「行不在服」。就是要做君子，主要是在行為，在德行上面，在實踐方面，不在服。於是墨子就和公孟子有一套往來的說辭。

墨子說服了公孟子，公孟子就說我把這個衣服脫了再來見你。墨子說，你這個人還是不明白，你穿上就穿上了，不是說脫了以後才能行君子之道，才能夠增進你的德行。並不是你把這個衣服脫了才能行君子之道，這說明你總是認為服裝比行為還重要。我看墨子講的是很對的。

這個故事就說明當時真是有這樣的儒者，至少是公孟子這一派。他是「戴章甫、搢忽、儒服」。這和我們剛才講的荀子哀公篇裡所講的「章甫屨、紳而搢笏」是一樣的。

戰國時代的服裝風氣

那麼我們下面要講的是《儒行》篇。在《禮記》裡面有一篇叫《儒行》篇，這個《儒行》篇就是講行的，不是講服的。從《儒行》篇裡面的說法我們可以看出來，就是孔子自己也是主張儒者的特性是在於德行，而不是在於古服或者是什麼特別的服裝。所以我們講「行不在服」這個概念不僅是墨子的講法，而且也是孔子的主張。

在這個情況下我們說墨子和孔子是一致的。這種現象的產生就是在戰國時期這樣的情況是非常普遍的。就是戰國時期，諸侯、那些做高官的人，包括諸子百家的領袖們，有不少人是喜歡在衣冠上做文章的。比如說齊桓公是「高冠博帶」，那就是自己很注意衣冠，戴一個很特別的冠，配一個很不一樣的帶子。晉文公也喜好一種特別的服裝，所以晉文公時，晉國的士大夫也是穿大布的衣服，羊皮的裘、練帛的冠，流行這樣的一種講究。《莊子》裡面也提到很多這個時代的現象，不僅僅是儒者。如果我們大家熟悉思想史，讀過《莊子》，《莊子》講過宋銒、尹文這派，這一派專門做一個華山之冠，大概也是比較高，因為華山比較陡峭。專門做這樣一個冠，所以這樣的例子在戰國時代是很多的。

儒學發展與進化：陳來講談錄

● 二　先秦文獻中的「儒」

因此總結上述我們可以說，因為戰國時代因為有這樣的風氣，所以孔門的儒者很重視衣冠的代表作用。

儒服既反映了他們的文化理想，也反映了他們透過這種冠服表達的一種學派的認同。這個儒服的特點就是「逢掖之衣、章甫之冠、紳而搢笏」這類的，但是孔門所傳述的孔子的宗旨是一致的，就是說絕不是把儒服看做是儒的一個先務。他始終主張德行是優先的，這點也是很明確的。

那麼在第一個問題的最後，我們再提一個故事。我們剛才講了，孔子死後，墨子說孔子的學生都去仿效他。因為在當時的時代他們是很重視這種外在的東西，認為對於孔門的象徵性的凝聚作用有意義。舉一個例子，孔子有一個弟子叫有子，有子的長相很像孔子。所以孔子死了以後，別的學生就說，老師死了，我們就把你當老師，我們就拜你為老師，因為你長得像老師，就以他為領袖。這在我們看來就很奇怪，要當領袖，需要在學問上、思想上、品行上，真正能夠掌一派之門。就因為他長得像，就要他做領袖，可見那個時代很注重外在的東西。冠服也是一種外在的東西。在春秋末期，有個人叫晏嬰，有一部書叫《晏子春秋》是講他的故事。《晏子春秋》裡面也講了衣冠的故事，說齊景公為巨冠長衣以聽朝。他上朝的時候戴一個大帽子，穿長衣。當時晏子就勸告他，說他的衣服太怪不好。他講了一個道理，說「聖人之服可以導眾，其動作順而不逆」。就是說聖人的服裝可以引導群眾，為什麼可以引導群眾呢？就是說他的服裝和動作相配合是看起來很順的。你穿很長的衣服走起來不好走，轉身也不好轉。所以「下皆法其服，民爭學其容」。在下的人就會學其服，爭著學他的容貌舉止。這個故事也可以看出來，當時學聖人之服是一個風氣。當然聖人是誰他也沒有說，因為不同的學派所推崇的聖人是不一樣的。就是在這樣一個風氣下，以孔子的冠服作為摹本的一種儒服在當時也流行起來了。雖然流行，但是按孔子的教導，這個服裝不是本質，行不在服。

儒家的十六條行為規範

現在我就轉到第二個問題，就是儒行。剛才我說了，對於儒者來講，行不在服，行和服是兩回事，那麼儒之行是什麼呢？我們知道儒服不是儒的本質，那麼這個行到底是什麼呢？所以這就從儒服的問題很自然地轉到儒行的問題上了。比如說孔子說「丘不知儒服」，你問我儒服我不知道，那人家說什麼是儒行呢？我剛才講了，《禮記》的書裡面就有《儒行》篇，專門討論儒行有哪些。

在《禮記·儒行》篇裡一共提了十六種儒行。這十六種儒行也是在魯哀公和孔子的問答裡提出來的。哀公曰「敢問儒行」。就是問孔子什麼是儒行？孔子說，這個一句話說不完。哀公命席，就是請先生坐。孔子就說了這十六句話，最後做了總結。這十六句話我們不能夠全念，他論述的形式都是開頭說「儒有什麼，儒有什麼」，這句話說完了最後說「其什麼什麼有如此者」，比如說「其自立有如此者」。

我就給大家念第一段，說「儒有席上之珍以待聘，夙夜強學以待問，懷忠信以待舉，力行以待取，其自立有如此者」。就是說這條是講儒的自立。自立是什麼？就是還沒有做官，還沒有進入仕途的時候是怎麼樣的，就是強學，學習非常努力，以等待有機會別人問他的時候，他的學問就可以回答君王的問題。涵養自己的品德，在實踐中能表現出自己的德行來，這樣別人會舉薦你說品德這麼好。這個是儒行的第一點。

下面我就不詳細念了，我們分成了幾組。第一組有五條，這五條我剛才講了，第一條是講「強學力行」。就是說，儒行有這麼多特點，第一條就是要強學力行。這個就是儒者還沒有從政，沒有走入仕途的時候，他是一個獨立的學者的時候，他學行的狀態，是這樣的儒。

第二條是講「容貌敬慎」。剛才我們講聖人之容，人民就要學其容。就是你的容貌舉止，怎麼樣走路，怎麼樣說話，敬慎是表示一種狀態的，就是很慎重，不是很放肆。「敬」是表示一種狀態，不是要特定的尊敬誰，和「慎」的意思是相通的。敬慎表示總是很端正，好像總是處在一個個需要表現你敬

儒學發展與進化：陳來講談錄
二 先秦文獻中的「儒」

畏的場合裡面一樣。那麼這條是講什麼呢？是講儒平時的生活的動作容貌形態。

第三是講「居處修身、言行中正」。這個居處就是表示他現在還沒有做官，他只是平時生活裡面，沒有工作。在平居的時候很注意修身，言行是很中正的。這個也是講儒士還沒有從政時候的行為狀態。

第四是說儒「不寶財祿」。這個寶是一個動詞，對於財和祿看的不是很重要，或者是看得不寶貴。這個表示了儒士對富貴利祿的態度。其實也是他對出仕的態度。因為有些人走入仕途就是為了要升官發財，但是儒者不是這樣，財祿不重要，從政是要奉獻社會等等。這個可以說是對財富和出仕的態度。

第五是「見利思義，行動果敢」。表示說始終是把理想和道義放第一位，即使在任何的壓力下，都可以堅持操守，不隨波逐流。第五條就是講儒的這個特點。以上是第一組。

以下是第二組，中間的一組。第六條是講儒「剛毅有節」。其中有一段話，說「儒有可親而不可劫也」。你可以親近他，劫就是打劫，但是你想劫持他、想強迫他不可以。「可近而不可迫也」，迫就是強迫的意思。「可殺而不可辱也」，這就是士可殺不可辱。「其居處不淫、飲食不辱、其剛毅有如此者」。所以我們說第六條講它的剛毅有節。就是說儒士立身處世是重視自己的尊嚴，尊嚴不受侵犯，在任何壓力下都能堅持。

第七是「仁義忠信」。也是說一個儒士有堅定的道德信念，即使在暴政之下也不會改變，就是說在處在暴政下儒士的仁義忠信的信念不會改變。

第八是講「安貧守道」。這個我們大家都知道，即使沒有人用你，你沒有官做，你生活沒有來源，非常貧窮，但是你能夠守護你的價值理想，不隨波逐流。

第九是「窮則持志」。窮就是政治上失意了，治上不得志。這個時候仍然可以持守你的志向，自己原來的志向不會改變，不會因為不得意的時候就妥協了我本來的理想。

第十是「裕有禮」。裕不是說我們兜裡錢多，是指處物的一種寬裕的胸懷，我們待人接物一方面很有禮貌，一方面很寬裕、寬容。這是中間的一組。

最後的一組講了很多的立身處世和做官的行為，比如說第十一，叫「舉賢援能」。「儒有內稱不避親，外舉不避怨」，就是我推薦人不是因為他是我的親戚我就故意不推薦他，以得我的清名。只要他對國家確實是重要的人才，是親戚也會推薦。我親屬之外的人，我舉薦的話，不因為他跟我有怨恨，有過節。「不望其報」就是完全為了對國家有功，他是賢人，我就推薦他，我也不希望有什麼回報。「苟利國家、不求富貴，其舉賢援能有如此者」。儒是這樣的，有利於國家，不求富貴，舉賢援能。這就是說他是完全為了國家的利益所奉行的薦人的舉措。

第十二叫做「以善為則」。就是對於同事的態度，是與人為善。

第十三是「獨立中庸」。因為他最後的結論是「其特立獨行有如此者」。可是這個特立獨行不是我們今天所瞭解的和大家都不一樣，他又是非常中庸的。這是表示這一個儒者、儒士立身行事可以掌握中道，就是不偏不倚，無過無不及。

第十四也很有意思，就是講「傲毅清廉」。這個「廉」不僅僅是廉潔，廉也是一種特別的傾向。毅是剛毅，那廉是很有原則性的。這條是說，這樣的儒是「上不臣天子，下不事諸侯」。他不做官，不侍奉各級君主。「慎敬而尚寬、強毅以與人，博學以知服，」表示這樣的人有一種很強毅的性格，但是他又很慎重，很博學。這樣人的就是一種比較清高的狀態。就是有一種儒士，在政治上是很清高的。上不臣天子，下不事諸侯。

第十五是講「交友有義」。就是表示儒者的交友之道很注重情義。

第十六和孟子的思想是一樣的，儒是「貧賤不能移，富貴不能屈」的一種大丈夫的人格。

這三組就是《儒行》篇裡面講的什麼是儒行，什麼是儒，儒的行為如何表現。這三組十六條，統括了儒者沒有出仕的時候和出仕的時候，還有不仕的狀態下，各個方面、各個情況下的德行。

二 先秦文獻中的「儒」

剛才我講，近代以來有些學者因為找不到《論語》裡面對儒的解說材料，那麼怎麼理解早期儒家呢？他就到《說文解字》裡面看這個字，這都是字源學的一種習慣。那麼在《說文解字》裡面對儒字怎麼解釋呢？說「儒，柔也」，但是我們看這十六項儒行，總體上沒有任何柔的特點。這是代表戰國時代儒學的一個自我的理解。相反，他所說的儒行和孟子講的大丈夫的人格尤為相近。因此我們可以說，以柔論儒的那個結論基本上是錯誤的。因為我們看儒家對自己的理解，對儒行的說明，就看得很清楚。其實為什麼《說文》要用柔字呢？其實是要解釋三點水的字，三點水加一個需，那個字就是「濡」，與儒同音。這個字是一個比較早出的字，其他同音的字是從這個字慢慢發展起來的。

其實在《說文》裡面講得很清楚，說柔是指三點水的濡字本來的意義，但是儒是術士，術是表示有一種道術，就是掌握某一種思想。墨家也是一種術士，他是主張墨術的士。因此如果現在要研究在春秋戰國時期儒的意義，我們說《儒行》篇是最能代表儒家自己對儒的解釋和理解。雖然孔子的《論語》裡面沒有，但是我們在七十子及其後學的文獻裡面找到了他們自己的理解。假如說當時有句話在《論語》裡面出現，這個問題就比較簡單了。孔子大概沒有怎麼講，但他的弟子講了這麼多，這是很好的材料。

此篇最後還有一個總結，在總結裡面還表達了這樣一個意思，就是雖然儒行分散來講有十六條，但是如果講一個一以貫之線索的話，這個線索就是仁。他說各種各樣的十六種德行都可以看做是仁的不同側面。那麼這種突出仁，用仁來統帥德行作為核心，也是比較完整的體現了儒家的儒行觀的核心和重點。

▎墨子對儒道的批判

第三個問題我們講儒道。儒道就是儒學之道。在戰國的時代，儒家和其他各個派別進行了很多的爭論，其中就涉及儒者之道，特別是一些對立的學派，他們怎麼樣瞭解儒家之道，需要注意。那麼分析這些討論和辯論，有助於我們瞭解當時的儒者和當時的儒者的論敵，他們是怎麼樣來理解所謂的「儒

者」的主張，包括政治主張、社會主張等。剛才我講了戰國時期儒家和諸子百家都進行了很多的辯論，最突出的就是和墨家的辯論，因為墨家和儒家是當時兩個最流行的流派，所以儒墨之爭就是當時最廣為人知的學派的爭論。比如說我們都看過的《莊子》，《莊子》裡面就講過很多。比如說《莊子》第二篇《齊物論》裡面講辯論，說儒墨兩家都肯定對方所反對的觀點，而反對對方所肯定的觀點。這一方面說明儒墨兩家的觀點是對立的，也說明儒家兩家是當時辯論是非方面的最主要的思想派別。

不過《莊子》書裡面只顯示出儒墨兩家是當時最主要的思想對立的派別。對於儒家的思想主張記錄的比較少，而且大多不是用正面闡述的方式。因為在莊子眼中和口中的儒家被相當程度地漫畫化了。但是在戰國的儒家和墨家的文獻裡面，都提到儒墨的對立和爭論，這是很重要的。所以我們別的不舉例，就從儒墨之辯裡面看儒道，也是一個很重要的側面。比如說孟子時代，孟子已經很自覺地意識到墨家是儒家的主要論敵。當時的墨者甚至和孟子面對面地辯論，所以在《孟子》裡面就講到這個故事，說墨者夷之求見孟子，要和孟子討論。當然也討論到薄葬和厚葬的問題。因為儒家比較主張厚葬，就是表達對親人的情感，不能說拿蓆子一包就扔在街上了，這個是儒家最反對的，特別是對自己的父母主張要相當程度的厚葬，墨家是比較反對這一點的。這個我們就不談了，我們只需要知道儒墨的一個很重要的爭論就是關於薄葬和厚葬的問題。

關於這個夷之有這樣一個說法，就是墨者夷之不是要見孟子嗎？別人問他對儒有什麼瞭解，他說「儒者之道古之人若保赤子」，「若保赤子」就是他對儒者的瞭解。「若保赤子」是《尚書》裡面的話，就是在墨者夷之的理解裡面，儒家思想的主要內容就是若保赤子。若保赤子是什麼意思呢？這是《尚書》裡很重要的思想，就是統治者要為民父母，對待人民要若保赤子，就好像對一個剛生出來的小孩一樣要百般的愛惜。我剛才講，墨者作為儒家的「他者」，他當時對儒道的理解是什麼，這相當程度上代表了當時社會公眾對於儒道的理解。那麼從墨子的例子來看，當時他們所瞭解的儒道很重要的內容就是政治思想，就是若保赤子。這個也沒有說錯，這的確是《尚書》

二 先秦文獻中的「儒」

的重要思想，而且被孔子以後的儒家所繼承。這是在《孟子》裡面記載的墨者的一種理解。

那麼回到《墨子》本身，《墨子》這部書的本身也闡述了當時他們所瞭解的儒者的主張，其中最典型的一篇叫做《非儒》篇，就是批評儒家。《墨子》裡面記載說「儒者曰，親親有術，尊賢有等」。就是說親屬尊卑要有差異。比如說剛才講的厚葬，你對你父母可能是最厚的，而且你守喪的時間也是比較長的，但是對於比較遠的親戚就減輕了，喪服的制度是這樣規定的。儒家的禮制裡面的確是有這個。

然後他說儒家是「有命」說。就是說人命中注定，命中有就有，沒有就沒有。但是墨子是反對這個命的，他們認為，儒家講「壽夭貧富，安危治亂，固有天命，不可損益」，就是說個人的壽命長短，貧富，一個國家的安危都有命，這個是不能增加也不能減少的。我們知道，孔子是相信天命的，但是儒家的天命論並不是否認人的努力，也沒有認為所有的事情都是命定的。但是墨家他傾向於把儒家的天命論等同於一種命定論。當然我們知道在《論語》裡面也有孔子的弟子講過這個話，說「死生有命，富貴在天」，可能墨子就是看了這樣的話。

在《墨子》裡面最有綜合性的批評體現在一段話，說「儒之道足以喪天下者四政焉」，有四件事。

第一，條是什麼呢？就是「儒以天為不明，以鬼為不神」。就是你不相信有鬼神，你不相信有一種能夠掌握人間福禍的天。

第二，就是厚葬久喪，認為浪費了很多社會的財富。

第三，絃歌鼓舞、習為聲樂。剛才我們講儒家是注重禮樂文化的，他們傳承周代的禮樂文化，所以樂舞這些東西是文化所內含的一部分，墨子認為這一套都是浪費社會財富，都是培養一些不勞動的階層。

第四，以命為有，貧富壽夭，治亂安危，有極也，不可損益也。

墨子在這裡就把儒道概括為四點，這四點就概括了儒之道。那麼儒墨的分歧在這幾方面確實表達得很清楚。除了在墨子以外，在先秦很多的文獻裡

面，像法家和其他各家的文獻裡面也有很多提到了對儒道的瞭解。我們就不一一列舉了。但是總體來說，在戰國各家涉及儒者的論述裡面，他們所瞭解的儒者是什麼呢？儒者的主張是什麼？儒道是什麼呢？有如下幾點。

第一，承認天命，可是不重神鬼。

第二，就是重視倫理而堅持人格。

第三，就是繼承了古代的政治理想，愛民若赤子。

第四，就是孝親厚葬，重視禮樂文化，尊重等級秩序。

這些就是當時人們所瞭解的儒道。這些的確在相當程度上，從不同的側面，對先秦的儒學之道作了很多的刻畫，還是反映了不少真實的儒道。

儒效：荀子眼中真正的儒

最後我就簡單地提一下「儒效」的問題。「效」是效果的效。在《荀子》裡面有一篇叫《儒效》篇，就是講什麼是真正的儒。真正的儒主張的是什麼？真正的儒的政治功效在什麼地方？《荀子》的《儒效》篇裡面就全面闡述這個問題，到底什麼是儒，什麼是儒之為人，什麼是儒的社會政治的功能。這個問答不是魯哀公和孔子問答了，這是《荀子》記載的秦昭王和荀子的問答。因為秦國是一個法家傳統的國家，秦王就問荀子，說「儒」對我的國家沒有益處。這顯然是受到法家的影響，認為儒家的學術主張，對於治國沒有實際的益處。荀子就做了正面的闡述，來說明儒的政治主張和實踐特色是什麼，就是「傚法先王、尊崇禮義」。在朝廷上可以謹守臣子之禮，維護君主的尊嚴；在朝下他的人格操守是重義輕利。所以即使他窮到無立錐之地，他也不會貪圖私利，而始終能夠堅持維護國家社稷的大義。所以這樣的儒者你讓他出來做官可以做王公之才，社稷之臣，國君之寶；如果他不出來做官，要講學求道，所以在民間也可以得到人民的尊重。所以可以看出來，這個儒是大有益於國家的。

這是《荀子》裡面講的儒，為了回答秦昭王的問題，他特別提出了一個「大儒」的概念，表達了他對儒的最高境界的理解，以此正面表達了儒家思

二 先秦文獻中的「儒」

想、人格和社會功能的最高形象。這個「大儒」已經接近於傳統的「聖」的概念。這個大儒是什麼樣的人呢？周公就是他所傾心嚮往的大儒的代表。為什麼認為周公是大儒呢？因為他的行為可以突破常規，但是能夠得到萬民的擁護。如有的時候他採用武力平定叛亂，也都得到萬民的肯定。又如周公曾經攝政，等到小皇帝長大，他把所有的權力交還給長大的皇帝，這都是他作為大儒的理想的表現。荀子特別強調了一點，就是說一個大儒能夠從天下的大局著想，統一天下而不分裂，這樣的功德是一個大儒的效驗。所以這裡荀子講的大儒特別重視政治之功，而不是重視修身之德，這是荀子的特點。

當然在他看來，周公之所以有這種政治之功，還是根源於有修身之德，但是總體來講，我們說荀子的特點，他講的「儒效」說，和《禮記》的「儒行」說有所不同。就是說他不注重個人的德行，而是重視政治的功效。強調真正的儒是有很正面、很強的政治功效的。政治功效、政治能力是大儒的根本特點。

剛才我講了，這個外在的功效還是有內在的憑藉。這個內在的憑藉就是來自於修身。比如說大儒「通則一天下，窮則獨立貴名」。通就是你掌握權力可以統一天下，窮就是你政治上失意，獨立貴名。這個和孟子講的一樣，就是「達則兼濟天下、窮則獨善其身」。這兩者有異曲同工之妙。

那麼在荀子講的強調政治功效，強調統一天下的說法裡面，我們也可以看出荀子講的儒的理想包含了那個時代的課題。因為這個時代是戰國末期諸侯國逐漸走向統一的時代。

除了大儒以外，荀子還提了「小儒」，大儒是在內聖和外王兩方面都有特別的能力，那麼小儒是什麼呢？小儒不是「小人儒」。如果你明明充滿了私心，可是你卻希望別人以為你出以公心；明明你自己的行為是不檢點的，但是你卻希望別人以為你的行為端正；明明你是很愚陋的人，卻希望被別人認為你是有智慧的人；他說這樣的人是「眾人」。如果你的內心裡能夠克制私慾，在行為上克制了本性的衝動，採用了端正的行為，知學、好問然後成才，這個就是「小儒」。所以「小儒」並不是完全否定的。比起小儒來講，大儒的特點在什麼地方呢？小儒是經過克制以後自己才能夠這樣做，經過學

習以後、努力以後才能成才。大儒是說你的心智自然地就能夠安於公正無私，行為自然就能夠安於善道，不要經過一個思想鬥爭；你的知識是能夠貫通整體，不是知道一兩件事情，這是大儒。所以，大儒高於小儒是說它在道德自覺和在知識智慧方面都高於小儒，這是荀子的「說儒」。

他不僅區別了大儒和小儒，還區分了雅儒和俗儒。什麼叫俗儒呢？俗儒就是回答我們剛才的問題，他很注意衣冠行為，在外在儀表上很注重，但是，他不懂得「法後王一制度」，不懂得「隆禮義殺詩書」，就是說他不知道在持守大道的時候，你還必須要以一個改革的態度去統一法度，你不懂得法度在革新的方面要能夠法後王，你不懂得尊崇禮義比誦讀和傳誦詩書更重要，詩書就是《詩經》和《尚書》，因為一般戰國時代的儒家都是要傳承詩經和尚書的。荀子是說光唸那些還不行，你要突出瞭解這時候的政治問題，要提高自己的政治能力，這個更重要。剛才講這是俗儒。

雅儒呢？雅儒就是懂得這些，懂得要法後王，要一制度，懂得隆禮義殺詩書。雅儒雖然在知識、智慧方面還達不到大儒那麼高的程度，大儒是知通統類，但是雅儒比小儒的見識要略高一些。因為小儒只懂得道德實踐，不太懂得政治需要，雅儒已經懂得政治需要了。

所以，我們看俗儒、雅儒、大儒這些分別既反映了他們在知識、智慧上的不同，同時也代表了他們不同的政治主張、政治能力。當然，就荀子本身來講，他最推崇的是大儒，因為大儒才能使「天下為一」，這個「一」包括統一，就是重新找到連接各個諸侯國的一種統一的形式，因為經過春秋以後，戰國時期處於一種很紛亂的狀態，我們要重新找到能夠聯結諸侯國的一個統一的形式，而且這個「一」也是一個實現了安定、和平、和諧的一個理想的世界。

我們今天的內容大體上講完了。透過以上的敘述強調，透過有關儒服、儒行、儒道和儒效的文獻的梳理，我們可以瞭解到，如果要對先秦的儒和儒家有所瞭解，我們完全不需要僅僅透過那種字源學的測度、推測，先秦儒家和其他各家在文獻裡保留的對儒的論述和評論提供給我們很多的材料，使我們可以瞭解先秦儒學的學說宗旨和文化形象。

二 先秦文獻中的「儒」

▌問答部分

主持人：謝謝陳來教授精彩的報告，剛才陳來教授已經從儒服、儒行、儒道、儒效四個層面講了有關先秦典籍中儒的刻畫以及論說的問題。剛才陳來先生也說了，剩下這段時間進行互動，在座各位有什麼問題都可以向陳先生請教。

提問：陳教授，感謝您的演講。您剛才提到《說文》說儒是柔的問題，您似乎不太贊同這個觀點，我想就孔子本人他提過「可與適道，未可與立；可與立，未可與權」，他自己也提到過「危邦不入、亂邦不居」，以及他應陽貨的請求出，又準備應公山弗擾之邀出仕的這個問題。墨子也批評他說，他是「孔某所行，心術所至也」。我覺得從這個角度理解，是不是說《說文》裡對儒的這個柔的評價還是有一定道理的。

陳來：我從你舉的這個例子也看不出來他的「柔」，因為我們剛才講儒的強毅、剛毅、大丈夫的性格非常侷限，在《儒行》篇裡。當然，儒是比較講究文明禮貌的，但是因為《說文》是講「儒，柔也」，後面還有術士之稱。所以，我們講儒字根源的字是從三點水的「濡」字出來的，所以柔字的解釋應該是對那個字來的。同時，《說文》也講了，「亻」旁的這個「儒」是一個術士之稱，是講儒術的。我們現在看到的，不僅在《論語》裡，我們看孟子的大丈夫的精神和《儒行》篇裡這十六條儒行，都沒有柔的講法、意思。反而，我們知道道家思想裡是貴柔的，在人生的態度和政治的策略方面都是提倡柔的。所以，在這點上我想《說文》這個是絕對不足以作為一個根據來瞭解的。我的所有的工作都是要破除對《說文》的誤解，這是對你的這個問題的回答。

所以，我想這是不能分開的，假如你離開了這一點，我們僅僅是從外面的某種體去看，這是不完整的。我們今天成立國學院，發展國學的研究，就是要找到一個內在的研究角度，我不是說完全否定所有的外在角度，外在的也需要，因為我們需要有一些東西來參照。但是，要兩方面配合，外在和內在要配合，我們一定要重視有一個內在的角度，同中國文化自己的發展本身，我們要著重研究孔子他為什麼提這樣的問題，他自己的道理在什麼地方，他

們有沒有把自己的道理講清楚，更多地從這兒，而不是我們從別的地方找一個標尺，看他所講的東西合不合這個結論。我想我們的研究角度應該是更豐富的、更全面的。我的回答就是這樣。

提問：陳教授您好，我想問您怎麼樣看待胡適先生寫的《說儒》，胡適先生在《說儒》中認為儒首先是柔順的殷商移民，然後到了孔子時代，是孔子用剛毅賦予了儒以新的含義，於是才產生了現在我們所理解的，您剛才所說的剛毅的儒。我想問您怎麼看待在孔子前有沒有儒的存在，我不是指術士方面的儒，而是作為有孔子這樣思想的人的存在，就是說您認為儒在孔子之前是指殷商遺民嗎？

陳來：因為在孔子之前我們找不到儒字，所以你問孔子之前的儒是什麼，這個問題其實是沒辦法回答的。但是你如果問我的觀點，我們如果從思想史學的角度看，孔子的思想有沒有前面的來源，我們說有的。在這個意義上，我們說孔子之前已經有了儒家思想的元素，甚至可以說已經有了儒家思想，這個思想是什麼呢？這個元素是什麼呢？就是西周以來的禮樂文化，特別是透過六經所代表的。因為從孔子以後儒家是傳承六經，六經是代表著西周禮樂文化主要的精華。所以，如果說在孔子之前儒有根源的話，這個根源應該從西周的禮樂文化和它的經典裡來找，而不是到殷商的術士裡找，這是一個問題。

關於胡適的文章，胡適的文章是寫得不錯，我認為這是胡適一生中最好的文章。好雖好，想像力很豐富，文字也優美，論述得也深長，但是是站不住腳的，他也是受《說文》的影響，但是他有比較歷史的啟發，他這個柔是怎麼講的，儒是柔順，是解釋一個亡國民族的文化，殷商商人被周人滅了、打敗了，它的貴族就變成了亡國奴。亡國奴有一套文化，就是柔順的文化，後來繼承了這套東西的就是孔子，他是這樣來講。他講了以後，他的論述被很多歷史學家都批評，其中最有代表性的是三個人，一個是郭沫若，一個是馮友蘭，一個是錢穆，都對他的書提出了批評，認為從歷史學的角度來說是站不住腳的。所以，我想文字優美是好的，想像力豐富也是好的，但是還是要嚴謹，作為歷史學的研究還是要嚴謹。當然如果要編胡適的文集或者文選，

儒學發展與進化：陳來講談錄
二 先秦文獻中的「儒」

我還是贊成編這個文章，因為我覺得這個文章還是很有意思的，值得看，但是他的結論我是不能接受的。因為孔子雖然是殷人的後裔，但是孔子主要受魯國文化的熏陶和影響，而我們知道魯國保存了最完整的周代的禮樂文化，而孔子自己也講得很清楚，他一生的理想就是恢復周代的文化，而不是恢復商代各種各樣的東西。所以，這個問題今天也不用再討論了，這是我對你這個問題的回答。

提問：在仁與禮的關係上您是怎麼看的？因為孔子說克己復禮為仁，非禮勿視、非禮勿聽、非禮勿言，禮與內在的仁愛是什麼樣的關係？

陳來：仁和禮，如果用杜維明的話來講，有一種「創造性的緊張」，孔子一方面的思想是要繼承西周的禮樂文化和文明，有志於恢復周代的文化秩序，特別是政治的秩序。但是，同時孔子另外也有發展，這個發展就是在仁的方面。從禮的方面你可以看出他對西周文化的繼承，從仁你可以看出他對西周文化的一種發展，發展就是把西周所有的道德的德目歸結到幾個主要的方面，特別是仁，仁變成是一個最首出的德目。同時，仁不僅僅是一個德行的德目，而且變成了一個道德的第一原理，這裡邊就體現出孔子的發展。孔子他跟西周文化的關係是有繼承、有發展的，分別體現在仁和禮兩方面。

提問：提到儒效，就是荀子提出的大儒、小儒、俗儒和雅儒，我覺得不管怎麼說他們都還是儒，您認為現在意義上存不存在真正的儒者？其實我背後的意思是說研究儒家我們應該採取一個什麼樣的立場和態度，僅有同情的態度是不是夠呢？因為剛才我只聽見您報告的後半段，聽見您說的大儒、小儒、俗儒、雅儒，我們今天存不存在真正意義上的儒者？

陳來：我沒有完全把話題展開，其實《荀子》裡邊除了小儒、雅儒、大儒以外，其實還有一些不好聽的話，什麼陋儒，他批評那些子思、孟子，什麼陋儒、賤儒，也有一些不好聽的話，那些我就沒有拿來討論，如果說各種對儒的說法都是對儒的肯定，那不一定，有些講法也不都是正面的肯定。回到你要講的問題，我們對儒家今天的研究應該怎麼研究，我覺得你的意思是不是我們要作為一個儒者的角度、儒者身份來研究？今天這個時代，我想對於儒學和儒家學說的研究應該是多角度的、多種立場的，比方說即使20世

紀我們常見的對儒學的批判，甚至是外在儒學對儒學的一種強烈的批判，我們也承認它有它的價值，也不是沒有價值的。另外，我想從今天我們研究的角度還是仍然有多種的方式，雖然這個世紀的潮流是變化的，批判儒學或者批孔已經不是我們今天的潮流了。但是，即使在這個時代，我想對孔子、對儒家的研究也是應該有多種多樣的態度，我們不能夠說只有一種態度才是正確的，我想不僅是研究孔子，研究什麼東西都是要如此的，就是我們要有一個多樣的、比較多元的角度，對學術一種比較寬容的態度。假定說只有某一種研究態度才是可取的，比如說我一定要先做一個儒者才能研究儒學，只有這種角度是對的，我想這太狹隘了，這既不符合現代社會的發展，也不符合我們今天整個文化多元發展，研究多樣發展的學風和態度。所以，你如果問我的想法，是不是說我們只有先做一個儒者，才能夠來研究儒學，我說不一定，像我剛才講的，比如說胡適，胡適他也不是儒者，但胡適對儒家的研究也值得參考。儒家需要各種方向的研究，比如說我們需要對儒學做歷史的研究，胡適也是一種，包括章太炎，他其實也有很多反儒的思想，但他不僅對儒學，特別是對儒家傳統的經學也有很多有貢獻的地方。更不用說我們今天學術視野的廣度更寬，剛才我們講有的是從馬克思主義的角度來研究，也有人不是，有人從西方某種思想角度，比如說像安樂哲是從實用主義的角度來研究儒家，這也是很好的，雖然他是外國人，但我們中國也可以有這樣的角度。所以，我想儒家作為一個研究的對象，他可以有多種不同的進入的方式。

至於做一個儒者，我覺得做儒者和做儒學是兩回事兒，一個儒者倒不一定研究儒學，他只要是儒行，他主要是在行為方面怎麼樣體現一個儒家的基本道德價值。儒學是從事學問的研究。所以，作為一個儒者倒不一定研究儒學，研究儒學則不限於儒者，這是多角度的。我就作這樣簡單的回答。

提問：陳老師您好，感謝您今天的演講。我想請問，一個是從報告的後面講儒學，把研究從五經轉到了四書來入手，我想請問您對這個還有什麼原因和產生什麼影響？第二，想請您解釋一下《論語》當中的兩句話，一個是「志於道，據於德，依於仁，游於藝」，還有一個是「興於詩，立於禮，成於樂」。謝謝。

二 先秦文獻中的「儒」

提問：老師您好！因為我最近一直在看余英時先生的《士與中國文化》，我想問一下，在先秦時代您講的是儒的印象，我想問儒的印象和士的印象的異同？尤其是在儒道和士之道方面？

陳來：如果沒有提問的，我就簡單回答。一個是關於「五經」到「四書」的問題，因為這是個歷史現象，這個現象怎麼理解，因為它確實是個歷史的現象，唐以前的人是注重「五經」的，宋代以後特別是理學出現以後知識人更注重「四書」。從文化史上來講怎麼理解這個現象？我覺得這個道理是，如果你看宗教學是很清楚的，就是從舊約到新約的轉變也是一樣的。因為「五經」更多的是一些詩歌、歷史檔案，儀式的規則，很多這些東西。但是，「四書」是價值的凝練，文化的發展，價值比較突出。朱熹曾經講過這句話，說為什麼要念「四書」？「五經」就好像是剛打下的稻穀一樣，外皮都沒去，「四書」好像是熟飯，你就直接拿來吃就好了，別人不要的東西早都去掉了，我覺得這也反映了這個特點，「五經」是一個歷史形成的東西，如舊約裡也有很多詩歌、儀式的很多東西。如果從做人的角度，基督教也是教你怎麼樣做一個基督徒，不是說要瞭解多少基督教的歷史、詩歌，關鍵是你怎麼掌握它的精神原則、規則，它的德行，是這樣的。所以，從這個方面來講，這種經典的變化，有它的必然性。

關於士和儒的分別，余先生的書裡《士與中國文化》，你要看前面整個刻畫中國士的特點，那個士都可以換成儒，他所有舉的資料都是儒、儒士的資料。當然，這個士的概念從歷史上來講比儒大，士也可以是墨士，法家等各家也都可以是士。因為士本來是西周的貴族裡最低的一個等級，到了戰國時代，士變成了知識人，也是有各個不同的學派。但是就余英時先生所刻畫的中國知識分子的特點或者中國知識階層的特點，他舉出士的材料全部都是儒的材料。所以，以前我也寫過文章，我說這些材料都可以換成儒。當然，中國知識人的傳統是很豐富的，不僅僅是儒，還有道家等一些影響。但是，如果就他的主流的精神看，我們今天講中國知識分子的精神，講他的傳統文化，那應該是儒家在裡面起了主要的作用。

問答部分

主持人：謝謝陳來先生。陳來先生真是在百忙之中過來給我們作了這麼一個精彩的報告，我想我沒有那個能力、沒有那個水平做任何的歸納和總結，我願意和我們國學院的同學，因為我注意到除了我們國學院的同學之外，還有一部分外單位來的先生，我在這兒只想和國學院的同學交流一下我自己今天聽了報告的一點體會。

我覺得陳來先生所講的內容，除了陳來先生概括的學術觀點、基本的判斷值得我們認真聆聽、用心體悟之外，其實陳來先生在這場學術報告中所表達出來的治學方法與表達方式同樣值得我們認真學習。現在的思想史研究和前幾年相比較有一個很大的學風上的轉變，就是大家更重視文本的研究，實實在在地讀文本本身，並且對文本的性質區分，做了若干自身性質的區分，在今天的學術報告裡陳來先生講到了儒學他有個自身的認定，另外還有他人的認定，其實都是我們今後在解讀文本中應該學習的一種治學方法。這種方法當然現在是在中國學術界推行得很快的，應該講這是一個非常好的現象，在國學院我們也非常高興地看到這個學期我們有兩個讀書班在進行，一個是梁濤老師主持的一個《五行》篇和《大學》篇的讀書班，另外是我們新來的幾位年輕老師和在讀的博士生合作的一個《論語》《孟子》讀書班，其實這也是和這種學術風氣相互照應的。

陳來先生去年在哈佛研究學社主持的就是儒學經典的研讀班，在這裡我想他也透過這場學術報告的方式向我們展示了這種治學的方法。另外，我想這種表達，其實我們的很多同學是不太會表達的，這也是我們目前同學在治學的起步階段應該著重想辦法有所突破的一個方面。所以，我想在今天我們聽這場報告的時候請大家注意，陳來先生用了四個層面，實際上一個層面只有兩個字，對有關問題做了一個很好的邏輯上的安排，這種高明的表達方式，同樣值得我們國學院的同學和老師來學習的。好在今後還有更多的機會向陳來先生繼續求教，讓我們師生一起再次以掌聲對陳來先生的到來和精彩演講表示謝意！

陳來：謝謝。其實今天大家提問我覺得是很不錯的。所以我在想作為老師來講，能夠碰到好的學生，在好的學校裡教書，至少是個幸福的事，如果

碰到那樣的學生真是沒辦法，知識的老舊和視野心態的封閉，簡直是不能想像。今天我很高興，我的經驗雖然不多，好多學校像武大、復旦等等這些地方也去過講演，而今天我們人大的聽眾，我相信博士生以上的學歷應該是不多的，大多數還是碩士生以下的學生，他們提的問題都是很不錯的，這是我感到很欣慰的一件事情。謝謝。

三 儒學與中國文化的形成

　　關於儒學的問題，因為大家程度、背景不同，專門性的哲學講座可能不適合大家。我想採取漫談性質的方法，跟大家就這個題目介紹一點基本知識，談一點我個人的基本看法，作為交流。前面大家聽了基督教、佛教、道教，還有一些西方哲學，以及其他一些方面的哲學講座，已經具備了一些基礎知識，這些對瞭解儒家思想是有益的。

　　我們的題目叫「儒學與中國文化」，儒學也可以叫儒家，「儒學」是比較學術化的，「儒家」則比較通用。歷史上還有一個名字在東亞比較通用，叫「儒教」，比如在韓國、日本不叫儒家或儒學，它們叫儒教。儒家、儒學、儒教有什麼不同？一般來講，我們說儒學是側重把儒家作為一個學術思想的形態，就像我們講西方哲學一樣，有什麼代表人物，有什麼學術派別，基本都是講學術思想，在這個意義上它不包括實踐。但宗教不同，宗教是包括社會實踐的，這是很不一樣的地方。儒教則不同，它包括儒家的一些教化的活動，它的一些社會實踐的方面。比方說，大家也做青年工作，當然做青年工作和少年工作也有關係。這幾年北京國子監所在的街道辦配合「人文奧運」，開展兒童讀經班，這在全中國很多地方都開展了。兒童讀經班很重要的一部分是學習古代儒家的經典，這類活動屬於實踐性。從儒教的角度看，這屬於儒教的一部分。而儒學主要是一些理論說明，學術的研究，思想的闡發，在這個層次看，儒教和儒學還是有區別的，所以這裡面不存在好壞的問題，只是一個習慣問題。儒家則還指派別的總體、人的生命的體現。

　　歷史上我們自己也有儒教的講法，至少在唐代、宋代、明代都有儒教的講法。所以在古代有三教合一的思想，哪三教？儒、釋、道（儒教、佛教、道教）。中國古代對宗教的看法比較寬容，當然宗教之間有批評，但是在中國文化裡，沒有像西方那樣的宗教戰爭，那種尖銳的宗教的衝突。從國家社會講，它有一個政教合一的寬容的、融合的宗教教化傳統，這是中華民族比較優良的傳統。怎樣融合？有各種各樣的融合方法。比如，比較流行的說法，認為三教各自解決人的某一方面的問題，「以佛治心，以道治身，以儒治世」，

三 儒學與中國文化的形成

儒教是指導我們行為的，道教是修煉我們身體的，佛教是修煉我們心靈的。國家透過強調這樣一種不同方面的功能結合起來對每一個人都有意義的方法，用這樣的方法把儒、釋、道三教結合起來。這是中國古代的特點。現在我們國家不太講儒教的概念，但在歷史上儒教概念還是有它的功能的。比如，中華人民共和國成立以來的教育，不管是社會教育還是青年教育，都是以國家為中心開展的，納入到國家的體制裡，而且由國家的意識形態來主導的。不管共產主義教育、共青團的教育也好，少先隊的教育也好，是在國家意識形態指導下進行的，而且由國家意識形態來主導的。在古代不是這樣，我們看西方還有東亞其他的社會，不是由一個主導的意識形態來主導。美國要求在學校裡不能用一種意識形態來講教育，意識形態這些教育活動通通在學校以外。比方說，在社會的教育和很多的道德教育，在西方它是由宗教團體，由教會，在社區裡面來開展這些教育活動的。我們的歷史上的教化很多也是透過儒教性的民間教育，比如，一個村子裡，教書先生教大家念《三字經》，《三字經》裡講「人之初，性本善」，這就是儒學的命題。這就是透過通俗的教育和教化的方法，把一些文化和價值的觀念輸送給青少年。不是採取國家主導的教育，而是透過像儒教這樣的一個教化的體系。

當然，中國古代講的三「教」合一，其實不是今天嚴格意義上的宗教。嚴格意義上的宗教需要有對上帝的信仰，儒教裡沒有對上帝的信仰。古代講的三教，側重於作為教化的體系，教化人民向善，棄惡揚善，教化體系透過各種宗教類的組織和教育活動分別展開。今天我們的教育活動越來越多樣化了，不管是青少年還是幼兒的教育方面，可能我們需要運用更多的社會文化資源，不是僅僅靠學校。學校當然要貫徹德育，但是應該開放各種不同的途徑，包括不同的文化團體所做的教育活動，甚至不同的宗教團體。像港臺地區、韓國、日本有許多宗教團體，它們所組織的很多活動，比方說暑期的夏令營都是有教育意義的，這類教育活動很多是由宗教團體出面組織的。今天，仍然有必要從這方面開放我們的一些思考。

《儒藏》：思想體系不能缺少經典

我剛才講的儒釋道三教，大家聽了佛教、道教的講座，一個大的文明的宗教，它一定有一種經典體系。我們為什麼要講文明宗教？因為就宗教學所研究的範圍，它是很廣的，它包括很多社會的原始宗教。比如，我們到非洲不發達的地區，它有一些原始宗教的遺存，大家站一個圓圈跳舞，這是對神的敬仰或是迎接神的一種儀式，在全世界很多地方可以看到這些遺存。這些宗教不像我們今天在基督教裡所看到的那種性質的信仰，或者在伊斯蘭教或佛教裡所看到的。這些宗教是初級的，它有一些宗教行為，有一些宗教信仰，但是它的宗教組織不發達，沒有一套經典的體系。而文明的宗教已變成有組織的宗教，而且有一套經典的體系。

大家知道，這兩年有一個流行的提法，北京大學還有一些其他學校，在編輯《儒藏》，為什麼要編《儒藏》？因為我們歷史上有《佛藏》、《道藏》，但沒有《儒藏》，所以要編《儒藏》。什麼叫《佛藏》、《道藏》？它們二者都是在中國歷史上早已編輯好的對佛教和道教的經典系統，「藏」這個字本身有「包含」的意義，最早是佛教用語，很早在唐代就已編了《佛藏》，甚至在唐代更往前就已編了《佛藏》。「佛藏」是指佛裡面包含有萬事萬象的根源，用這個概念來命名佛教的經典體系，說這個體系是無所不有，把佛教的義理和它的著述全都包含進去了。最早在唐代以前就有這樣的編輯了，唐代到宋代叫「佛藏」，稍後叫「大藏經」，現在我們中國人自己編的有《中華大藏經》，1980年代以來我們編的《中華大藏經》，是我們中國大陸自己的學者編輯，利用金代流傳下來的《趙城藏》。今年紀念抗日戰爭勝利，我們知道，在山西有個《趙城金藏》，那是八路軍保護下來的，當時日本人很想攫取，因為金藏到現在已經快一千年了，很寶貴。在「盧溝橋事變」以前，日本人已經派了所謂東洋文化的代表去那裡，去摸情況。抗日戰爭爆發以後，日本人要求進裡面看這些經藏，方丈住持知道他們不懷好意，怕這些經藏被日本人弄走，所以他聯絡了八路軍，當時五臺這邊是薄一波同志負責，最後利用了當地的軍政力量把它安全轉移。一直到中華人民共和國成立後，把它交給了北京圖書館，利用這個作為底本，補了一些其他的材料，做出了我們

三 儒學與中國文化的形成

的《中華大藏經》。但是學界比較流行用的是日本人編的，日本人編的是漢文的大藏經，現在流行的叫《大正藏》。大正是日本的一個年號，在昭和以前，稱為《大正新修大正藏》，《大正藏》收錄了我們漢文的三千多部大藏經，有一萬三千多卷，其中中國部分佔的比較大，因為它還有一部分是日文，日本人在歷史上用漢文寫的。這是大藏經。

關於《道藏》，在宋代已經開始編輯《道藏》了。在明代正統年間編輯《道藏》，有五千多卷，萬曆年間又編了《續道藏》，正統的是明代的前期，萬曆是明代偏後期。《道藏》是把道教的文獻，當時所能收集到的所有文獻全部編輯在一起。佛教傳入中國是在漢代，到今天已經有兩千年左右。道教的產生是在東漢的末期，到今天也是兩千年左右，從三教的角度看，比佛教、道教在中國歷史更長的就是儒家、儒學，它至少有兩千五百年的歷史。從孔子算起，孔子活到今天已經是兩千五百多歲了，他是公元前551年生。因此，明清時期就有學者提出，說我們中國人還是以儒教為本。現在有了《佛藏》、《道藏》、沒有《儒藏》，還是需要編《儒藏》，但是都沒有編起來。最近北京大學在做這個工作，但做這個工作的時候有一個論證會，要論證它的意義。我提出一個觀點，我們今天編輯整理《儒藏》，比《佛藏》、《道藏》更有意義。從根源上講，《道藏》是道教宗教的經典體系的彙集，佛教的漢文經典是宗教的經典的彙集。今天我們編儒家儒教體系的彙集，它不是代表一個宗教、一個學派，從根本上講，它是代表中華文明的經典。這與佛道二教的藏經是代表宗教體系的經典，不完全相同。佛教大藏經是代表它的宗教的經典體系，《道藏》是代表正宗道教的經典體系。可是《儒藏》不是代表儒教一個思想體系，它從根源上講，實際上代表的是中華文明的經典體系，這是它很不一樣的地方。

道教的產生是在東漢，我們看《三國演義》，曹操在打漢中的時候有個張魯，早期的道教在這個時候開始出現，佛教的傳入也大概也是在這個時候，但是儒家的產生在什麼時期？一般說儒家的創始人是孔子，此後儒家便作為一個定型的學派。孔子生於公元前551年，死於前479年，也就是公元前6世紀到5世紀。孔子的思想是從哪裡來的？比如，佛釋迦牟尼是在菩提樹下頓悟的，這是佛教思想的根源。佛教思想不能從釋迦牟尼再往前推，釋迦牟

尼是創教人，所有的佛教思想是從釋迦牟尼佛來。他是古印度淨飯王的一個太子，在菩提樹下頓悟佛法創立了佛教。可是儒家不是，如果研究儒家歷史，我們知道，孔子的儒家學派在先秦做什麼？他們在先秦做的最重要的一件事，孔子已經開始做了，就是編輯整理六經，解釋傳承六經，所以整個儒家的經典體系、著作體系可以說都是順著這個線索來的，是對六經的經典做不斷解釋、發揮、運用。你可以說，儒家的經典大部分就是這樣的。我們說佛教裡面經典是佛所說法，最根本的經典是釋迦牟尼佛所講的，根據他所講的作闡發、發揮。但是儒家的經典體系，並不是都對孔子的發揮，對孔子的發揮只是一部分甚至是一小部分，大部分是對六經的體系不斷解釋、發揮。這從就孔子開始了，歷史上說孔子刪定六經，說《詩經》三百篇，孔子在整理中把不太好的刪除了，最後剩三百篇了。孔子已經開始很自覺地對六經文獻的體系做整理和傳承。所以在先秦諸子百家流派很多，不只儒家，還有道家、墨家、法家、陰陽家等，但是沒有一家是傳承六經的，只有儒家是傳承六經的。

▌六經：儒家思想的根源

六經是什麼？六經是我們從夏商周以來我們文明所積澱的精華部分，我們講五千年中華文明，但是有文字歷史的不是五千年。一般我們講「三代」，在孔子時期已有明確的三代概念，從夏代開始，商代、周代，這三代已進入文明的時代。「文明」在考古學上和人類學上有固定的意義。在很寬泛的意義上，我們有農業文明，有早期的種植農業的歷史，這是很粗略的。一般我們講的「文明」是有階級的分化、國家的出現，有城市、文字，特別是銅器的製造等等。從夏代已明確進入了真正的文明時代，西方人對此有一些不贊成的意見，他們只承認商代，不承認夏代。五千年文明和三代的文化，本來從《史記》傳下來的，漢代司馬遷作《史記》詳細記載了夏代的世系，有多少代皇帝，每個皇帝叫什麼；商代有多少個皇帝，每個叫什麼，然後到了周代。近代以來，從日本人開始抹殺我們的歷史，當然這裡有雙重原因的，一方面帝國主義對我們的歷史的悠久加以貶低；一方面我們沒有考古的證據說這就是我們那個時代的物證。1929年我們在安陽的殷墟發掘出了商代的檔案、烏龜殼、甲骨文等。因為殷墟的甲骨文等基本上可以說是商代的檔案。殷墟的

三　儒學與中國文化的形成

甲骨文本來是用來算命占卜的。先鑽幾個眼兒，放到火上去燒，燒了以後就會出現裂紋，事先有規定，如果裂紋橫向居多，那麼這是吉的兆象，如果豎的多，那就是凶的兆象。當然還有一些別的規定，燒完了以後看，當然要專業的占卜師來看。在看的過程中，當然是有疑問才問，不是憑空提問的。比如，要問收成的情況，先把這個字寫在上面，然後再烤，烤完了以後，結果記載下來，以後占卜究竟是否靈驗也要記下來。其中最大量的是商王朝的祭祀，例如第二天要去祭祀，三天以上的天氣好不好，吉不吉利，就占卜一下。結果，在幾萬片甲骨文裡，我們在這些烏龜殼上發現了《史記》上記載的人名，這就是考古學的證據。無論西方的帝國主義也好，東方的帝國主義也好，科學家也好，不信不行。雖然我們沒有別的考古學的證據，但是我們在安陽的發現證明了司馬遷在《史記》裡講述的商代的世系基本上是可靠的。這對中國歷史學家是很大的鼓舞。

再看夏代，司馬遷記載的夏代的事件，我們相信它也應該有很大的真實性。夏代皇帝從誰開始，叫什麼名字？我們相信其來有之，不是編造的。西方人不相信，除非再挖出來考古的證據，他們就信。但是從這可以看出，我們中國文明的發展，並不像近代西方國家所認為的，認為我們周代以前的事情都是神話傳說。不是神話傳說，歷史記載都是有根據，有傳承的。從夏商周，中國已經進入了文明時代，政治、社會管理、人生的生命體驗上都積累了很多經驗。這些經驗也積累在一定的文字的傳承的載體上。最重要的就是《詩經》和《尚書》。孔子以前有六經，當然沒有叫「六經」，但是有這麼六部書。孔子以後，人們便把這六部書排列起來。真正地出現「經」這個詞語是在漢代以後，「經」這個概念是國家正式承認為國家的經典。但是，在孔子時代，雖然六經沒有被叫做經，但它實際上已經獲得了經典的地位。因為孔子講學的時候要引經據典，引的主要是《詩經》和《尚書》。現在的《尚書》是漢初傳過來的，上面記載的很清楚，哪些是夏代的，哪些是商代的，哪些是周代的。當然，《尚書》的傳承，歷史上有很多變化，但是它有很明確的記載。因此，我們可以籠統地說，《尚書》記載了夏商週三代以來的政治歷史經驗，因為《尚書》是三代的國家的政治檔案的彙集。什麼是政治檔案？不是我們今天記載某人的情況，更重要的是記載了某些文獻。例如中共中央

第幾號文件,這些當時叫文告,這些文告大部分是由當時的帝王或者代行帝王職權的人發佈的。因為這些公告都是一些政治文獻,我們可以說《詩經》、《尚書》以及其他的一些經典著作都表現了三代以來我們中華民族在物質生產、人民生活、政治歷史方面所積累的文明的經驗。《尚書》當然是很明顯的。《詩經》裡,比如《風》,我們知道記載了很多民歌,但是《雅》、《頌》部分記載了很多夏代以來的祭祀所流傳的歌謠。這些歌謠在什麼場合唱?在國家的祭祀場合。例如,周代對它的祖先,還有商代對他的祖先,祭祀時要頌唱,所以《詩經》裡面有《商頌》,就像《尚書》裡面有《商書》一樣。六經除了《詩經》、《書經》以外,還有《易經》,《易經》中對商代的東西記載的很少,周代的比較多。還有《禮經》、《樂經》、《春秋》,《春秋》是歷史。因此我們可以說,《易》、《禮》、《樂》、《春秋》更多的是周代的。但我們知道,周初到孔子有近三百多年的歷史。所以,《詩》、《書》、《禮》、《樂》、《易》、《春秋》這六經是代表了孔子以前我們中國文明積累的經驗。孔子以發揚、整理六經的思想、學術的傳承為己任,孔子的學生也是如此。孔子的學生幹什麼?每天討論六經,特別是《詩經》、《尚書》和《易經》等。近年我們有很多新的考古發現都證明了這一點。

　　因此,儒家思想的根源在六經。六經是什麼?六經是中華文明的經典。所以,儒家所傳承下來的這套思想,並不僅僅是戰國諸子百家其中的一家,在文化傳承上儒家與其他各家是不一樣的。法家沒有歷史傳承,道家也沒有。儒家有很深厚的歷史基礎和歷史傳承。歷史傳承是三代以來的中華文明所積累的東西。這是我們今天認識儒家的特色。我們剛才從《儒藏》講起,《儒藏》的意義為什麼和佛教、道教不一樣?它不是宗教,它不是教派的經典,它是中華文明的經典。所以,簡單說起來,雖然我們說儒家的創始人是孔子,但是儒家的思想是有根源的,儒家的很多重要的思想命題在《詩經》和《尚書》裡已經提出來。不是沒有根的,不是孔夫子憑空想出來的。《尚書》大部分的文稿是周公發佈的。所以,如果說儒家的文化有根源的話,如果就周代的文化講,很大一部分是周公的思想。周公在《尚書》裡講到了很多重要的思想。比如說「明德慎罰」,「皇天無親,唯德是輔」等。在周公的《尚書·文誥》裡,有很多重要的思想。孔子常常夢見周公,就是要傳承周代的文化。他經

常引用《詩經》、《尚書》的經典，孟子亦然，所以儒家思想有根源。但是，即便如此，在孔子以前，並沒有形成一個系統的思想流派。在整個周代，經典是在一個不斷形成的過程中。我們甚至可以說，到了孔子，這六部經書才真正成為經典。比如，《詩經》的內容以前很多，孔子將其確定為三百篇，「《詩》三百篇，一言以蔽之，思無邪」，把有邪的都去掉了，留下的都是經典。所以，經典體系的內涵和邊界都確定了，然後由孔子和他的學生不斷傳承下去。

▌「五經」與「四書」的形成

我們剛才說儒家的經典體系主要是六經。而六經到了漢代以後就只講「五經」了。為什麼？因為《樂經》失傳了。只有《詩經》、《尚書》、《春秋》、《易經》、《禮》傳下來了。這是「五經」的概念，和其相匹配的概念叫周孔之教、周孔之學。這是從漢代到唐代，儒家思想體系重要的概念。宋代以後，就不這麼講了。宋代以前叫周孔之教，周孔之學，作為儒學的代稱，周是指周公，孔是指孔子。以五經的傳承為基本。到了漢武帝時，立了五經博士。什麼叫「五經博士」？就是國家確立五經作為國家的經典，要專門找人來研究。五經博士是代表國家最高水平的經師，經師就是解釋研究經典的大師。當然，《論語》雖然沒有叫做經，但是在漢代，《論語》和《孝經》在實際上也是被作為經，所以，到漢代就明確確定，五經再加上這兩經，成為儒家的經典，而且也成了國家的經典。國家也有經典，因為中國與別國不一樣，沒有上帝，沒有《聖經》，但是我們有文明的積澱，這些都需要我們國家要有屬於自己的經典。漢代確立五經，「五經」的概念和「周孔」的概念可以說是儒家從漢代到唐代的一個很重要的核心。到了宋代就變了，不叫「周孔」了，宋代叫「孔孟」。所以，我們今天一講儒家就是「孔孟之道」。從周孔之教變為孔孟之道，是從宋代開始的。前面我們講到，周孔之教，可以看出儒家的思想是有來源的，不是孔子一個人想出來的，它有很深厚的文明的積澱。

為什麼到宋代以後變了？變有變的原因。我們看基督教的歷史，基督教的經典叫《聖經》，《聖經》有兩部分，一部分是《舊約》，一部分是《新

約》。漢代，公元前 200 年，那時耶穌基督還沒有出生，我們現在公元紀年是指耶穌基督出生以後。那時外國人念的肯定是《舊約》。從耶穌基督出生以後，《新約》變得越來越重要。當然《舊約》對猶太教還是很重要。《新約》為什麼越來越重要？這和孔孟之道的出現有類似性。如果大家看過《聖經》，會知道《新約》裡主要是《福音書》，其特點是倫理道德教化的意味非常突出。比如，要愛你的鄰居，愛人如己，人家打你左臉，你的右臉也要伸過去挨打等。基督教有很多教訓，這些教訓在《新約》裡面非常突出，像《馬太福音》、《約翰福音》。所以，一個文明宗教的發展，倫理道德教訓很重要。《舊約》裡面是什麼？《舊約》裡主要是詩歌，講歷史。這就很像五經、六經，《尚書》裡很多是歷史，《詩經》裡很多民歌。所以，雖然五經、六經是中華文明的根源性的體系，但是我們如果從道德倫理的角度看，五經就太差了，它沒有突出倫理道德。我們剛才說《尚書》裡也講了很多好的話。但是，比如《禮》，往往講述的是人與人交往的形式上的禮節，比如禮尚往來的原則，其中也包含了很複雜的規矩。當然，我們中華文明是禮儀之邦，這些很好，是精神文明的一部分，但是它不能對人的倫理道德的行為或者心靈造成一種作用。《舊約》的作用是一樣的，告訴人要信上帝，但是怎樣落實到倫理道德方面不突出。《新約》在這方面很突出。這種情況在中國也出現了。中國的經典體系，在宋代開始更多地推崇四書。經典體系從五經開始變到四書。朝廷的考試也是一樣，除了五經以外，還要加試四書，四書變得越來越重要，甚至超過了五經。宋代著名儒學大師朱熹講過一句話，為什麼現在要強調四書？他說，五經像粗禾，四書好比是熟飯。「四書」是什麼？《論語》，主要是孔子講學的記錄；《中庸》，子思作的；《大學》，曾子和曾子的門人作的；《孟子》，孟子和他的學生作的，孟子死於公元前 300 年左右。因此，可以說，「四書」是在孔子死了以後一百年以內形成的。這四本書的特點是什麼？就是很集中地在道德倫理方面加以發揮。我想，一個大的文明宗教，經典體系發展要越來越濃縮化，要把價值濃縮，歷史在經典體系中的地位慢慢減弱，更加突出的是道德倫理教訓方面。在世界宗教裡都會發現這種現象。宋代以後，四書的地位越來越突出。四書突出來，孔孟之道就突出了。所以，到了宋代以後，我們就叫孔孟之道，不叫周孔之教了。這個變化是和我們經典體系聯繫在一

起的。宋代以後，出現了一些著名的註解，例如朱熹的《四書集注》。朱熹晚年，將四書合併在一起，並稱「四書」，加以註解。到了元代，確定科舉一定要考四書，明清更加流行。所以我們說從「五經」到「四書」，代表著經典體系的變化。宋代以後到現代這一千多年裡面，儒家學者從五經到四書的解釋、發揮和闡發，也出現了一些新東西，這就是語錄，語錄是一個人說話的記載。語錄是在宋代時候出現的。這些從哪裡來的？是學習佛教的。佛教在唐代開始出現了禪宗，禪宗的創始人應該是慧能。禪宗有很大的平民性，由於禪宗的出現才出現了語錄。老師如果不會寫，學生就把他講的記錄下來。比如《壇經》，這裡面講的就是慧能法師講的話，這實際上就是語錄。到後來，這種東西很發達，很流行。老師對學生講的話，學生就記下來。其實古代的《論語》就是這樣的，那真正叫語錄。把口語講說記錄下來的才叫語錄。宋代、明代、清代，儒學經典體系的第三階段發展主要是語錄的大量出現。

古代儒學發展的三個階段及代表人物

儒家的代表人物。儒家作為一個學派，創始人是孔子。孔子的學生很多，弟子三千，賢者七十二人。這是孔子那個時代講學的一個狀況。孔子以後，比如《大學》、《中庸》的作者子思、曾子等都是比較有名的。再有就是孟子，孟子是很重要的代表人物，所以後來才能夠變成「孔孟」。孟子以後有荀子，荀子也是一個很重要的人。因為孔子、孟子都是山東人，孟子在鄒縣，孔子在曲阜，曲阜是魯國。魯國為什麼會出現孔孟？因為魯國的禮樂文化傳統是很深的。周公封於魯。周代封建國家，要把自己的子孫分封到各地去做王，這是一個宗法的系統。周公封在魯，按理說，魯是諸侯國，與周王室差了一個等級。按照以前禮儀文化的傳統來說，天子有一套自己的禮儀。可是，照周代的規定，周公封於魯，但他可以使用天子的禮儀。這樣一來，魯國傳承周朝的禮樂文化非常自覺，有傳統。所以，孔子那個時代有人從南方來參觀完魯國後感嘆說：「周禮盡在魯矣。」周禮在別的地方都看不見了，在魯國卻保存很多。我想這是魯國能成為孔孟家鄉的原因。我們知道，秦始皇反對儒家，焚書坑儒，殺了很多儒家的弟子，燒了很多儒家的書。他是法家的代表，運用嚴刑酷法來治理國家。

到了漢代發生了變化，出現了董仲舒，學習非常用功，「三年不窺園」，他是非常有名的儒學代表。他主要的貢獻是解釋《春秋》。三國的時代就太亂了，到了魏晉南北朝，隋唐五代，這個時候沒有出現特別有名的思想家，儒學在這個時代，主要是透過經學的方式來發展。經學有點像西方的經院哲學。西方中世紀有一段經院哲學，就是說也沒有什麼思想家出現，大家只是一些學究性地研究經典。我們知道，經典的傳承是很重要的，但是傳承要有生命力的出現，傳承才有活力。例如經典要傳承，就要結合當時的問題，做出有生命力的解釋，能夠結合時代的需要，這個傳承才能變成活的傳承。經學像歐洲中世紀的經院哲學，透過經院哲學，比較死板，更多是透過咬文嚼字似的傳承，思想上沒有生命力的出現。只有結合時代提出問題，才能變成對時代社會、文化有意義的東西。這一點，在魏晉隋唐時代受到了限制。限制當然和社會結構也有關係。這個時代，從歷史上講是屬於世族的時代。比如，後漢以後豪強大族發展，到魏晉南北朝，甚至到隋，到唐，成為世族這種貴族制，出現貴族莊園的這種結構，這種結構裡面更多的是家族內的知識的傳承，為家族的傳承服務的，不是更多地關心社會，這樣的社會結構把它限制住了。只有把它變成和社會血肉相連，關心社會問題，這個經典的新的生命才會透現出來。這一點，到了唐代後期，到宋代才發展起來。唐代後期，唐代向宋代的轉型是貴族的結構轉變成平民的結構，小地主、自耕農大量出現。我們可以看到，唐代以來的著名的知識分子都出生在貧寒之家。像韓愈，是河北人，他父母都不在了，由姑嫂帶大，生活很貧苦。在這樣一個新的社會結構出現的知識分子，對社會有新的關懷。北宋的范仲淹，「先天下之憂而憂，後天下之樂而樂」，他不是生活在莊園、世族的圈子裡。你要代表中央政府去當地做官，要關心民生的疾苦。就算遭到打擊，不做官，心裡也要關心政治，關心國家大事。這樣一種類型的知識分子開始出現，而這類知識分子開始關注四書，闡發四書的意義。

儒學第一個時代是從先秦開始，由孔子和他的弟子傳下來的，以孔子、孟子、荀子為第一個時代。第二個時代是漢代到唐代，董仲舒代表的是比較有生命力的儒學。他比較會結合實踐，把經典的問題結合到實際中來。當然，結合到實際中來也有危險，比如，董仲舒認為天子是天的兒子，也要有道德

三 儒學與中國文化的形成

約束，否則老天爺會懲罰你。但是，皇帝不聽，有一次董仲舒提議時，漢武帝要殺董仲舒，雖然後來沒有殺，但也給他很大的打擊。漢代的儒學還是能夠結合一些社會問題提出一些思考。接下來到了魏晉南北朝、隋唐，這段時期儒學是比較經學化的，與社會的聯繫比較少了，僅僅變成了一種學術的傳承。最後一個階段，宋、元、明、清儒家成了第三階段。這個階段，在歷史上我們稱之為新儒家，新儒學。這個時代如果我們用中國固有的語言叫做「理學時代」。宋代時理學開始出現。什麼是理學？就是專門講四書的。知識分子到處講語錄的，把四書的道理用在他們的教育、理論的傳播上，形成了理學。這個時代是儒學發展離我們今天的最近的時代。所以，粗略地分三個時代，一個是子學的時代，一個是經學的時代，第三個是理學的時代。當然，子學的時代也可分為不同的發展階段，比如孟子到荀子的發展；經學時代從漢代的董仲舒所代表的能夠經世濟用的，到比較學術化的經院性的；理學，如果我們講時代，可以說是時間最久的，在儒學發展史上，也是對我們今天的儒學影響最大的。理學的代表人物很多。如果我們把理學也分成兩個部分，前一部分是「程朱陸王」，程就是北宋的二程兄弟，一個叫程顥，一個叫程頤。這兩兄弟在北宋特別地講《大學》、《中庸》，這是了不起的，因為《孟子》在唐代已經有人講了，但是以前沒有人講《大學》、《中庸》。《大學》、《中庸》實際上是兩篇文章。這兩篇文章保存在《禮記》裡，《禮記》本來在漢代不是經書，《禮記》是孔子和他的後學討論禮學的記錄。可是《禮記》裡面的《大學》和《中庸》後來被人所重視。比如，佛教裡，從梁武帝開始到宋代，有很多的佛教信仰人士重視《中庸》。另外，儒家知識分子在唐代便開始重視《大學》，如韓愈就很重視。但是總體來講，沒有成為時代的風氣，注意《中庸》、《大學》的學者水平也不是很高，沒有形成一套體系。而到了二程兄弟，特別將理學加以傳播，加以研究，形成了最早的理學體系。到了南宋，出現了福建人朱熹，綜合了二程以來的發展，把理學變成一個很大的體系，可以說是中國歷史上儒學的最大體系，文集有140卷，語錄也有140卷，另外還有120卷書。從二程到朱熹發展的理學，可以稱作是宋代理學的正統派，同時還出現了一個非正統派的代表，這個人叫陸九淵，江西人。這一派經過元代到明代的發展，在明代成為了一個思想影響非常大的主流派。

這派在明代的代表人物叫王陽明,浙江人。因此,我們在講理學的時候說有兩大派,一派叫程朱派,一派叫陸王派。程朱派是二程到朱熹的體系,到明代、清代也有發展;還有一派就是陸王派,從陸九淵到王陽明。這兩派有什麼區別?說來話長。簡單說,程朱派以理為本,陸王派以心為本。如果我們從倫理道德的角度講,程朱派是說我們社會遵從的道德法則實際上是整個宇宙和人類歷史發展的規律,一個普遍的法則。我們要認識這些法則來提高我們的道德自覺。我們現在遵從的道德法則不是誰編出來的,而是宇宙和人類歷史的總的法則。我們要透過對宇宙歷史的瞭解,來提高我們道德的自覺。陸王派說,道德法則是什麼?道德法則不是天地宇宙的法則,道德法則就在我們內心,如果說根源,就在我們心裡。一個人不用看《論語》《孟子》,就看自己的心,發明本心,每個人都有自己的良知,不要學這學那,就發揮自己的良知,良知是自己的主人翁。所以,這派叫心學。理學有兩派,講理的叫理學,講心的叫心學。

　　這是理學的前一部分發展。後一部分發展到了明清之際。明清之際,清朝入關以後,新的知識分子出現了,他們本來也是理學家,但是痛定思痛,對整個歷史作了新的反思。最有代表的比如黃宗羲、顧炎武等。黃宗羲不僅關注稅法等局部問題,他對政治體系的根本問題作了一些批評。他認為中國最大的問題是君主制。他對君主制的批評就是把一家一姓的利益當成了全民的利益,這是根本錯誤的。所以,他是從孟子的觀點出發,說不能把一家、一姓的利益當做全民的利益,不能要求全體人民把對你的效忠作為根本倫理。根本倫理應該是以人民為起點的。這樣一些思想的出現,代表宋明理學發展到了一個新的時期。

　　儒家的發展過程,第一個是子學時代,是作為先秦諸子百家的子這方面來出現的。儒家是作為諸子百家的一家出現的,像墨子、老子等,都在這個時代是作為諸子百家中的一家來發展的。當然這個發展過程有些不同。如孟子是主張「性善論」,人性本善;可是到了荀子,荀子是講「人性本惡」。那有沒有矛盾?從理論上來說有,但是它不是儒家思想的根本矛盾。為什麼說不是矛盾?因為他們共同的思想是一樣的,比如禮義教化。我們現在講禮義廉恥,仁義禮智,這些都是正面的價值。孟子為什麼強調性善?因為他認

為只有講性善，才使得人們有向善發展的可能性和根據，他才有自信，如果他根本沒有，怎麼啟發他？只有講人性善，才能啟發他的自覺和自信。這是孟子的想法。荀子的想法不是這樣。荀子更多是從外在的規範來講，比如人的本性裡面都有一些服從社會通行道德的規範，但要認識到本性所帶出的這些東西是不可靠的。一定要按社會通行的規範來約束自己。這是早期在子學時代的發展。第二個是經學時代，儒學是以經學的形式發展，但是也有不同。在西漢，董仲舒的這種經學是經世致用的；到了魏晉南北朝，到了隋唐以後，經學變成比較經院性的。但是儒學還是在傳承，在發展。第三個階段，在理學的形態中傳承與發展，理學一派是理學，一派是心學。理學是強調理的客觀性，理是當時社會通行的道德法則的客觀性，強調客觀性的原則。心學強調主觀性的原則，在這種對立統一中發展。最後一個階段，明清之際，由於中國歷史的變動，出現了一些新的思考，這些思考對於中國歷史、政治有了一些反思。這些反思已經走到了近代的門檻，雖然還是儒學思想，但是它根據儒家思想對於社會的反思和批判已經接近了近代思想。

與時偕行的儒家思想

如果我們說儒家有幾個重要思想，大家聽起來可能非常有意思。比如，以德治國、執政為民、以人為本、與時俱進。我們說這就是儒家的重要思想，這不是胡說。與時俱進這個觀點出現在《周易》裡面，《周易》裡講「與時偕行」，就是要跟時代的變化往前走。由於與時偕行，才有了與時俱進。如果我們從哲學上講，儒家哲學的與時俱進的觀念很早就出現了。以德治國的思想是儒家最根本的政治思想。執政為民，以人為本都可以在儒家思想裡找到。

以德治國。因為儒家是德治主義，從周代開始，《周書》裡面就提出過此類觀點，德治主義在孔子裡講得很清楚。孔子有句很出名的話叫做「道之以政，齊之以刑，民免而無恥」，道就是領導的意思，用政令、刑罰領導人民，使社會達到一致，人民可以做到，但是這個社會沒有羞恥心。孔子所要強調的是什麼？「道之以德，齊之以禮，有恥且格」，領導社會要用道德，使人

民的行為達到齊一，是用禮俗而不是強迫性的刑罰，是靠道德和禮俗管理國家，這樣人民是有羞恥心的。歷代以來，中國是一個非常重視「德」的國家，在中國歷史上只有一個非常短的時間，秦始皇時代，完全是以「道之以政，齊之以刑」的辦法，大家知道，秦朝是二世而亡，歷史經驗給我們歷史上的有識之士一個莫大的刺激。因此，到漢代以後，政治家也好，君主也好，都接受儒家的政治理念，不能僅僅用政令和刑罰，特別是嚴刑酷法來領導人民，如果用那樣的辦法，政權不會長久。所以，中國歷史上一直強調「文武之道，一張一弛」，有文有武。這是一個很重要的思想。其次，德治不僅要強調對人民的道德教化，更重要的首要強調領導者的以身作則。所以，在《論語》裡講「其身正不令而行，其身不正雖令不從」，其身就是指領導者，身正就是領導者道德行為的端正，有一個表率的作用。孔子說「政者，正也」。政治就是管理，管理的要義就是端正。而這個端正在孔子來講，不是上面的人去正老百姓，而是自己率先正身。「政者正矣，子率已正，孰敢不正？」自己率先做到正了，誰還敢不正？儒家的以德治國的觀念，很強調政者正身的觀念。這是以德治國。

　　執政為民。中國歷史上有儒家的民本主義，這在《尚書》裡面很明顯。特別是《尚書》在周初的文獻，周初時還有對天的信仰，天是帶有宗教性的天。但在尚書裡已經提出來，「天視自我民視，天聽自我民聽」，天是什麼樣子，我們說不出來，但是老天爺是能看見，能聽見的。它怎麼看見，怎麼聽見？透過人民看見，透過人民聽見的。天的意志實際上是人民的意志，因此政治上，一個君主、所有的執政者必須考慮到人民的意願和需求。正是因為在這樣一種狀況下，孟子說：「民為貴，社稷次之，君為輕。」從政治理念上講，人民是最高貴的；社稷次之，社稷主要是講國家的利益，這是第二位重要的；君為輕，君主是不太重要的。因此，儒家思想裡把人民的利益作為最根本的利益。這樣一個觀念，不僅在儒家政治思想理念裡，它也體現在中國歷代的政治裡。中國歷代政治或多或少受到「以德治國，以民為本」思想的影響。這是講的「以德治國，以民為貴」。

　　以民為本。以民為本在儒家思想裡是很古老的。當然不僅是在儒家思想，中國哲學一直有以人為本的思想。首先，以人為本有相對性，在古代，以人

三 儒學與中國文化的形成

為本是相對於以神為本來說的。周代時還保留了很多宗教信仰，但是從周代到儒家早期的發展，越來越把神的地位弱化，把人的地位推崇起來。以人為本這句話在先秦時代就出現了，所以我們的古代哲學裡很突出以人為本，這是中國文化的特點。中國文化不是神本文化，比如基督教文化、伊斯蘭教文化，中國文化它是始終把人的問題，人性的問題作為一個根本的問題來考慮。所以，儒家可以說毫無疑問地以人為本。我們先講這幾條，表明我們今天關心的很多問題，我們今天政治文化裡面的重要概念都是和儒家有關的。

其次，我們再講一下儒家的特點。除了德治以外，我們說儒家很重要的思想是「仁義」。「仁」是儒家裡面最重要的。比如，孔子在《論語》裡表達的最重要的一個概念就是「仁」。「仁」，簡單來說就是「仁者愛人」。「仁」是代表仁愛的方向，按照今天的話來講，它代表人道的原則。孔子對「仁」的表達，大家都知道，孔子在《禮記》裡講，過泰山，感嘆「苛政猛於虎」，這就是從仁心，從人道主義所表達出來的對暴政、苛政對人所造成的危害的感嘆。可以說孔子關於「仁」的思想是最根本的。但是，孔子這個時代很少表達「義」，對「義」的表述不是很連貫，孔子也講過「義」，但是更多的是講道義，沒有和「仁」連在一起。將「仁義」連在一起，是在孟子的時代。把「義」和「仁」連在一起，更多是講正義的原則。在孟子的時代，這一點應用的很突出。當然，「仁」和「義」是有聯繫的，比如，孟子正面地歌頌了革命，自然古代的革命和今天的革命不一樣，孟子所講的革命是指把政權推翻。那時候講「湯武革命」，湯革桀的命，武王革紂的命，用暴力的方式推翻了政權。孟子稱讚了革命的正當性。為什麼？因為孟子有民本主義的思想，認為夏桀和商紂都是殘害人民的君主，因此孟子講過，像紂王這樣的人，殺了他像殺了一個獨夫而已，沒有什麼不合法的，在政治上和道德上都是合法的。中國歷史上為什麼會不斷有革命出現？因為儒家思想裡正面肯定了正義的仁義，這裡面容納了革命的思想。相比於日本的歷史上沒有革命，中國歷史上的革命卻很多，可以說是受儒家思想的深刻影響。這是從政治上來講的「仁義」。仁的思想還有更廣泛的意義，第一句是「己所不欲勿施於人」，孔子有個學生叫子貢，子貢有一天問孔子，說「有一言而可以終身行之者乎」，有沒有一句話一輩子都可以實施它？孔子說，「己所不欲，

勿施於人」。又有一天，子貢問關於「仁」的問題，孔子講「己欲利而利人，己欲達而達人」。「己所不欲，勿施於人」可以說是從消極的方面來講，「己欲利而利人，己欲達而達人」可以說是從比較積極的方面來講。因此，「己所不欲勿施於人」是恕道；「己欲利而利人，己欲達而達人」是忠道。比如，我們今天說，「己欲達而達人」，東部發展了，我們希望中西部也發展起來；自己發達了，有錢了，希望別人也有錢，這是忠道。「己所不欲勿施於人」也是一樣，我不喜歡別人壓迫自己，我就不要去壓迫別人。

這些道理都很簡單，但簡單歸簡單，這兩個思想在全世界已經變成了最重要的思想。20世紀80年代末，歐洲的天主教神父提出一個問題，他發現所有的地區衝突都有宗教的根源，例如巴勒斯坦和以色列，這裡面除了有政治、領土的衝突，更重要的是宗教的影響。當時他們提出一個口號，「沒有宗教的和平就沒有世界的和平」，沒有宗教的和平就沒有人類的和平。因此，由這些有識之士，歐洲的神學家聯合美國的宗教學者在90年代初開了一個宗教的議會，來討論這個問題，沒有宗教的和平就沒有世界的和平。怎樣達到宗教的和平？就是要達到一個共識。信仰不可能完全達到共識，信穆罕默德的，信耶穌基督的，還有各種大大小小的信仰，因此宗教的共識，宗教的和平要達到共識不能在信仰的層面上，只能在倫理的層面上。一百多個宗教代表開會，謀求達到倫理上的共識，不管信什麼，行為上要達到一些共識，哪些行為是共同承認的。比如，基督教提出他們有《摩西十誡》，其他宗教也有自己的行為規範，結果討論的共識是「己所不欲，勿施於人」，這是大家都能夠接受的。你說，你信上帝也要我信，或者說我信佛陀要求你也必須信，這些都不行。信仰的層面不能達到一致，我們在倫理的層面必須達到共識，倫理的共識最基本的原理就是「己所不欲，勿施於人」。不能用「己所欲，施於人」，比如，我信基督教，要求你也必須信基督教；我認為這個東西好，就要把它強加給你。從前的人認為「己所不欲，勿施於人」是一個銀律，金律是「己所欲，施於人」，銀律似乎比金律要差一點。然而，在這樣一個討論裡，大家確認「己所不欲，勿施於人」是一個金律，這後來形成了大會的報告，突出了金律的概念。什麼是世界倫理的金律？就是「己所不欲，勿施於人」。然後找各個經典裡面的表達，發現每個經典裡面都有類似的表

三 儒學與中國文化的形成

達,最早和最清楚的表達是《論語》。因此,我們說,「己所不欲勿施於人」這個恕道就是「仁」,包括仁的含義。這是儒家的最大的貢獻。儒家的仁義的思想,是作為它的普遍特點和意義。

接下來講儒家對個人的重要的作用,它的特點是強調人要有道德理想。強調人要有高尚的理想。孔子講,「朝聞道夕死可矣」,早上瞭解了世界的真理,那麼晚上死了都沒有遺憾。我們在《論語》裡可以看到很多對「道」的強調,「道」代表人生的含義,人生的追求。超越了那些基本的生存需求的,更好的人生哲理和追求。孔子不僅講「朝聞道夕死可矣」,將道和生命聯繫在一起,還說「君子謀道不謀食」,作為君子,追求的是對道的理解,不是找飯吃;還有「君子憂道不憂食」,真正的君子是對真理不懈地去追求,他所憂心的是那些真理如何實現,卻不會因為貧窮感到憂憤。這些表示孔子是把有理想有道德看成最重要的東西,把人格的高尚完美看成最高貴的東西。如果用人格的形象來表達就是「君子」。孔子比較強調君子,《論語》裡到處講君子。在孔子以前,君子是一個統治階級的概念,代表身份的概念。孔子把它改造成為道德境界高的人。孔子講「君子喻於義,小人喻於利」,君子小人,不是政治地位上有差別,而是道德境界上有差距。君子只追求義,道義和理想,小人只追求蠅頭小利。這是道德上的差別。「君子求之於己,小人求之於人」,君子是自我批評的人,遇到事情,反省自己;小人把什麼事情都推給別人,從不反省自己。這是孔子對君子的描述。更進一步,我們看到,孔子和孟子都有這個思想,為了理想,人可以犧牲自己的生命,《論語》講「志士仁人」,什麼叫志士,什麼叫仁人?「無求生以殺人,有殺身以成仁」,不能以求生去害仁,但是可以殺身以成仁。這是儒家的精神,古往今來很多的志士仁人都是在這種精神的鼓舞下成就其人格的。這樣的人格在《孟子》裡更為強調,「富貴不能淫,貧賤不能移,威武不能屈」等。我們中華民族很多人格的塑造都是由於儒家思想的影響。雖然道家文化、佛教文化都有很優秀的部分,但是中華民族的脊樑,歷史上的英雄人物都是儒家文化給了他們信念和文化的滋養。

這是我們簡單談談儒家的基本思想的特點。這些思想在中國歷史上起什麼作用?

第一，儒家思想在歷史上提供了民族的凝聚力；

第二，幾千年以來，使我們形成了共同的價值觀，我們中國人的價值觀是怎麼形成的，是什麼內容？這是由儒家的思想提供的。

第三，精神文明的發展，儒家參與了重要的精神文明的塑造，特別是我們叫做禮儀之邦，中華文明的禮儀是由儒家來塑造的。

第四，關於人文和教育的重視。孔子本身就是一個大教育家，儒家，對人文教育本身非常重視。

第五，積極地塑造了中國文化的基本精神。

中國文化的基本精神，概括起來，就是「剛健不息、厚德載物」。這兩句話是《周易》裡的話。《周易》說，「天行健，君子以自強不息」，健是剛健，中華民族的生命是剛健有為的，不能無為。道家、佛教是偏重無為的，無為也有它的智慧，但是要應用在不同的方面，整個民族的生命不能無為，需要剛健的有為。應該說，儒家在這方面起了重要的塑造作用。因此，我們可以說，儒家文化是中國文化的主體部分。因為它提供了幾千年以來我們中華民族的共同的價值觀，凝聚了我們中華民族志士仁人愛國的努力，賦予了我們中華文明禮儀之邦的特色。另外，像對於教育、文化的重視，直到今天我們都可以看到其對海外華人的影響。

從儒家視角反思現代中國

最後，我想談談儒家思想與現代中國。20世紀以來，哪些問題是和儒家相關的？一個是革命的問題，一個是現代化的問題。革命的問題是從「五四」開始一直到「文化大革命」，「五四」時期，我們經歷了文化的革命，當時有人提到「打倒孔家店」，全盤推翻儒家文化，這是當時一部分青年的口號，滿懷著愛國的熱情和把中國推向進步的熱情，要求批判歷史上中國的那些阻礙了中國進步的東西。一直到「文化大革命」，我們仍然有這樣的想法，「批林批孔」。不僅是與一切舊思想、舊道德、舊習慣要實行最徹底的決裂，而且有「批林批孔」運動，用了很大的精力來批判孔子和儒家。基本的想法就

是認為，儒家是革命的障礙。如果要革命，就要把儒家徹底推倒。到了20世紀70年代末，改革開放以來，80年代、90年代，我們有一個新的提法，不是從革命的角度，而是從現代化的角度。我們要實現現代化，就要把傳統文化丟在腦後，我們破除了傳統，才能夠走向現代化。可以說在這些問題上都和儒家發生了或多或少的關係。經過這麼多年來，我們回頭來看這些問題，並不是如此簡單的。

首先，我想如果儒家和革命有衝突，當然我剛才講了，從理論上說，儒家是不反對革命的。但是另一方面，儒家確實不是革命的意識形態，因此，在一個以革命為主要基調的社會潮流裡面，儒家受到衝擊是必然的。如果革命是合理的，應當積極推進革命。但是問題在於，人類社會中，革命不是常態，革命是一種手段，革命不是目的，我們不能永遠革命下去，革命是我們達到一種新的目的的手段。同時，革命在其根本立場上是訴諸暴力的。以暴力的手段來解決社會、文化問題，不可能是一個社會的常態。它只是解決一定時期，一定社會矛盾的形式。因此，對於文化問題的反省，必須隨著時代的改變而改變。比如，最近幾年，很突出地提出執政和執政黨的問題。我相信，執政黨的意識不同於革命黨的意識，這是很重要的。如果說執政黨與什麼不同，那麼我們說和革命黨不同，它不是一天到晚革命，執政黨要建設。建設需要建設的文化。這個道理，古人早就明白了。古人對革命黨和執政黨的區別也是知道的。革命時有革命的辦法，不能把革命的辦法用到和平建設時期。應該說，毛澤東是充滿革命意識的，毛澤東一生都在革命。毛澤東不喜歡儒家，抗日戰爭時期，黨內有不同意見，有人提出「己所不欲，勿施於人」，毛澤東就反對。

另外還有一個代表人物是劉少奇，他寫了《論共產黨員的修養》，在該書中，有大量的儒家思想。這些儒家思想大量的是關於修身的。雖然是要進行革命鬥爭，但是一個革命者也存在自身修養的問題，特別是領導者。這些，毛澤東當時沒表示意見，但到「文化大革命」時就把他的反對意見明確說出來了。現階段，我們對儒學、對儒家思想的理解要從執政黨的角度來認識這個問題。我們不能再用那種革命的意識形態來解決今天的社會的、政治的、文化的問題。古人知道「馬上」不能治天下，要靠儒家思想治天下，為什麼

強調道德，強調文化，要講以德治國？不是說有問題不去解決。社會有很多矛盾，體制要改革，經濟要發展，很多問題要一件一件地去做，但是社會一定要加強思想道德方面的教育，維護世道人心。歷代的統治階級都很注意。為什麼在今天這個時代，儒家的問題要重新提出來。不是統治階級利用儒家，我認為負責任的統治階級都應該這樣，建設安定有序的社會需要的思想文化條件是什麼？這個時候我們應該想到重新認識中國兩千多年來的資源，中國這麼大一個國家能夠獨一無二地連續生存幾千年，它若沒有治國安邦的道理，怎麼能存在到今天？如果這套道理我們不能應用到今天，不能掌握，我們怎麼安定，怎麼團結？所以，我想這是我們應該重新認識儒家思想的一個原因。我們要從執政黨的角度重新看待儒家文化。

其次是現代化的問題。五四運動以來，我們有一個觀念，只有把儒家文化全部都打倒了，我們才能實現現代化。確實，傳統文化中有束縛我們的包袱，但是，是不是儒家所有的內容都需要打倒？是不是都能打倒？事實上是不可能的。傳統文化的很多東西已經變成我們心底的東西，已經成為文化的積澱，只要生活在這個文化裡，就要受到影響。不可能把它連根拔除，重要的是我們怎樣才能利用這些資源，把這些有益的資源和我們想要做的事有益地結合起來。其次，當我們走到 20 世紀 80 年代的時候，我們看到，整個亞洲和我們共享儒家文化的地區，日本、韓國、新加坡、臺灣、香港，沒有一個地方是先進行文化的革命再進行現代化的。恰恰相反，他們是更多地利用傳統文化，積極地把傳統文化結合到現代化的應用中去。所以，當我們還在一天到晚地把我們中國人的問題，把我們現代化的問題算帳算到孔子和儒家的頭上的時候，別的國家更多地在市場經濟、在政治文明上下功夫，在思想文化和道德建設方面是更多地利用傳統文化。例如，韓國的儒學並沒有妨礙其現代化。以前「文化大革命」的時候，我們的現代化之路並不順暢；反而是 90 年代以來，我們沒有文化革命，現代化的進程反倒加快了。當然並不是僅僅在文化一個方面。關於儒家思想和現代中國的問題，我們不能再展開了。我們只是希望今天的政治家和知識分子要從革命黨變成執政黨的角度，要從革命的意識形態轉變到建設和諧有序的社會的角度，從中華文化、中華民族的偉大復興的負責任的角度來看待這個問題。現代化的問題更是這樣，

● 三 儒學與中國文化的形成

80年代我們的想法和美國的一些舊的現代化理論有關係，從50年代以來在美國形成了一種現代化理論。這種現代化理論從50年代到70年代有一個講法，就是非西方國家要現代化，有一個條件，就是先把傳統去掉。這是舊的現代化理論，這是全盤西化的模式。到了80年代，這個理論已經基本被拋棄。因為從東亞四小龍一直到中國的發展，都不是走這條道路，說明那種全盤西化的理論是沒有說服力的。而整個東亞儒家文化圈的過程也證明了並不是要打倒儒家文化才能現代化，恰恰是如果能夠積極地轉化利用儒家文化的資源，才能使我們現代化進程走得更順利、更紮實。

問答部分

提問：您剛才說，我們為了中華民族的偉大復興必須拋棄革命的意識，重新撿起儒學文化中的一些經典，我不太明白，這裡面是否有一種愚民政策？

陳來：我想這個問題本身就帶有革命意識的殘餘。讓老百姓講文明，有道德，就是愚民政策嗎？革命是有條件的，不能提倡無條件地跟政府對著幹，這是儒家所反對的。如果這個時代不是革命的時代，不碰到革命的問題，就不能採取革命的手段的。一個安定文明的社會是任何一個負責任的政府和人民所期待的。所以，在這個意義上，我認為透過學習儒學，提高大家的思想道德水平，使之體現在思想方面、行為方面，這不能說是愚民政策，恰恰相反，能使得人民的素質有所提高。所以，我們看問題不僅是政治問題，也要關注精神文明的層次。如何利用傳統的價值改善人的行為，建立大家滿意的社會，都是很重要的問題。

提問：中華民族的文化是否是處於很危急的關頭？

陳來：我相信現在不是危急時刻。根據《周易》的講法，現在中華文明正迎來了偉大復興的初級階段。當然它還沒有完全復興，正如我們社會主義處於初級階段一樣，我們的文明正處於復興的初級階段，但這個初級階段不是危急時刻，危急的時刻是「文化大革命」的時候。我們和中華的所有文化都被切斷，那時是最危急的時刻。改革開放以來，我們的政策我想基本上是妥當的，認識是逐步深化的。現在越來越多的人對中華文化的傳統文化有了

一些新的認識。把傳統文化的積極意義運用到教育、企業管理上，這樣的人越來越多了。所以，我想現在這個時代不是危急時刻，恰恰是我們應該張開雙手，努力迎接，努力參與中華民族文明偉大復興的時代。

● 四 儒學研究的方法

四 儒學研究的方法

儒教研究的方法，在不同的國家和地區，因受到歷史傳統和教育體制的影響，而有所不同。各位對日本的儒教研究及其所常使用的方法，已經比較熟悉，所以我在這裡所講的，是以中國和中文世界的儒教研究為主。這是先要向各位說明的。

▍區分幾個概念：儒家 儒教 儒學

與日本學界不同，中國學界一般不使用「儒教」，而是習慣使用「儒學」或者「儒家」來指稱孔子所開創的思想傳統。「儒家」、「儒學」、「儒教」都是古代文獻中使用過的概念。這三個概念在許多使用的場合，有互相重合之處，甚至可以互換；而就其分別而言，大體上可以說，「儒家」的用法可強調其與道家、墨家等其他學術派別的分別，「儒學」的用法強調其作為學術體系的意義，而「儒教」的用法往往注重其作為綜合教化體系的意義，與佛教、道教相為對比。近代以來的中國學術界所習慣於使用的「儒家」「儒學」，主要是指「儒家思想」而言，如馮友蘭說過，在歷史上，「儒家是中國封建社會的正統思想」[1]反映出很多中國學者注重把儒家作為的學術思想體系的主流趨向。而近代以來的中國學者所用的「儒教」則突出「宗教性」的用法。日本所用的「儒教」則不僅指思想，也包括社會、政治的實踐。所以，「儒家」、「儒學」偏重其思想的性格，「儒教」則包容其實踐的方面。「新儒家」或「新儒學」的提法，就現在所知的最早的用例是馮友蘭的著作。馮友蘭在其《中國哲學史》上冊「荀子及儒家中之荀學」一章中言：「戰國時條件有孟荀二派之爭，亦猶宋明時代新儒家中有程朱陸王二學派之爭也。」[2]卜德（Derk Boodde）後來的英譯，即將新儒家譯為「Neo-Confucianism」乃本於此。不過，近代漢語學術中所謂「新儒家」之用不一定始於馮友蘭，如他在《中國哲學史》下冊「道學之初興及道學中二氏之成分」一章曾說：「宋明道學家即近所謂新儒家之學。」[3]這裡的「近所謂」表示，以「新儒家」指稱宋明理學應當開始於30年代初期以前的一個時期。據陳榮捷的看法：「17世紀天主教傳教士來華，見宋明儒學與孔孟之學不同，因仿西方哲學歷

四 儒學研究的方法

史之進程而稱之為新儒學（Neo-Confucianism）。近數十年中國學人大受西方影響，於是採用新儒學之名，以代理學。」[4] 不過，現在並沒有證據表明20世紀20至30年代中文學界的「新儒家」的用法是直接來源於西方的。

這種關於「儒家」、「儒學」的用法，在一定程度上，體現出中國學者的研究態度和認知取向。中國的儒家思想有兩千多年的歷史，有思想體系的儒家學者為數眾多，故對於中國學者而言，儒學首先是哲學思想，是對於宇宙、道德、知識的知性探究 (Intellectual inquiry)，也是對人心、人生、人性的內在體驗，又是對理想人格和精神境界的追尋與實踐，當然也是對社會、政治和歷史的主張和探索。儒學的這種特點，不僅體現於孔子、孟子、荀子、朱子、王陽明、王船山這些著名思想家，也體現在中國各個歷史時代的儒學，特別是宋明理學的眾多思想家。只要翻閱《宋元學案》和《明儒學案》，從其中充滿的宋明理學有關道體、性體、心體、有無、動靜的詳盡討論，就可瞭解，中國新儒學思想體系的具有很強的哲學性和思辨性，宋明理學的思想家對宇宙、人心、體驗、實踐有一套相當系統的理論化思考和細緻入微的辨析分疏。因此，不可否認，理學既是一種具有普遍性的知性探究，又是精神生命的思考體驗。基於這樣的理解，在中國學界的研究中，始終注重在作為一個思想傳統的儒學研究。

上面所說的這種中國學術界的研究特點，固然與中國儒學自身包含著普遍性的哲學思考有關，同時，這種偏重可能也與現代中國的教育及研究的制度設置有關。在現代中國的教育和研究體制中，對儒家和儒家思想的研究，多設在大學哲學系和哲學研究所。在中國，綜合性大學都設有哲學系，所有的哲學系都有包括儒學研究在內的中國哲學研究。而除了中國社會科學院歷史研究所和一兩所大學的歷史系有「中國思想史」的專業之外，包括北京大學在內的大多數大學的歷史系都沒有「中國思想史」的專業設置。這可能在相當程度上阻礙了從社會歷史的方面對儒學進行的研究。在中國的師範大學中，中國教育史的專業也從事古代儒學的教育思想和教育實踐的研究；此外，在中國史領域的研究也有與儒學相關的研究，但這些研究在整個儒學研究的格局中所占地位較輕。由此可見，中國（大陸）的儒學研究和對「儒學」的理解，在內容上是以注重「思想」為主流，在方法上是以「哲學」的取徑為

主導的。甚至可以說,中國(大陸)的儒學研究是「哲學史的研究」主導的,而不是「思想史的研究」主導的。比較起來,臺灣的儒學研究略有不同,雖然臺灣學者也注重把儒學作為一個思想的體系和傳統,但從學科來說,臺灣的大學中文系是臺灣儒學研究的主要擔當者,從而,經學、文獻學的研究比較突出,經學史、學術史的研究也比較突出。

儒學研究的多種類型

我曾經提出,如果說,儒家的各種人性論學說是對儒學宗旨的不同論證,那麼,儒學有沒有一個一以貫之的思想宗旨、價值核心,構成了儒家之所以為儒家的傳統?我認為,從先秦時期到明清時代,在中國儒學的發展中,是有這樣一個未加明言的宗旨和核心的,我把它簡要概括為「宗本五經,尊信孔孟;倡導王道,崇尚教化;仁義優先,倫理本位;強調道德,重視修身。」[5] 先秦至隋唐的儒學多以經學為形式,傳經是前期儒學延續的重要方式,「宗本五經」即指儒學的此種經典特徵。孔子是儒家的聖人,始終是儒家最高的精神權威,孟子則是宋代以來僅次於孔子的聖賢,而綜合論之,以「孔孟」合列,可以比較全面地貫通儒學的歷史。忠孝是早期儒家注重的德行,但通觀儒學從先秦到宋明的發展,應當說,「仁義」才是儒家最根本的價值觀念。

儒學的內容甚廣,包含各種各樣的方面,有關儒學的分類也有不同的角度或方式,我們可以舉出幾種。

第一種是儒學內容的分類:依照近代以來學術類別的分析,儒學的內容至少可以分為道德、教育、宗教、政治、禮俗、哲學等,每一部分都可以依照近代已經分化了的學科方法去研究,如道德的部分可以用倫理學的方法進行研究,哲學的部分,可以用哲學的方法進行研究等。其中哲學的內容還可細分,如宇宙論、人性論、歷史觀、知識論、功夫論等。

第二種是儒學研究的分類:就已有的對於儒學所作的研究來看,至少可以分為人物、著作、思想、實踐、制度、經典、學派等。人物的研究,如對孔子生平的研究;思想的研究近代以來最多見,如對朱子思想的研究;實踐的研究是指儒家人物的文化的、社會、政治的實踐活動;制度的研究,如儒

家禮制的研究；經典是對五經及四書等儒家的經典進行的研究，古代經學的傳統源遠流長，今天也仍是儒學研究的重點；至於學派，古代經學的古文、今文，近世理學的程、朱、陸、王，清代樸學的吳、皖等，都是學派研究的重點。

第三種是對儒學功能的分類：即儒學給中國歷史文化與社會所提供的東西，如：士之理想、日用倫理、禮教秩序、政治理念、經典傳承、教育體制、天道性命、人格修養、聖賢功夫等。儒學對中國社會文化的支持是不同方面的：君子理想所提供的是儒者個體的精神世界，日用倫理是對家族—家庭制度的規範的支持，禮教是社會秩序的安排，儒學也為古典政治提供了一套治國理念，儒學的經典意識是其對文化傳承的貢獻，儒學還提供了一套古代社會的教育體制。

以上所說的幾種分類，不是互相排斥的，而是有些地方可以重合的，但分類的系統和系列的著眼點不同，所以這幾種分類總體上是不同的。

從這些分類可以看出，儒學並非僅僅是一種哲學。固然，儒學的體系中包含有許多哲學的論證和哲學的主張，但這些哲學的主張往往不是獨立自主的，而是服務於儒家的思想宗旨與核心價值的，因此，在儒家的傳承中可以看出「思想」與「哲學」的差別。傳統的中國學術，是以「思想」為派分的基本單位，而不是以西方文化意義上的「哲學」作為派分的基本單位，如司馬談的《論六家要旨》，明顯是以「思想」為區分六家的單元。

當然，唐宋以後，中國思想的實際發展，並不是主要由思想的派分本身推動的，而是主要由思想體系內部的哲學派分而推動的，如就儒學來說，就是由其內部的程、朱、陸、王的對立爭辯所推動的。但要指出，朱陸之辯的哲學分歧，主要不是西方哲學意義上的哲學分歧，而是如「本體—功夫」一類的東方哲學的分歧，這是應當注意的。

從近代以來的學術觀念來看儒家，儒家是一套廣泛的思想—文化體系，其中思想的部分，如政治思想、倫理思想，都可歸於哲學研究的領域，涉及宗教的部分，可歸於宗教學的研究，禮儀禮制的部分歸於社會學、人類學的研究。當然，這幾種可歸於不同領域的研究都需要有文獻學的基礎，儒家文

獻的問題可歸於古典文獻學的研究。儒學作為思想—文化體系的特點決定了儒學研究方法的多元性。

儒學研究的典籍資料

儒學的典籍，以傳統的立場來看，用傳統圖書分類的說法，是以經部的註疏和子部的儒家類著述為主；宋以後，儒學的文獻，在集部也保存甚多。以下分別簡論之。

在中國古代，先秦已有六經的文本流傳，儒家自孔子開始，便以傳承六經為己任。後來樂經失傳，漢代以後至唐代，皆以五經（《易經》、《詩經》、《尚書》、《儀禮》、《春秋》）為根本典籍，漢代以後儒家建立起經學的體系，把對五經的解釋發展為體系。《論語》、《孝經》在漢代雖不稱經，但也具有經典的地位。唐代以春秋的三傳（《左氏傳》、《公羊傳》、《穀梁傳》）入經，又以《儀禮》、《禮記》、《周禮》並稱「三禮」而皆入經，於是經典的數目增加至九種。晚唐至宋代，又增入《論語》、《孝經》、《爾雅》、《孟子》，成為十三經的體系。

就傳統學術觀念而言，《易》、《詩》、《書》、《禮》、《春秋》謂之「經」，《左傳》、《公羊傳》、《穀梁傳》屬於《春秋經》之「傳」，《禮記》、《孝經》、《論語》、《孟子》均為「記」，《爾雅》則是漢代經師的訓詁之作。這十三種文獻，以「經」的地位最高，「傳」、「記」次之，《爾雅》又次之。這十三種儒家文獻最後都取得了「經」的地位，是經過了一個相當長的歷史過程。漢代以《易》、《詩》、《書》、《禮》、《春秋》為「五經」，朝廷立五經博士，頗為重視。唐代有「九經」，立於學官，並用以取士。所謂「九經」包括《易》、《詩》、《書》、《周禮》、《儀禮》、《禮記》和《春秋》三傳，而唐文宗開成年間在「九經」外，又增以《論語》、《爾雅》、《孝經》。五代時刻「十一經」，排除《孝經》、《爾雅》，而收入《孟子》，這是《孟子》首次入經。南宋大儒朱熹以《禮記》中的《大學》、《中庸》兩篇與《論語》、《孟子》並列，形成了今天人們所熟知的「四書」，並為後世所認可。

四 儒學研究的方法

漢唐時期，對五經到十三經，儒者作了很多的註釋，宋代學者也作了不少疏解。到了清及近代，經部的著作已數以千計。十三經各註釋著作中，以《十三經註疏》最有代表性，以清代學者阮元主持校刻的《十三經註疏》較為完善，其中多為漢晉人注，及唐宋人義疏。如《周易正義》為魏王弼、晉韓康伯注，唐孔穎達等正義；《論語註疏》為魏何晏注、宋邢昺疏，等等。

北宋開始表彰《大學》、《中庸》，至南宋朱子編定《四書集注》，論、孟、學、庸合刊為一，於是有「四書」之名。元代以後「四書」為科舉考試的重要題目，加上理學對四書的尊崇，以「四書」為名的註釋著作也多達上千種。

總之，從傳統的立場來看，經部以五經和四書及其註疏為主，構成了儒學典籍的主體。《四庫全書》與《續修四庫全書》的相應部類，收錄了這些典籍的絕大部分。

傳統四部分類的經、史、子、集，子部之中有「儒家類」。子部儒家類的著作非常豐富，先秦孔門除《論語》而外，流傳資料尚多，《家語》、《說苑》晚近漸受重視。孔子之後，儒分為八，漢代仍保留有七十子及其後學的大部分著作。孟子之外，荀子影響漢代甚大，漢儒陸賈、賈誼、董仲舒都有重要地位。這些都保在子部儒家類中。唐代王通、韓愈都很重要，宋代以後的儒者和著作就更多了，子部儒家類也更為豐富。宋代以後，理學的著作也成為新的經典，如《近思錄》等。子部的性理類是宋元明清儒者的語錄，是宋以後儒學研究特別重要的資料，如《二程遺書》、《朱子語類》，王陽明《傳習錄》等。道學或理學雖然是宋以後儒學運動的主流，但道學或理學之外仍有大量儒學者的著述，這都要注意，不可忽略。

儒者的語錄，在宋代以後風行於社會，這種體裁是隨著宋代以來講學活動的發展，和禪宗語錄形式的影響，而發展起來的。對某些道學家來說，語錄甚至是其唯一的思想資料。沒有講學活動，就不會有語錄的記載，講學活動若是以註疏而不是以義理為主，也不會有記錄語錄的需要。語錄的特點是話語通俗，討論的語境比較清楚。

宋以後的儒學研究，集部的重要性也上升了，儒者的文集中的大量論文、書札、雜著，是研究儒學思想的重要材料，並且許多學者的文集的卷冊，往

往多於其語錄的卷冊。而文集其中的各種記表墓銘，也都是研究儒學與社會其他方面關聯的寶貴資料。現代學者的近世儒學研究，文集的細緻閱讀，是最基本的學問功夫。

現代發掘的古墓出土文獻，也有不少儒學的重要資料，如先後發表的馬王堆漢墓出土的帛書易經與易傳，帛書五行篇，定州漢墓出土的竹簡《論語》，郭店楚墓出土竹簡儒書各篇等。出土文獻的研究已經成為先秦儒學研究的前沿。從儒學的研究來看，1970年代以來，出土文獻的研究，往往以文字學者為主，因為文字學的釋讀，是出土古文獻得以研究的最基本的條件。但是，對屬於儒學範圍的簡帛而言，僅僅依靠文字學的訓練，還不能達到對文獻的思想內容的理解和研究，需要研究儒家思想史和儒家經典學的學者積極參與其中，相關的研究才能深入和提高。

儒學與基層社會特別是家庭的聯繫，尤可見之於禮教，其著書形式包括家訓、家範、家禮、鄉約及各種童蒙讀物。子部、集部的儒學資料多是精英儒學的著書、語錄等，屬於儒學思想家的思想，而禮教之屬則反映了儒家的更廣泛的社會文化影響，也是儒家文化在基層社會的體現，與社會的關係更為緊密，是研究儒影響社會歷史的重要資料。

就史料而言，四部的文獻分類中，經部全部為儒教文獻，子部以儒家類最多，以為儒教文獻。史部各種年譜、實記、宗傳都是儒教研究的重要資料，加上集部的文集，這些構成了儒教本體研究的主要資料。儒教的外延研究，涉及社會、歷史、政治環境、經濟發展、宗教生態，有關資料更多不可計。

傳統儒學研究的方法：文獻註疏

從漢代到清代，古代的研究，無論經部還是子部，文獻註疏是最多見的方式。其原因是古代文本經過長期的流傳，後世學者在文字、名物等諸方面都與原始文本形成歷史的隔閡，必須經由註疏的訓詁疏解，才能達到對文本的基本理解。漢代以後的經學，大多採取此種研究方法，清代學者將此種方法加以發展發揚，在乾嘉時代達到高峰。現代研究者也仍然不斷地從事文獻註疏的整理與研究。文獻的註疏研究是文本理解的基礎。

四 儒學研究的方法

儒學的主要部分是儒家思想，包括哲學思想、政治思想、社會思想等等。對思想的理解不能停止在對文字的簡單、直接的瞭解，必須結合各種資源，結合社會與時代的變化，深入加以理解，並在此基礎上加以新的闡釋。宋代以後的理學在對古典文本的詮釋上，堅持義理優先的方向，使對經典的詮釋成為發展儒家哲學思想的根本性途徑，並在元明清時代成為傳統。

學案的基本部分是對學術流派資料的彙編，而彙編是在一定學術指導思想下的整理與梳理，並透過案語表達出整理者或作者的學術觀點和判斷。年譜是個人生平思想歷程的記錄，是思想家研究知人論世的主要依據。較之年譜，學案更能瞭解學術思想派別的傳承和歷史流變。現代學者有時也仍然需要學案、年譜的研究方法。

廣義的研究，包括思想本身的不斷發展，如中國的漢代儒學中既包括對先秦儒學的研究，特別是經學，也包括對先秦儒學思想的發展，如董仲舒的儒學思想。中國的宋明儒學，既包括對古典儒學的研究，也包括對古典儒學的發展。甚至可以說，在前近代的時代，很少有孤立的、獨立的研究，研究都是和思想的發展或重建聯繫在一起的。

現代儒學的多元化研究方法

近代以來，接受西方學術的影響，也接受西方的學術分類，參照西方的學術分類和研究方法，將之應用於東亞古代思想文化的研究。儒學的研究也是如此。

儒家最主要的特徵是它是一個思想的體系，故哲學的思想研究方法成為最重要的方法之一。哲學的基本方法是要分析、澄清古典文本的重要概念，如「天」之一字，馮友蘭分析有五種意義。[6] 其次哲學的方法要弄清古典文本的「命題」意義，如張橫渠所謂「太虛無形，氣之本體」，此本體是指本然的體段、狀態，故此命題為一氣本論的命題。[7] 近代東亞的語言都發生了變化，引進了大量西方學術的詞彙，如何適當地用近代的學術詞彙語言解釋古代的概念，進而由命題確定思想（觀點、主張）的具體意義，遂成為一個

突出的問題。哲學方法以概念、命題的解析為基本方法，進一步展開到哲學思想體系的整體把握，確定其思想性格。

但是要注意的是，雖然哲學方法是主要的，但一定要瞭解東方哲學與西方哲學的差異，即彼此的哲學討論所突出的問題並不一致，討論的方式和內容也都有差異。就儒學而言，其中特別注重的是心性與功夫。與功夫實踐關聯一體的心性哲學，和與心性哲學關聯一體的功夫實踐，構成了宋明道學（理學）的主要特徵。在這方面產生了很多討論，如格物致知的問題等。因此必須內在地把握儒教的哲學概念、哲學問題，而不能以任何一種西方的哲學為標準，不能認為某一種西方哲學突出討論的問題才是「哲學」的基本問題或主要問題。儒家哲學討論的哲學問題可能與西方哲學有很大差異，但仍然是哲學，是東方的哲學，中國哲學儒家哲學的範疇與西方哲學的範疇有很大差異。

經典詮釋學的問題也可以看做哲學方法的一種，經典詮釋仍應歸到哲學思想上來講，不能僅僅停留在詮釋形式、方法，而注重如何用詮釋發展思想。

雖然哲學方法在義理研究上很重要，但又要注意儒學史與哲學史的不同。哲學史容易注意一般的哲學問題，但儒學史中有很多特殊的問題，這對哲學史也可能不太重要，但對儒學史就很重要。如「道統」的問題不是哲學問題，但卻是儒學思想的重要觀念，所以是儒學史特有的思想史問題。儒學史就是要研究這些特有的問題的歷史。

此外，還要研究思想或思潮之歷史的發展演變，如道學的產生與發展，或朱子學的發展與演變，都屬於此類儒學史或儒學思潮史的課題。經學史是總結經學研究的新的學術史方法。傳統學術有經學，但沒有真正的經學歷史著作，把經學作為獨立的領域，梳理儒家經典與註疏的歷史衍變，查其源流、派別、傳承是近代學術的事情。

傳統儒學研究中多採取此種方法，尤以乾嘉學派諸儒擅長，今天仍是儒學研究的方法之一。但傳統研究多只作專書的註解，專人的年譜，今天的文獻學範圍更廣，輯佚、校釋、新注、專題考證等多種整理方法，不一而足。應當說，此種傳統的研究方法並未過時。如前面提到的，註疏、學案、年譜

四 儒學研究的方法

的研究方法現代學者也仍然需要。在文獻學方面，文字學的研究涉及出土文獻的研究，在先秦儒學研究中有重要的作用，但字源學的研究有其限制，也必須有所認識。總之，文獻的深度解讀，是一切研究的根本，在這方面是不能離開文獻的基礎研究的。

東方思想，無論是儒教或佛教，作為思想體系，包含許多哲學的內容，故須用哲學的方法來加以研究。同時，作為一個「思想—實踐—教化」的體系，也包含有與宗教相關的或宗教性的內容，因此可以用宗教學、宗教哲學的理論資源，來處理、分析相關的儒家思想材料，如宗教儀式與喪禮、祭禮的功能與理解，如宗教倫理與儒家倫理的比較等。宗教哲學有關心靈、精神、修行鍛鍊等都可用於對儒學中對應部分的研究。

所謂歷史學的研究方法注重儒家人物的歷史活動，從中理解他們的思想關懷，如余英時的《朱熹的歷史世界》，結合政治史的研究，超越了傳統年譜的研究方式。當然，年譜亦屬歷史研究的方法，近代的對於人物的史學研究已大不止於此。傳統的學案的研究方法，廣義上也屬史學，學案作為資料選匯，是一種文獻的整理梳理和選擇性保存，但其組織條理是按歷史脈絡，是按學派的歷史傳承而來，在性質上是注重學派的歷史傳承、流衍。但學案是以資料為主，史學的功能受到限制，而現代學者的著作如《宋明理學史》，則可以更全面地展開對儒學歷史發展的史學研究。另外，儒學中禮制一類，屬歷史制度，適用制度史研究方法，這一類的著述已有很多。總之，現代學者採用史學方法對儒學所作的研究，在廣度和深度上都早已大大超越傳統儒學研究，有力地擴大了儒學研究的空間。

在歷史的研究方面，晚近地域研究的方法也被引入到儒學的研究，出現了「儒學地域化」的研究和從「地域研究」切入近世儒學研究的新動向。不僅如此，當代所謂地域的研究不是在描述性的意義上對不同區域的文化加以比較，而且更是把思想文化在某些地方的發展追溯其當地社會的政經結構基礎，從而，不僅把儒學「地方化」(Localization)，而且把一個地區的思想學術「脈絡化」(Contextualization)，使對儒學的研究變成為地方社會史的研究。目前有關中國歷史文化的地域研究，其地域性的單位往往關注於「州縣」

一級。就人類學研究、民俗學研究而言，州縣不算小，但就「儒學」這樣的大傳統的觀念而言，州縣就是個太小的單位了。另外，古代「地域性」特色的突出往往源自傳播條件的限制，因而有些所謂地域性的文化，其內容不見得就沒有普遍性，這些都是需要提起注意的。可以說，在晚近的中國研究中，有一種傾向，比較強調或偏重儒學研究中小單位地域性的重要性，而忽視儒學分佈的同質性、統一性，忽視儒學思想的普遍性，這是值得檢討和注意的。[8]

交叉學科的研究方法

　　以上的儒學研究可稱為本體的研究，此外，現代儒學研究也分別引起了社會科學不同領域的關注。儒學研究者也往往借用社會科學領域的研究方法、問題意識來進行研究。其中最重要的，如儒家與現代化、儒家與全球化、儒家政治哲學與民主等，分別代表了 1970 年代以來引起較大關注的思想性議題。就社會科學的研究而言，特別是中文世界的社會科學研究，以儒家思想為主題的也很突出，比如從社會學的角度重視儒家文化對「秩序」的認知和重視，重視儒家倫理與社會規範即社會變遷的關係，討論儒家作為意識形態與社會控制的關係，以及針對韋伯的理論，研究儒家倫理是特殊主義還是普遍主義的問題，等等。社會科學中社會學對儒學研究影響最大，政治學、倫理學也受其影響，如用問卷調查的方法以瞭解儒家價值對當代社會人群的政治認知和價值取向的影響，便是明顯的表現。

　　現在回到最關鍵的問題，即思想史研究的方法問題。「思想史」一詞有不同的理解，第一種是 history of ideas，又譯為「觀念史」，這種研究方法，在西方學術中，與哲學史的方法沒有什麼區別，注重瞭解一個思想家、一個思想體系中的各概念的意義。這種研究是注重「思想」本身的研究，研究思想的理解與分析。第二種是 history of thought，譯為「思想史」，研究思想發展的歷史，其基本單位是思想家的思想，這也是中文世界常用的研究法。第三種是 intellectual history，譯為「思想文化史」，其範圍稍寬，其重點不著重在思想或核心哲學觀念，而在另一些觀念變化的地方，或者與文學、

史學相關聯的觀念，或者一個時代思潮中的一些社會性觀念，或者非思想家知識人的種種活動，總之注重思想觀念在實際的生活世界的諸文化表現，在美國學術界較為流行。第四種是 new cultural history，實即社會文化史，屬於「社會史」取向的思想文化研究，其所研究的重心不是思想的本身，觀念的本身，而是注重思想文化的活動在社會的表現，及其與社會的關係，如書院講學與州縣地方的關係、與地方宗族的關係等。

以上四種，前兩種重視思想本身的研究，不注重思想的社會作用；後兩者不注重思想的研究，而注重社會文化的表現。哲學或哲學史的研究方法與前兩者基本相同，也是注重思想本身的研究。我的主張是，無論如何，思想優先的研究原則，應當是思想史研究的基本立場。其他的不注重思想本身的研究，則不必稱作思想史研究，而應當按其主題分別視為對儒學的歷史研究、文化研究、社會研究。

最近十幾年來，美國和日本，思想文化史的研究和社會文化史的研究，比較突出，思想本身的研究受到忽視。於是儒學的研究往往多注重社會作用的層面，如儒學（朱子學）與地主階級的關係，儒學（陽明學）是否致力地方的教化秩序、鄉村共同體的生活規範；或注重思想運動的社會性格，如認為陽明學朝向庶民、朱子學朝向士人；陽明學傾向地方自治，朱子學傾向在朝廷得君行道。這些傾嚮往往容易把思想的主觀定位與思想的客觀作用混為一談。這種所謂思想史的研究通常重視政治思想和社會思想的研究，或者對某一思想主張作政治的解釋或社會的解釋，而政治的意涵或社會的意涵的解釋，多在形而下的方面和層次，急於做出思想對社會的意義的結論，而忽視對思想系統作細緻的深入研究。總之，這類思想文化史或社會思想史的研究，一般而言，關注是「思想」與「社會」的互動，其中「思想」可以是一個人的思想，也可以是一個流派的思想；「社會」可以是整個社會，也可以是某一地區的基層社會，而這些所謂思想一般都是社會、政治的思想，而不是形上學或心性論的思想。

最後提一下多學科交叉研究方法。事實上，許多研究都是採用了多學科交叉的研究方法，如晚近有經學哲學史、經學思想史的研究，都是用不同的

思想角度來考察經學史中的思想性課題，屬於經學史與思想史交叉並用的方法。這裡就不加細談了。

20世紀40年代以來的中國儒學研究

事實上，在20世紀以來中國學術的研究之中，有很長一個時期是沒有把儒學作為一個整體的對象來進行研究的。對儒學的研究只是體現為若干斷代哲學史或專題史的研究。

20年代末以後至40年代末，對儒學的研究主要有三個方向：

一是利用西方哲學的範疇、問題，對儒家的哲學進行邏輯分析的哲學史研究，分析宋明儒學的概念、命題、理論特色，如馮友蘭《中國哲學史》的上下冊，可謂此種研究的代表。

二是不注重用西方哲學的理論為研究方法，而以古典實證的方法對人物和文本作歷史的研究，如容肇祖早期關於《朱子實紀》和《朱子年譜》的研究，此可謂文獻學研究。

三是批判思潮和啟蒙思想的思想史研究，這裡又分為兩支，侯外廬從馬克思主義出發，著力研究明清之際以降有關個性解放、個人意識覺醒和批判思潮的啟蒙思想史的研究；

容肇祖則從新文化運動的啟蒙主義文化主張出發，撰寫了大量反抗、批評程朱理學的明清儒學思想家的論文，特別注重明代後期的泰州學派和清初批評朱學的思想。[9] 當然，在這三種之外，也有若干以理學、宋學為名的研究。這些研究雖然都取得了引人注目的成績，但都沒有對整個宋明理學進行全面的、內在的研究。所謂全面就是對整個宋明理學體系及其發展歷史進行周全的研究；所謂內在，是指注重研究宋明理學自己所重視的問題和討論，而不是從西方哲學的問題意識或社會變革的要求出發去決定研究的方向和問題。

在「文革」以前（1976年以前）的一個時期，激進的馬克思主義把儒學歷史化、意識形態化，並把儒家思想看成現代革命的阻礙，對於儒家思想和

四 儒學研究的方法

宋明理學採取了嚴厲的批判態度，由此形成了批判的儒學研究。當然，從歷史唯物論的角度對宋明理學所作的批判是有意義的，特別是從政治、經濟、制度、階級等不同的社會歷史背景揭示理學的歷史特質，對以往完全忽視社會歷史的研究是一種矯正。而辯證唯物論的研究方法，在傳統的「理學」、「心學」之外，注重確立「氣學」的地位，在哲學史研究上也很有意義，但批判的儒學研究終究不能正面地。全面地認識儒學。

「文革」以後，儒學的研究方法出現了根本的轉變，即從對儒學的全面批判轉變到對儒學的辨證肯定，對儒學從注重「外在的把握」深入到「內在的瞭解」，儒學通史和斷代史的研究已經開展，以「中國儒學史」為名的多卷本著作，已經由不同的學者集體出版了幾部，如：《中國儒學史》、《中國儒學發展史》、《中國儒學思想史》、《中國儒學》；通論儒學的著作有《儒學通論》、《中國儒學通論》；辭典百科有《中國儒學百科全書》、《中國儒學辭典》等。斷代的儒學史則有《先秦儒學》、《兩漢儒學研究》、《宋明理學史》、《宋明理學》等。其他各種專人、專書、專題、斷代研究的著作更是層出不窮，蔚為大觀。對儒學的學術性的研究取得了顯著的成績，對儒學的全面研究取得長足的進步。

後「文革」時代儒學研究方法的轉變，在哲學史研究的方面，首先表現為對客觀性的訴求，和對中國哲學固有特色的探究的學術性研究的全面恢復。這一方向基本上是努力在吸收歷史唯物主義的有益營養的同時，回到老清華、老北大注重哲學分析與文獻考證的研究傳統，1980年代的朱子哲學研究，有關理學範疇體系和思維模式的研究，都可以看做在這一方向的努力。在思想史研究方面，侯外廬、邱漢生等的《宋明理學史》，近1800頁，是以宋明理學的整體為對象的第一部全面性研究著作，這部書一改《中國思想通史》的全面批判的基調，也體現出謀求「客觀的理解」的轉變；同時又發展出「理學與反理學」的模式，繼續表彰反理學的思想家，以高揚啟蒙思想和批判思潮的意義。經過80年代，以朱子學研究為代表的新儒學研究，在哲學史研究、文獻學研究、思想史研究三個方面都在客觀性、學術性、全面性方面達到了新的水平。同時對當代新儒家的研究也開始發展。

1990 年代，宋明理學的研究更加深入，在哲學史研究方面，如果說 80 年代的宋明理學研究主要體現為朱子學的研究進步，則 90 年代的宋明理學研究特別表現在陽明學研究的進展。在研究方法上，如果說 80 年代的研究著重於「客觀的呈現」，90 年代的研究中「主體的詮釋」也漸漸發展。90 年代中國陽明學的研究，以 20 世紀西方哲學為參照，更加深入陽明學內部的哲學分析，一方面以西方哲學為參照，深入哲學的討論；一方面注重對王陽明思想的內在理路和精神境界的把握（如《有無之境》）。同時，對明清之際的思潮的思想史研究分解為兩個方向，一個是所謂《明清實學思潮史》（葛榮晉等），一個是《明清啟蒙學術流變》（肖箑父等）。而這兩個方向都是注重明清之際的啟蒙和批判思潮，特別是後者，其所追問的問題是中國思想資源中有沒有自己的啟蒙理性，中國有沒有自己的近代性的根芽，這些問題仍然是侯外廬 1940 年代以來注重追問的問題。經典詮釋最近十年很流行，臺灣學者提倡尤力，但好的成果少見，應當說我自己對船山學的研究即《詮釋與重建》，可視為經典詮釋的一個較好的範例。

1980 年代以來最重要的儒學研究的進步，主要表現在深度的、學術性的研究成果的大量出現。這些專人、專題、專書的儒學研究，致力於深入儒學的內在討論，即力圖深入和平實地理解歷史上的儒家思想家他們自己最重視的問題、議題、課題是什麼，把他們的討論用現代的哲學語言還原出來，在現代哲學的視野中加以分析和把握。

這一時期也出現了一些新的研究方法和成果，如朱伯崑倡導發展「經學哲學史」的研究，其基本思想認為，中國的哲學家，自漢代以來，都是以經學的註釋和詮釋，提出哲學問題，發展哲學思維。因此，宋明理學的哲學討論，都是從經學詮釋中轉出來的。根據此種看法，宋明理學的歷史，亦即是一部經典解釋史，其中的問題都是內在地來自《周易》等元典。[10] 這是與一般所謂經學和經學史研究不同的一種新的研究。姜廣輝則發展了「經學思想史」的研究路徑，注重研究歷代經學文獻中的「思想」「意義」，[11] 也得到了學界的重視和肯定。

● 四 儒學研究的方法

▌其他研究的視野

　　1980 年代以來，對儒學的「哲學的研究」，因應時代的需要，擴大到「文化的研究」。儒學究竟是活的傳統，還是死的文化？從「五四」後到「文革」前，溫和的歷史唯物論傾向於把儒學看成過去時代的產物，既無超越時代的內容，也無關現代的思想課題，故對待儒學只是一個對待歷史遺產的問題。但激進的改革者和革命者，則把儒家思想視為革命或改革的根本障礙，不斷地發起批判儒學的文化運動。在這個意義上，五四以來的激進啟蒙主義和激進的馬克思主義都不是把儒學僅僅看成歷史遺產，而是把儒學把儒學看成仍然活著的、在發生著作用的東西。

　　不過，激進的馬克思主義和自由的啟蒙主義雖然把儒學看成仍然活著的東西，但似乎相信儒學漸趨死亡。如在某些馬克思主義者看來，儒學產生的經濟基礎和社會階級基礎已不復存在，從而，儒學及其殘留影響經過批判之後將退出歷史的舞臺。然而，從 1980 年代的「新文化研究」的立場來看，儒學並不是已經過去的「傳統文化」，而是仍然存活的「文化傳統」（龐樸）。李澤厚更把儒學心理化，認為所謂儒學就是中國人的「文化心理結構」。[12]因此，儒學並不會死亡，儒學也不會變成與現代無關的歷史文物，對於中國人來說，儒學是積澱在世代中國人內心的文化心理。這種文化心理說，實際上是從一種文化的觀點和視角，而對儒學所作的新的審視。這種「新」的審視表現為，在文化心理結構說裡面，「傳統和現代」的問題被由一個特別的角度聯結起來了。

　　「傳統和現代」視野中的儒學問題，在 80 年代中期的「文化熱」中被極大地張揚起來，由於現代化理論、韋伯（Max Weber）理論、工業東亞的文化解釋受到廣泛注意，使得「儒學的文化研究」大大超蓋了過去的「儒學的哲學研究」。

　　在這樣的視野之下，不僅「儒學與現代化」的問題受到集中注意，以儒學的價值觀為中心，還引發了一系列相關的思想討論，如：儒家對民主的回應；儒家對科技問題的態度；儒家倫理與經濟倫理；儒家與馬克思主義；儒家與自由主義；儒家與人權；以及儒家與基督教的對話，等等。80 年代初期

以來由杜維明所提倡的「儒學第三期的發展」以及「儒學與文化中國」的論題也吸引了不少討論。[13] 由於宋明理學是在時間上最接近近代的傳統，所以所有有關儒家思想與現代性的討論，都以宋明理學為主要素材，從而，使得文化研究視野的擴大，也促進了宋明理學的研究。當代中國的儒學研究者，更加注重對「思想」本身的細緻研究，更加注重思想家的精神追求、價值理想、哲學思考、人生體驗，注重儒家作為經典詮釋的傳統，注重儒家作為德性倫理的傳統，注重儒家與社群倫理、全球倫理的關係，並謀求在這些研究的基礎上與西方哲學家、神學家展開對話。在這個意義上，對儒學除了進行「思想史的研究」以外，還有「思想的研究」，即立足於儒學的思想體系，發展儒學思想，用儒學的理念面對新的社會、新的時代、新的人文實踐，發展出新的適合於當代社會文化要求的儒學思想。應當承認，這也是儒學研究的一個方面。這個方面在當代中國越來越受到關注，但在日本似乎關注較少，就不具體說明了。

註釋

[1]. 馮友蘭：《中國哲學史新編》第五冊，人民出版社，1988，6 頁。

[2]. 馮友蘭：《中國哲學史》上冊，中華書局，1984，352 頁。

[3]. 馮友蘭：《中國哲學史》下冊，中華書局，1984，800 頁。

[4]. 陳榮捷：《宋明理學之概念與歷史》，臺灣中研院中國文哲所，1996，286 頁。

[5]. 參看陳來《郭店楚簡與先秦儒學的人性論》，《儒林》第一輯，2005 年 9 月。我在這裡的表述略有調整。

[6]. 參看馮友蘭《中國哲學史》上冊，中華書局，1984，第三章第三節。

[7]. 參看張岱年《中國哲學發微》，山西人民出版社，1981，391 頁。

[8]. 參看陳來《儒學的普遍性與地域性》，《天津社會科學》2005 年 3 月。

[9]. 侯外廬這個時期的著作是《中國早期啟蒙思想史》；容肇祖的論文是這一時期所寫的關於黃綰、吳廷翰、何心隱、焦竑、方以智、潘平格、呂留良、顏元的論文。可參看《容肇祖集》，齊魯書社，1989。

[10]. 參看朱伯崑《易學哲學史》前言，華夏出版社，1995。

[11]. 見姜廣輝主編《中國經學思想史》第一卷前言，中國社會科學出版社，2004，4 頁。

● 四 儒學研究的方法

[12]. 參看李澤厚《孔子再評價》,《中國古代思想史論》,人民出版社,1985,第32頁。

[13]. 參看胡治洪《全球語境中的儒家論說——杜維明新儒學思想研究》,三聯書店,2004。

五 百年來儒學的挑戰與回應

今天我們這個講題，是關於 20 世紀初至今百年來的儒學的發展。發展這個提法，容易給人一種印象，以為儒學的發展是一個一帆風順的、很平靜的發展過程。其實，如果回顧這上一個世紀，我們就知道，儒學的發展，它是在充滿危機、困境、曲折之中，經歷了一個複雜的過程，來實現它自己的發展的。

百年來儒學面臨的四次挑戰

因此，我講的第一個大問題是：衝擊和挑戰，就是要看我們近百年的儒學，是在一個什麼樣的背景下，在什麼樣的一個文化環境裡，面對了什麼樣的挑戰和衝突，在這樣的情境之中來成長、來發展的。

20 世紀中國儒學的發展，它經歷了四次的挑戰，或者說面對了四次的挑戰。第一次就是清末到民初的政教的改革。我們知道，1901 年，清政府發佈了《興學詔書》，倡導全國建立新的學堂。這在當時可以說是很重要的一個舉措。在這樣的倡導下，老的「儒學」就慢慢衰微了，這裡講的老的「儒學」，是指當時的一種學校，就是以培養儒生、進入科舉體制的這種儒學學校在新的政策下式微了。全國開始大辦新型的學堂，這個舉措是對科舉制度的一個很明確的挑戰。到了 1905 年，更重要的事件就是清朝政府決定結束科舉制度。因為科舉制度對於儒家的生存來講，是一個十分重要的因素。我們可以說在前現代的中國社會，儒家思想和文化，它能夠得以生存有三個重要的基礎。第一個基礎就是國家、王朝宣布它為意識形態，正式頒定儒家的經典是國家的經典，這是很重要的，即王朝統治的推行。第二就是教育制度，主要是科舉制度；科舉制度規定了儒家經典作為文官考試制度的主要的科目。當然還有第三個，就是整個幾千年來，中國社會流行的這種家族的、鄉治的基層社會制度。

我們看晚清的策略改革，從科舉制度上，對儒家的生存可以說造成了一個重大的影響。在 1905 年以後，雖然科舉制度結束了，但是清政府仍然決

儒學發展與進化：陳來講談錄
● 五 百年來儒學的挑戰與回應

定在所有的學校保留經學，保留經學的課程；要求學校繼續在孔誕日能夠祀孔，就是祭祀孔子。這點到了辛亥革命以後也改變了，辛亥革命以後，在蔡元培主掌教育部以後，就決定要廢祀孔、刪經學。這樣，我們一般講的尊孔讀經的教育，到了辛亥革命以後，也遭遇到了根本挫折。經歷過這樣一個過程，儒家遇到了第一次重大的衝擊和挑戰，遭遇到了第一次困境，這困境可以說是非常重要的、帶有根本性的一個困境。雖然是這樣，從清末到民初，在教育制度和政治制度上，儒家已經退出了中心的舞臺，但是儒家思想和文化仍然保留在倫理的精神的領域。時隔不久，從1915年開始，到1919年，新文化運動興起，這就是我們講的儒學遭遇的第二次衝擊。

第二次衝擊和挑戰，來自新文化運動。新文化運動高揚批判、反思、啟蒙的旗幟，這種啟蒙就是引進近代西方文化的一種文化啟蒙。在這種啟蒙裡頭，它是把中國傳統文化做了它的一個對立面，特別是把儒家文化、儒家的禮教作為它的一個重要的、批判的對立面，這在當時是有其合理性的。在當時，甚至有人提出了「打倒孔家店」這樣的口號。這樣一來，從清末到辛亥革命，從政治教育的舞臺退出後，繼續保留在倫理精神的領域的儒學，受到了第二次重大的挫折。也可以說，從辛亥革命時對儒學的一種放逐，延續到了新文化運動，新文化運動繼承了清末到民初的放逐儒學的運動，把儒學要從倫理的精神的領域，繼續把它放逐出去。因此，經過了新文化運動，可以說儒家文化的整體已經離散、飄零。那麼，儒學怎樣生存呢？這變成了儒家文化在近代社會的變化裡面碰到的一個大問題。

第三次重大的衝擊，我想就是革命與「文革」。我把這個時代整個地放在一起。經過了合作化，經過了人民公社，經過了「文化大革命」，我們看到這種隊為基礎，三級所有的人民公社制度，徹底改造了舊的、以宗族為中心的這樣一個鄉村的秩序。因此近代有些學者就說，儒家所有的制度性的基礎，都被斬斷了、拆解了，失去了這些基礎以後的儒學已經變成一個遊魂了。這個「遊魂說」，講的就是儒家思想在它古代賴以生存的基礎，在近代文化的變化裡面被斬斷，原來的社會基礎通通被改造過了。革命當然本身它有政治的含義，但是它帶來的鄉村的改造是非常重要的。同時，另一個很重要的事件就是「文革」的過程。特別是「文革」中期以後的「批林批孔」的運動

的出現，各種對於儒家、對孔子的荒誕的政治性的批判接踵而來，把全國人民的思想都搞亂了，這可以說是對儒家文化又一次更大的衝擊。所以，把整個政治革命，跟社會改造和文化革命放在一起，我們說這是第三次對儒家文化的衝擊和挑戰。

第四次衝擊就是中國改革開放的前二十年。如果熟悉從 1978 年以後所經歷的第一個十年，也就是改革開放的動員期，那麼就會知道在改革開放的社會動員的時代，在 1980 年代形成了一股啟蒙的思潮。這個啟蒙的思潮呼應了五四時代的新文化運動，也是以批判傳統作為它一個主要的基調，儒家被作為現代化的一個對立面。到了 90 年代，市場經濟的蓬勃發展。市場經濟的蓬勃發展所帶來的功利主義的盛行，對整個儒家的傳統，和整個中國文化的傳統，也形成了有力的衝擊。因此，如果我們粗分，我想 20 世紀的儒家思想文化經歷了四次大衝擊，這四次大的衝擊對於儒家文化的命運發生了根本性的影響。

那麼我們就要問，20 世紀我們經歷的這一百年，對儒家文化是僅僅有衝擊，那麼有沒有機遇？雖然衝擊也可以當做機遇，但就歷史環境來說，應該說是有一次重要的機遇期，這個機遇期就是在「九一八」事變到抗戰勝利，也就是以抗日戰爭為主段的這個時期。因為這個時候全國人民團結起來，要把民族的保衛和復興，變成第一等的事情；由此保衛民族文化，復興弘揚民族文化，成了這個時期的一個文化基調，這是一個難得的歷史機遇。在這個機遇面前，可以說儒家思想抓住了這次機遇，實現了自己的一些發展。

百年來儒學對時代的四次回應

我講的第二個大問題，叫做回應和建構。剛才我們粗略地把儒學百年的歷程分為四個衝擊和一個機遇，也就是說我們把百年歷史分成了五個階段。儒家思想在 20 世紀的經歷、歷程和展開，面對這些衝擊挑戰所作的回應，也可以說是對應著這五個階段來展開的。

第一個階段，或者我第一個要說的人，就是康有為。康有為關於孔教的設想，其實在辛亥革命以前已經有了。到了辛亥革命以後，他把這個問題提

得更突出了，幾次他自己和透過他的學生提出了這樣的法案，就是要立孔教為國教，定孔教為國教。

　　這個舉動代表了什麼意義呢？我覺得這個做法有其積極的意義。這個積極的意義就是，我們剛才講過，從《興學詔書》到1905年的教育宗旨，到1912年蔡元培主持教育部的時候，在政治和教育的整個改革對儒家的打擊面前，儒家已經失去它從前所依託的政治的、教育的制度的基礎。因此他們就要在一個新的框架裡頭，找到它能夠生存、能夠發揮作用的一個基礎。這個設計，康有為想到的就是宗教，因為在西方近代文化的框架裡面，基督教還存在，也有把基督宗教定為國教的這種例子。因此他嘗試在一個新的社會結構的方式裡面，設計一個新的制度，使儒家在這裡邊能夠發揮作用。這就是「立孔教為國教」說，我們可以叫康有為的孔教論，我們說他是第一個回應的代表。這個回應我們也可以叫做對儒學困境的一個「宗教的回應」。當然這個回應可以說失敗了，因為這些法案和建議都沒有透過，後來的發展證明了這條路是沒有走得通的。雖然沒有成功，但是我們也可以看做這是儒學在百年曆程回應衝擊的第一個環節，儒學在第一個階段所做的努力。

　　第二個階段當然就是新文化運動了。新文化運動到了它的後期，有一些新的變化，這就是第一次世界大戰引起西方有識之士的一種文化反思，和當時社會主義蘇維埃的出現。這些引起了當時一些優秀的一流的知識分子，也開始重新思考中國文化的問題。在這階段出現的代表性人物，就是梁漱溟。他在1920年代初就寫了《東西文化及其哲學》。這本書可看做是百年來儒家文化對儒學困境的第二次回應。這個回應不是「宗教的回應」，而是一種「文化的回應」，文化哲學的回應。他認為，在當下的中國社會，雖然應當全盤承受西方文化，但是儒家文化和它的價值，代表了人類最近的將來的需要。這個最近的將來，所指的就是一種「儒家社會主義」的文化，因為他所理解的這個儒家，裡面已經包含了社會主義的價值。他所理解的社會主義又包含了儒家的價值。所以他說，西方文化的特長是在解決人和自然界的關係，人和物的關係；儒家文化的特長是解決人與人，人與社會的這種關係，比如說社會主義要解決勞資糾紛的這種關係，這是和儒家一致的。

由於近代以來我們碰到的挑戰，實際上是整個近代西方文化，對中國社會和文化造成的挑戰。儒家的回應也不能不是對這個宏觀的文化挑戰的回應。

接下來是第三個階段，即從「九一八」事變到抗戰結束，這個時代出現了一組「哲學的回應」。它們不僅是這個時期民族主義運動高漲的產物，這些哲學的回應也不是對特定的某一個文化思潮的回應，而可以看做是對整個近代西方文化對中國的衝擊和挑戰所進行的回應。其中有熊十力、馬一浮、馮友蘭、賀麟等。熊十力的儒家哲學體系，我們可以把它叫做一種「新《易》學」；馬一浮是講六經、六藝的，所以我們也許可以把他的儒學體系叫做「新經學」；馮友蘭的哲學體系當然是「新理學」，這是他自己命名的；賀麟是「新心學」。熊十力堅持孟子所建立的本心的哲學思想，依據大易的原理，把本心建立為一個絕對的實體，這實體是一個宇宙的實體，同時又建立了一套關於「翕闢成變」的宇宙論，所以他把他的宇宙論叫做「體用不二」的宇宙論。他的哲學思想是一個注重宇宙論建構的儒學體系。馬一浮可以說是一個固守傳統文化的綜合性的學者，是把傳統的經學、理學都綜合一體的一位學者。他說，一切道術，就是我們今天所說的各種學科，統攝於六藝（六藝的另一個講法就是六經，馬一浮所講的六藝就是六經），六經、六藝又統攝於一心，這又是古典儒家的一種講法。馮友蘭的哲學是新理學，這是他自己定的名稱，他要繼承程朱理學對於理的世界的強調，透過吸收西方的新實在論，在哲學裡面建立起一個理的世界，作為儒家哲學的形上學的一個重要部分。所以我們說，馮友蘭的哲學是一個注重形上學建構的現代儒家哲學。

至於賀麟，我們知道他自己公開地聲稱是宗陸王之學的，他說「心為物之體，物為心之用」，講了一套同樣也是以心學為基礎的儒家哲學。但是更重要的，我們看到賀麟有一個很重要的角色，就是他對儒學復興做了設計。他的口號就是「以儒家思想為體，以西方文化為用」，或者說「以民族精神為體，以西洋文化為用」，他有一套儒學復興的設計。

如果我們再考慮到梁漱溟先生，他自己後來的哲學建構不曾間斷，尤其是他在20世紀40年代到70年代一直在完成一本書，叫做《人心與人生》。

由這本書，我們可以說，梁漱溟的哲學體系是一個注重以心理學為基礎的現代儒家哲學建構。

因此，以上說的這幾個哲學家，熊十力、梁漱溟、馬一浮、馮友蘭、賀麟的工作表明，這個時期建構性的、新的儒學出現了，它們作為儒學對時代的回應，基本上採取的是一個哲學的方式。也就是說我們在這個階段所看到的，是一個以「哲學的回應」為儒家存在主要方式的時代。這個時代正好是百年儒學難得的一次歷史機遇，即與抗日戰爭帶來的民族文化意識高漲有關。所有上述這些重要的思想體系的準備、闡發都是在這個時期，這個時期是一個民族意識高漲，民族復興的意識高漲的時期，所以民族文化的重建也得到很大的發展。

第四個階段當然就是革命和「文革」的階段。這個階段，儒學的表現是什麼呢？我們不能說這個時代沒有儒學，如果我們回顧20世紀50年代到70年代這個時期，熊十力等這幾位思想家的變化，就可以看出，這是一個現代儒學調適的階段，就是跟社會主義來作結合，吸收社會主義的階段。所以熊十力在50年代初期著的《原儒》裡面就提出要廢私有制、蕩平階級，這就是吸收社會主義的思想。梁漱溟後期的書，不僅是《人心與人生》，還有另一著作《中國——理性之國》，專門講怎樣從一個階級社會過渡到一個無階級社會，怎樣從社會主義到共產社會，都可以明顯地看出來，這些思想家不是在這個社會裡面消極地跟著時代，而是在思考怎麼跟這個時代的主題能夠契合。但是有一條是他們所堅持的，就是無論社會制度怎麼變，政治口號怎麼變，儒家的思想文化的價值是他們要堅守的。社會主義他們贊成，共產黨的領導他們也擁護，但是儒家文化價值是他堅守的一個文化信念。這就是第四個階段。

新時期儒學潛隱與復興

第三個大問題，叫做從潛隱到復興。我想回到比較近的時代，這個階段當然就涉及改革開放這個階段了。

那麼，什麼叫做潛隱？剛才我們也講了，儒學的存在不能夠看做只是有哲學家存在的一個存在，不能認為有儒家哲學家才有儒學存在，這是一種片面的看法。在這個時代，特別是在20世紀50年代一直到今天我們所看到的，儒學的存在，正像李澤厚所講的，不僅僅是一套經典的解說，它同時是中國人的一套文化心理結構。於是，當一切的制度的聯繫都被切斷以後，它變成一個活在人們內心的傳統。特別是在民間，在老百姓的內心裡面，儒學的價值依然存在著。儒學在老百姓的內心裡面，可能比在知識階層裡面存活得更多，因為知識階層內心裡面受到西方文化的侵染可能更多。

我們把在百姓內心存在的儒學傳統，叫做「百姓日用而不知」的，沒有自覺的這樣一個狀態。中國人的倫理的觀念，可以說幾十年來，從50年代以後，仍然受到那個傳統的儒家倫理的深刻的影響，它是連續的、沒有改變的。但是在不同的時代，由於它不自覺，所以就會受到很多的不同的時代環境的影響，或者不能夠非常理直氣壯地、健康地把它表達出來，它有的時候也會有所扭曲。

這是我們必須強調的一點，就是我們在處理第五個階段即改革開放的時候，甚至我們在看第四個階段以來的儒學的時候，我們的「儒學」觀念一定要變，不是說一定要有儒家哲學家在，儒學才能存在。

我想再探討一下，在改革開放以來的時代裡新的儒學的存在方式。三十年來在中國大陸，可以說，沒有出現像20世紀30至40年代那樣的儒學哲學家，但是在這個時期，我認為有幾個方面值得注意。

第一方面就是近三十年來的儒學研究，這種儒學研究構成了一套「學術儒學」的文化。什麼是學術儒學的文化呢？就是對傳統儒學進行深入的研究，把握儒學歷史發展演化的脈絡，來梳理儒學理論體系的內部結構，闡發儒家的各種思想，這套系統我叫做學術儒學。

第二方面我叫做「文化儒學」，文化儒學是什麼意思呢？就是近三十年來，我們有很多的文化思潮與文化討論跟儒學有直接關係，比如，討論儒學跟民主的關係，討論儒學跟人權的關係，討論儒學與全球化的關係，討論儒學與現代化的關係，討論儒學與文明衝突的關係等等，當然我們今天也在討

論儒學與建立和諧社會的關係。在這些討論裡邊，有很多學者是站在儒家文化的立場，來表彰儒學價值的積極意義，探討儒學在現代社會發生作用的方式，在這一方面闡述了很多的有價值的文化的觀念和理念。這些討論，我覺得它也構成了一個儒學的特殊的存在的形態，我就把這個形態叫做文化儒學的形態。

所以，我們不能說，這三十年來我們沒有儒學哲學大家，儒學就是一片空白，不是的。除了在潛隱的存在形式以外，我們要找到一個「在場」的儒學文化形式，我們要定義一個近三十年來「在場」的儒學文化形式，所以我用學術儒學和文化儒學，來概括這個時代在場的儒學存在。

除了上述兩方面外，還有第三個方面，就是民間儒學。如我剛所講的，一方面是潛隱的、百姓不知的、日用不知的，這個人民大眾心裡的儒學；另一方面是在場的、顯性活動的儒學，如學術儒學和這個文化儒學。在場的儒學除了學術儒學和民間儒學之外，新世紀以來不斷發展的民間儒學。這就是我們在上個世紀末期已經看到的，今天仍不斷發展的文化形式，如各種國學班、書院、學堂、講堂，包括各種電子雜誌，民間出版物、民間讀物、兒童讀經班，各種儒家小學啟蒙讀物的出版。我想，剛才講的那個層次，無論是學術儒學還是文化儒學，大部分還是知識人活動的層面，但是這個民間文化的層面應該說是有當前中國人各個階層的更廣泛地積極參與。這是一個在民間實踐層面的文化表現，我把它叫做「民間儒學」。近十年來，國學熱受到這個民間儒學的推動很大。

21世紀儒學的新機遇

最後我想指出，進入21世紀，現代儒學復興的第二次機遇來到了。剛才我們講第一次機遇是在抗日戰爭時期，這是一個民族意識、民族復興意識高漲的時期。今天，從90年代後期以來，隨著中國崛起，隨著中國現代化進程的深入和發展，應該說今天是中國已經進入了現代化的初級階段。在這樣的一個背景下，在人民的民族文化自信大大恢復的條件下，中華民族偉大復興和中華文化偉大復興，這個雙重復興的大局面正在到來。在這樣一個局

面下，應該說儒學在現代復興的第二次機遇到來了。儒學怎麼樣抓住這次機遇，儒學學者怎麼樣參與這次儒學的復興，我想至少有幾個方面的工作可以做：比如重構民族精神，確立道德價值，奠定倫理秩序，形成教育理念，打造共同的價值觀，形成民族國家的凝聚力，進一步提升我們的精神文明，等等。這些方面可以說都是儒學復興的運動要參與的重要的工作。儒學只有自覺參與中華民族的偉大復興，和時代的使命相結合，和社會文化的需要相結合，才能開闢發展的前景。

● 六 宋明學案

六 宋明學案

今天講會的題目是「宋明學案」，學案就是錄載學術的傳承、發展、演變，「宋明學案」就是把我們國學的宋元明這個時代的國學的主要形態和發展作一個大概的介紹。這裡「宋明學案」的學是指儒學，而儒學在宋明時期是以理學為主，其中又包含各個派別。

為什麼宋明學案主要講理學？因為理學是宋元明清時代一個主導的學術思想和文化形態。我們在撰寫學術史和思想史常用的一種方法，就是「概稱法」，習慣上用某一個時期主導或占主流地位的學術思想形態來概括這個時代的學術發展，顯示國學發展各個階段的特色。比如說先秦，先秦是以諸子百家為主，所以我們常常說「先秦諸子」，或者說「先秦子學」，稱為先秦子學的時代。到了漢代情況有變化，國家設立正式的經典，設立為經典研究服務的五經博士，經學開始正式發展起來，所以習慣用「兩漢經學」來概稱兩漢時代的思想文化和學術發展。魏晉這一時期，玄學發展最有特色，可以代表這個時代的精神，我們往往就用「魏晉玄學」來概稱這個時代學術思想文化主流或時代特色。隋唐時代，佛學大興，所以我們常常以「隋唐佛學」來概稱隋唐這個時代的思想學術主流的發展。到了11世紀以後，北宋興起理學，變成了從宋元明一直到清前期這七百年間思想學術的主導形態，所以我們學術界常常用「宋明理學」這個概念；「宋明理學」並不僅僅指「宋明理學」本身，還作為中國學術史上階段性的概稱意義的一個概念。我們今天講的這個「宋明學案」，當然不是要將宋明學術無所不包都講到，我們正是要講「宋明理學」為主要內容的這個時代中國思想學術文化的主要發展，來看看國學的發展在這個時期有什麼特色和它的發展演變。

▎理學起源：韓愈的儒學復興運動

第一個問題要談談宋明理學的起源。理學發端於11世紀，從北宋的中期開始，但是其發展的很多苗頭在中唐時代就已經出現。如果說宋明理學是一場儒學復興運動，那麼可以追溯到中唐就開始、以韓愈為代表的早期儒學

六 宋明學案

復興運動。韓愈的儒學復興運動有一個明確的背景,這個背景就是排佛,今天的儒學也要復興,但不會像韓愈那樣盲目地排佛。但是我們要瞭解宋明理學和中古時期的儒學復興運動,不能忽略歷史因素。我想起了前幾年的一個重要的文化事件,法門寺的佛指舍利被迎到香港、臺灣,鳳凰衛視也做了全程實況轉播,特別是臺灣地區的行程,受到上百萬人的歡迎,後來這個佛指舍利又到泰國。懂一點歷史的人就知道,這個佛指舍利正是和韓愈有關,這個佛指舍利在唐憲宗的時候曾要把它迎到宮中做一個短期的供奉,結果被韓愈知道了,韓愈寫了一個《諫迎佛骨表》,勸誡皇帝不要這麼做,不要迎這個佛骨到宮裡面來。韓愈就從這裡開始了人生的挫折,但是他的思想並沒有因此而改變。他的思想就是強烈批判佛教對中國文化社會秩序帶來的破壞,韓愈在《諫迎佛骨表》裡講到佛教的進入帶來的後果,就是人們不知君臣之義、父子之情,佛教的教義和它的僧侶實踐違背了中國傳統社會的綱常倫理,因此任由其發展就會破壞這個社會的倫理秩序,使社會無法維持。所以韓愈非常有先見之明地把《大學》提出來,高舉《大學》旗幟,用修身、齊家、治國、平天下的理想來打擊和壓制標舉出世主義的佛教,透過這種方式擴大儒學影響,開始了儒學復興的運動。韓愈也非常重視《孟子》,因為在韓愈看來孟子是一個敢於跟異端做鬥爭的思想家,看到異端思想就不能容忍它任其發展,就要站出來跟它爭論、辯論,要批判它。所以《孟子》、《大學》成為韓愈批判佛教的重要精神武器。這種精神為宋代被理學所繼承,《大學》可以說是理學最重要的一部經典,不僅宋代朱熹特別重視它,一直到明代王陽明還是從《大學》裡邊轉出來,所以我們說韓愈確實是有功勞的。可是韓愈也有些缺點,就是他著重從社會秩序和倫理來看這個問題,不太能進入到比較深入的精神世界來討論問題,所以他講《大學》時只講修身、齊家、治國、平天下,不講格物、致知,可我們知道理學是專講格物致知的。從這裡就可以看出韓愈和宋明理學還有很大的差別,宋明理學透過格物致知的概念,更深地進入到修身的哲學,進入到人的心性和精神實踐。韓愈可以說在那個時代只能提出最重要的一些比較外在的問題,而不能把所有的內在問題都揭示出來,所以在理學史上韓愈受到一定的批評也是很自然的。但理學對韓愈的批評可能有一些理學的偏見,沒有完全正視韓愈在儒學復興運動裡面開創性、

先驅性的地位，所以現在我們回顧「宋明學案」的時候，還是要承認、要肯定宋明理學先驅韓愈所作的努力。

▍「宋明理學」不等於「宋明的理學」

「宋明理學」代表這個時期主流的文化思想發展，它是「宋明儒學」的一部分，這兩個概念是不一樣的，宋明儒學的概念比宋明理學的概念外延要大，因為在宋明理學家以外還有很多不同的儒學家。宋明理學是內在於宋明儒學中發展，跟整個宋代儒學和明代儒學的整體發展趨勢是分不開的，因此討論理學在北宋的發展不能離開北宋整個儒學的發展的氛圍。按照《宋元學案》的講法，從宋初三先生胡瑗、孫復、石介講起，如果我們把這個範圍看得更大一點的話，其實北宋前期的儒學發展，很多方面都跟理學有關係。比方說，范仲淹和歐陽修，特別是范仲淹這個例子很明顯，范仲淹兩歲時父親死了，他是一個困窮苦學的例子，這樣的經歷在北宋理學很多重要人物的身上都可以看到。冬天學習困了的時候，用冷水洗面來刺激精神，沒什麼吃的就喝很稀的稀粥。這個例子可以看出來，北宋的整個儒學為何在這個時代會產生出理學來，同時也可看出這個時代的儒學發展與隋唐、魏晉的不一樣。這個時代的社會變遷跟以前不同了，從唐代末期到北宋，中小地主和自耕農為主的經濟形態出現，從儒學的角度來看，中小地主和自耕農的子弟透過科舉進入到國家政權隊伍裡面，成為士大夫的主體，成為儒學學者的主體，這成為這個時代的特色。因此這種社會出身的知識人，在倫理觀念、文化態度和思想傾向方面，他跟中唐以前、跟魏晉時代，尤其士族出身的知識分子的想法就大異其趣。比如范仲淹，不僅有很多講學的成就，更是代表北宋前期儒家知識群體的精神人格，就是他提倡「先天下之憂而憂，後天下之樂而樂」、「每感論天下事，時至泣下」，關心國家大事，以國家大事、以民生為己任的那種情懷，可以說感染了當時一時知識分子，「一時士大夫矯厲尚風節，自仲淹倡之」，這影響了士大夫風氣的變化，也可以說代表了當時北宋儒家人格的發展方向。如果沒有范仲淹這樣人物的出現，沒有這種道德精神的出現，那宋明理學的出現應該說是沒有前提的，也就是沒有可能的。所以我們講到儒學在宋明時代新的發展，我們要看到在前理學階段在北宋儒學

的代表,像宋初三先生中的兩位重要人物,一個是胡瑗,一個是孫復,都是范仲淹的親自推薦才能在朝中做官,才能實現講學事業。

理學的發展前驅,我們舉出韓愈作為中唐儒學復興的代表,舉出范仲淹作為北宋前期儒學的代表。這是我們做的一個鋪墊,從這裡我們可以看出,時代風氣在慢慢變化,一個新的運動正在慢慢地醞釀,醞釀當然就是儒學的復興運動。儒學復興運動之所以能夠興起,一方面跟整個時代變遷是相關的,另一方面跟魏晉以來遭遇的文化挑戰有關係,這個文化挑戰主要是以佛教為主的外來文化的進入以及本土化,對中國本土的、固有的思想產生的刺激和挑戰。

理學的真正發端:周敦頤與張載

我們來談談宋明理學的真正發端。我們先把這個發端追溯到周敦頤。因為周敦頤做過二程的老師,二程又是北宋道學真正的建立和創立者。周敦頤號濂溪,字茂叔,湖南道縣人。二程在回憶跟周敦頤學習時是這樣講的:「昔受學於周茂叔,每令尋仲尼、顏子樂處,所樂何事?」就是說孔子跟他的弟子顏回他們即使很貧困地生活,在顛沛流離中也保持了一種精神快樂,「所樂何事,所樂何處?」這就是周敦頤讓二程兄弟經常尋求的問題。這個問題是韓愈所沒有考慮的。這兄弟兩個就開始思索這個問題,當時有沒有思索通我們不知道,但是這個問題對他們後來的發展很有影響。這個影響對程顥肯定是很大的,程顥後來很多思想的發展都受到周敦頤的影響,他後來再次跟周敦頤學習,他的語錄裡面是這樣講的:「自再見周茂叔後,吟風弄月而歸,有『吾與點也』之意。」「吾與點也」是《論語》裡面的故事,孔子帶了幾個學生,問他們,你們每個人的志向怎麼樣?有的說要做官,要做領導人,有的學生說要做有功業的事情,曾點就說我的想法不一樣,我的想法就是在暮春之際,領幾個童子在大自然中郊遊。孔子說「吾與點也」。與,就是同意,說我同意曾點的說法。理學創始人程顥跟周敦頤再次學習回來,就覺得有「吾與點也」之意,開始進入到孔子和曾點所嚮往的那種境界中去了。這種境界就是不把現實的功名利祿、功利性的事業看得很重要,而把人格的追

求、精神的完滿、內心的自足,看得很重要。後來他死了以後,他兄弟幫他寫的紀念文章講,自從十四五歲跟周敦頤學習以後,「遂厭科舉之業,慨然有求道之志」。周敦頤教二程要尋「孔顏樂處」,他就「慨然有求道之志」,到後來再跟周敦頤學習,能夠深刻地體會、認同曾點和孔子的那種理想,這三件事連起來,在這裡我們可以看出周敦頤對理學創始人的深刻的影響,而且這個主題「尋孔顏樂處」後來變成整個宋明理學一個內在的主題。所以,在這個意義上,我們可以說周敦頤是個很重要的人物,雖然他在當時並沒有什麼名氣,但是他對理學的創始和精神追求造成較為重要的作用。周敦頤自己人格的發展也是這樣的,我們看他寫的《愛蓮說》,就可以知道他是追求那種中正平直的君子人格。關於周敦頤的人生態度,還有這樣的一句話:「茂叔窗前草不除」,據歷史記載他的窗前是不除草的,也有人問他說,你為什麼不除草呢,雜草叢生也不好看吧?他回答說:「與自家意思一般。」那些草木的生長有什麼「意思」與自家一般呢?那就是「生意」,萬物的「生意」。後來大程講「萬物之生意最可觀」。就是說,宇宙萬物生長的傾向最值得重視,「意」是表示傾向,因為宇宙的作用對生命力量的湧動的支持跟儒家「仁」的觀念有最深刻的聯繫。因為我們知道「天地之大德曰生」,就是「生」代表宇宙最重要的本性,而這個本性與儒家的「仁義禮智」的「仁」有最深刻的聯繫。也就是說,「仁」這個德性的概念、這個道德的觀念,你可以追溯到宇宙間生生不息的趨向。周敦頤這個意思被後來程顥明白講出來了。程顥同他的老師一樣,也是不除草。他的學生也問他,先生為什麼不除草啊?「欲常見造物生意。」明確講出來了,「意思」就是萬物生生不息的「生意」。理學家是要透過這樣一個體會來使自己的生命跟自然合為一體,達到一個更高的人生境界。所以,我們看,確確實實周敦頤對程顥很有影響。

除了這個,他還提出一些方向性的思想命題。周敦頤有兩部比較重要的著作,一個叫《太極圖易說》,就是《太極圖說》;另一本著作叫《易通》,也叫《通書》。在《通書》的《志學》篇裡邊他就講「志伊尹之所志,學顏子之所學」。「學顏子之所學」我們剛才已經講了,「尋孔顏樂處」。「志伊尹之所志」,它所代表的是治理國家和造就民生幸福的一個榜樣,而顏子是人格修養的一個典範。透過這個口號,他提出一個人要有志向地全面發展

六 宋明學案

自己。如果說古典儒家所代表的「仁」學是比較注重「克己復禮」和「博施濟眾」的話，那麼周敦頤對「仁」學有些新的發展，就是把「仁」學裡面增加了人格美和精神境界的追求。這可以說是開闢了宋明理學新的精神方向，也是對古典哲學的新發展。

理學的發端的第二位，我們來看張載。張載號橫渠，人稱「橫渠先生」，他有一部著作叫《橫渠易說》，他晚年的著作叫《正蒙》，但《正蒙》的很多思想在《橫渠易說》中已經有了。在周敦頤和張載身上有一個共同特點：就是透過對「易學」的重新闡發發展出一些新的哲學形態。這個形態是什麼呢？就是「氣」的哲學。周敦頤講《太極圖說》，講「無極而太極」，「太極動而生陽，靜而生陰」，那麼這個「太極」是什麼呢？如果我們看從北宋初期到北宋中期易學的解釋學，就會知道，整個北宋前期對「太極」的解釋都是「氣」。我們也就知道周敦頤對「太極」的解釋其實也是「氣」。張載也對《易經》、《易傳》，特別是對《繫辭傳》的解釋發展出一種氣本論的哲學，特別講「太虛即氣」，有時候他也講「虛空即氣」。為什麼「太虛即氣」在這個時候要被強調起來呢？我們知道宋明理學最初的動機是對佛道哲學的一種回應，特別是對佛教挑戰的一種回應。佛教講「空」，有的時候也用「虛」這個概念，道教裡邊更多的講「虛」、「無」，從魏晉到隋唐，佛教、道教的思想影響很大，相對來講，儒家思想有點沉寂，雖然不能說完全消失了，經學還在發展，但是沒有出現有創造力的思想家，沒有出現有創造力的思想體系，比較沉寂。在佛道的思想比較流行的情況下，張載、周敦頤提出要反對佛老的這種虛無主義，為了反對這種虛無主義的人生觀，首先要建立一個實在主義的本體論。這個實在主義是要以「氣」作為主要的載體，整個宇宙就是一個實在，不是空虛，透過這樣來建立一個儒家的政治哲學和倫理哲學。如果沒有這樣一個本體論的支持，那儒家政治哲學也會變成空的，人倫日用、道德倫理都會變成空的。所以，張載和周敦頤在這點上有共同之處，就是透過對易學的詮釋回應佛道本體論的挑戰。如果我們看張載的故事，可以發現他年輕的時候也和范仲淹有關係，他「年二十一以書謁范仲淹」，自己做了個軍事規劃投書去見范仲淹。史書講范仲淹「一見知其遠器」，一見就知道這個人是有長遠大發展的人才。范仲淹對張載說「吾儒自有名教可樂，

何事於兵？」就引導他去學習《中庸》。張載又盡讀釋老之書，史書說他「累年盡究其說」，看了很多年之後他覺得對佛教、道教有點瞭解了，瞭解之後「知無所得」，知道這裡邊沒什麼東西，然後「返而求之六經」。張載這個例子跟我們後面講的很多理學家的例子是一樣的，先有一個「出」，然後再來「入」，這樣學問才能夠最後堅定地確立起來。他透過對佛教、道教的學習，然後找到一個「他者」，這個「他者」給他提供一些思想的營養，也讓他看清了這些思想的一些特性。透過這樣一些學習，能夠幫助他回來重新瞭解儒家的思想。你直接瞭解不一定能夠真正瞭解到，所以你需要一個迂迴，需要一個「致曲」。

張載的思想如果我們從它對理學的影響來看，除了氣的這種哲學，實在主義的世界觀以外，他對理學還有大的貢獻，就是在《西銘》裡邊提出的「民胞物與」的思想，「民，吾同胞；物，吾與也。」人民大眾都是我的同胞，萬事萬物都是我的朋友，體現了理學家博大的胸懷。那麼這樣一種精神是什麼精神呢？對周敦頤來講，就是「志伊尹之所志」、「致君澤民」的那種理想，張載發展成「民胞物與」，兩者是一致的。張載還提出很重要的四句話，馮友蘭先生把它概括為「橫渠四句」，這四句也對後來理學有重要影響，就是：「為天地立心，為生民立命，為往聖繼絕學，為萬世開太平」。這四句話可以說不僅是對宋明的理學家，而且對宋明時代的很多知識分子都造成一種精神激勵作用，即使有些人不以理學發展為志業，也都會受到這種思想的感染和激勵。現在，大家對橫渠四句中的第一、第二、第四「為天地立心，為生民立命，為萬世開太平」這三句話都能夠肯定，但對於第三句「為往聖繼絕學」以及它的現代意義往往有些疑慮。其實這第三句也可以有廣義的理解，「為往聖繼絕學」這個「聖」字不是僅僅講孔孟的，那是從堯舜開始的，從華夏三代文明開始的，三代文明的精華沉澱在六經，儒家則始終自覺傳承六經代表的中華文明的經典，所以說，「為往聖繼絕學」，可以理解為，是要接續、繼承、復興、發揚從堯舜周孔到以後的中國文化的主流傳統，所以這裡的「學」，它所代表的不僅僅是儒家文化的發展，而是我們夏商週三代以來整個中華文明發展的一個主流傳統，用今天的話來說，就是努力復興中

華文化。這代表了理學的一種文化的自覺。所以這句話即使在今天看，也是有深刻的文化意義的。

儒學的建立者：二程兄弟

現在我們講理學的建立。理學的建立主要講二程兄弟。以往學者比較喜歡講「北宋五子」，這是朱熹講過的。理學的建立跟這個「北宋五子」有密切的關係。「北宋五子」包括我們前面講過的周敦頤、張載，還有二程、邵雍。其實，「北宋五子」裡邊核心是二程。為什麼呢？因為「北宋五子」是以二程為聯結中心的。周敦頤是二程的老師，張載是二程的表叔，也是講學的朋友，而邵雍呢，和二程一起居住在洛陽，是一起講學討論的同仁，可見二程確實是理學或者道學的建立者。

二程中的老大是程顥，號明道，人稱明道先生。程顥也是「泛濫於諸家，出入於佛老幾十年，返求之六經而後得之」。我以前講，出入佛老，而後返求自得，這變成了宋明理學家常規的心路歷程，這很值得研究。關於理學，程顥在思想上有什麼發展呢？他在世的時候講過這樣一句話，說「吾學雖有授受，但天理二字是自家體貼出來」。我們知道在中國文化史上，「天理」二字早就出現了。至少在先秦的典籍裡邊已經看到了，如《莊子》也提過「天理」這個概念，最明顯當然是在《禮記》裡，《禮記·樂記》裡邊講，「不能返躬，天理滅矣。」這是宋明理學最直接的一個來源。為什麼程顥要說「天理二字是自家體貼出來」？這個不是亂吹的，他確確實實是「實有所見」。「實有所見」我只舉一個例子，他有一個命題，說「天者，理也。」後來也有人把這個命題改成「天即理」，這也是一樣的。然後接著說「理即是天道。如說皇天震怒，終不是有人在上震怒」，程顥認為，如果你要推究起來，終歸不是有個人在天上震怒，「只是理如此」。那麼「天者，理也」是什麼意思呢？實際上，就是他在對以六經為代表的古典儒學進行新的詮釋。我們知道，在古典儒學裡邊，特別在《尚書》裡邊，保留了作為神格的天的概念，所以就有「皇天震怒」這樣的語句出現。到了宋代，理學創始人要摒棄這樣神格的天的概念，要把它變為一個理性化、理性主義的思想體系。他認為，我們

如今在《詩經》中看到的那個有人格的「天」，我們在《尚書》中看到的那個有人格的「天」並不是真正的有人格的「天」，那個「天」其實是「理」，是宇宙的普遍法則，這是「天者，理也」它真正的思想。所以這樣「天」的概念的確是以前所沒有的，《莊子》、《禮記》裡面也不曾有的，而是理學家在一個新的理性體系中所提出來的。他們把上古儒學中一些迷信的東西揚棄掉，重新給它一個理性主義的解釋，於是「理」就被發展、詮釋為一個上古時代六經中「天」所具有的最高的本原性的概念，理學體系便從此具有了其真正意義。

另一方面，理學家不是僅僅要講一套理，他們還很重視人格的氣象，如我們前面所講到的「尋孔顏樂處」，這當然是一個人格的境界，這個境界還要發出一種氣象，於是這個境界和氣象就變成了理學家一個特別的追求。程顥就具有這樣的特點，歷史記載他具有「溫然和平」的氣象，這個氣象跟他的理學思想是有關係的。因為程顥對「仁」學提出了一個新的解釋，他講：「仁者以天地萬物為一體。」如果我們把理學整個作為一個群體，就可以看出它是貫通的，程顥的這個講法跟張載「民胞物與」的精神是一致的，「民吾同胞，物吾與也」也是這樣的精神，但是在張載的思想裡沒有明確地跟「仁」這個概念聯繫起來。程顥這位理學的建立者明確地建立起一個新的「仁」學，最核心的命題就是何謂仁者？你能把天地萬物看做與你一體，這樣的人才是「仁者」，才能體會到「仁」的境界。譬如，你將岳麓山看做是你的手臂，湘江看做是你的血脈，這樣你才與萬物是一體的，假如有人去砍伐岳麓山上的某棵樹，你會因之感到疼痛，你便體會到「仁」的境界；又假如有人破壞、汙染湘江的水，你也會因之感到痛苦，那也是「仁」的境界，如果你對這些感到麻木，那就是「不仁」，那就沒有「萬物一體」。這雖說是我們對這句話新的發揮，但表達的意思是一樣的。這樣一種「仁學」的境界外發為一種「溫然和平」的氣象，它就對人很有影響，產生一種感染力。所以有的學生跟從程顥學習幾個月後感嘆，如在「春風和氣」中坐了幾個月。再舉一例，程顥跟皇帝的關係很融洽，一般而言理學家跟皇帝關係都不好，而程顥雖也批評皇帝，但是皇帝卻很被他感染。神宗本來是很信任王安石的，王安石跟程明道政見不和，可是在程明道見完皇帝臨走時，皇帝囑咐要程顥「卿可常來求

對,欲常相見」。這樣的君臣關係是少見的,這就說明了程顥與皇帝的談話很讓皇帝受到感染。程顥曾經跟皇帝說,我希望皇上你要常常注意,防止自己人欲的萌發。同樣的話朱熹也曾對孝宗皇帝說過,但孝宗很不喜歡,可是神宗皇帝聽完程顥的話後,卻拱手對程顥說:「當為卿戒之。」意思是你這樣勸我,我當為你來提醒我經常警戒自己。作為理學的創始人之一的程顥不僅提出了「天者,理也」、「仁者與天地萬物為一體」等在理學體系中非常重要的命題,而且在實踐中也很好地體現出他的人格氣象,這種氣象不但能夠感染學生,還能夠感染皇帝。

二程中的另一位是程頤,號伊川,人稱伊川先生。程頤十八歲時到太學求學,當時主教太學的胡瑗出題考學生,題目便是「顏子所好何學」。程頤於是寫了一篇《顏子所好何學論》,此文令胡瑗對他刮目相看,於是讓程頤參與教學,結果當時有的京中官員就把程頤做老師來對待。程頤所寫《顏子所好何學論》高明在何處?由前面介紹可以知道,這個題目對程頤來說並不陌生,他可能不到十四歲就在周敦頤處學習,當時周就曾要其「每令尋顏子仲尼樂處,所樂何事?」還說「志伊尹之所志,學顏子之所學」。胡瑗所出題目對程頤而言是再熟悉不過了,受周敦頤的影響,程頤已形成了對此問題的一套講法。他的文中還加入了周敦頤《太極圖說》的部分內容,由宇宙論到人生論逐一來闡述其觀點,所以由此我們可以看出程頤也是受到了周敦頤的一些影響。程頤也曾參加過科舉考試,但是考過幾次未中,就放棄了,認為已經寫過《顏子所好何學論》就不用再考了,後來家裡有推薦做官的機會他都讓給了族人,拒絕接受。所以直到四五十歲依舊是個沒有任何出身的布衣。但是五十多歲時他一下被提升為皇帝的老師,官銜為崇正殿說書,當時小皇帝即位,大臣都推薦他去給皇帝教書。但是程頤的性格與程顥有所不同,程顥是「溫然和平」,而程頤則是「嚴毅莊重」,對待皇帝、太后都非常嚴肅,要求給小皇帝講課時太后應在簾後同聽,「垂簾聽講」而不是垂簾聽政。在他以前,給皇帝講書的官員是站著的,皇帝是坐著的,而他說這不行,一定要讓講官坐著講,以此培養皇帝尊儒重道之心,此外程頤還提出了很多大膽的建議,不怕因此得罪皇帝、太后,但最後終因得罪人太多而被外派,由此便不難看出程頤的一些特點。他非常嚴謹,生活上也是如此,一生謹守禮訓。

晚年有學生問他：「先生謹於禮四五十年，應甚勞苦？」意為先生視聽言動、待人接物什麼都是按禮來做，是不是太辛苦了？程頤答：「吾日履安地，何勞何苦？」意為我按著禮行事使我每日就像踏在安全的平地上，有什麼辛苦的，如果你不按著禮行事，那便使你每天都處於危險的地方，那才辛苦。他年輕時跟許多學者有過討論，譬如對司馬光的念「中」法就進行過批評。司馬光當時身在高位，卻仍關心儒學的發展，同樣也注重自我人格的修養，即希望尋找到一種帶給內心穩定的安身立命之方法。這也是當時北宋理學家很關心的一個問題。如張載給程顥寫信：「定性未能不動？」意為我想把這個心定下來卻總定不下來。而司馬光也是如此，最後他找到一個辦法，即念中法。《中庸》不是講「喜怒哀樂未發謂之中，發而皆中節謂之和」嗎，司馬光說，我可以用念「中」字來在喜怒哀樂未發之際保持內心的穩定。而程頤卻就此批評他，說不如我送你一串佛珠來讓你安神定心，但這樣的辦法是外在的辦法，並不是真正可以使人的內心得以安定的辦法。程頤主張的是「主敬」的辦法，這成為程頤學說的特點。這個方法就是在修養上透過一種敬畏的心情，同時謹守於禮的這樣一種生活的狀態達到對內心的安定。他的氣象亦是非常嚴謹。

如程顥一樣，程頤也提出了理學思想中非常重要的一個命題，就是「性即理」。「性」就是指人的本性，這句話跟程顥所提的命題「天即理」在理學中具有同樣重要的地位，都是非常核心的命題。以前學者講人性有講人性善、人性惡、人性無善無惡、人性三品，等等，到北宋時如王安石也是受到人無善無惡的影響。程顥是用「理」來規定、界定天的概念，天是最高的本體。程頤則用「理」來規定、來解釋人的本性。程頤思想在晚年也有些變化，如程頤晚年因跟新黨政見不和，在四川涪陵受到管制，後解除管制回洛陽途中，在經過峽江時，突然碰到急流非常危險，「一眾號哭」，只有他「凝然不動」，過了這段危險急流後，有人問他，先生你能達到這樣的境界，是達後如此還是舍後如此？「舍」是豁出去了，不怕死，所以我就安靜地坐在那，凝然不動，這叫舍後如此。「達」是對人生境界的通達，不是舍後豁出去了的意思，而是已經把生死問題貫通，在人生觀上、生死觀上已經達到了一個很貫通的境界，這就是「達」後如此。這個時候已是程頤晚年，應該說他的思想境界

六 宋明學案

已是達到了相當高的境界，雖說跟程顥有所不同，但透過他自己的方式也對理學做出了突出的貢獻。

理學發展的核心人物：朱熹與王陽明

剛才講的是理學的建立，接下來講理學的發展，主要講朱熹和王陽明。古人對理學的發展有一個講法就是濂、洛、關、閩，濂指周敦頤，洛指二程，關指張載，閩指朱熹。但這個講法是有限制的，只適合宋代主流道學的發展歷程，如果講整個宋明時代的發展就不能概括了，因此我們講整個宋明時代的發展，講到其最核心的人物，最簡單的講法就是程朱陸王了，前面講了二程的階段，後面就講講朱和王。

朱熹五六歲的時候，父親教他什麼是「天」，他當時就問：「天之外是何物？天之上是何物？」還有一個記載說，朱熹小時候和朋友們玩，經常一個人寫寫畫畫，在沙地上經常畫《周易》中八卦的符號。朱熹晚年的哲學體系非常大，其中有一部分，就是吸收了《周易》哲學中的宇宙論而發展成的一套哲學宇宙觀。同許多宋代知識分子一樣，朱熹也是出入佛老，泛濫百家，然後返求諸六經。有個故事說，他十八歲去應科舉考試的時候，老師檢查一下看東西是否帶齊全了，發現他的行裝裡面只有兩本書，一本《孟子》，一本是《大慧語錄》，這是南宋前期大慧宗杲禪師的語錄。可以說，朱熹服膺二程的學說、闡揚二程的學說，發展了二程的思想，把二程的思想發展為一個綜合性的理論。前人說他「致廣大，盡精微，綜羅百代」，他既吸收了二程的思想，還吸收了周敦頤、邵雍、張載的思想，揚棄了佛道的哲學，透過對「四書」的不斷地、終身地、死而後已地註釋，建立了自己的理學體系。在他的體系中，《大學》的思想占著重要地位。開始提到，韓愈已經很重視修身、齊家、治國、平天下了，可是「格物致知」、「正心誠意」，他沒有怎麼提，他完全沒有理會「格物致知」的問題。朱熹的貢獻就是提出了關於「格物致知」的一套系統的理論解釋。雖然這套解釋是以二程的思想為依據的，但也給予了綜合和創造性的發展。《大學》的「八條目」裡面最基礎的就是「格物」，格物才能致知，致知才能正心誠意。

可是，什麼是格物呢？漢人的解釋很不清楚，把「格」解釋為「來」。朱熹就透過解釋發展二程思想，把「格物致知」解釋為「即物窮理」。「格物」就是要落實到事物上去，不要離開事物。為什麼這樣說？這是針對佛教的。因為佛教就是離開了事事物物，特別是離開了倫物。倫就是倫常，離開了倫物去尋求精神內心的發展。所以朱熹特別提出「即物」，就是不能離開事事物物，包括身邊的人倫日用，包括草木、瓦石。我們要內在於一個此世的倫理秩序裡面，在我們的社會關係、家庭關係裡面，在我們所處的自然界裡面找到價值，這就是「格物」的最重要的含義。朱熹發揮了「窮理」的概念。「窮理」概念來自於《易傳》，朱熹把它引導這裡來，用「即物窮理」來解釋「格物致知」。窮理就是要研究瞭解事物的道理。「即物窮理」含有一種知識性的發展，同時「格物致知」又不僅僅是一個知識性的發展，它包含了認識到什麼是正確的，什麼是錯誤的，什麼是善的，什麼是惡的，從而在自己的實踐中體現出來。因此「格物致知」包括了知識論和道德論兩個方面。

其實，朱熹講「格物致知」，最早是講給皇帝聽的。在他三十四歲的時候，孝宗繼位之後召見他。他就給孝宗講了「格物致知」，說帝王之學，必須要先「格物致知」。第二年，他再去見皇帝時說，大學之道，即「格物致知」。皇上沒有做到「即物窮理」，沒有做到「即事觀理」，所以就沒有收到治國平天下的效果。可見理學提出「格物致知」這些理論，不是用來約束老百姓的，它首先是針對帝王之學。朱熹要給皇上講治國平天下的道理，而孝宗皇帝是不喜歡別人批評的，所以他對朱熹的兩次奏對都不是很高興。又過了十幾年，朱熹在白鹿洞書院講學，因為全國大旱，皇帝就召集學者多提批評意見。朱熹又寫信上諫了，講「天理人欲」、「正心誠意」，說皇上不能「格物窮理」，所以只能親近一些小人，沒有國法綱紀，不能治國平天下。皇上聽了很生氣。到了朱熹晚年的時候，他又入都奏事，走到浙江時，就有人對他說，你喜歡講「正心誠意」，但這是皇上最不愛聽的，這次你就不要提了。朱熹很嚴肅地說，我平生所學，就是這四個字，我怎麼能夠欺君呢？他見到皇帝的時候，還是批評了皇帝，說皇帝內心裡面「天理有所未存」，「人欲有所未盡」。我講這個故事是為了說明，宋儒講「格物致知」、「正心誠意」，講「存天理、滅人欲」，首先是對君主、士大夫的階層來講的。

儒學發展與進化：陳來講談錄
● 六 宋明學案

我們知道，古代對皇帝、士大夫階層沒有一個十分健全的監察監督機制，所以需要用道德的警戒、道德的修養來提醒、規戒、勸導他們，這套哲學首先是對君主以及擔當公務的官僚，針對士大夫的一種學問。有人講，宋明理學是講給老百姓聽的，是用來控制老百姓的思想，這個是不對的。我們看朱熹的經歷，他一開始就是講給皇帝聽的，是向承擔各級職務的知識分子來宣講的。從這個角度，我們可以瞭解，宋明理學是因應這個時代的社會變遷的。在一個新的中央集權的時代裡，要透過各級官僚才能行政，而這些官僚的行政，有一套什麼樣的規範呢？朱熹就用《大學》、《中庸》的思想來為這些所有的官員、士大夫確立規範。不僅僅是規範，他同時也指出一條怎樣發展自己的宗旨。一個士大夫，怎麼培養、發展自己，包括從科舉考試開始，包括成功或者不成功，或者進入到國家的官僚事務裡面，要有一個宗旨。這個為學的宗旨，就包含學習知識和發展德性兩個方面。我們也可以把朱熹的思想概括為兩個方面，一方面強調「主敬涵養」，另一方面講「格物窮理」。這適應了那個時代整個士大夫階層的思想文化發展的要求。

在朱熹的時代，他也碰到了一些與理學發展不同的內部交叉的情形，比如以陸九淵為代表的心學一派。朱熹四十六歲的時候，就曾和陸九淵在江西的鵝湖寺舉行了一場學術辯論。發生爭論的主要觀點是：朱熹強調「格物致知」的一個很重要的途徑就是要廣泛地讀書，透過讀書來考察事物的道理；但是陸九淵不贊成這樣的做法，反對廣泛地讀書，瞭解事物的道理，而是要返求內心，不重視多讀書。朱熹的主張顯然是一個重視知識學習的理性方法，也正是這個方法使他的一生中雖然任官時間很短，但他每到一個地方，就要修復或者興建書院。

朱熹思想裡的一些命題，我們要簡單解釋一下。在完成《中庸章句》的註解後，朱熹晚年給孝宗寫信，專門講「道心」、「人心」。「人心」，就是個體感性的慾望，「道心」就是指人的道德意識、道德理性。朱熹的觀點就是，要用「道心」來約束「人心」，要用道德的理性、意識來主導、引導、調控個體的慾望。這個觀點，不論在哪個時代，都是有普遍意義的。關於「天理人欲」的理解，現在有很多的誤解。剛才我們講「人心」就是人的慾望，而「人欲」不是泛指人心，而是指人心中違背公共道德的私慾，是有特指的

含義的。而人心中的自然慾望,是不需要全部去除的。「天理」就是普遍的原則,普遍的道德法則。朱熹總是認為慾望應該受到道德的制約,我們要用公共道德原則來克服違背公共道德的私慾。當然每個時代的公共道德原則是不同的,他所說的一些具體的準則是適用於當時的社會狀況的,今天已經不適用了。但是我們從哲學層面來看,理性和慾望的關係怎麼處理,朱熹的道學思想,還是提供了一些有意義的處理方式。

最後,我們講一下明代的王陽明。在朱熹的同時,已經出現了和朱熹思想相抗衡的以陸九淵為代表的心學思想,反對從二程到朱熹對「格物致知」、「即物窮理」的重視,而注重返求本心,講「心即是理」、「發明本心」這些思想。因為理學家很重視「理」,那麼我們怎樣得到這個「理」呢,朱熹講要透過廣泛的學習瞭解來獲得「理」,可是陸九淵認為「理」就在我們的心中,只要返回內心,就可以得到「理」,這種思想經過元代、明代不斷地發展,總體來講,還沒有變成很有影響的理論。到了明代中期,新的思想運動興起,這就是明代中後期有重要影響的心學運動,心學運動的主導人物就是王陽明。而王陽明的思想,是全面繼承和發展了陸九淵的思想而來的,所以歷史上稱為「陸王心學」。理學上有兩大學派,「程朱理學」專講理學,「陸王心學」專講心學。然而我們看王陽明的思想發展,不是從讀陸九淵的書而來的,而是從讀朱熹的書而來的。

王陽明五歲還不會說話,等他會說話後,智力發展很快。因為不會說話的時候,他一直在聽他的祖父背誦那些經典,等他說話之後,就一下子成篇成章地把那些經典背誦下來。他十一歲時,父親中了狀元。他父親在北京做官,就把他帶到北京,他就開始正式從事比較正規的學習。他問家塾的老師,究竟什麼是「第一等事」?老師說,就是像你父親一樣啊,讀書得到科舉的名第,這就是「第一等事」。然而王陽明不以為然,他說,讀書登第恐怕不是第一等的事,第一等的事應該是學做聖賢。這讓老師大為驚異。這個思想是怎麼來的,我們現在不知道,是不是他祖父念了什麼書,對他幼小的心靈有影響?這有點像程顥聽周敦頤所講後,「慨然有求道之志」,「學顏子之所學」。學聖人之學,這個觀念跟北宋開始所謂「學顏子之所學」是一致的。王陽明也是出入釋老的,舉一個比較典型的例子吧,他十七歲的時候結婚,

儒學發展與進化：陳來講談錄
六 宋明學案

去南昌娶親，可是結婚那天誰也找不到他。原來是結婚的前一天，他在散步的時候到了南昌的一個名叫鐵柱宮的道觀，在那裡看到一個道士在打坐，他就上去和那個道士聊了起來。那個道士跟他說了一通養生之說，他越聽就越不想走，就和那個道士「相對靜坐」，學習那個道士的方法，在那裡靜坐。靜坐忘歸，以致把結婚的事情完全忘掉了。從這個就可以看出來，王陽明跟道教也有很密切的關係。所以他在三十歲的時候，他就專門集中一段時間去實踐這些東西。因為他在三十歲出頭的時候得了肺病，那時怎麼治療呢？他就是靠練氣功，學習道士的養生術來增強抵抗力。三十一歲的時候，王陽明因病由刑部告假還鄉，回到紹興，這時他的家已經搬到了紹興，他就在紹興的陽明洞旁蓋了個房子，行導引之術，練功治病。在練功治病的過程中，他迷上特異功能，不久突然有悟：這種東西疲弄精神，並不是真正的道。

此外，王陽明又受到了佛教的影響，去學習佛教的一些東西，並引發出他出家的念頭。可是在這個過程中，他的頭腦中總出現他的祖母和父親的影子，由此牽掛在懷，下不了出家的決心。有一天，他突然覺得，親情之念，出於天然，如果沒有親情之念，人類豈不早就斷絕了？這樣的覺悟，使他從佛教出世主義的影響中，堅定地返回到儒家立場上。此時，王陽明自己的思想開始形成。

王陽明晚年講「良知」，「良知」的概念是由孟子提出來的。王陽明在養病期間返回到儒家思想以後，曾經去過西湖邊寺廟，見到寺廟中有一個和尚，在一間房子裡閉關，不語不視已有三年。王陽明知道，和尚之所以閉關修行，是想透過這種方式達到佛家所說的涅槃的境界。王陽明對這個和尚大吼一聲說：「你這和尚，終日口巴巴地說什麼？終日眼睜睜地看什麼？」和尚被驚起。王陽明便問他：「思母之念起否？」那和尚老實回答：「不能不起。」王陽明於是對和尚說，這是正常的，這也是人的本性。人只有順著這個本性，才能發展成一個佛或者聖。和尚泣謝，離開寺廟，回家看母親去了。這個故事已經體現了王陽明所說的「良知」的觀念。

回到我們剛才所說的，王陽明的思想不是直接從陸九淵來的，而是從朱熹來的。那是怎麼來的呢？王陽明在十五六歲的時候，開始讀朱熹的書。朱

熹講格物致知，天下萬事萬物都要去瞭解，這樣才能做聖人。於是王陽明找到他一個姓錢的朋友，一起來到他父親官署後的一片竹林裡面，打算對竹子進行「格物」。首先是他這位姓錢的朋友格竹子，三天三夜不吃不喝，結果病倒了。王陽明當時認為是他這位朋友力量不夠，於是他自己去格，格了七天，結果也病倒了。這是一個真實的故事，王陽明自己曾多次講到。我們可以看出，王陽明早年是多麼信奉朱子的學說。但是，他的方法不是很得當。朱熹並沒有讓他不吃不喝，坐在那冥思苦想。朱熹的格物方法，可能並不是讓人坐七天七夜，而是告訴學者應長期觀察事物生長的道理，並把生長的道理與自然界的道理進行比照、結合，由此延伸到人生的道理。顯然，青年王陽明太年輕了，不能全面瞭解朱熹的思想，可朱熹的思想對王陽明的影響還是很大的。一直到中年的時候，王陽明仍舊被這個問題所困惑，這個「理」究竟在哪？我們如何才能夠格到？在王陽明三十幾歲的時候，由於他上書要求制止宦官專權而被貶到貴州龍場做了一個驛丞。王陽明在此處生活困苦，於是他日夜靜坐，終於對這個問題有所覺悟。王陽明認為，從前他去格竹子的方法是錯的，真正的理是在自己的心裡。我們可以看到，王陽明格物的路徑是順著朱熹的路徑來的，但他所達到的結論是和陸九淵一樣的。這就是著名的「龍場悟道」。

　　此後，王陽明經常講學，不斷發展自己的思想。在貴州的時候，他就提出了一個口號，叫「知行合一」。何謂「知行合一」呢？真正的「知」，是一定能夠行的；真正的「行」，也一定包含了知。到了晚年，王陽明進一步發展他的這個思想，提出了「致良知」。「良知」就是「知」、「致」，就是行，發揮、實踐、擴充的意思。這個時候的王陽明認為，格物，就是要在每一件事物上，去把自己的良知發揮出來。

　　王陽明死後，他的弟子開始宣傳他的良知之學。有一回，他一個學生家裡來了一個賊，王陽明的學生把賊抓住後，想利用這個機會來教育賊，於是跟這個賊講良知，而賊聽完後，哈哈大笑說，我的良知在哪兒？這名學生就叫賊把衣服脫了，但這個賊脫了衣服後，仍舊說沒有發現良知，這名學生於是就要賊把褲子也脫了，賊提著褲子說這怎麼能行？於是，王陽明的學生就對賊說，你還知道什麼是羞恥，這就是你的良知啊。這個賊終於被說服了。

● 六 宋明學案

明代的中後期，一直是陽明學說盛行的時代，宋明理學發展到明代的心學運動，其內部的邏輯發展被徹底地展開了。

▍理學生存的文化土壤

最後，做個總結。第一，宋明理學發展的內在理路。宋明理學的發展，首先是氣學，用氣學面對佛教和道教虛無主義本體論和人生觀的挑戰，建立一個實體性的哲學。可是僅僅講「氣」還不夠，還要瞭解作為實體的宇宙運行的普遍規律，於是出現了理學。理學是要盡力掌握世界的規律，包括自然的規律和社會、歷史、人生的法則。程朱理學把「理」當成最高的本體，把宇宙實體和宇宙規律與儒家倫理的原則結合起來，在道德實踐上「理」被強化為外在的、客體性的權威。雖然這個外在的、客體性的權威有其很強的道德範導功能，但對人的主觀能動性是有所抑制的。因此，理學的進一步發展，就有了心學。陸九淵、王陽明相信人心就是理的根源，也是道德法則的根源。他們提出「心即是理」，相信自己的內在價值更勝於外在權威，使人的道德主體性進一步發展。所以，從氣學到理學，再到心學，宋明理學的發展經歷了一個邏輯的內在的展開。

第二，宋明理學出現的原因。首先，宋明理學是和社會變遷相伴隨的，互為表裡。宋明理學與宋代以來的近世平民社會的發展趨勢相符合，宋明理學作為近世化的文化形態，可以被看做中世紀精神和近代工業文明的一個中間形態，其精神是突出世俗性、合理性、平民性，它是脫離了中世紀精神、適應了社會變遷的「近世化」過程而產生的。

第三，宋明理學與外來文化的挑戰有關係。中國本土的主流正統思想對待外來文化，需要經歷一個消化、接收和發展的過程，對於佛教的傳入，很多理學家都努力建立一個能夠吸收其精華的思想體系，於是就有了理學的出現。

第四，從總體的文化流變來看，宋明理學的意義更廣泛，它不僅是儒家對佛教挑戰的回應，同時是儒家對魏晉玄學的挑戰的一種回應和消化，而宋明理學更直接面對的是自北宋初期以來的整個中國文化價值重建的時代背

景，因為從唐到五代，中國文化的價值遭到了很大破壞，宋初人對五代的風氣非常痛恨。在這個意義上，理學的出現，承擔了重建價值體系的職能。透過對理論挑戰和現實問題的創造性回應，古典儒學透過理學而得以復興。可以說，宋明理學對漢代以後整個中國文化的發展有一個新的反省，並透過這種反省致力於儒學的復興。從儒家角度來看，漢代以來，作為中國本土主流思想的儒學發展出現了某種中斷，宋明理學是先秦儒家學說的復興，同時也是中國本土主流傳統的復興。宋明理學道統說的意義就在此。

　　宋明理學是在一個自由講學的風氣裡，一個非常重視文教的風氣裡，慢慢成長起來的。真正的學術是反對文化專制的，宋明理學也是在抗拒文化專制的過程中，使自己成長、發展並壯大起來的。儒學並不是一個固定的東西，儒學雖然有它所依據的經典，但是儒學是不斷隨著時代的變遷而變化和發展的。儒學的變化，一方面和社會有關係，一個文化要適應新的社會發展，就要有改變；另一方面，從中古一直到現代，中國文化一直在和各種外來的文化因素的互動場域裡面不斷發展。儒家文化只有深入探討作為他者的佛、道思想，才能夠反過來深入地認識到自己的優點和缺點，才能掌握自己的發展方向。所以，外來因素並不是儒家發展的障礙，恰恰可能為儒家思想的發展提供一些營養、契機，給儒家認識自己提供更好的參照。在19世紀後期以來，我們面臨著新的現代化社會變遷的時代，遇到了更廣泛的世界文明的環境，同樣也遇到了社會價值的重建的課題等，重新再看宋明理學的產生、建立和發展，也有可能為我們今天提供思想文化上的啟發。

● 七 四書概說

七 四書概說

▍「四書」是一個晚出的概念

「四書」這個概念是一個晚出的概念。在文化史上,「四書」是相對於「五經」而言。「五經」在歷史上是叫做「六經」,這六部經典是:《詩》、《書》、《禮》、《樂》、《易》、《春秋》,這六部經典是成熟在春秋時代,肇始於西周的時代。比如我們現在看《尚書》(《書經》)裡面大部分——從漢唐人來講——被認為是周公的思想,周公當然是在西周初年了;《詩經》大部分是周詩,也有一些是春秋的詩,當然也有一些周代以前的詩,比如《商頌》,那是商代的祭祀的歌謠,但主體是《周頌》。《禮》主要講的是周禮。這六部經典,在孔子以前就形成了,到孔子的時候,據歷史記載,孔子對這六部經典做了刪訂。為什麼要刪訂呢?顯然有一些內容是比較龐雜的,透過孔子的整理,使它更有條理、次序。當然了,可能也去掉了一些文獻,孔子認為沒必要再繼續流傳。孔子可能有一些偏見,他是比較保守的、比較正統的人,比如看到詩歌裡面愛情的詩太多了,可能就砍掉一點,尤其是愛情的詩有些講得比較露骨的,他覺得不好,可能就把它去掉了。但是,我想除了這部分以外,有關歷史文化傳承的、有關思想解說的,這些在六經裡的部分,孔子都沒有刪。史稱孔子刪訂六經,大家以前都認為主要是在《詩》,孔子刪了以後就剩下三百篇了。孔子講:「《詩》三百篇,一言以蔽之,思無邪。」容易引導你往邪處走的,他都刪了,孔子對文本的警惕性是很高的。我想這其實也有一定的道理,你年紀大,跟一個年輕人就不一樣,十六七歲的人會說「那麼多情詩多好啊,應該保留」,可是你想想,如果你作為父母,有一個十二三歲的女孩,就很想能夠屏蔽掉那些能夠引起她一些聯想的訊息,是不是?我想這個是很正常的。所以我們有經歷的人就會瞭解孔子這些苦心是著眼於青年的健康的成長、著眼於一個移風易俗的社會效果。現在當然都不是這樣了,現在是市場經濟,而且我們影視也好、文學藝術也好,都以能吸引你的眼球為原則,沒有社會責任。孔子的基本立場是社會責任,不只是一個家庭。像我剛才舉的例子,是從一個社會來講的。

所以古往今來，大的宗教傳統都是這樣，是不是？不能說你十幾歲，就把什麼男女的事情一天到晚地跟你說，那是不負責任的。所以我想這些說明，孔子是一個很負責任的思想家。

化發展與經典傳承

回過頭來，六經是什麼呢？我們看世界上各個大的文化傳統，它們的經典都跟宗教有關。比如西方文化，它的最主要的經典是《聖經》，一部分是《舊約》，一部分是《新約》，《舊約》的時代就相當於我們《詩經》、《尚書》、《易經》所處的時代，這個時代是在公元前1000年左右。《新約》要到耶穌降生以後，耶穌說的話，他的弟子加以闡發、傳播，才有福音說，《馬太福音》等就是這樣的。不管怎麼說，《聖經》是西方文化本源性、原始性的經典。再比如東方文化，我們從印度講起。釋迦牟尼是跟孔子是一個時代的，生卒年差不多。釋迦牟尼所說的東西就變成佛經了，其影響非常大。佛經是佛教這一個宗教的經典，佛教還不能代表整個印度文化。如果我們從根源上講，釋迦牟尼所代表的還不是印度的正統，只是一支宗教而已。如果我們用這個來比較的話，六經不是某一個宗教、宗派的經典，而是中華文明的經典。孔子以前，我們中華文明已經發展了。文明這個詞有大有小，狹義地講，文明是有一定界限的，文明要有文字，要有青銅器，要有國家，要有城牆，有很多要素。我們一般認為，中國的文明至少從夏商週三代開始，孔子對三代的文化就非常之敬仰，以繼承三代文化為己任，這是孔子一生的志向。三代文明的精華就沉澱在六經裡面。比如《尚書》裡有講大禹，大禹是夏朝，甚至還有比禹更早的，比如堯、舜。那堯、舜不是真正在兩三千年以前，這不一定，但應該說夏商週三代對堯、舜有一個看法、認識，甚至有一個想像。這就體現在《尚書》裡面以《堯典》等為名的那些篇章裡面。所以六經不是一家一派的東西，六經就是我們公元前3000年以來的中華文明的經典。這套經典是怎麼傳承的呢？是由儒家傳承的。孔子不僅刪訂六經，他弟子三千，講什麼？主要是講經典。《論語》裡邊我們現在看到的不多。最近一些關於孔子跟弟子講《易經》出土的材料越來越多，證明司馬遷的時代看到的很多東西是有根據的。司馬遷講孔子對於六經的作用是很肯定的。六經是中華文

明的經典，儒家是傳承中華文明和經典的主要力量。道家是反文化的，道家是不注重傳承的，我們看老、莊，都不是做這個的，到了漢代才有瞭解釋老、莊自身的東西。法家是反對《尚書》、《詩經》的，因為法家比較重視實用。墨家也是一樣，注重實用，墨家是從一個小生產者，什麼東西有益於農民的生產、生活，這就是好的。念那麼多詩有什麼用？法家主要是講富國強兵的，怎麼使整個國家強大，能夠打敗敵人就行了，至於文化素質、價值道德這些，統統不重要。所以我們看，在先秦的諸子百家裡是這樣一個狀態。

到了漢代，統治者就很自覺了。漢武帝的時候立五經博士，所謂博士，就是由國家確認的、研究經典的職位。那個博士跟今天不一樣，那個博士主要是指對某一專經有特別研究的專家，他承擔的是國家賦予他的傳承經典的使命。在西漢的前期到中期，國家正式承認這五部經典是國家的經典。從西周以來，春秋戰國，這些經典在社會上已經承認了，但是國家不知道這些經典重要，國家沒有確認它的地位，只是一個社會上的傳統。漢代的時候，「五經」裡面少了一經，丟了《樂經》，這很可惜，但是這個時候國家的力量出現了，由國家出面，承認這五部經典是國家的經典，給它一個很高的地位。國家出專門的人員來解釋它、傳承它。那個時候，《論語》沒有在「五經」之內，但是在西漢的後期，《論語》已經獲得了經典的地位。有兩部，一是《論語》，二是《孝經》，《論語》還不叫「經」，但是已經獲得了國家的經典的地位。從漢代一直到唐代，都是以「五經」加《論語》和《孝經》作為國家的經典。知識分子學習的、經學家傳承的也是這個。這個經典體系有一個核心概念，有一個關鍵詞：周孔。「周」就是周公，「孔」就是孔子。那個時候不叫「孔孟」，我們今天講「孔孟之道」，那個時候不是。為什麼呢？周孔就是跟「五經」聯繫在一起的，因為我剛才講，「五經」裡面的《尚書》等都是在周代形成的，而周公是對周代文明的形成有主要貢獻的一個大政治家、大思想家。可以說，從漢代到唐代一千年左右的時間，我們中國人在思想文化領域的權威就是周孔，跟這個相配合的就是「五經」。

這些到宋代就變了，從11世紀開始到清末，最重要的經典就是「四書」，最重要的精神文化的權威是孔孟。從周孔到孔孟，從「五經」到「四書」，可以說，是中國文化、典籍和精神權威的一次重大的變化。這個變化當然不

七 四書概說

是一個根本性的斷裂，因為周孔和孔孟還是連續的，這個連續性到了宋代就有了一個新的概念叫「道統」，等會我們再來談這個問題。用一個「道統」的觀念把從周孔到孔孟這個譜系就構建出來了，這樣，中國人的思想文化的權威就不是一個兩個人了，而是一個譜系。這個譜系的說法是借鑑了佛教「傳燈」的譜系，但是這樣使得中國文化有了一個更好的表達。

「四書」指的是哪四部書？

相信大家都知道了，但是我們還是寫出來吧。《論語》呢，當然是記錄孔子思想的材料；《孟子》主要是孟子自己的著作；《大學》和《中庸》是《禮記》裡的兩篇。「四書」的次序其實不是固定的，比如朱子是從學習的次序來安排的，他把《大學》放在第一位。我們今天不按朱子的來講，我們按照時代的先後來講。按時代來講，當然是《論語》在前，《論語》記載的是孔子的思想，孔子生於公元前551年，卒於公元前479年，他是在公元前6世紀中期出生，時代是比較早的。孟子的生卒年沒有孔子這麼確定但大體上我們知道孟子的卒年是公元前300年左右，現在不是很確切，比如有人說是公元前303年，有人說是公元前304年。那麼他的生年呢？中國俗話說「七十三、八十四，閻王不叫自己去」，這跟孔孟的年齡有關係，孔子活了73歲，孟子是84歲，所以從公元前300年再往上推八十多年，那就是孟子大概的生年。這樣呢，孟子生活的時代應該是公元前4世紀，跟孔子差了一百多年的時間。這個《大學》、《中庸》，我們現在一般認為就是在這一百多年中間形成的。這個以前有一些爭論，回頭我們有機會再談。所以我們要這樣來看「四書」的順序呢，就是《論語》、《大學》、《中庸》、《孟子》這樣一個順序。

可是我們知道，「四書」這個統一的名字、這個集合，是很晚的一件事情。「五經」合稱至少在漢代已經有了，但是四書不是這樣的。比如《論語》，開始就是單行的，雖然在漢代已經有了經典的地位，但是沒有跟別的混在一起，一開始有「十一經」、「十二經」，後來到唐代有了「十三經」，沒有跟四書當中的其他的東西混在一起。而且長期以來，在「七經」、「九經」、

「十一經」、「十二經」裡面是沒有《孟子》的，就是說在唐代以前的經典裡面是沒有《孟子》的，《孟子》入經已經是到了宋代了。《大學》、《中庸》是《禮記》的兩篇，《禮記》在漢代不是經，但還是很受重視的，到了後來，在「九經」、「十一經」、「十二經」這些說法裡面，《禮記》就入經了，唐代已經把《禮記》作為一個經典。《禮記》是一部書，裡面有很多的篇章，《大學》、《中庸》只是其中的單篇，它們原來並不是一本書。但是從宋代開始，《大學》、《中庸》的地位就開始突出起來了，甚至我們可以說，從唐代就開始突出起來了。如果我們不從儒家的角度來看，《中庸》受到大家的特別的注意就更早。在南北朝時期就有一些受佛教影響很深的學者，包括有名的梁武帝，都註解過《中庸》。《禮記》裡面有這麼多篇他們都不注意，單單注意《中庸》，為什麼呢？因為《中庸》這一篇是比較深奧的，這些道理比較容易和其他的哲學相結合。比如《孝經》怎麼從佛教的角度來結合？你只能接受或者不接受。但是哲學性比較強的《中庸》就可以透過一些解釋跟佛教、玄學做一些溝通。

▎《大學》與《中庸》的歷史使命

當然這都不是從儒家的角度，從儒家的角度開始重視它是從唐代開始。唐代的韓愈特別重視《大學》，為什麼呢？因為那個時候佛教盛行，比較主張民族文化的學者就非常焦慮，覺得佛教是一個外來的文化卻在中國大行其道，大家就不禁忿忿然，這個不滿不僅僅是一個文化民族主義的成見：你是外來的，所以我就不高興。其實也不是這樣。他是認為佛家的整個的精神、它的價值的方向跟中國社會的結構不合，由此就跟中國文化不合。佛教是一個出世主義的宗教，一個正式修行佛教的人是要出家、要出世，放棄自己原來生活的身份，也放棄自己對那些實體的責任。你不再認你的父母為父母，你要是結婚了，那就不再認你的老婆為老婆，你是「跳出三界外」，這些東西跟你再也沒關係了，你不承認這些血緣關係、親屬關係對你有任何意義，同時你對他們也不承擔任何責任。這是中國社會的大忌，因為中國社會是一個宗族、宗法社會，它最重視的是家庭的親情，人對父母、兄弟、子女的情意和責任是中國文化裡面特別是儒家最最重視的，整個國家是建立在這個基

七 四書概說

礎之上的。你出家，放棄了你對家庭、社會的責任，放棄了對國家的責任，去追求一個更高的精神的修行，這當然有道理，但是從儒家來講，你這是對中國社會結構的一個破壞。怎麼樣從理論上來反對它呢？就是《大學》。《大學》講修身、齊家、治國、平天下，從唐宋的儒者來講，修身你就算有了，但這個修身是為了齊家、治國、平天下，你這個修身沒有齊家、治國、平天下是不能成立的。韓愈是要祭出《大學》這個法寶，主要是用這套來打擊佛教，我們的經典是講格、致、誠、正、修、齊、治、平，前面有了但是後面都丟了，這不行。

韓愈的弟子李翱重視的不是《大學》，他重視的是《中庸》，為什麼呢？你現在看到這個佛教在社會層面、政治層面、倫理層面對你的挑戰，可是在精神上面，它有一套哲學，有一套對人生的看法、修行的理解，我們說的本體論、心性論、功夫論，它有一套很細密的東西，而那套東西是很吸引人的。從前我們有儒家也有道家，道家雖然不是特別講社會的方面，但是它也有自己的哲學的本體論，也有自己對人生的一些嚮往啊。可是在魏晉的時代，有一位有名的法師叫僧肇，肇公年輕的時候是學儒家和道家的，後來才學了佛教，受了佛家的吸引。為什麼呢？他自己也有一個講法：儒家和道家也不錯，可是至於「棲神冥累」，人的精神要有一個安頓處，人生有很多苦惱、痛苦要消除，這樣的東西還是在佛教，人的安身立命，人的精神家園在佛教裡面。韓愈可以從政治上、倫理上打擊佛教，它在中國社會裡沒辦法，不能不向你臣服，可是這不能從根本上次應佛教在文化上、精神上帶來的挑戰。有些人會說：是這樣，但是我還是喜歡佛教，我可以不出家，我可以在家，我還可以做官，士大夫們，像白居易、柳宗元都是這樣的，但還是可以對佛教感興趣。所以，從中國文化本位的角度，從儒家的角度來講，要真正正視這個佛教文化的挑戰，必須要從《中庸》開始。利用本土的資源加上吸收佛教、道教的營養，發展出一些新東西來，能夠跟這個抗衡，不是說消滅，而是能夠抗衡，以後就可以不到佛教裡面去，在《中庸》和它的解釋裡面找到這些精神性的東西。所以《中庸》的地位就開始突出起來了。

「四書」如何能取代「五經」的地位

　　到了北宋，我想這個已經慢慢成了大家的一種文化的共識。不僅僅是知識分子，北宋的科舉考試從仁宗的時候開始就賜給進士出身的前幾名《大學》、《中庸》，但是不是皇帝自己真正寫的，那不一定，但是以皇帝的名義賜《大學》、《中庸》，還有一篇叫《儒行》篇，已經很突出地把《大學》、《中庸》拿出來了。《孟子》在這個時候地位也提高了，但是還有爭議，北宋有很多思想家是反對《孟子》的。比如司馬光，他就反對《孟子》，這說明到這個時期還沒有完全瞭解《孟子》的意義。到了南宋，這個問題才基本解決。南宋還有繼承司馬光他們的想法而反對《孟子》的，透過朱子的工作，才把這些東西抹平了。到這個時代，從宋代開始，對這四部經典就開始重視了。特別是北宋的哲學家二程，在他們的語錄裡面大量的討論《大學》、《中庸》的問題。到了二程的四傳弟子朱子——他生活在南宋的前期，他生於1130年，卒於1200年——他把北宋以來的對這四種文獻的解釋作了幾十年的鑽研，從二十歲就開始，到他六十歲的時候，把這四種文獻結合成一體，這就是「四書」，我們說，「四書」的第一次結集，就是在這個時候。他六十歲的時候在福建的漳州做太守，在此期間，他把這四種文獻集合在一起，從此就有了「四書」的這個名號。對四書，他自己有著作，關於《論語》的叫《論語集注》，《孟子》的叫《孟子集注》，《大學》的叫《大學章句》，《中庸》的叫《中庸章句》，所以《學》、《庸》的叫「章句」，《語》、《孟》的叫「集注」，合稱《四書章句集注》，後來更簡單的稱呼就叫《四書章句》或者《四書集注》，後者更流行。那「章句」跟「集注」有什麼分別呢？「章句」就是你怎麼分章、斷句；「集注」是把前人對這個經典的註解集合在一起，當然這個收集不一定是求其周全，他可能是經過選擇的。比方說，朱子的這個《四書章句集注》，主要的是以二程、二程的朋友，以及二程的弟子、再傳弟子的註解作為主要的收集對象。他在每一條下面都收集了很多註解，這個人這麼說，那個人那麼說，這些入選的人主要包括二程以及二程的弟子、二傳弟子。他用的是道學家、理學家的註釋，所以這個《集注》所收集的素材是宋代理學家的註解，以這個為主。他在《大學》和《中庸》裡邊特別討論的分章問題，比如《大學》的結構，這個傳下來的結構到底合不合理？

七 四書概說

這一章是不是錯了位,應該把它安排到另一個地方?這個地方是不是少了一節,我們是不是要補充它?這些問題在《論語》、《孟子》裡是不用談的,因為這兩個本文都是很成熟的,沒有什麼爭議。但是《大學》的篇目從二程開始就有爭議:這個本子是不是錯了?「錯了」不是說我們今天說的對錯的「錯」。古人寫好了書,一般有兩個辦法,一個是寫在竹簡上,一根一根的,這個竹簡有三十多公分長,從中間用兩道繩子編連起來,就是我們現在看到的捲成捆的東西。如果你這人看書很勤奮的話,這繩子就很容易斷。我們知道孔子,以前的經典裡邊講,孔子讀《易》,韋編三絕,那就是例子。孔子對經典那麼熟,可能就不需要天天翻,他背也背得出來,但是要是一般的人,可能就要經常翻,久了之後繩子就爛了,那竹簡就散了,你重新編的時候就可能編錯了,把上一根編到下一根了,是吧?這就叫錯簡,在歷史上是很常見的,這不奇怪。所以文獻學家就要研究這個問題,怎麼把錯簡糾正?二程那個時候就說《大學》裡面好像有錯簡,因為它的次序好像不對,就討論這個問題。這個問題就屬於章句的問題,這個我們有時間再談,這裡只是講這個名字。這樣一來,以孔子的《論語》為首,以孟子之書為終,其他兩篇在孔孟之間,這樣一個經典的體系,如果我們用人物來概括的話,那就是以孔孟為中心了,因為這裡邊,《大學》和《中庸》的作者不太明確。

朱子活著的時候,朝廷對他是不太重視的,他晚年最後的五六年,朝廷是壓制他、打擊他,叫他「偽學之魁」,偽學的頭子,把他的官也罷了,職名也罷了,宮祠也罷了。可是朱子死了十幾年之後,宋理宗的時候,有一天他把朱子的兒子叫來,他說,你父親寫的《四書集注》我仔仔細細地看了,這個書寫得太好了,我恨不能起他於地下,我當面跟他談談,跟他請教。朱子花了一輩子的時間來研究四書,他四十八歲的時候已經寫好了《四書章句集注》,然後又經過二十多年的修改,他臨死的時候在床上還在改《大學》的註釋。當然他的水平又高,假如是一個笨的人,即使是用了一輩子的工夫,那也未必能夠得到大家這麼深切、普遍的認可。朱子活著的時候就是當時最有名的儒者,所以他六十五歲的時候,新皇帝一即位,就把他找來——他當時在湖南,現在不是還有岳麓書院嘛,他當時還在一邊當官、一邊講學——請他做老師。古人就是這樣,新皇帝一即位,就一定要請天下最有名望的老

「四書」如何能取代「五經」的地位

師宿儒來給皇帝當老師，這本身也是一個姿態，表明皇帝對儒學、儒者的尊重。這是不容易的，一個皇帝能有這樣的姿態，我相信有相當一部分皇帝還有這樣的真心，是不是能從這個老師真正學到東西，那是另外一個問題，但是他有這樣一種願望。朱子就去了，他在當時就是很有名望的，可以說是最有名望。以他這樣一個最有名望的人做了一輩子的功夫，他做的東西就當然受到大家的認可。所以到了元代，朱子死後六十多年，南宋就滅了。元代皇祐年間的時候，國家正式決定科舉考試以朱子的《四書集注》為標準，就像我們今天一樣，不能說隨便考、隨便判卷，總得有個參考書，這個一直到明清都沒變。所以，「四書」從宋代開始一直到元明清就變成了教育領域和思想文化領域裡面最有影響的經典。

那麼「四書」為什麼能取代「五經」的地位呢？是不是僅僅因為朱子本人的影響力如此大呢？我想倒是不能這麼說。其中一個理由，朱子講過，「五經」跟「四書」是什麼關係呢？打個比方，「五經」好比是粗禾，帶著皮的稻穀，還沒經過加工；「四書」是精米熟飯，不僅處理過了，把殼去了，而且都做熟了。意思就是說「五經」內容還是很粗的、很龐雜的，要從裡面取其精華出來，就是「四書」，它包含了「五經」的精華，沒什麼粗的東西了。我想這個是非常貼切的。這是從什麼角度來講的呢？主要是從道德價值來講的。這一點，大家如果瞭解一點基督教的歷史，也可以看出來，從《舊約》到《新約》的轉變也是這樣的。從耶穌降生以來，《新約》的影響越來越大，《舊約》當然也沒有被放棄，但是除了猶太人比較重視《舊約》以外，可以說基督教還是主要強調《新約》。為什麼呢？因為《新約》裡邊道德的教訓非常集中，《福音書》裡邊都是道德教訓，《舊約》裡邊還是有很多歷史、詩歌、儀式這樣的內容，這個正是我們在「五經」裡邊看到的。比如說《詩》，三百篇有哪幾篇能真正如「四書」給我們一些人生的教訓、道德的指引？有些愛情詩，還有一些一般的詩歌，很多是民歌，沒有一種明白的道德教化的內涵。《尚書》，它實際上是古代國君發佈的一些公文、文告，很多是跟歷史有關係，很多是屬於歷史的文獻，真正那些道德教訓的東西不集中。特別是《周禮》，主要是儀式的規定，比如說昨天這個同學到我家訪問我了，那按禮儀的規定我應該去訪問你，應該怎麼做，它有很詳細的規定，士相見禮

七 四書概說

就是這樣的規定，去了還要帶個禮品，到了門口人家不讓進，為什麼？不敢當，您還要來回訪我，這怎麼敢當呢？請您一定要回去；你說這絕對不行，因為您已經訪問我了，我不來就是失禮，您一定要給我這個機會，讓我來拜訪您；對方又說還是不敢當，還是請您回去……折騰好幾回，然後才請你進去，到哪一個位置，要怎麼樣對答，有什麼樣的儀式，最後怎麼樣進到屋裡邊，臨走的時候還有什麼儀式，非常複雜，規定非常細緻。這些東西對你精神的提升、道德的改變沒有直接的作用。《周易》大家知道，這本來是一個占卜之書，裡面有很多是不能直接用來作道德教訓的。「四書」就不同，《論語》通篇都是人生的教訓；《孟子》通篇都是他的思想教化；《中庸》一上來全都是「子曰」，都是孔子的話。所以這個有它的必然性，一個文化的發展，要把它的價值凝練起來，要突出價值，使它能夠更便於人們來掌握這個文化的核心價值。所以不是說朱子個人就有這麼大的力量，從文化發展的本身，從經典發展的本身就有這樣的一種趨勢。

▍《論語》的定名與版本傳承

好了，這是我們首先講的從「五經」到「四書」一個大概的演變背景。接下來我們把這四部書簡單地進行以下介紹。

我們先講講《論語》。《論語》這個名字應該很早就有了。剛才我講到《禮記》，《禮記》這部書的作者是比較雜的，現在學術界大體上是認為它是七十子及其後學——這應該說是一個定名——孔子的弟子中賢人七十，稱為七十子。孔子死了，七十子就開始講學了，傳承儒家的文化，特別是儒家對經典的傳承，七十子有很多人做這種工作。其中特別是子夏，我們以前講子夏傳經。七十子他們也帶學生，他們還有弟子。七十子和他們的弟子我們統稱為七十子及其後學。《禮記》的大部分的篇章就是七十子及其後學所撰作的。當然不排除有一些篇章在《孟子》後邊，因為七十子的後學不斷傳承，其中一派就傳到孟子了，還有其他諸子，他們也有傳承，這些人一代一代往下傳，一直到了戰國末期。所以一般我們認為，它是戰國時期的儒家的作品，因為孔子死了以後就進了戰國了。在《禮記》裡有一篇叫《坊記》，裡面已

經有《論語》的名字了。裡面有一句：「《論語》曰『三年無改於父之道，可謂孝也。』」這就是《論語》的話，可見在這個時候已經有了《論語》的書名了。《坊記》的時間在什麼時候呢？這個跟《中庸》有關係，照歷史上的講法，《坊記》和《中庸》都是出於子思子。子思是孔子的孫子，這樣說來，到了孔子孫子輩的時候，《論語》這部書已經編成了。《論語》不是孔子自己寫的一本書，那裡面都是「孔子曰」——就是孔子說的，由別人記錄下來的，誰記錄的呢？當然是他的學生記錄下來的，學生的學生沒聽見，當然就記不下來了，一定是七十子這些人跟孔子學習的時候記下來的，孔子死了以後，把這些編起來，就是我們今天看到的《論語》。這是孔子的學生記錄的孔子的語錄，所以語錄這個概念應該說在歷史上非常的久遠，「語」就是說出來的，記下來就是語錄，假如不是你說的，你寫了一篇文章，有人把你這個文章裡面摳下來一句話，單獨引用，這個嚴格來講不能叫語錄，語錄一定是你說了以後別人記下來的。宋代朱子的語錄有一百四十卷，叫《朱子語類》，原來叫《朱子語錄大全》，分了類，叫《朱子語類》。這個《語類》全部都是他講的話，學生記載的，當然其中有很個別的條目是學生抄了什麼地方的一段話，比如說他本來每天都記，但今天老師寫了封信，他看見了，把其中的一段話也記在那裡了，這種情況也有。總體來講，是要記錄你原初的那個話，那就叫語錄，《論語》就是鼻祖。因此我們就知道《論語》和孔子的關係就是這樣，它雖然不是孔子寫的，但是孔子及門弟子的記錄。當然有人會說：有沒有記錯的地方？若一定要較這個真，那誰也不敢保證說沒有記錯的地方，但古人對記錄這件事是非常非常重視的，古人那個時候書也少，腦子裡也不像我們現在記那麼多雜七雜八的東西，記憶力也好。為什麼我們今天許多少數民族的史詩可以由一個人記下來，整理出來可能是上百萬字，因為他別的什麼都不記，他就記這個東西。另外跟他的態度也有關係，因為這是他民族的史詩，是他的聖書，他非常重視。所以古人記這個東西是很認真的，能力也很強。

《論語》是現在我們研究孔子最主要的、最直接的文獻，沒有別的可以作為直接的研究材料，所以《論語》對我們來說仍然是最寶貴的第一手文獻。我剛才講，《論語》的名字在孔子的孫子這一代已經有了，但是流行是不是

七 四書概說

很廣呢？倒不一定，也可能只是弟子之間知道這個書叫什麼。古人有時候這個書是不寫名字的，我們現在看很多竹簡，他沒有把書名寫出來，只寫一個篇名，沒有一個總體的名字，有時候也有一個總體的書名。因此呢，《論語》就有不同的叫法，比如漢代有人引用孔子的話的時候，他說「傳曰」，「傳」這個字其實不是僅僅針對《論語》這一本書的，很多東西都可以叫「傳」，不是經的東西很多都可以叫傳。《論語》在那個時候多被叫做「傳」。《論語》這個名字到底怎麼解釋？有一年我們一個老師在中央電視臺上講《論語》。十幾年前，就有一個老人給我打電話，說你們北京大學有個老師在這兒講《論語》，可是沒有告訴我們「論語」這兩個字怎麼解釋啊。我說：那您還挺認真，對這個問題還挺感興趣，專門打來電話。那您怎麼不問問那個主講老師呢？他說：我給系裡打電話，系裡就把您的電話給我了。其實《論語》這個名字的意思是比較簡單的，我們用《漢書·藝文志》的講法。《漢書》是漢代班固的作品，我們國家有二十四史，《史記》、《漢書》，接著就是《後漢書》等等。《漢書》開創了一個體例，加了一個《藝文志》，實際上是目錄，就是在那個時代所見的書的目錄。當然，今天我們做《藝文志》就做不了了，書太多了，古人那個時候書是有限的，他可以列舉在他那個時代，作為一個史學家他所經眼的那些文獻，他都記錄下來。《漢書·藝文志》裡就記載了《論語》，他說：「論語者，孔子應答弟子時人及弟子相與言而接聞於夫子之語也。」孔子應答弟子和時人——你碰到一個什麼人，你跟他說了什麼話，也記在那兒，這是一方面內容；還有什麼呢？「及弟子相與言」，弟子互相說話，「而接聞於夫子之語也」，從夫子那兒聽說的，弟子之間說話的時候提到：我以前聽老師是這樣講的，不是直接記的孔子的話，這個也記錄下來了。接著說：「當時弟子各有所記。」其他一些材料說孔子說話的時候，一些東西記在衣服帶子（「紳」）上面，有些人記性好，不用現場記。「夫子既卒」等到夫子死了，「門人相與輯而論篹，故謂之論語。」一方面告訴我們「論語」的「語」是什麼，就是孔子應答弟子、時人以及弟子聽老師說的話；「論」就是「輯而論篹」，編輯起來，「論」是按照一定的次序的意思。根據這個，我們按照漢人的理解，他們去古未遠，《論語》就是弟子們傳錄的那些話，把它編輯起來，使它有條理，這個就是其原始的意思。當然了，到了後代還

有很多的說法，但我想都沒有這個說法時代早，這個講法已經被大家接受。宋代人解釋說，「論」有「經綸」的意思，那就是發揮了，這個書可以經綸事物，可以經世致用。北宋是很重視《論語》的，因為趙普說「半部《論語》治天下」，所以就認為這個書可以經綸事物，故謂之《論語》，這個就是發揮了。我們要知道《論語》這個名字的意義的話，《漢書·藝文志》是最早，也是最有根據的。在《史記》以及《漢書》裡面引用《論語》都用「傳曰」，像《漢書·宣帝紀》裡面說：「傳曰，『孝弟也者，其為仁之本與。』」這個就是《論語·學而》裡面的話。《史記》的《封禪書》也講：「傳曰，『三年不為禮，禮必廢，三年不為樂，樂必壞。』」這都是《論語》裡面的話。可見古人引用《論語》的時候不一定確定地把它的書名引出來，很可能把它作為一個籠統的儒家文獻來引用，但是確確實實這個名字是比較早的。甚至在漢代，有人把《論語》簡稱為《論》，比如有些文獻說，「欲為論，念張文」，你要想學《論語》，就要念姓張的那個人的文本。

關於《論語》的作者，剛才我已經講了，是孔子的及門弟子，在古人那裡有些特殊的講法，認為有幾個人扮演了主要的角色。比如漢代的著名學者鄭玄，說《論語》是誰作的呢？「仲尼、子夏等所撰定」，很突出子夏。為什麼呢？因為子夏傳經，他對經典的傳承功勞最大。另外，漢代有一位學者叫趙岐，他是最早注孟子的人，他就不那麼突出個人，他說：「七十子之儔彙集夫子所言，以為《論語》。」但是到了宋代，開始更重視《論語》，比如二程，最重要的理學家，也可以說是理學的創始人，他們講：「《論語》之書，成於有子、曾子之門人。」還不是有子、曾子最後編定的，是他們的門人，也屬於七十子及其後學。為什麼呢？因為他說《論語》裡面很奇怪，孔子說的當然是「子曰」、「夫子曰」，其他的學生就說「子貢」、「子路」，唯獨對著兩個人，用了「子」，「有子曰」、「曾子曰」，明顯地對這兩個人是更加尊敬的，因此他們認為這個書是在有子、曾子的門人的手裡編定的。這樣的講法也不能說沒道理，也言之成理。其實這個講法在唐朝就有人說了，柳宗元就已經這樣講了。我想呢，我們今天也不一定作這樣的斷定，我們知道有這個講法以及它的由來，那也就夠了。

七 四書概說

《論語》的版本呢，我想我們應該有所瞭解。它的版本在《漢書·藝文志》裡邊已經記載了一些。第一個版本叫《魯論語》，有二十篇，光從篇數來講，跟我們今天所見的《論語》是一樣的。為什麼叫《魯論語》呢？我們知道，秦始皇焚書坑儒以後，很多文獻散失了，國家要重新收集，收集的時候，收集到的文本不太一樣，為什麼呢？因為在古代，一個文本要透過講師來講，透過講師來分章斷句，所以每個老師的講法不一樣，那版本就不一樣。另外，古時候是口耳相傳，不是寫在竹簡、帛上，那在這個過程中，會有一些變化，也許丟了字，也許加了字。《魯論語》是魯人所傳的那個本子。這個本子也很重要，因為在漢代已經刻了石經，那裡面已經有《魯論語》了，石經用的是《魯論語》的本子，就是所謂「熹平石經」。這個石經現在不全，殘存了一些拓片。第二個本子就是《齊論語》，齊國、魯國都在山東，齊國的文化也很發達，孔子當然是長期生活在魯國了，但他的弟子很多都是齊國人，孔子死後，齊國變成了一個講學的中心。《齊論語》不是二十篇，是二十二篇，多了《問王》、《知道》兩篇，這個在漢代也是很流行的，很多地方跟《魯論語》是不一樣的。但是，這個傳本今天已經沒有了。清代的一個學者輯出了一些《齊論語》，從古代文獻引用《齊論語》的地方都輯出來，湊成了一卷。那麼我們今天用的《論語》是《齊論語》呢還是《魯論語》呢？應該說都不是。我們今天用的叫做《張侯論》，這個人叫張禹，他是安昌侯，爵位很高。漢代的官員學習的時候，都是要學習《論語》的，張禹他學的本來是《魯論》的，後來呢，他「兼講齊說」，也吸取了一些《齊論語》的講法，兼采二者之善，然後他定了一個本子，「號曰張侯論」。這個本子，據《隋書·經籍志》記載，說他去除了《齊論》裡的《問王》、《知道》，「從《魯論》二十篇為定」，仍然是用《魯論》為基礎，也採用了《齊論》的一些字句。這個本子就是我們今天傳下來的《論語》的一個基礎。當然老的有沒有呢？今年來在河北定州發現的竹簡，那個就比《張侯論》要早，那個就是《魯論》的系統。不管怎麼樣，我們今天看到的基本上還是以《張侯論》為基礎的本子。

關於《論語》歷來的註解有幾種，大家應該知道了。第一個就是鄭玄注，他的註釋是以《張侯論》為本，這個在從前的古書裡都記載了，比如《隋書·經籍志》：「漢末，鄭玄以《張侯論》為本，參考《齊論》、《古論》而為

之注。」其實《張侯論》裡就已經有《齊論》、《魯論》。《古論》是說在《齊論》、《魯論》之外還有一個《古論語》，是孔子的後人在曲阜牆壁裡找到的，但是在漢代常用的還是《齊論》、《魯論》。有了《張侯論》以後，《張侯論》的影響最大，鄭玄的注主要是用了《張侯論》。

鄭玄注之外，比較著名的是何晏的《論語集解》，這已經是三國時候了。何晏根據的本子還是鄭玄的定本。何晏本來是玄學的一個代表，玄學是以道家思想為主的，我們一般稱為新道家，為什麼呢？先秦的道家不是老莊嗎，在這個時候要講出一些新意，當時流行的名字叫玄學，馮友蘭先生在1940年代的時候就稱之為「新道家」。玄學是講「三玄」的，這都是道家的系統。我們剛才講的五經四書都是儒家的系統，「五經」就它的本源上來講，無所謂家，因為在諸子百家前就有了六經，我剛才講是中華文明的經典。但是從百家之學以後，只有儒家是傳承五經的，這樣呢，「五經」就變成儒家特有的經典。當然儒家的經典不止是「五經」，還有《論語》，等等。相對來講，道家的系統也有一個傳承。道家的《老子》在漢代就有人在解釋，但是《莊子》的註解比較少。到魏晉時候就開始解釋《莊子》，而且因為這個時候已經有了道教，漢末的時候出現了道教，道教本來跟《老子》、《莊子》沒什麼關係，但是宗教傳承需要有一個經典，早期道家也講清靜無為嘛，於是尊老子、莊子為教主，這樣呢，先秦的道家學派的典籍就慢慢地變成了道教的系統。道教的經典系統當然很大了，多少洞、多少天，是一個很大的系統，但是從經學的角度來講，從哲學的角度來講，《老子》、《莊子》是非常重要的。「三玄」還有一個，就是《周易》，這個經典是比較特殊的，一方面是六經之首，另一方面是儒、道共尊。儒家傳承它，我們看從先秦到漢末，沒有別的家傳承，都是儒家來傳承。但是到了魏晉時代，玄學也開始注重這個經典，因為玄學的哲學性比較強，所以很注意《周易》。什麼叫「玄」？就是講那些玄遠的東西，講人生以上的那些什麼宇宙、變化這些道理。《論語》是比較實在的，講人生。但是講「三玄」不等於說《周易》僅僅是儒家的經典，事實上《周易》的註釋主要還是儒家。何晏雖然是新道家，但是也註解過《論語》，說明這個時代的玄學家也不能不重視《論語》，而且還是很尊崇《論語》的地位。在何晏的《論語集解》裡面，很多是玄學家的解釋，這個「玄學家」是跟「經

七 四書概說

學家」相對來講的。漢代講《論語》的是經學家，他們有自己的一套講法，有一套家法，而這個解釋主要是一字一句地來詳細解釋。玄學跟這個不一樣，玄學不重視經學的家法，主要是闡發原典的精神，他們在裡邊賦予了自己的理解。何晏的《集解》裡，有很多是玄學家的解釋，這是他這本書的特點。

接下來，南朝有一個著作是皇侃《論語義疏》，這裡面也有很多玄學家的解釋，因為他生活在這個時代。這本書在南宋就已經沒了，沒保存下來。但是在唐代的時候，《論語義疏》就已經傳到日本，所以在清朝的乾隆時代，從日本又把這書找了回來。現在這個《論語義疏》已經收在新的《儒藏》裡邊了。這個應該說是文化交流史上的一件幸事吧，我們自己的東西，我們自己沒保護好，流出去了，後來又回來了，使得我們今天還能看到解釋《論語》的重要書籍的全貌。《論語義疏》之後，我想比較重要的是《論語正義》，這是北宋的刑昺作的，時代是在宋真宗時期，公元 999 年開始作的。這個書跟皇侃的《義疏》有一定的關係，是以那個為基礎，進一步加以刪訂、揚棄，也有他自己個人的一些見解。

最後呢，當然就是朱子的《論語集注》了。朱子在三十多歲的時候就編過《論語要義》，把北宋以來的儒家的對《論語》的解釋都編輯起來。到了他四十多歲的時候，他就變了，改為《論語精義》，把那些不是理學家的解釋不要了。到了四十八歲的時候，他寫了《論語集注》，在他存的十二家理學家的註釋裡面挑比較精要的，編成了這個書。寫了這個書以後，他還怕大家不明白，又寫了一本書叫《論語或問》，他就解釋：我每條註解為什麼是這麼解釋的？比如說理學家的解釋有十二家，為什麼在這一條的解釋裡只引了這兩家？他做了一些解釋、發揮。朱子關於《論語》的著作有很多，最有名的，就是《論語集注》。這個書，一方面接受了漢代經學解釋的一些方法，比如對字義的訓詁，先告訴你這個音念什麼，然後告訴你這個字怎麼講；同時，《集注》又是一個理學家的著作，他的真正的發明的地方是在義理的解釋，怎麼樣把其中的道理用理學家的解釋講出來。所以說，朱子的《論語集注》是比較全面的，一方面繼承了漢代解經的方法，另一方面從理學上、哲學上來闡發它的義理。這是《論語》的定名、版本的傳承，我們列舉了這些，算是一個概說。

「中庸」的含義與《中庸》作者之謎

　　《大學》我們現在先不說，先講《中庸》。我剛才講了，到了宋代，它才和《論語》、《大學》、《孟子》合稱「四書」，變成一個獨立的文本。關於「中庸」這兩個字的解釋，漢代的大經學家鄭玄說：「名曰中庸者，以其記中和之為用也。庸，用也。」唐代很多人也是用這個解釋，為什麼叫「中庸」，因為它「記中和之為用也」。中、和是《中庸》裡邊兩個重要的概念，意思就是說把中和的道理怎麼加以應用，所以叫「中用」，「庸」就是「用」，怎麼把這個「中」字加以應用。不過在鄭玄自己對《中庸》本文的解釋裡面，他對「庸」字有另一個解釋，說：「庸，猶常也。」「常」就是不變，常道，這是一種理解。他對「庸」字有不同的解釋，因為中文的字是一字多義的。到了宋代，二程給它一個新的解釋，這個解釋也是一千年來影響比較大的。其言曰：「不偏之謂中，不易之謂庸。」「中」就是不偏，「不易」就是不改變，就是「常」，這個不是從「用」字來講，跟鄭玄的解釋就不一樣了。「不偏之謂中，不易之謂庸」是從字面進行解釋，下面他們又做了一個闡發：「中者，天下之正道；庸者，天下之定理。」「不偏之謂中」還是比較普遍的，凡是不偏的都可以叫做「中」，不偏的東西有很多啊，那你這兒講的是什麼「中」？「中者，天下之正道」，講的是天下的正道。「庸」呢？很多東西也是不易的，那你講的「庸」是什麼？講的是天下之定理。不管是講「中」還是「庸」，都是跟「道」、「理」聯繫在一起的，強調的是正道、定理。

　　最有影響的解釋，當然還是朱子的《四書集注》，歷元、明、清三代，影響了差不多八百年。朱子的解釋又不同，主要是對「庸」字解釋。「中」是什麼？「不偏不倚」，這是繼承了二程的講法，不僅如此，他又加了一個「無過不及」，既不是過分，也不是不夠，這個很重要。現在大家腦子裡的中庸之道，就是不過分，也不是做不到。「庸」是什麼呢？「庸，平常也。」我們現在說這個人庸庸碌碌，「庸」字也確實有這個意義。所以你看，「庸」有「用」的意思，也有「常」的意思，很普通，平常。這個當然也有朱子的深意，因為從字義上來講，「庸」字也有這樣的用法，他為什麼特別強調這個「平常」呢？他認為平常的東西才能長久。他經常說，你大魚大肉能天天

七 四書概說

吃嗎？可是粗茶淡飯天天吃沒問題，這是他舉的一個例子。那些你看起來非常好的東西，反而不見得能長久，這是他對「中庸」思想的一個表達。

關於《中庸》的作者，在《史記》裡面有一個解釋，孔子有一個孫子叫孔伋，字子思，「年六十二，嘗困於宋，子思作《中庸》。」就是說他六十多歲的時候被困在宋國，然後作了《中庸》。漢代的人也都是這樣講的，當然我想除了《史記》的來源以外，可能還有別的來源。比如鄭玄說：「孔子之孫子思伋作之，以昭明聖祖之德。」為了表彰他的祖父的德行。子思在宋代以前不是很出名的，在漢代以及後來的魏晉，人們認為子思一共作了四部書，除了《中庸》，還有《表記》、《坊記》、《緇衣》，這四篇都是在《禮記》裡頭。近年出土文獻裡邊也出了相關的東西，1994年，在湖北的荊門出土的竹簡裡就有《緇衣》，時代在公元前300年，就是說那個墓主人下葬的時期大概就是孟子死的時候，因此墓中的竹簡應該是在孟子以前，因為在墓裡隨葬這些東西，一定是流行了很長的時間、有一定的權威性、大家很珍視並且經常看，才會隨葬，看起來應該已經存在了一百多年了。古人的時代不像我們現在知識爆炸的時代，都是慢慢念、慢慢流傳的。比孟子的時代再早一百年，那就正好是七十子及其後學的時代，所以從年代上講，即使不是子思所作，也是跟子思及其學生那個時代差不多的人作的。這也證明了古人說的《緇衣》、《中庸》這些東西都應該是同一個時代的作品，在孟子稍前。關於《中庸》的作者，除了子思以外，應該說現在沒有別的記載，但是也有人認為不是子思所作，學術界關於這個的討論非常多，在這兒就不講了。

值得一說的是，《中庸》的前十九章和二十章以後，有些人認為是兩個部分，內容是不一樣的。因此有人認為，只有前十九章才是《中庸》，後邊的不是，特別是近代一些學者是這樣看的。我們的看法，我想也不必這麼拘泥吧，從內容上看，前面和後面確實不一樣，怎麼處理這個問題呢？我想可以把《中庸》本身份為上、下，這在古代的文獻裡也不少。有些人認為前十九章是子思作的，二十章以後是子思學派作的，這個當然也可以，但是沒有必要把這兩部分變成兩個名字。而且，我們知道，古人的作品跟我們今天的著作權的觀念不一樣，今天是誰作的就是誰，古人呢是誰作的一般是虛說，意思其實就是那一派作的。比如《莊子》，現在是三十三篇，不見得都是莊

子一個人寫的，有的是莊子後學寫的，但是可以統稱《莊子》。甚至《孟子》都有人這樣認為。所以講作者，古人跟今人是不一樣的，老師作了一個框架、一個基本的東西，然後學生就不斷地往下傳，在傳的過程中不斷地加東西，是不斷地累積、疊加，到了漢代基本確定了這個文本，是這麼一個過程。因此，可以說很多古書都是學派性的作品，把子思作《中庸》理解為子思學派作《中庸》也是可以的。

《孟子》與孟子的師承關係

《孟子》的文本，我想應該比較簡單了吧。比較重要的是它跟《論語》、《中庸》的關係，這是近年討論比較多的一個地方。照古書上來講，孟子跟子思有很密切的關係，這個關係主要是思想的關係。至於這個思想的關係是不是一個授受的關係，這個還不是非常確定。《史記》和漢代的古書都說孟子「學於子思之門人」。大家可以看看《四書章句集注》中的《孟子序說》，這是朱子在註解《孟子》之前先把這個書的背景做了一個交代。《史記》孟子的列傳（《史記》有《孟子荀卿列傳》）：「孟軻，騶人也，受業子思之門人。」下面有個小註：「趙氏曰，『孟子，魯公族孟孫之後。』」趙氏就是趙岐，漢代第一個給《孟子》作注的人，照這個說法，孟子的出身還是不錯的，他是魯公族，魯國有三個公族，季孫、孟孫、公孫，他是屬於孟孫這一系的。季孫是最厲害的，當時執掌了魯國的政權，把魯國的昭公都給趕走了。可是到了孟子出生的時代，家道已經衰落了，孟母還是很辛苦的，要織布啊，而且看起來他父親在他很小的時候就死了，靠他母親來撫養、教育他，「孟母三遷」嘛。所以，雖然兩三百年前，孟子的家族還是大望族，但是到了孟子的時代，已經衰落了。孟子的字，《漢書》有兩種說法，還不確定。「騶人也」，鄒在曲阜附近，就是今天的鄒城，鄒城現在很厲害，亞洲第一的電廠就在鄒城。「受業子思之門人」，這句話古人有爭論，比如《史記索隱》說這個地方多了一個「人」字，原來就是「受業子思之門」，而且趙岐注和《孔叢子》等書都說：「孟子親受業於子思」，但是「未知是否？」朱子在寫的時候不作肯定。古書有兩種說法，我們現在看到的經典本文是有這個「人」字的，但是前人有認為這個「人」字是多了。這一多和一少就差了一輩，如

七 四書概說

果是受業於子思之門，那就是子思的學生，要是受業於子思的門人，那就差一輩了。關於這個問題，後來也有很多人寫文章來算，認為按照時代來說，孟子是見不到子思的，孟子雖然活了八十多歲，子思也活了八十多歲，那也見不到面。所以現在大家都認為，受業於子思之門人是正確的。事實上這一點，孟子自己也講過，他說：「予未得為孔子徒也」，我沒有機會作孔子的徒弟，「予私淑諸人也」，他不是孔子的徒弟那是肯定的了，年代相差太多，但要是學於子思，他肯定會說出來，可是他沒說學於子思，而是「私淑諸人」，這個「諸」就是「於」，私淑於誰？他沒有指出來。私淑是什麼意思？就是不是正式的、親身的受學。所以這樣來看，我們推測，孟子他應該是私淑於子思之門人，不見得是親自跟人家學，但是確實受人家學問的影響。孟子出生的時候，孔子死了已經一百年了，說明什麼呢？孔子的弟子都死了，不可能有或者的弟子，假定最年輕的弟子當時是十幾歲、二十歲，那他也不可能活到一百一十多、一百二十多歲。而且孟子出生的時候也不能馬上跟他學，還得加上二十多年，而事實上沒有能活到一百四十歲的人，所以孟子肯定沒有跟孔子的學生學過，但是確實有可能跟七十子的門人、特別是子思的門人學過，這個學不一定是親身受業，也可能受他的影響。

《序說》裡當然說了很多的話，比如「道既通」，受業於子思之門人，學到東西了，把「道」學到手裡了，之後就「游事齊宣王，宣王不能用」。到齊國遊說齊宣王，齊宣王不能用他。「適梁，梁惠王不果所言」，這個時候孟子已經六十多歲了，「不果所言」，不能肯定他說的話，「則見以為迂遠而闊於事情。」認為他講的那套東西都比較迂闊，不用他。然後說：「當是之時，秦用商鞅，楚用吳起，齊用孫子、田忌。天下方務於合縱連橫，以攻伐為賢。」當時大家都搞富國強兵，誰能打仗誰就是賢者，而孟子不是這樣，他「乃述唐、虞、三代之德」，從堯、舜講到三代，講他們的德行，所以呢跟這些要富國強兵的國君不合，最後「退而與萬章之徒序《詩》、《書》，述仲尼之意，作《孟子》七篇。」我們現在這個《孟子》就是七篇，跟司馬遷講的是一樣的，就是說到了晚年，「退」就是不參與政治了，不去遊說諸侯了，與他的學生萬章，《孟子》裡邊有《萬章》這一章，與學生們作了《孟

子》七篇。主要講什麼呢？第一，序《詩》、《書》，繼承五經的思想；第二，述仲尼之意，繼承孔子的思想。

　　孟子這個人是很會說的，邏輯性很強。他確確實實是以繼承和發揚孔子的學說為己任的，他自己說過：「乃所願，則學孔子也。」如果你問我的願望是什麼，就是要學孔子。孔子的意願是什麼？就是繼承周公，孟子的意願就是學孔子，所以不管是「周孔」還是「孔孟」，確實是有一個一脈相承的聯結。孟子的時代當然是比孔子的時代要好一點了，孟子到哪個國家的時候，那個國家都要送黃金給他，那個時候的風氣就是這樣，有學問的人來了，國君都是要送重禮的，馬車、隨從都有。偶爾有國君不送的話，那在當時來講還是一件事啊，大家要議論的。孔子呢，他名字叫孔丘，他自己說：「丘也，殷人也。」祖上是殷人，殷商的主要的族群是殷族。周人是從陝西那邊起來，後來戰勝了殷。但是好多殷人都在啊，沒有都被殺死，後來大部分都被遷到宋國。孔子的祖先就是宋國人，所以從族群的身份來講，他是殷人。可是從文化上來講，他始終以周公作為他敬仰的對象，他在文化上完全是一個周人。我們知道魯國不是從西周到春秋的政治中心，但是因為魯國是周公的封地，所以當時周成王給他一個特權：在魯國可以使用天子之禮樂。禮樂是有等級的，比如孔子說：「八佾舞於庭，是可忍，孰不可忍？」「八佾」是天子之禮，諸侯的只能是六佾，八佾就是僭越了。魯國是可以用八佾的，孔子批評的是季氏這些貴族，他們連諸侯都不是，所以用八佾，這是不可以的。當時因為是禮崩樂壞，已經沒有人遵守了。因為周公封於魯的時候有這個特權，所以魯國很注意傳承、保護周代的禮儀制度。當時有從其他國家來的，說「周禮盡在魯矣」，其他地方都看不到周禮，至少形式上的東西在魯國還都存在，其他地方都沒有了。至於精神還在不在，那是另外一個問題了，那就是孔子的問題了。儀式都在、規定都在，可是那個精神呢？比如說季氏掌權，把國君都趕走了，那禮的精神在哪兒呢？所以孔子說「君君、臣臣、父父、子子」就是這樣一個意思。季氏是臣，從血緣上講，魯國的國君是嫡長子這一系，季氏是旁支，算是親戚，但是親戚也有親疏、輩分，現在你什麼都不管，把國君趕走了，所以孔子就批評這個君不君、臣不臣、父不父、子不子情況。孔子的時代，應該說發揮的空間還是比較小的，不像孟子的時代。孔子的家

七 四書概說

境也很苦，孔子自己講：「吾少也賤」，社會地位是低賤的，「故多能鄙事」，能做那些低賤的事，可見在那個時代，士人在諸侯國裡發揮作用的空間還是比較小的。孟子的時代，國家之間的競爭比較強，孔子的時代，大家還是不能自由競爭，還受制於周天子的秩序。孔子不僅是創立儒家學派的大師，而且是中國整個上古文明的一個最偉大的繼承者，沒有孔子刪訂「六經」和儒家傳承經典的自覺，是不可能有中華文明的發展的。

忠恕之道：「四書」蘊含的精神財富

好了，現在我們回到「四書」的本題。如果我們把「四書」作為一個整體，從理論上來講，「四書」裡面什麼樣的精神是最重要的？我想，如果我們參考今天時代的要求和今天時代的認識，我想還是「忠恕之道」最重要。

關於這一點，我想寫出幾句話來，和大家共同來探討。在《論語》裡邊有這樣的話：「子貢問曰」，（子貢在孔子的弟子裡還是比較有名的，子貢在今天來講更突出了，因為他在孔門弟子裡是最能賺錢的，會做生意，其他人都是做文化工作的。我們今天講儒家、講孔門的傳承，大家會發現也有能做買賣的，也有這一路，所以講「儒商」，如果要講一個具體的形象的話，最早的是子貢。）子貢問：「有一言可以終身行之者乎？」老師你能不能告訴我一句話，這一句話可以一輩子奉行它，可以照著它來做，一輩子受用。「子曰：『其恕乎！』」孔子回答說：那就是恕啊。那什麼是「恕」呢？「己所不欲，勿施於人」，這個是出在《衛靈公》篇。

第二段材料，有一個人叫仲弓，也是孔子的學生，問「仁」是什麼東西，怎麼理解「仁」。因為「仁」這個字在孔子的思想裡是最重要的一個字，孔子對於西周以來的文化的發展主要在這個「仁」字。「仁」這個字當然並不是孔子的發明，但是在西周和春秋的文化裡，都沒有把它當做一個最重要的概念，而孔子在《論語》裡面有一百多次談到這個「仁」字，不僅次數多，而且把這個「仁」字作為最重要的概念。因此呢，他的學生就經常問怎麼理解這個「仁」，怎麼實踐「仁」這些問題。孔子就回答說：「出門如見大賓，使民如承大祭。己所不欲，勿施於人。在邦無怨，在家無怨。」「出門如見

大賓」就是說你走上社會，不是說出了家門就是「出門」了，而是說你走上社會、跟別人打交道，「如見大賓」，你見到一個很尊貴的客人，你的態度當然是很恭敬的，充滿了敬意和謹慎。同樣，「使民如承大祭」，「使民」呢，我想根據仲弓問這個話的場景和他自己的身份，他可能是一個使民者，是個領導，領導有級別，但是無論什麼級別，都有個使民的問題，「使」就是使喚，我們說得不好聽，意思就是這個意思。怎麼樣領導百姓呢？首先要有一個態度：「如承大祭」，就好像你參加一個非常重大的祭祀的儀式，那你就不能隨隨便便，你要非常嚴肅、恭敬。可以說這一條和剛才說的那一條都是強調「敬」。這個是《論語》裡面特別重要的，我們舉了這兩條。

《中庸》裡邊，子曰：「忠恕違道不遠。」你做到忠恕的話，離這個道就不遠了，這個是《中庸》裡邊引用的孔子的話。怎麼樣做到這個忠恕呢？「施諸己而不願，亦勿施於人。」大家看《四書章句集注》的二十三頁，剛才引的話就在這兒。「己所不欲」我想就不用解釋了，「施諸己而不願，亦勿施於人。」也是這個意思。「諸」就是「之於」，「施諸己而不願」，如果有一件事情，別人加在你身上你不高興，那你也不要施加給別人，這就是「己所不欲，勿施於人」的另外一個講法，因為我剛才講，語錄在記的時候可能語氣上稍微有些分別。我們看，在前面一個地方，子貢問的時候，「己所不欲，勿施於人」是作為「恕」，這裡講「忠恕」，所以我們今天講「忠恕之道」，它的一個核心的觀念就是「己所不欲，勿施於人」。下面接著說：「君子之道四，丘未能一焉。」大家看，君子之道有四項，處理人際關係有四項，我哪一項都還沒有做好，這當然是他的謙虛了。「所求乎子，以事父未能也；所求乎臣，以事君未能也；所求乎弟，以事兄未能也；所求乎朋友，先施之未能也。」「所求乎子，以事父未能也」就是我要求我兒子怎麼對待我，我有沒有用這樣的態度來對待我的父親呢？「所求乎臣，以事君未能也」，我要求我的臣下怎麼對待我，我是一級封君的話，我要求他們怎麼對待我，我有沒有用這樣的要求對待我的君主呢？「所求乎弟，以事兄未能也」，我要求弟弟怎麼對待我，我有沒有把這個要求用來對待我的哥哥呢？「所求乎朋友，先施之未能也」也是一樣，這四項是「己所不欲，勿施於人」的具體化，這是在《中庸》裡面關於「忠恕之道」的一個具體的表達。

七 四書概說

接下來呢，就是《大學》。我們看《四書章句集注》，這裡也有類似的思想。「是以君子有絜矩之道也。」朱注裡面有解釋，「絜」是什麼？「絜，度也。矩，所以為方也。」「度」就是「量」，「矩」就是所以為方，我們知道：沒有規矩，不成方圓，就是你用一個標準去衡量，君子是有一個標準去衡量的。用什麼樣的一個標準去衡量呢？下面講：「所惡於上，毋以使下；所惡於下，毋以事上。」你討厭你的上司怎麼對待你，你也不要用這個態度對待你的部下，你討厭你的下屬怎麼對待你，你也不要用這種態度去對待你的上司。這個跟我們剛才講的那個《中庸》裡邊講的那些是一樣的，這都是忠恕之道的具體化。後面說：「所惡於前，毋以先後；所惡於後，毋以從前；所惡於右，毋以交於右；所惡於左，毋以交於右；此之謂絜矩之道。」就是你有一個標準、規矩，就是我們剛才講的這些原則。如果我們比照四書裡邊其他的東西，這個規矩就是「己所不欲，勿施於人」，就是所謂的「忠恕之道」。但是，「忠」和「恕」到底有什麼分別呢？《論語》裡邊也講了：「己欲立而立人，己欲達而達人。」這個我們一般認為是表述「忠」，你自己認為是好的東西，你也要把這個好的東西給別人，你自己喜歡發達，你也應該讓別人也發達，當然這個「達」字不僅僅是發達。關於「忠」和「恕」的論述都是以「己」和「人」作為框架的，以「己」為出發點，然後以己推人，我自己不要的東西，我也不要加給別人，我自己喜歡的，也應該讓別人分享。這是構成孔子思想或者說「四書」思想的最重要的一個精神原則。

這個「忠恕之道」在今天有什麼意義呢？1989 年，在歐洲有一個天主教的神父，中文名字叫孔漢思，他提出了一個很重要的觀點。他是一個有自由傾向的天主教神學家，他可能思想言論有一些出格的地方，所以教皇就不讓他在神學院教書了，因此他就獨立地來從事寫作和宣傳。這個人非常有名，他曾經和一位有名的中國學者——是位女學者，出生在上海，成長在香港，在加拿大多倫多大學做教授，專門研究中國宗教，叫秦家懿，現在已經過世了——合作寫了一本書叫《中國的宗教》。他為什麼研究宗教呢？他認為應該有一個世界宗教的眼光來看待今天這個社會和宗教的問題。那個書寫得相當好。1989 年他提出一個觀點：沒有宗教的和平就沒有世界的和平。世界的和平是我們大家都追求的，但是世界的和平從哪兒做起？從什麼地方得到保

障？他認為從宗教入手。當然，他自己是一位宗教人士，所以他這麼講。但是他有鑒於世界大多數地方的地區衝突和族群衝突背後都有宗教的背景，最明顯的就是以色列和巴勒斯坦，包括像巴爾幹半島，都有不同的宗教信仰在後面作為背景。因此他講：沒有宗教的和平就沒有世界的和平，應該說還是很有意義的，很有針對性。怎麼樣達到宗教的和平呢？於是他就想起了世界宗教議會，我們一般人不知道有這樣一個議會，它不像聯合國天天都活動。這個世界宗教議會在1893年曾經在美國的芝加哥開了第一次大會，世界上有100多個宗教組織，大家來共同討論宗教問題。於是孔漢思就聯合美國天普大學的一位叫Swidler的教授一起合作倡議召開第二次世界宗教議會大會，於是在1993年就開了這個大會。這個大會一個主要的議題就是怎麼樣實現宗教的和平，先從理論入手，要找到一些共識，從經典出發，找到經典的共識。每個宗教都有它的經典，佛教有佛經，基督教有《聖經》，伊斯蘭教有《可蘭經》，中國的道教有《道德經》。我們先從經典裡來找共識，找到一些基本共識是我們大家在各個的經典裡面共有的、共認的。這些共識可能是在經典裡邊明確寫著的，也可能在有些宗教裡邊沒有明確地寫，但是包含了這個意思，傾向於承認的。於是這100多個宗教組織就找，最後就找到了一項共識，就是「己所不欲，勿施於人」。於是這個就變成世界宗教議會所宣揚的世界倫理的金律。從這兒開始，就要推動一個世界倫理，這個倫理可以超越具體宗教，變成世界性的。

於是孔漢思就發起了一個「世界倫理運動」，一方面找到了一個最基本的金律──「己所不欲，勿施於人」，而在比較各種宗教文本的時候，《論語》的這一條是列在第二位的，在前面的一條是伊朗的拜火教，要比《論語》早二百年，但是那個拜火教的文獻講得其實不是很清楚，你可以解釋為有那個意思，最清楚的還是《論語》。除了金律以外，他又發揮出幾項原則，這幾項原則其實都跟基督教有關係，《摩西十誡》裡邊前三條：你不能偷盜，你不能姦淫婦女，你不能殺人等等，都是從這幾條引申來的。你不能殺人這條就引申出對生命的愛護等等。我覺得很可貴的是，世界宗教對經典的共識，也可以說是「世界倫理運動」的共識，就是這個我們叫做「忠恕之道」的東西。為什麼我們今天講這個有意義呢？一方面是因為得到了大家的肯定，另

一方面從歷史上來講，這個「己所不欲，勿施於人」本來是叫做銀律的，在倫理學上，金律是什麼？就是己所欲施於人，我想要的我也要給你，這個在世界倫理運動和全球性的文化關係裡面大家比較避諱的一點，因為強勢的文化總是要把自己的東西加給別人。在一個文化裡所肯定和偏好的東西，在另一個文化裡不一定是人家最喜歡的東西。假定你以為「己之所欲，務施於人」的話，那就變成了強加給人的東西。有的時候可能加的是好的，可能也是別人需要的，但是有的東西，特別是在宗教關係裡、文化關係裡，它很可能是相反的。最近這幾十年來，我們看，包括全球化的運動，都有這個問題。為了維護文化的多樣性，包括法國這樣的國家，反對美國的文化一枝獨秀，強行在全球推行。所以，從這個角度，我想大家在今天對「忠恕之道」會有更深刻的認識，它不僅是處理人際關係的一個基礎的保障，而且也是處理國際文化關係、宗教關係一個可靠的基本法則。

八 朱子學陽明學及其現代意義

▎廣大精微、綜羅百代的朱子學

在儒家思想文化史上，有兩個集大成的人物：如果說孔子是上古文化集大成的代表，那麼，宋代的朱熹就可以說是近古文化集大成的代表。朱熹是南宋著名的思想家、哲學家、教育家和大學者，後人稱其學術為「致廣大、盡精微、綜羅百代」，在南宋以後，朱熹和他的思想對中國乃至東亞的社會文化影響很大。

朱熹的祖先世居徽州婺源，他的父親在福建政和縣做官時，他的祖父病故，因貧不能葬回原籍，故就地安葬，而從此便定居在福建。南宋紹興四年，即公元 1130 年，朱熹在其父任福建尤溪縣尉時出生在尤溪。朱熹少年時父親即死去，此後的很長時間，他都家居於福建的崇安，晚年則又遷居在建陽。他曾在武夷山的五曲結廬，稱武夷精舍，著述講學；後又在建陽的考亭建滄州精舍。由於他一生中離開福建外任官職的時間很短，主要學術活動都在福建，所以他所創立的學派，被稱為「閩學」。

幼年的朱熹已表現出某種哲學家的稟賦，據記載，朱熹的父親指蒼蒼上天告訴幼年的朱熹說：這是天。朱熹便問：天之上是何物？後來朱熹自己也說過：「我五六歲時心裡便煩惱，天體是如何，外面是何物？」他很小就對《周易》有興趣，和小朋友遊戲時，他也坐在沙地上用手指畫八卦的卦象。我們知道，後來朱熹的哲學特色之一，即是建立了一個完備的推求萬物本源的宇宙論。

青少年時代的朱熹興趣十分廣泛，尤其對佛教非常留心。有一個記載說，朱熹十八歲時去考科舉，臨行時他的老師查看他的行李，結果發現只有一冊《孟子》和一冊禪宗和尚的語錄。這個記載不見得完全準確，但從中可以看到青年朱熹廣泛的學習興趣。後人說他「初無常師，出入於經傳，泛濫於釋老」。他自己也說，「我年輕時無所不學，禪道文章楚辭兵法，事事要學。」朱熹不僅愛好知識的學習，而且勤奮刻苦，他生平常說，「自幼魯鈍，記問

八 朱子學陽明學及其現代意義

言語不及人」，他還說過：「我十六七時下工夫，只自恁地硬著力去做，當時也是吃了多少辛苦讀書。」他所以能成為理學集大成的宗師，和他青少年時的刻苦學習是分不開的。

儘管青少年的朱熹興趣廣泛，但儒家思想一直對他更有吸引力。他的父親因反對秦檜的主張，罷官家居時，每天朗誦《大學》《中庸》，還經常為朱熹講《春秋》左傳，講授二程的《論語說》，這使得正統儒家知識分子的思想，特別是關於民族大義、道德理想等，潛移默化地植入朱熹的心中。十四歲他的父親臨死時，將他託付給三位朋友，這三位朋友也是服膺二程的思想。受到這些影響，他在少年時就「有意於為己之學」，為己之學是指追求自我實現和人格完滿。十多歲時讀《孟子》，讀到其中「聖人與我同類者」，朱熹竟「喜不可言」，十四五歲時他已經發自內心地喜好儒學，在十七八歲時，他每天早上都要朗誦十遍《大學》和《中庸》。

朱熹思想的核心是發揮《大學》所說的「格物致知、正心誠意」，他把這作為從皇帝到士人的普遍的為學要求，從這樣的立場出發，他總是以「格物致知、正心誠意」來批評、要求皇帝。朱熹對《大學》格物說的發揮最早即見於上孝宗的兩篇奏事。孝宗即位之初，詔求直言，朱熹當時三十三歲，立即上書奏事說，「帝王之學，必須先格物致知，以徹底瞭解事物的變化、精細地分辨義理和是非，這樣就會意誠心正，自然能夠應付天下之事。」次年入對，又面見孝宗皇帝說：「大學之道，在格物以致其知，陛下沒有做到隨事以觀理，即理以應事，所以收不到治國平天下的效果。」這種對皇帝的教訓和批評，自然不會使皇帝高興。淳熙七年，朱熹五十歲時，又應詔上書奏事，其中說：「愛民之本在於皇帝正心術，以確立道德和法紀，現在皇上只親近一二小人，受他們的蠱惑，安於私利，致使下面嗜利無恥之徒，賄賂風行，結夥營私。」孝宗讀之大怒。淳熙十五年，孝宗詔五十歲的朱熹入都奏事，路上有人對朱熹說，正心誠意，這些都是皇上最不愛聽的，這次千萬莫提了！朱熹嚴肅地說；「我平生所學，只有這四個字，怎麼能不說呢？」面奏時對皇帝說：「陛下即位近三十年，只是因循，而沒有尺寸之效，這恐怕是由於在您的內心裡，天理有所未純，人欲有所未盡，望陛下以後每一個念頭都要謹而察之，使之無一毫私慾，天下大事才有可為。」這年冬天，他

又上奏書說，人主之心不正，天下事無一得正，講了一番「人心道心」的道理，要皇帝以天理之公，勝人欲之私，克己復禮，進賢退奸，以端正綱紀。

　　朱熹一生不喜做官，每次受到推薦和任命時，他都反覆力辭，他一生以學問為生命。他在世時已被公認為天下第一大儒，但他的思想主張和學問在當時並不受皇帝和主政者的重視。在其晚年，他的學術思想還被誣稱為「偽學」，他被打成「偽學頭子」（偽學之魁），遭到公開的壓制。他自己被罷職，而且面臨殺頭的危險。在這種嚴峻的政治與學術迫害中，他仍然著書講學不止，直至臨死前仍在修改《大學》的註釋，為學生講論哲學。慶元六年（1200），朱熹在迫害中病故。

　　朱熹的學術成就十分突出，在易學方面，他著有《周易本義》、《易學啟蒙》；在文學方面有《詩集傳》、《楚辭集注》、《韓文考異》；在禮學方面有《家禮》、《儀禮經傳通解》；在蒙學方面有《小學》、《童蒙須知》；在史學方面有《資治通鑒綱目》等，他還指導學生註解《書經》。他對古代經典如《周易》、《詩經》、《尚書》等都有獨到的看法，對古代文獻的整理和研究貢獻甚豐。特別是在四書學方面，他著有《四書集注》、《四書或問》，《四書集注》自元代以來被歷代規定為科舉考試的標準，這和他一生用力於四書的嚴謹研究分不開的。在性理學方面他的著述更多，他的講學語錄有一百四十卷，文集一百二十卷。全部著述有五百多卷。他的思想不僅成為後來七百年中國的正統權威，而且在韓國、日本和整個東亞地區都有巨大的影響。

「格物致知」與朱子思想的價值

　　朱熹思想中最重要的部分是「格物致知」的理論。《大學》本是古代儒家的一篇文獻，其中提出了「三綱領、八條目」，即「明明德、親民、止於至善」和「格物、致知、誠意、正心、修身、齊家、治國、平天下」。朱熹最重視其中的「格物」。他用「即物窮理」來解釋格物，提出格物就是要窮理，也就是去瞭解事物的道理；而窮理必須在事物上窮，不能脫離事物。即物窮理的主要途徑就是多讀書、觀察事物、思考其道理。1175年，朱熹四十六歲

時，曾和另一個有名的學者陸九淵，在江西鵝湖寺舉行學術辯論，這是南宋思想史上一次有名的事件。爭論的焦點是，朱熹強調要教人廣泛讀書，考察事物之理，而陸九淵則主張反求內心，不重視讀書。朱熹的主張顯然是一種重視知識和學習的理性主義的方法。所以，朱熹一生中任官的時間雖然很短，但他所到任之處，必興學校。如白鹿洞書院初建於南唐，但南宋初已經廢壞，朱熹在五十歲時出任江西南康軍的郡守，他在廬山上訪求白鹿洞書院的廢址，重建了白鹿洞書院。他親自立訂立了《白鹿洞書院學規》，一方面提倡博學、審問、慎思、明辨，另一方面強調修身、處事、踐行的原則。這是中國書院歷史上的一件大事，學規不僅對後來的中國教育影響很大，至今在東亞的一些國家仍可以看到其影響。朱熹在六十五歲出知潭州時，還曾主持修復岳麓書院，以《白鹿洞書院學規》為學規，以《四書集注》為教材，親自到學院講學。白鹿洞書院和岳麓書院是中國古代四大書院中的兩個，它們都和朱熹的講學與教育實踐有關。

　　朱熹思想中有許多在今天仍有借鑑的意義，如朱熹關於理性與慾望、道德原則與個人私慾關係的看法。朱熹闡發了古代「道心惟微，人心惟危」的思想，認為「人心」是指個體的感性慾望，與生俱來，不可能不產生，也不可能消除；但如果「無所主宰，流而忘返」，社會就會「危」。要使人心不致危害社會，就應該用「道心」主宰「人心」，道心是指人的道德意識與理性。朱熹認為道心的特點是公，即反映了社會公共的道德法則。朱熹在那個時代，還沒有從加強法制以約束人的行為來考慮，所以朱熹的方法是完全訴諸道德，這是理學的侷限性。朱熹和理學還提出理和欲亦即天理和人欲的問題。人心是指人的自然慾望，而人欲是指人心中那些違背公共原則的私慾。天理則含有普遍原則的意義。朱熹認為慾望應當受道德原則的制約。所謂存天理、去人欲，就是指要用公共的道德原則來克服那些違背公共道德的私慾。當然，每個時代的社會公共準則有所不同，朱熹所處的是封建時代，所以他有時所說的具體準則是當時封建社會的規範準則，這是我們應當注意的。同時，在理性和慾望的關係方面，朱熹有些問題並未處理好，他比較忽視慾望和生命力的滿足，未能理解理性和慾望也有統一的一面。但總的說，朱熹的思想對封建時代的精神文明和民族精神的發展起了積極的作用。

與南宋其他流行的主觀主義、直覺主義思潮相比，朱熹思想的一個明顯特色是極力為人求取事物的知識的活動確立一個地位。他的強調理性本體、理性人性、理性方法的思想使得理性主義後來成為中國思想的主流，這不僅對東亞文化在近代順利接引近代科學方面起了積極的作用，而且對東亞的文化精神也發生了巨大的影響。

　　我們知道，朱子的經典解釋有其明確的哲學基礎，此即大學所謂「格物」和「致知」的問題，故朱子的經典解釋是與朱子的學問工夫論緊密聯結的。朱子一生學問致力於對儒家經典的重新詮釋，而對大學的幾個重要觀念的詮釋在他的整個經典系統中占有重要的地位。朱子少年時即受教讀《大學》，臨終前仍在修改《大學章句》，他以超人的學識和智力，把終生的心力貢獻給這一篇短小的文獻的整理和解釋。這表明朱子對經典權威的尊重，和透過汲取古典的智慧並加以創新來發展人文價值的信念，朱子的這一努力產生了廣泛的影響，從此整個哲學被格物致知的問題所籠罩，「格物」與「致知」成為宋明理學中最富有生命力的範疇。

　　朱子的格物說有雙重的性格，在朱子的格物說裡包含了探索事物道理、規律的認識意義，又強調道德意識的充分實現是格物的終極目的。在經典的訓詁和解釋方面，以格為窮，以物為物之理，格物即是窮理；有時亦訓格為至，格物即到事物上去。在朱子看來，既然《大學》條目中已經有誠意、正心這樣的德性條目，格物致知的入手處就應該指知識的學習和積累。因此，到物上去是去窮物之理，這和《易傳》的「窮理」之說又可以相通。格物說中包含的經典學習和對自然事物的考察的知性方面，不僅在朱子生時受到象山的屢屢反對，朱子學的知識取向在明代更受到了陽明的強烈批評。

▎王陽明的傳奇人生

　　王守仁，字伯安，生於明成化八年（1472），死於嘉靖七年（1529）。他的祖籍是浙江的餘姚，他自己也出生在餘姚。後來他父親遷家至山陰，即今紹興，他曾在紹興東南不遠的陽明洞天結廬，自號陽明子，學者都皆稱他

八 朱子學陽明學及其現代意義

為陽明先生。所以現在一般習慣上都稱他為王陽明。他是明代最有影響的思想家、哲學家，也是明代心學運動的代表人物。

王陽明一生頗具傳奇色彩。據記載和傳說，他出生前夕祖母夢見有神人從雲中送子來，夢醒時王陽明剛好出生，祖父便為他起名叫王雲，鄉中人就稱其所出生處為瑞雲樓。然而，這個孩子到了五歲還不會說話，一天一位高僧經過，撫摸他的頭說「好個孩兒，可惜道破」，意指他的名字「雲」道破了他出生的秘密。他的祖父恍然醒悟，更其名為守仁，他便開口說話了。這個故事有點神話的色彩，但從這個故事可以看出他幼年的時候並未顯示出聰慧和才華。

他十歲時父親高中狀元，把他帶到京師唸書，十一二歲時他問塾中的老師：「何為第一等事？」老師說「只有讀書獲取科舉的名第」，他當時說「第一等事恐怕不是讀書登第，應該是讀書學做聖賢」。儘管如此，他從少年時代起就從不循規蹈矩，所有記載都說他自少「豪邁不羈」。如十三歲喪母，繼母待他不好，他竟買通巫婆捉弄其繼母，使得她從此善待它。他學習也不很用功，常常率同伴做軍事遊戲。青年時他出遊邊關，練習騎馬射箭，博覽各種兵法秘書，遇到賓客常常用果核擺列陣法作為遊戲。

十七歲時他到南昌娶親，可是在結婚的當天，大家都找不到他。原來這天他閒逛中進了道教的鐵柱宮，遇見個道士在那裡打坐，他就向道士請問，道士給他講了一通養生之說，他便與道士相對靜坐忘歸，直到第二天岳父家才把他找回去。此後他常常在各地和道士討論養生的問題。

二十二歲時進士考試不中，當時宰相（大學士）李東陽笑著說「你這次不中，來科必中狀元，試作來科狀元賦」。王陽明懸筆立就，朝中諸老驚為天才。而妒忌者議論說，這個年輕人若中了上第，必然目中無人。結果二十五歲再考時被忌者所壓，未考中。到二十八歲禮部會試時，他考試出色，名列第二，中了進士。

三十一歲時因病回家休養，在陽明洞築室，行導引之術，據說還引發了些特異功能，不久自悟：「此疲弄精神，非道也。」又受佛道吸引，思欲出世，但唸唸中總有祖母、父親牽掛在懷，下不了決心。一天忽覺悟道：「親情之

念生於天然，這個念若沒有了，豈不要斷絕種姓！」這個覺悟不僅使他終於從博雜的泛濫出入，確定地回到儒家的用世之學上來了，也是他後來「良知」思想提出的基礎。第二年他在西湖，在一寺廟見一禪僧坐關三年，不語不視，想用這個方法去掉一切念頭，進入涅槃境界。王陽明對之大喝說：「這和尚終日口巴巴說什麼！終日眼睜睜看什麼！」僧驚起，睜眼說話，陽明問其家中有何人，答有母在；又問起思母之念否，答不能不起。王陽明便指點他說這是親愛的本性，不能泯滅，忘一切念的修行方法是不對的。僧泣謝，明日問之，僧已去矣。

龍場悟道與「知行合一」

正德元年，武宗初即位，宦官劉瑾專權，王陽明主持正義，抗疏反對把持朝政的劉瑾，為此下獄受廷杖四十，然後被貶到貴州偏遠的龍場作一個小小的驛丞。一路躲避劉瑾的暗殺，三十七歲上他到達貴州偏荒瘴癘的龍場，他的僕從病倒了，他就親自劈柴取水煮飯，為了安慰他們的情緒，他還為他們歌詩說笑。在困境中，他常常日夜端居澄默，以求靜一，久久胸中灑落，得失榮辱皆能超脫，一夜，他忽然大悟，不覺呼躍，從者皆驚，這就是理學史上著名的「龍場悟道」，從此建立起了他自己的思想體系。

龍場驛在貴陽西北的修文縣，規模很小，當時的設置僅有「驛丞一名，吏一名，馬二十三匹」，驛站供傳遞公文的人和過往的官員使用，王陽明就是被貶到這樣一個邊遠的驛站作個小小的驛丞。

王陽明初到龍場的時候，沒有可居住的處所，便與僕人一起在荊棘叢中辟開一塊地，搭建了一個草庵，也就是草屋，而把四周叢生的荊棘當做自然的籬笆；草屋很矮，十分簡陋，雨天漏雨，晴天悶熱。所以不久又搬到東山的一處石洞裡住，他把這處石洞命名為「陽明小洞天」。可是石洞又陰又濕，雖然在夏天可住，到冬天就成了問題。由於王陽明與當地的少數民族民眾關係融洽，於是當地人便協力伐木，幫助王陽明蓋房子。王陽明把房子加以畫飾，又在裡面放置圖書，命其名為「何陋軒」。《論語》記載，孔子想移居到九夷，學生說「那麼簡陋怎麼住？」孔子說「君子居之，何陋之有？」又

在何陋軒前面作個亭子,四周圍以竹子,命名為「君子亭」。房子蓋好後,遠近學生紛紛來這裡向他問學,所以他又把這個地方命名為「龍岡書院」,成為他的講學之所。他又常在附近山麓的洞中讀《周易》,就把這個地方命名為「玩易窩」,潛心學易,屢有心得。

龍場的生活非常艱苦,不僅居處成問題,王陽明更碰到「絕糧」的困難。為瞭解決糧食緊張的困難,他和隨從便仿習當地人刀耕火種,自己動手,種植糧食,鬆土除草。勞動之餘,他寫了《觀稼詩》,最後幾句說「物理既可玩,化機還默識,即是參贊功,毋為輕稼穡」,這是說,種田可以體察自然的變化,瞭解事物的道理,這是對宇宙生化過程的配合,可不能輕視稼穡啊。他還親自上山砍柴,採集野生食物,自己用瓦罐打水,他的一首《采薪》詩寫道:「朝采山上荊,暮采谷中粟。深谷多淒風,霜露沾衣濕。采薪勿辭辛,昨來斷薪拾。晚歸陰壑底,抱甕還自汲。薪水良獨勞,不愧食吾力。」

在這樣困苦環境的磨練下,他的思想也經歷了一次大的飛躍。被貶到龍場後,他竭力體會「聖人遇到這種情況下怎麼辦」,丟掉世間一切榮辱得失的計較,使自己的思想上升到一個新的境界。但仍覺得自己尚未能超脫生死,於是日夜靜坐,久而久之,覺得又上升到一個更高的境界。不僅如此,他孜孜不忘探求儒學的真諦,在一個夜裡得到大悟,認為終於發現了朱熹學說的弊病,建立了自己的哲學。他在山洞中默記從前所讀的五經,與自己新的思想相印證,更堅強了他的自信。據他後來說,他的這一場思想飛躍,是經歷了「體驗探求,再更寒暑」即約兩年的長時間動心忍性才達到的。

龍岡書院為他帶來了許多學生,有些是「百里而來,三宿而去」。他向學生發佈了《教條示龍場諸生》,以「立志、勤學、改過、責善」作為學規,在龍岡書院常常是秉燭講習,通宵達旦。他曾寫詩「講習有真樂,談笑無俗流」,講學成了他在邊遠生活的最大快樂。龍岡的教育活動擴大了他的影響。貴州主管教育的官員請他到府城講學,第一次他謝絕了,直到他到龍場的第二年,他才到府城的文明書院(後改名為貴陽書院)講學。在這裡他第一次宣講了關於「知行合一」的新學說,一時州縣的學子都以他為老師而禮敬之,

答疑每至深夜,學生環繞而聽講者數以百計。龍岡書院和文明書院的講學是王陽明思想最早的傳播和實踐。

以後的十幾年,他在兩京及地方又做過各種不同的官吏,正德十四年,四十八歲,時任都察院右副都御史。是年夏寧王朱宸濠叛亂,據南昌、破九江,以十萬大軍東下南京,聲勢浩大,震動朝野。王陽明當時正在江西領兵平定南贛農民暴動,在未得旨命的緊急情勢下,倡義討叛,在強弱懸殊的情況下,以機智的謀略和卓越的膽識,僅三十五天便生擒朱宸濠於鄱陽湖邊,將這場大叛亂徹底平定,創造了舉世矚目的奇功大業,也使得他後來升南京兵部尚書,封新建伯。所以時人稱他「才兼文武」,其事功業績不僅在古今儒者中少見其比,在整個明代文臣武將中也相當突出。

但在明中期封建王朝的昏暗統治下,他的奇功偉業不僅未給他帶來幸福,反而給他帶來了九死一生的險惡境遇。王陽明平定叛亂後,好大喜功的武宗仍堅持率兵南征,太監張忠等不讓王陽明獻俘,卻讓把朱宸濠放到鄱陽湖中,再由武宗來親自擒獲他。為了江西人民的安寧,王陽明理所當然地加以拒絕。張忠等便向武宗進讒言,誣稱王陽明與朱宸濠有勾結,給王陽明造成了極為險惡的處境。他們還率軍在江西故意與王陽明軍隊發生衝突以尋釁,王陽明只是不為所動。他們又想欺負王陽明一介儒者,要和王陽明在教場比箭,結果王陽明三發全中,引起北軍的歡呼,震懾了對方的氣焰。幸而武宗不久便死去。在經歷了「百死千難」後,嘉靖初他雖然受到升官封爵,仍不得重用,他的學說因與朱熹不同,在朝中更一直被作為偽學受到攻擊和壓制。在他死後才幾個月,朝廷便下詔禁偽學,這和朱熹晚年遭受偽學之禁的境遇幾乎是一樣的。

王陽明的思想,應從龍場悟道說起,而要瞭解龍場悟道,又先須知道青年王陽明的求學經歷。他在時代和家庭的影響下,少年時已有學為聖賢之志。青年時代受朱熹影響,曾努力於格物之學。朱熹所謂格物,是指在事物上去瞭解事物的理,在朱熹主要強調多讀書、觀察事物、思考其道理,久久便會豁然貫通,瞭解宇宙萬物的普遍法則。青年王陽明曾與一位姓錢的朋友商議說,朱熹讓人格天下之物,現在哪有這麼大力量?兩人決定就以王陽明父親

官署中亭子前的竹子作為對象，來嘗試格物。錢某先去，從早至晚窮格竹子的理，三天勞神成疾，也沒有格出來。王陽明自己又去，七天後也勞思致疾。這也是個有名的故事。這個格物窮理的困惑在他的青年時代始終沒得解決。二十六七歲時又按朱熹讀書之法去作，仍覺「物理吾心終判為二」。

所謂龍場的悟道，正是和他青年時代以來的格物的困惑有關。據《年譜》記載，他在龍場，日夜靜坐，「忽中夜大悟格物致知之旨，寤寐中若有人語之者，始知聖人之道吾性自足，向之求理於事物者誤也」。就是說，所謂「道」也好，「理」也好，都不在事物之中，只在我們自己的心裡。道德的法則、原理，並不存在於外部事物，而內在於我們的心中；我們對父母要講孝，對朋友要講信，但是「孝」不在父母身上，「信」不在朋友身上，道德不是外在的東西，是我們內在的要求。所以格物並不應到事物上去格，而應當在自己的心中去找。這樣，他就提出了他的哲學命題「心即理也」，「心外無理」。與朱熹的思想徹底分道揚鑣。

王陽明思想的一個特色，是強調「知行合一」。他在龍場居貧處困、動心忍性、中夜大悟之後，次年便開始在貴陽書院講「知行合一」。「知行合一」說的提出是針對明代中期社會風氣敗壞、道德水平下降的現實背景。王陽明認為，人們瞭解社會通行的道德準則，但並不依照這些準則去行動；明知為道德律令所禁止，卻仍然違背道德律令去行動；這種一般所謂「知而不行」的狀況是和朱熹學說的「先知後行」的思想有直接聯繫的。在朱熹學說中，強調理性對道德原則的瞭解是倫理實踐的前提，以「知」為「行」的基礎。王陽明則認為這正好為人們將「知」和「行」分裂開來提供了藉口，人人都會說，我現在的「知」不夠，還不能去行，要等我的「知」徹底完滿後，才能去行。由於王陽明的思想肯定「心即是理」，肯定人人都有現成的良知，指導倫理行為的「知」是內在的、本有的，不需要去求，所以強調「行」。知行合一說認為，真知必能行，不行就不算是知；真正的知是與行動和實踐緊密聯繫的，是依賴著行的；知是行的開始，行是知的完成，知與行互相包含，知和行不能分離。

致良知與陽明思想的評價

　　王陽明另一個重要的思想是「致良知」。「良知」的觀念最早出於孟子，「致知」的概念來源於《大學》，王陽明把兩者結合起來，認為「致知」的「知」字就是指良知，把大學的致知說發展為致良知說。在《孟子》中良知是「不慮而知者」，是一種與生俱來的、不依賴於教育和社會環境的道德知識與道德情感，孟子舉出的例子是小孩無不親愛其父母，長大都知道尊敬其兄長。我們知道，道德意識和情感並不是先驗的，現實生活中人人都有的道德知識是社會化過程的結果，社會要求透過教育等活動內化為人的意識情感。但孟子所舉的例子在生活中是常見的，王陽明也有見於人人都有一定的道德意識，他稱此為良知，也就是倫理學上所說的良心。有一個故事說，王陽明的門人夜裡在房內抓得一個賊，便對賊講了一番良知的道理，賊大笑，問：「我的良知在哪？」當時天熱，他就叫賊脫掉衣服，賊剩下褲子，他讓賊繼續脫，賊猶豫不肯，他向賊大喝道：「這就是你的良知啊！」在王陽明看來，良知人人具備，是人的內在的道德評判的體系，對人的意識活動起著指導、監督、評價、判斷的作用；良知知善知惡，好善惡惡，是道德意識與道德情感的統一。良知雖然人人現成具有，但常受到私慾的遮蔽，所以就要致良知。所謂「致良知」，「致」首先是擴充，就是使良知擴充至極。另一方面，「致」又表示實實在在地力行、踐行，把你的良知努力地實現出來，變為具體的行動。所以致良知本身也體現了知行合一，就是人應當實實在在、完完全全地按自己的良知去行動。

　　王陽明過分突出主體性而常流於唯心主義，他還曾奉朝廷之命平定農民和少數民族的暴動，這些都是應當給以否定的。然而王陽明倡導的心學，非常強調個體意識的主體性，並且反對盲從權威，包含著一定的進步意義。他曾說：「學貴得之於心，求之於心而非，則雖言出於孔子不敢以為是。」「學，天下之公學也，非朱子可得而私，非孔子可得而私。」就是說，任何思想的權威都必須透過自己的獨立思考的理性的檢驗，反對迷信，反對絕對權威，這些思想在當時客觀上起瞭解放思想的作用。王陽明的整個思想，不僅在於對當時已被教條主義化了的朱熹思想的挑戰，而且在於突出了人的主體性、

道德的主體性。由於他的學說在一定程度上突破了被教條化的程朱理學的束縛，開出了思想文化的新局面，對明代中晚期的思想文化發生了重大的影響。與朱熹的思想一樣，王陽明的思想在近古的東亞世界曾得到廣泛的傳播。王陽明思想16世紀傳入日本，對江戶時代的日本影響很大，日本的陽明學者更為突出王陽明的事功和實踐性，形成了具有日本特色的陽明學。特別是，日本的陽明學者在19世紀倡導復古維新、尊王攘夷，對「明治維新」起了促進的作用。王陽明的思想在李朝時代的韓國也有影響。

朱子學陽明學的對當下生活的意義

現代人從朱子與王陽明的思想可以學到什麼東西？朱子學與陽明學對現代社會和現代生活有什麼意義？我想至少可以從以下幾個方面來初步瞭解朱子學與陽明學的意義。

朱子學最為強調的是格物窮理，大學的「格物」朱子解釋為即物窮理，格物窮理之方法是多種的，朱子特別突出的是讀書講學，其中特別突出學習的精神。我們知道，孔子在《論語》中開篇即提出「學而時習之，不亦說乎」，學習是孔子強調的人生基本態度，也是孔子強調的修身方法，。從孔子的角度來看，學習不是一個人在小學、中學甚至大學，在人生的一個階段就完成的事情，學習是一種根本的人生態度，應當貫穿於人生的始終，樹立這種人生態度並加以實踐，就會獲得快樂和滿足。朱子的思想很重視中庸所說的「尊德性而道問學」，但朱子格物窮理的思想重點在強調「道問學」，朱子自己也承認，在道問學和尊德性二者之間，他講道問學更多一些。因此，就哲學的精神來看，朱子學可以說是孔子學習思想的最大繼承、發展、推動者。朱子學的格物論可以說是對儒家自古以來的「學習」思想的一種哲學的論證和展開。

就中國而言，朱子學的對象主要是「士人」，即明清所謂「讀書人」，朱子學的宗旨即為士人提供一套道德學問思想體系，因此朱子學強調「學習」「讀書」的性格是與其宗旨相一致的。今天的現代社會在教育程度上已與古代不同，以古代朱子學的標準來看，現代人的受教育程度都屬「大學」，所

以朱子學適用於今天現代社會的幾乎所有人。現代社會越來越是一個「學習型社會」。一方面知識，包括科學知識和人文社會知識，以及各種藝文知識，增長的速度超過以往任何時代，一個人一生中經歷的知識的變化要求他必須不斷地學習，以適應社會的發展。另一方面，現代人的壽命普遍延長，退休後也仍然需要繼續學習以發展各種人生的目標。因此，現代人的學習已經是「終身學習」、「終身教育」。在這方面，朱子學的「學習精神」應當說給我們提供了最好的指導。

　　除了學習精神，朱子學的教育理念也有其現代意義。從現代大學的通識教育的角度來看朱子的格致論，有以下幾點值得注意：首先，在朱子哲學之中，讀書是格物的最主要的工夫，《朱子語類》的「讀書法」，記載了朱子教人如何讀書，特別是如何讀聖賢書的方法。雖然朱子自己的著作中並沒有把讀書明確作為一個哲學主題來討論，但有關讀書必要性的問題意識處處滲透在朱子的哲學議論之中。鵝湖之會的最後，朱陸的爭辯集中在要不要肯定讀書作為學聖人的工夫，也反映出這一點。朱子所重視的格物工夫，其中主要的用力之方即是讀書，對讀書作為工夫的肯定以及以讀書為背景的哲學建構，是朱子對孔子「學」的思想的重要發展，在這一意義上，可以說孔子之後，對「學」或由讀書以學的思想貢獻最大的人就是朱子。可以說，朱子的思想即是為近古的士人（讀書人）提供的一套學為聖人的目標和方法。現代人教育水平普遍提高，朱子思想應較適宜於現代教育中學習者的需要。

　　朱子所強調的格物和問學，很大程度上都是為了肯定經典講論在儒學中的正當地位。朱子對經典學習非常重視，朱子所推動的讀書主要也是讀聖賢之書，讀經典之書。雖然朱子作為哲學家畢生從事經典的詮釋，但由於朱子特別重視讀書人的經典學習，所以，他的經典詮釋，是表述形式上，特別注意適合一般士人對經典學習的需要。宋明學者並非都是如此，如王船山的《讀四書大全說》，是船山自己的思想著作，而不是用來教授學生的。朱子則不同，從《論語訓蒙口義》到《四書章句集注》，多數朱子的經典解釋著作都著眼於學生的經典學習，以幫助一般讀書人學習儒家經典著作為其著作目的之一。這使得朱子的著作在今天通識教育的經典學習中仍有參考的意義。

最後，朱子對經典學習，是持「德性—問學」相統一的立場，因此讀書與經典學習，一方面，朱子始終以道問學的態度，主張人的為學向一切人文知識開放，注重精神發展的豐富性；但朱子並不是引導人走入專門性知識，是朝向超越專門知識，追求達到一種對全體世界的理解。這種態度最接近於通識教育的思想，即朱子真正強調的格物，不是追求一草一木的具體知識，而是達到對萬事萬物的「通識」理解；讀書的最終目的不是指向具體領域的物理，而是指向整個世界的普遍天理。另一方面，朱子也以尊德性的要求，要求讀書者把經典書中的道理與個人的涵養結合在一起，注重道德意識和價值情感的培養，涵養德性和品質，追求德性與知性的平衡發展，這也是與通識教育的宗旨相符合的。

近代東亞教育、科學的發展，曾借用朱子學的格物致知觀念接引西方近代科學，是朱子學觀念在中國學術近代化發生積極作用的一個例子。值得注意的是，除了朱子學的格物論有益於近代科學在中國的發展外，還應看到朱子學的格物致知思想更近於晚近受到大家重視的大學「通識教育」理念。因為朱子的格物說的確不是朝向某些專業的科學研究，而是重在培養學習者的綜合素質，培養學習者的人文精神、道德理解、多元眼界和寬闊胸懷。通識教育的核心課程則是關於經典文本學習的課程，經典的意義在於經典是人類文明的成果，是人類文明在歷史篩選過程中經歷選擇而積累下來的精華，對經典的不斷學習與發展是文明的傳承的重要途徑，這正是朱子所始終重視的一點。由此可見，對於我們的通識教育來說，朱子的思想是孔子之外最重要的思想資源。

朱子學的學問宗旨，常常被概括為「主敬窮理」，所謂「主敬以立其本，窮理以進其知」。前面談的是有關窮理格物的一面，我們再來看主敬的一面。什麼是主敬？主敬是一種內心的狀態，也是一種行為的狀態，朱子說敬是「教人隨事專一謹畏，不放逸耳」。其實專一、謹畏、不放逸，不僅是隨事而行，也應當是隨處而行，不管做事時與不做事時，都要主敬。分別來說，不做事時是主敬體現的是一種精神態度，即內心總是處於一種警覺、警省、敬畏的狀態；做事時的主敬則表現了一種做事的態度和倫理，一種專一、敬業的態度，它的反面是「怠惰放肆」。從做事的角度來說，朱子學的現代意義之一，

是可以為東亞社會提供一種「工作倫理」，朱子學的主敬精神為傳統到現代的工作倫理提供了一種現成的資源、現成的倫理概念。馬克斯·韋伯特別重視工作倫理對資本主義產生的作用，他曾指出「資本主義無法利用那些信奉無紀律的自由自在的信條的人的勞動」，主敬所代表的正是有自我約束、嚴肅認真、勤勉專一的工作態度，保持東亞社會積極的工作倫理，朱子學仍能提供重要的資源。

陽明學與朱子學不同，朱子學強調學習，而陽明學強調實踐，這種對實踐的強調，特別體現在王陽明一貫提倡的「知行合一」。照王陽明的講法，知而不行，就表示不知，還沒有達到知的程度，「未有知而不能行者」，所以，真正的知一定是付諸實踐、表現於實踐的，而行一定是包含著知，包含著認識、理解。現代人關於生活和好的生活，有各種各樣的理論，各種各樣的哲學論證，但是道德的實踐是好生活的根本基礎。追求好的生活離不開道德的實踐。陽明學比朱子學更加注重行動、活動、感性的實踐。換言之，中古哲學家的獨自的冥想、脫離實際生活的個人玄思，都不是王陽明所主張、所欣賞的。他提倡「在事上磨煉」，這樣的哲學精神不僅在16世紀時代表一種新的哲學的興起，在現代社會也仍然有其意義。這種精神合於19世紀以來實踐哲學的發展，馬克思的名言「過去的哲學家只是解釋世界，而問題在於改變世界」，最明顯地體現出知行合一的要求，哲學不能只是知，哲學必須引導為行動的實踐。當代哲學中實踐的概念當然在不同哲學家那裡有所不同，但對社會實踐的重視和關懷已經成為一種趨勢。如果說近代以前的中世哲學是以冥想為主的靜的哲學，近代哲學無疑在精神上更突出對實踐的關注。在這個意義上，陽明學的精神和近代哲學是相通的。

王陽明晚年很重視「萬物一體」的觀念，亦稱「萬物同體」。他晚年在越城講學，「只發《大學》萬物同體之旨」。其實《大學》本文並沒有談及萬物一體或萬物同體的任何地方，而是陽明本人用萬物一體的思想去解釋《大學》一書的綱領。在《拔本塞源論》中王陽明也對萬物一體的思想作了說明，「夫聖人之心以天地萬物為一體，其視天下之人無內外遠近，凡有血氣，皆其昆弟赤子之親，莫不欲安全而教養之，以遂其萬物一體之念。」強調一體觀念表現為人與人之間的誠愛無私。《大學問》更清楚闡發了這一觀念：「大

人者以天地萬物為一體者也,其視天下猶一家,中國猶一人焉。若夫間形骸、分而我者,小人矣。」從儒家思想史的發展來看,這種萬物一體的思想是仁的思想的新的發展和表達,構成了陽明學的一種特色。這一思想在 21 世紀的現代社會有重要的意義,其意義便在於它是東亞文化所提出的一種普世價值,而它的倫理價值不是特殊主義的,而是普遍主義的。特殊主義的倫理注重適用於特定團體,如特定的家族、特定的集體等,而萬物一體的道德關懷是指向一切人,甚至宇宙萬物,所以它不僅對人類的和平發展可提供倫理的支持,對生態與環保也看提供一種倫理的支持。近代以來,歐美社會的自由、民主、人權被宣傳為普世價值,事實上,根源與亞洲文化傳統的一些價值也是普世價值。東亞文化傳統中提出的這些價值雖然起於前近代的時期,但其內涵超越了地域和時代,是東亞文化貢獻給人類的具有普遍意義的價值。

九 理學概說

在中國哲學兩千餘年的歷史中，在不同的歷史時期，思想往往透過不同的形式或形態來取得發展。這使得我們常常用一個時期的主流哲學形態來概括這一個時期的哲學。比如，先秦是孔子、老子、孟子、莊子等諸子百家爭鳴的時代，我們就習慣把先秦哲學稱作「子學」的時代。兩漢的哲學思想主要是透過經學的形式發展的，我們就把兩漢哲學稱作「經學」的時代。魏晉時期以玄學的發展為主流，我們就把魏晉哲學稱作「玄學」的時代。隋唐時期是中國佛教特別繁盛的時期，我們就把隋唐哲學稱作「佛學」的時代。宋代和明代是理學占主導地位的時期，所以我們就把宋明哲學稱作「理學」的時代。當然，在每一時期，除了主流哲學思想而外，還有別的思想存在，但是每一時期的主導的哲學思潮，確實是這一時代的代表。

一般認為，中國哲學史上有兩個最繁榮的時代，一個是先秦哲學的時代，另一個是宋明哲學的時代。宋明時期是中國歷史上哲學思想家出現最多、思想水平最高的時代。所以，學習宋明哲學對瞭解中國哲學的整體有特別重要的意義。宋代和明代的理學是儒家哲學，它是先秦時代儒家思想的新的發展，故在英文中，稱其為新儒家（Neo-Confucianism）。不過也應指出，理學雖然明確聲明自覺承繼孔子到孟子的先秦儒家，實際上理學思想體系中也揚棄了經學、玄學、佛學及道教的思想。「揚棄」的概念在黑格爾哲學中很重要，其意義是指既有拋棄，又有吸取。理學能夠在宋以後獲得這樣的發展，正是因為它站在儒家的立場上，批判地吸取了不同思想的營養。

魏晉時代玄學流行，玄學的思想和玄學所重視的經典，主要和《老子》《莊子》有關，所以玄學基本上屬於道家的思想形態。隋唐時代佛教盛行，天臺、華嚴、禪宗等宗派在思想界的影響尤為巨大。同時，從魏晉到隋唐，儒、釋、道三教的思想也不斷地互相吸收和融合。玄學的本體論思維比較發達，佛教的心性論討論比較深入，佛、道兩家的思想對儒家構成了嚴重的挑戰。儒家思想要有力的回應佛、道兩家的挑戰，就必須在思想上有一個新的發展。

九 理學概說

宋代的理學正是在古典儒家思想的基礎上，吸收了佛、道的有關思想，而在新的歷史條件下發展出來的新的儒家思想形態。

「宋明理學」的教科書定義

馮友蘭《中國哲學史新編》第五冊指出，「自從清代以來，道學和理學這兩個名稱，是相互通用的，現在還可以互相通用。」[1] 而馮友蘭自己則用「宋明道學」。他的理由是「道學」的名稱出現早，而「理學」的名稱出現晚，做歷史工作的人最好用出現最早的名稱。其次，他認為「道學」能顯示出宋明儒學的歷史淵源，因為「道學」的意思就是要承接孟子以後中斷了的「道統」。

對此，教科書《宋明理學》明確說明：「宋明理學，有人又稱為宋明道學。其實，道學之名雖早出於理學之名，但道學的範圍比理學要相對來得小。北宋的理學當時即稱為道學，而南宋時理學的分化，使得道學之稱只能適用於南宋理學中的一派。至明代，道學的名稱就用的更少了。所以總體上說，道學是理學起源時期的名稱，在宋代它是理學主流派的特稱，不足以囊括理學的全部。」[2] 所以根據明清以來的習慣用法，我們仍採取「宋明理學」這一名稱。

教科書繼而追述了北宋張載、程顥、程頤，南宋朱熹所使用的「道學」的意義，以及《宋史·道學傳》的道學範圍，從而指出：「由此可知，宋代道學之名，專指伊洛傳統，並不包括心學和其他學派的儒家學者。」[3] 教科書論述明代對學術名稱的用法說：「明代，理學成為專指宋代以來形成的學術體系的概念，包括周程張朱的道學，也包括陸九淵等人的心學。明末黃宗羲說：『有明文章事功皆不及前代，獨於理學，前代之所不及也。』他所說的理學就是既包括程朱派的『理學』，又包括陸王派的『心學』。這個用法一直沿至今天。」[4]

最後教科書對這個問題作了一個結論，指出：「宋明理學」是指宋明時期占主導地位的儒家思想形態；宋明理學的體系中主要有兩大派，一派為「理學」，一派為「心學」。因此所謂理學有廣狹二種意義，廣義的理學是宋明

占主導地位的儒家思想體系的統稱,如「宋明理學」的用法。狹義的理學則專指與陸王「心學」相對的程朱派「理學」。

陳榮捷先生在其《宋明理學之概念與歷史》一書中指出:「西方哲學有新柏拉圖主義(Neo-Platonism),以異於原本柏拉圖主義(Platonism)。17世紀天主教傳教士來華,見宋明儒學與孔孟之學不同,因仿西方哲學歷史之進程而稱之為新儒學(Neo-Confucianism)。近數十年中國學人大受西方影響,於是採用新儒學之名,以代理學。」[5]

如何判定宋明理學

《宋明理學》指出:「宋明理學雖然可以分為理論和實踐的幾個不同派別,而這些不同派別的學者都被稱為宋明理學,是由於他們具有一些共同的性質和特點。」這些特點大致可以概括為,在肯定和繼承古典(先秦)儒家的思想、原則的前提下:

一、為古典儒家思想提供了宇宙論、本體論的論證。

二、肯定和豐富了古典儒家的理想人格和精神境界。

三、發展了古典儒家關於心性的理論,以為儒家道德原理的內在基礎。

四、提出並實踐各種「為學功夫」,而特別集中於心性的功夫。(功夫即具體的修養方法)。

宋明理學所依據的經典與唐以前的儒家有所不同。一方面宋明理學和漢唐儒學一樣尊崇「五經」(即《詩》、《書》、《易》、《禮》、《春秋》),而特別集中於《周易》中的《易傳》;另一方面,「與唐代以前儒學的一個重要不同之點是,『四書』即《論語》、《孟子》、《大學》、《中庸》成為理學尊信的主要經典,是理學價值系統和功夫系統的主要根據,理學的討論常與這些經典有關。」[6]

侯外廬等主編的《宋明理學史》也指出:「宋明理學家著重研究的儒家經典,首先是《易》,主要是《易傳》,其次是《春秋》,再次是《詩》──儒家經典中,闡釋最多的,則為『四書』。自二程提倡『四書』,朱熹作《四

書章句集注》、《四書或問》之後,『四書』的地位高過『五經』。四書類的著作,汗牛充棟。」[7]

教科書還指出,「經典只有經過適合時代的闡釋才能發揮作用,而對經典中『道』的闡釋形式不限於經注,這種闡釋可以是相對本文較為獨立的」,因此「佛教中為理解、闡釋、傳承學說宗旨的語錄體就很自然地成了新儒家發展義理的方便形式。」[8] 同樣,道學大師的講學語錄又成為後來學者尊奉的新的經典形式。朱熹所編的《近思錄》,是北宋理學家的語錄選編,在南宋後的理學發展中即享有經典的地位。

教科書指出,「大體上,理學討論的主要問題有理氣、心性、格物、致知、主敬、主靜、涵養、知行、已發未發、道心人心、天理人欲、天命之性氣質之性等。」[9] 這些問題都來自於理學所尊奉的經典,如格物致知出於《大學》,已發未發出自《中庸》等等。其中理氣、心性、格致的問題可以說是宋明理學所討論的中心課題。可以說理學就是圍繞理氣、心性、格致問題展開討論的學術思潮。

教科書又指出:「理學討論的問題是透過概念範疇來表達的,如理氣問題是透過『理』和『氣』的討論來表達的,因而構成上述主要問題的概念範疇亦即是宋明理學的主要範疇。」[10]

侯外廬等主編的《宋明理學史》舉出朱熹的學生陳淳所著的《北溪字義》二十六個條目,認為是理學的基本範疇。指出:「這些範疇,都是圍繞著『性與天道』而提出的」,「性與天道本是孔門高弟子貢所『不可得而聞』的道理,而在宋明理學家那裡卻成了所要討論的中心問題。」並提出,儒家思想從先秦到宋明的這種變化是與隋唐時代佛教對心性和道教對天道的探討有關的。[11]

宋初三先生與理學的人性論基礎

唐君毅曾說:「吾人本哲學觀點,以論宋明之學者,宜以周濂溪為始。其故在濂溪乃以立人極為宗,而直承《易傳》《中庸》之旨,以上希孔顏之學,

為後世所共推尊。然欲言宋學之源淵，則與其前或與濂溪並世之儒者之學，亦不可一筆抹殺。而由學術史之眼光觀之，亦次第發展而成。」[12] 這就是說，雖然一般講宋明理學史，以周敦頤（濂溪）為理學的宗始者，但要瞭解理學思想發生的由來，瞭解整個宋代儒學在北宋的發展，對周敦頤之前的儒學，亦須瞭解，以明其發展的過程。

同時，就哲學而言，周敦頤以前的北宋儒學中的人性論，尤值得注意。歐陽修答劉敞之問曰：「以人性為善，道不可費；以人性為惡，道不可費；以人性為善惡混，道不可費；以人性為上者善、下者惡、中者善惡混，道不可費。然則學者雖無言性可也。」[13] 這是說，不論主張哪一種人性論，目的都是要肯定儒家的所謂「修道之謂教」（《中庸》語），即肯定儒家主張的道德原則和教化。可見歐陽修既未重視人性論的問題之重要，更不以人性善為宗旨。這與後來理學的態度是不同的。

劉敞在其《公是弟子說》中對歐陽修的講法則進了一步，他說：「性者，仁義之本。情者，禮樂之本也。聖人將欲道之達天下，是以貴本。今本在性而勿言，是欲導其流而塞其源，食其實而伐其根也。」[14] 這就開始強調，性是本，不能不言性。唐君毅指出：「歐陽修之學，蓋只及於《中庸》所謂『修道之謂教』一句，而尚未至於『率性之謂道』一句也。劉敞之言，則漸至此一句矣。」[15] 這說明北宋儒學的人性論思想是逐漸發展起來的。

關於宋初三先生之學，唐君毅的說法亦值得重視，他認為，胡瑗講《論語》、《春秋》、《易》及《中庸》，其弟子徐積曾有辨荀子性惡之文[16]；至孫明復講學泰山，著《春秋尊王發微》，石介繼而闢佛，又極尊韓愈、孟子，稱揚文中子、揚雄，都是開風氣的，所以他說：「宋學之起，乃由《春秋》、《易》之經學而起，與昔賢則由推尊韓愈、文中子、揚雄而始，於心性之說，則由斥荀子性惡之說而始也。」[17]

不僅周敦頤以前的學者是如此，與其並世的學者亦如此。王安石說「性不可以善惡言也」，認為情有善惡，性則是情的根源。在他看來，性與情，正如太極與五行，性生情，太極生五行。五行有利害，而太極無利害；故情有善惡，而性無善惡。這是說，派生的東西所具有的性質，不一定是本源的

九 理學概說

東西所具有的。而蘇東坡評孟子性善說雲：「善，性之效也，孟子未及見性，而見性之效。……猶見火之能熟物也。」[18]

這是說，「善」並不是性自身，只是性的功效；性善論並未見性，而只是見性之效。王、蘇都是周敦頤並世之人，也都重視「性」之說，但都不主性善之說。唐君毅指出：「王安石與蘇東坡之言性，皆指向一超善惡之性而言之，而東坡更謂性之終不可言，此則近於一般之道佛二家之言性，趨向於超道德境界之觀照與文藝境界者。」[19]唐氏此說甚能掌握此二人的人性論，同學可認真領會。

周敦頤、張載、邵雍哲學的另一共同處是，他們的哲學可以說都是與對《易傳》的解釋有密切的關係，或者說是以《易傳》的哲學為基礎的。這種情形在唐代是沒有的。北宋學術的一個顯著的特點，就是以解釋《周易》為取徑的哲學建構很流行，這在周敦頤以前已經如此，朱伯崑的《易學哲學史》第二卷對此有詳細的論述，他指出：「周易經傳從漢唐以來，就被奉為儒家的重要典籍。在儒家尊奉的經書中，只有周易經傳，特別是《易傳》和後來的易學為儒家哲學提供了一個較為完整的哲學體系。因此，北宋的道學家，都把《周易》經傳視為對抗佛道二教的有力武器。如果說，同佛道二教相抗衡的新儒家學說，始於唐朝的韓愈和李翱，而韓李所表彰的經術為《中庸》和《大學》，北宋道學家又繼承了唐代易學的傳統，繼韓李之後，大力研究《周易》，從而將新儒家的哲學推向一個新的階段。」[20]需要指出的是，在這三位哲學家之前，北宋的易學已發展起來，這些可稱作是前理學的宋易，其特點是，受到唐代孔穎達所編的《周易正義》的不少影響，如劉牧對《易傳·繫辭》的「太極」是這樣解釋的：「太極無數與象，今以二儀之氣，混而為一以畫之，蓋欲明二儀所從生也。」又說：「太極者，一氣也。天地未分之前，元氣混而為一。一氣所判，是曰兩儀。」這是一種以太極為元氣的宇宙論，這種觀點就是對《周易正義》中的太極觀「太極謂天地未分之前，元氣混而為一」的繼承。這種宇宙論是北宋理學建立的思想背景，也是早期理學注重宇宙論的原因。

總之，我們一方面要瞭解北宋的學風，思潮所向，另一方面也要瞭解北宋前期一些理論問題的開展。才可知宋代理學並非空穴來風，而在一定的歷史環境中產生，在一定的理論發展的基礎上生長的。

理學的分派及其代表人物

傳統上習慣於按地域分野來概括學術的流派，這是由於古代交通往來不如今天便利，一個學派的發展往往在一個地域的範圍之內。宋代的理學在歷史上習慣用四個地域的名稱加以概括，即：濂、洛、關、閩。

濂學，指周敦頤的思想，周敦頤晚年定居廬山，將一條小溪命名為「濂溪」，在溪上築濂溪書堂，學者稱其為濂溪先生。濂學以此得名。

洛學，指二程（程顥、程頤兄弟）學派，因為他們講學於河南的伊、洛間，故習稱洛學。

關學，指張載及其門人，因為張載講學於關中（今陝西），故得名。

閩學，指朱熹學派，因朱熹一生講學於福建，而得名。

濂、洛、關、閩只是宋代理學的主流派，即當時所謂的「道學」。歷史上還把周、張、二程，再加上邵雍，合稱為「北宋五子」。南宋與朱熹思想並立的還有陸九淵，以朱、陸並稱。

但是傳統的地域分派法，並不能充分顯現出宋明理學內各流派的分化。理學的各派雖同屬儒家思想，在從他們的哲學論證和運思方向看，又有不同。從哲學上說，張載以「氣」為最高的範疇，屬於氣學。邵雍把「數」當做最重要的範疇，屬於數學。程頤、朱熹以「理」為最高的範疇，是為理學。陸九淵和明代的王陽明以「心」為最高的範疇，習稱心學。教科書指出：「氣學、數學、理學、心學在宋代的歷史的展開，顯示了理學發展的內在邏輯。元明各代，四個學派仍有發展，相互鬥爭、相互融合。當然，「理學」和「心學」是其中占主導地位的流派。」[21]

教科書最後總結說：宋明理學的代表人物，北宋有周敦頤、張載、程顥、程頤及邵雍，傳統上稱為「北宋五子」。南宋時主要為朱熹、陸九淵。明代

最有影響的是王守仁。由於「理學」「心學」是宋明理學的主導思潮，所以也有不少人習慣上把理學的代表人物概括為「程、朱、陸、王」。

牟宗三、勞思光關於分派的不同意見

有關宋明理學的分派，在學術界有不同的說法。牟宗三關於宋明理學的分派亦提出一種看法，認為宋明儒學的發展應分為三系：

一、五峰、蕺山系：此承由濂溪、橫渠而至明道之圓教模型而開出。此系客觀地講性體，以《中庸》、《易傳》為主；主觀地講心體，以《論》《孟》為主。特提出「以心著性」義，以明心性所以為一之實，以及一本圓教所以為圓之實。於功夫則重「逆覺體證」。

二、象山、陽明系：此系不順「由《中庸》《易傳》回歸於《論》《孟》」之路走，而是以《論》《孟》攝《易》《庸》，而以《論》《孟》為主者。此系只是一心之朗現，一心之伸展，一心之遍潤；於功夫亦是以「逆覺體證」為主者。

三、伊川、朱子系：此系是以《中庸》《易傳》與《大學》合，而以《大學》為主。於《中庸》《易傳》所講之道體性體只收縮提煉而為一本體論的存有，即「只存有不活動者」之理，於孔子之仁亦視為理，於孟子之本心則轉為實然的心氣之心，因此，於功夫特重後天之涵養以及格物致知之認知的橫攝……此大體是『順取之路』。[22]

此說中的後二派，即是傳統所說的陸王心學與程朱理學，故此說的特出之處是把北宋的周敦頤、張載、程顥、南宋的胡宏（五峰）、明末的劉宗周（蕺山）歸為一系。牟氏此說的論證較複雜，可以作為參考。教科書的提法是學術界比較普遍的用法。

勞思光在其《中國哲學史》（三上）中表示，他並不贊成把宋明理學分成二派或三系；他主張只有一系，而此一系卻有三個發展階段。「第一階段以『天』為主要觀念，混有形上學與宇宙論兩種成分；第二階段以『性』或『理』為主要觀念，淘洗宇宙論成分而保持形上學成分；第三階段則以『心』

或『知』為主要觀念，所肯定之乃最高之主體性，故其成為心性論形態之哲學系統。」[23]他認為周敦頤、張載代表第一階段，二程、朱熹代表第二階段，陸九淵、王陽明代表第三階段。此三種類型的哲學系統，勞氏區分得很清楚。不過，此三種類型在歷史上的出現固有先後，但在南宋以後，此三種哲學系統亦常同時存在，互相批評，所以此種看法也可以視為一種三系說。

周敦頤、張載、邵雍，即勞氏所謂屬第一階段而宇宙論色彩較重的哲學家。為把握哲學類型的分別，需要掌握何謂宇宙論，何謂形上學。根據勞思光的分疏，「宇宙論與形上學之差異，在於形上學之主要肯定必落在一超經驗之『實有』上；建立此肯定後，對於經驗世界之特殊內容，可解釋可不解釋。即有解釋，亦只是其『形上實有』觀念之展開。此實有本身之建立並不以解釋經驗世界為必要條件。而宇宙論之主要肯定，則落在經驗世界之根源及變化規律上；此種根源及規律亦可視為實有，但非超經驗之實有。」[24]

周敦頤、張載、邵雍是否可稱為「宇宙中心論形態」的體系，還可研究。蓋此三先生皆求落實於人生，而並非只求建立一宇宙論而已，此在濂溪、橫渠尤為明顯。然此三先生思想的進路，的確是以宇宙論為基始，這與後來陸九淵、王陽明直顯心性的進路不同。勞思光認為陸九淵、王陽明才是回歸到孔孟的本旨，而以周、張、邵為違離孔孟心性中心的本旨，此說亦可討論。

漢儒至北宋前期諸儒，都是由建立一宇宙論，而落實於儒家的人生論，這是由於自漢代以來，《繫辭》及易傳十翼皆被認為是孔子所作。所以漢宋儒學從宇宙論作起，實是求合孔子之說以發明之，難以違離孔子本旨來批評之。而勞氏此說，也是受疑古派對《繫辭》和整個《易傳》的懷疑而來，認為《易傳》與孔子無關。近年馬王堆帛書《易傳》的出土，證明《易傳》的確與孔子有關。所以，把先秦儒學只講成為心性論中心的體系，而不顧其宇宙論的方面，並不全面。

所以，對漢唐以來的儒家哲學，必須給以一種合理的分析和歷史的肯定，不能單純以宇宙論的進路而排斥之。唐君毅先生論司馬光可值得注意：「自思想史之發展而觀之，則司馬光能由一自然主義天道論上，求立人道，以揚雄為法，而著《潛虛》，亦自是宋儒之學由唐之韓愈、文中子而上溯先秦儒

者之論之途中，所當經之一環節，今亦不可對其地位一筆加以抹殺。」[25] 此說可適用於漢唐北宋諸儒，蓋「進路」並非「中心」，且不同時代的儒學所面臨的挑戰和問題不同，每個儒家哲學家所著重的方面亦各有異。一種好的哲學史觀，應能包容一切哲學史的發展，而給每一哲學家以一定的地位。凡試圖為儒學立一道統，以此衡判而不能包容各家者，都往往不免對哲學歷史的發展的豐富性有所傷害，我們學習哲學史，必須有一寬廣的胸襟，而不要使傳統的道統觀念變成哲學史研究的羈絆。

與勞氏貶抑《中庸》《易傳》不同，牟宗三肯定《中庸》《易傳》作為儒家經典的意義，也肯定北宋理學繼承《中庸》《易傳》。牟宗三認為，《中庸》《易傳》是先秦儒家繼承《論語》《孟子》而來的發展，認為孔孟易庸之間存在著連續性；由此牟氏亦不對濂溪的宇宙論持輕視態度。他說：「透過孔子踐仁以知天、孟子盡心知性以知天，而由仁與性以通徹『於穆不已』之天命，是則天道、天命與仁、性打成一片、貫通而為一。此則吾亦名曰天道性命相貫通。故道德主體頓時即須普而為絕對之大主，非只主宰吾人之生命，實亦主宰宇宙之生命。……此若以今語言之，即由道德的主體而透至其形而上與宇宙論的意義。」他還說：「此儼若為空頭的外在的宇宙論之興趣，而特為某種現實感特強者所不喜；亦為囿於道德域人文界而未能通透至其極者所深厭。實則此種不喜與深厭中之割截，既非先秦儒家一脈相承開朗無礙之智慧之全貌，亦非北宋諸儒體悟天道天命之實義。是以若以西方哲學康德前之外在的非批判的形上學視之，誤也；名之曰宇宙論中心者，亦誤也。」[26] 牟氏此說足以補勞氏之說，同學可認真領會。同時亦應指出，在儒家哲學中及在宋明理學中，也並不是所有的思想家都以道德主體與天道打成一片，如張載。而即使是在這種思想家那裡，其宇宙論也不是空頭的宇宙論，也是承擔著儒家思想中某種回應外在的挑戰的功能，而有其不可抹殺的意義。

早期理學的演化：宇宙論到人生論

在前面我們曾經說過，宋代理學的主流，在當時被稱為「道學」。不過，周敦頤、張載、邵雍都沒有在學派的意義上用過「道學」這個概念。「道學」

作為一個學派的名稱,其流行始於二程的洛學,其影響的擴大,也有賴於二程學派。程頤曾經說過:「自予兄弟倡明道學,世方驚疑。」[27]已經明確把道學作為一種學術形態和學說體系。到了二程的四傳弟子朱熹,也說:「二先生倡明道學於孔孟既沒千載不傳之後,可謂盛矣。」[28]朱熹的時代,道學已經是十分流行的名稱了。所以,在歷史的意義上,可以說二程是兩宋道學最重要的人物,沒有二程,周敦頤、張載、邵雍的影響就建立不起來;沒有二程,朱熹的出現也就成為不可能。一句話,沒有二程,也就沒有兩宋的道學。

一般來說,以周敦頤、張載、邵雍之學為宋代理學的奠基時期,以二程之學為宋代理學的創立時期,這種看法可為多數學者所接受。至於有關二程思想與周敦頤、張載、邵雍思想在大體上和大的方向上的差別,一般也都承認周敦頤、張載、邵雍是宇宙論中心的思想形態,而二程思想的特質已經與宇宙論中心的形態不同。

如錢穆在《宋明理學概述》論程顥時說:「中期宋學,善講宇宙論的周張邵三大師,都已在上述說過,現在要說到程顥,他被尊為中期宋學的正統,他的精彩處,在其講人生修養與心理修養上。」[29]他認為周敦頤、張載、邵雍的特色是「善講宇宙論」,而認為程顥是「簡捷從人生現實經驗,來建立人生界的一切理論」,並認為這種「鞭辟近裡」的特色是程顥對宋學思想的最大貢獻。

張君勱也認為,在哲學史上有一種現象,即哲學思想經過一個討論宇宙問題的時期以後,往往會回到比較具體的人生問題,希臘哲學是如此,宋代的中國哲學也是如此。「周敦頤、邵雍、張載的宇宙論思想之後,產生了二程子的學說,二程子著力處主要是道德和知識問題。……他們將中國思想的趨勢從當時的宇宙論轉變為人生問題的探討。」[30]

唐君毅也指出:「明道伊川與學者言,皆同是就日用常行中指點,此乃不同於康節濂溪橫渠之各著一書,以論天道,更下貫之於人道;而是直就人之生活中事、性情心身上事,以展示盡性至命、窮神知化之境。」[31]

九　理學概說

　　與以上這種把二程思想看做是從北宋前期的宇宙論中心轉為人生論中心的看法不同，勞思光認為：「濂溪、橫渠及康節之學，屬於宋明儒學之初期。迨二程立說，宋儒思想遂進入另一階段。」[32] 勞氏認為，周、張、邵為宋明理學第一階段，即以「天道觀」為特色的宇宙論中心思想，二程則為第二階段，即以「本性論」為特色的形上學思想。也就是說，在勞氏看來，二程所以為周張後的另一階段，是因為在哲學上由宇宙論轉而為形上學。[33]

　　以上這些看法各有其道理，如二程思想中人生論的探討的比重，比起周、張、邵來說，更為突出；從純粹哲學的角度看，二程的宇宙論色彩也的確比周張邵來得淡。不過，從宋明理學思想史的角度來看，二程與周張邵的最大的差別，是二程把「理」或「天理」提升為本體，這是使理學得以區別於魏晉玄學、漢唐儒學的重要根據。把天理確立為最高範疇，使之貫通天人，統攝自然世界與人文世界，為儒家的價值理想提供了形上的依據，這才是理學之所以為新儒學的根本。周敦頤、張載、邵雍的哲學中都沒有把儒家的價值明確提升到哲學的最高地位，而二程正是在這一點上，超過了宋代理學前期的發展，奠定了他們自己在理學史上的地位。

　　近代以來，對二程思想研究的最大進步，是對二程思想的分別。早在1930年代，馮友蘭在其《中國哲學史》下冊中就提出，二程雖同屬理學，但實為兩派：「明道、伊川兄弟二人之學說，舊日多視為一家之學，故二程遺書中所載二人語錄，有一部分俱未註明為二人中何人之語。但二人之學，開此後宋明道學中所謂程朱、陸王二派，亦可稱為理學、心學之二派。程伊川為程朱，即理學一派之先驅；而明道則陸王即心學一派之先驅也。」[34] 馮友蘭在其晚年著作《中國哲學史新編》第五冊中仍然主張此種分別：「二程的家世相同，政治態度也相同，又同是道學中的中堅人物，似乎他們弟兄之間，就沒有什麼差異了。他們的思想當時統稱為洛學，他們講學的話，傳出來往往統稱為『程子曰』，不分別哪個程子說的。朱熹在他的著作中也往往引『程子曰』，他也不分別這個程子是程顥還是程頤。⋯⋯其實，他們兄弟之間的分別是很大的。他們所用的名詞雖然相同，但所討論的哲學問題並不相同。」[35] 牟宗三更嚴判二程之間的不同，認為程顥講的本體是「即存有即活動」，而程頤所講的本體是「只存有而不活動」。總之，宋代到明代的學者，雖然

也有談到二程之間的一些不同，但都沒有分別二程為二派。而在現代的學者中，雖然也有不將二程分為二派者，但無不承認二程之間在哲學上的分別。本單元將二程分別敘述，但這並不表示二程的學說有對立性的差別。

從總體上說，二程用「理」這一範疇，作為最高的本體；以「理」來規定人性的本質；以「理」為萬物的所以然；以窮「理」為知識論的主要方法，可以說，「理學」的體系和骨架已經由二程建立起來了。在二程的體系中，形上學的討論更為深入，聖人境界提得更為明白，所謂「為學功夫」也漸鞭辟入裡，總之，理學的基礎已經穩固地建立起來了。

關於二程思想上的差別，教材透過分別論述兩兄弟的思想，已經加以介紹，相信同學經過認真學習，亦應有所瞭解。但本教材也說明，雖然我們以二程分別論述，但不表示我們認為二人有基本之對立。勞思光指出：「二程之學不同，學者多能言之。然自宋至清甚至現代，論二程之學者，多抑伊川而揚明道；此固由於立論時所取設準不同，實亦是一種極欠堅穩之觀點。蓋明道之近於『天道觀』，可視作其學說之長處，亦可視為其缺點，未易遽作定論。」[36] 勞說甚為穩健，我們既不能誇大二程的分別，更不能由此而揚明道以抑伊川。

理學在南宋的發展，在很大程度上是由謝良佐、楊時的影響，特別是楊時的影響及其對理學的傳承所建立起來的。本單元主要敘述胡宏、朱熹的思想。胡宏的父親胡安國，曾受謝、楊的很大影響；胡宏曾師於楊時；朱熹更是楊時道南學派的三傳的弟子。楊時所承接的課題，如已發未發、格物致知，多是由伊川所倡發，但楊時所進入這些課題的方向，亦與明道有關。而這些課題在他的影響下，成了南宋道學的主要課題。

錢穆以宋初三先生和范仲淹、歐陽修等為宋學之初期，以周敦頤、張載、邵雍、二程等為宋學之中期，南宋則為宋學的第三期。他說：「南渡以來，可說是宋學的第三期。南渡後的政治局面，較之北宋，相差是遠了。但學術思想上，卻並不見遜色。專就朱熹一人而論，已足以掩蓋北宋兩期諸家之長而有餘。朱熹在中國下半部學術思想史上的地位，殆可以與前半部的孔子相比。沒有他，恐怕周邵張程諸家，也不會有那般的光輝與崇重。我們盡可說，

正統宋學，完成在他手裡。他對方的陸九淵又開啟了明儒王陽明，那是明代學術思想界唯一中心人物。其他前後諸家，也還各有創闢。南宋在此短暫的偏安中，學術有此成績，那是中國歷史上少見的一幕。」[37] 錢穆此說，是合於事實的。

道學家關注的焦點問題：未發與已發

《中庸》說：「喜怒哀樂未發謂之中，發而皆中節謂之和。」程頤曾與其弟子呂大臨、蘇季明等討論過已發未發的問題。程頤關於這個問題的看法：開始時認為「凡言心者皆指已發而言」。後來認為「凡言心者皆指已發而言，此固未當。心一也，有指體而言者，『寂然不動』是也。有指用而言者，『感而遂通天下之故』是也。」反對未發前求中，「既於喜怒哀樂未發之前求之，又卻是思也，才思即是已發。」贊成存養於未發，「存養於喜怒哀樂未發之時則可，求中於喜怒哀樂未發之前則不可。」[38]

楊時很重視「未發」的問題，他的觀點是「體驗未發」：「惟道心之微，而驗之於喜怒哀樂未發之際，則其義自見」。[39] 又說：「學者當於喜怒哀樂未發之際以心體之，則中之義自見，執而勿失，無人欲之私焉，發必中節矣。」[40] 這是說，《中庸》所說的「中」，人要在喜怒哀樂未發的時候去體驗，體驗到中以後，保持勿失，不要有私慾，這樣已發就可以中節了。

教科書指出，楊時的方法，是要人努力超越一切意識活動，平靜思維和情緒，體驗沒有思維和情感活動的內心狀態，在這種內向的直覺體驗中，人就能體驗到中，保持它而不使喪失，人就達到完滿的境界。[41] 楊時的這個思想，對南宋的理學有重大的影響。不過，楊時的這種修養功夫，比較偏於靜中的功夫，與程頤的主敬持敬說，畢竟有所不同。

談到程頤、楊時有關「已發」、「未發」的討論。「已發」就是喜怒哀樂之已發，「未發」就是喜怒哀樂之未發，這都是從《中庸》「喜怒哀樂未發謂之中，發而皆中節謂之和」而來的。程頤曾與其弟子呂大臨、蘇季明深論未發的問題，程頤答呂大臨論中書載在《程氏文集》卷九，程頤與蘇季明論未發，見於《程氏遺書》卷十八。這些討論對楊時影響很大，如程頤答呂

道學家關注的焦點問題：未發與已發

大臨書中有呂氏的主張「此心之動，出入無時，何從而守之乎？求之於喜怒哀樂未發之際而已」，而程頤主張：「若言存養於未發之時則可，若言求中於喜怒哀樂未發之前則不可。」程頤的意思是說，未發之前不可以求，因為「求」就是已發了，只能在未發時加以存養。既然未發之前不能「求」，只能「存養」，故楊時提倡要在未發之際「體之」、「驗之」。

胡宏對「已發未發」的重視明顯地受到了楊時的影響。但是他與楊時著重討論未發的功夫不同，他更多地討論「未發」的概念，比如，未發是心還是性？這個問題在程頤活著的時候，並沒有加以討論。不過，照程頤在《遺書》中的說法來看，講「存養於未發之前」，就是認為未發是指意識、情感未曾發作的時候的一種內心狀態，所以是把未發作為心在時間過程中的某一種狀態。換言之，所謂「未發」是指心的一種狀態。更簡單地說，「未發」是指心而言的。

不過，程頤在與呂大臨論中書的早期，曾提出「凡言心皆指已發而言」，以心為已發，以已髮指心。胡宏贊成這個看法，也認為已發是指心的。那麼「未發」又指什麼呢？在程頤答呂大臨書的最後，說：「心一也，有指體而言者，（寂然不動是也），有指用而言者（感而遂通天下之故是也），惟觀其所見為如何耳。」[42] 既然這裡是討論已發未發，那麼，這裡所說的「寂然不動」應當是指未發，「感而遂通」應當是指已發。這樣，未發是「指體而言」，已發是「指用而言」。也就是說，未發是體，已發是用。程頤的這一段話，啟發了胡宏，既然未發是心之體，那就可以說未發是指性而言，性不就是心的體嗎？於是胡宏得到了一個結論：「未發只可言性，已發乃可言心。」[43] 這就比洛學原來的討論更進了一步。

不僅如此，胡宏又提出，他不贊成程頤以「寂然不動」指未發，以「感而遂通」講已發。胡宏認為，《易傳》的「寂然不動」、「感而遂通」都是講「心」的，都是講已發的不同狀態的。「中」才是講「未發」的。他認為「寂然不動」只是指意識情感已發過程中的定靜心境，正像程顥所說「動亦定，靜亦定」一樣，而不是指作為性的未發。

九 理學概說

《宋明理學》對此有清楚的解說：「胡宏認為『未發是指性，而不是指心；『寂然不動』是指心，而不是指性。他進一步指出，心無論動時靜時，都屬於『已發』，而不是『未發』。」「所以他強調『未發』只可言性，『已發』乃可言心』，認為必須把範疇弄清楚。『寂然不動』只是心的一種時態（靜），並不是性，故不是『未發』；『已發』並不只指心的動，也包含心的靜。未發是指性，已發是指心。『中』是描述『性』的，『寂然不動』是描述『心』的。」[44]

教科書最後指出，胡宏把洛學中原先注重功夫的討論，發展為一種心性理論上的辨析。透過已發未發的討論，胡宏建立了一個心性論，這個心性論認為，性為心之體，心為性之用，性是心之未發，心是性之已發。這是一種心性體用論。

朱熹二十四歲時見李侗，李侗是羅從彥的弟子，羅從彥則是楊時的傳人。朱熹自見李侗後，以李侗為師，一心歸於洛學。李侗把「龜山門下相傳指訣」，即體驗喜怒哀樂未發，傳教於朱熹，又引導朱熹研習聖人的經典。李侗對朱熹評價甚高：「元晦進學甚力，吾黨鮮有」，「自見羅先生來，未見有如此者。」[45] 所以朱熹是楊時的三傳弟子，是二程的四傳弟子。

楊時倡道東南，游其門下者，有很多人，羅從彥是最得其傳者。羅從彥從龜山學，講誦之餘，危坐終日，以體驗喜怒哀樂未發之前的氣象。李侗從羅從彥學，也是默坐澄心，體驗未發。李侗又以此教朱熹。朱熹對此也下了很大工夫，可是朱熹對於體驗未發的理論和實踐，總覺有所未契。李侗死後，他結識了胡宏的弟子張栻，受到湖南學派的已發未發說的一些影響。他仍不滿足，在整理、編輯二程的語錄過程中，反覆體會程頤的語錄，最終在四十歲的時候，確定了走程頤「主敬—窮理」的思想方向，由此開始，逐步建立起了他自己的龐大的哲學體系。

前節已經指出，楊時要學者體驗於喜怒哀樂未發之際，其傳人羅從彥令弟子「靜中看喜怒哀樂未發時作何氣象」，羅之弟子李侗以此實踐，又以此教朱熹，「靜中以驗夫喜怒哀樂未發之前氣象」。所以朱熹說「李先生教人，

大抵令於靜中體認大本未發時氣象分明」,又說「此乃龜山門下相傳指訣」。
[46]

但是朱熹雖然也在體驗未發方面下過工夫,但始終沒有什麼受用收穫。三十四歲時李侗死去,他透過張栻瞭解湖南學派對此問題的看法,開始離開道南學派尋求體驗的路子,朝向湖南學派在理論上辨析已發未發的方向發展。三十七歲時他第一次建立了基於自己思考而得出的已發未發說,認為「心為已發,性為未發」。這個觀點其實和胡宏的看法是一致的。他也接受了湖南學派把功夫歸結為已發時的察識良心。

朱熹在四十歲時對這個問題的想法又有了改變,形成了他後來一直堅持的看法。在這種成熟的已發未發說中,朱熹對已發未發的使用有兩個方面。

第一,朱熹仔細考察了二程特別是程頤對已發未發的說法,綜合其意,而主張,「已發」是指思慮已萌,「未發」是指思慮未萌,即以已發、未髮指心理活動的不同狀態。《宋明理學》指出,這種關於已發未發的觀點是為了給靜中涵養功夫一個地位。因為,如果以心為已發,人便只在已發上用功,就容易只注意明顯的意識活動的修養。而確立了未發作為思慮未萌時的意義,就可以使人注意從事未發時的涵養。這樣他就把道南學派注重未發功夫的思想和湖南學派注重已發功夫的思想結合起來了。朱熹雖然透過重新定義已發未發,把未發功夫和已發功夫都顧及到。但他對未發功夫的強調已不是道南學派體驗未發的主靜之功,而是程頤講的主敬。他對已發功夫的瞭解也已經不是湖南學派的察識良心,而是程頤說的格物窮理。他主張,未發時要主敬涵養,已發時要格物窮理。這樣一種思想,實際上是繼承了程頤「涵養須用敬,進學則在致知」的為學宗旨。所以他的學問的方向最近於程頤。

第二,朱熹的已發未發說不僅有上述的功夫論意義,還有另一方面的心性論意義。即以性為未發,以情為已發。用已發未發來表示性和情之間的體用關係,體是內在的深微的東西,用是外在表現的東西,故體是未發,用是已發。他說:「情之未發者性也」,「性之已發者情也」。

)

九 理學概說

註釋

[1]. 馮友蘭：《中國哲學史新編》第五冊，人民出版社，1988，24頁。

  [2]. 陳來：《宋明理學》，遼寧教育出版社，1992，8頁。

  [3]. 陳來：《宋明理學》，遼寧教育出版社，1992，10頁。

[4]. 同上。

[5]. 陳榮捷：《宋明理學之概念與歷史》，臺灣中研院中國文哲研究所，1996，286頁。

  [6]. 陳來：《宋明理學》，遼寧教育出版社，1992，14頁。

[7]. 侯外廬等：《宋明理學史》，人民出版社，1997，11頁。

  [8]. 陳來：《宋明理學》，遼寧教育出版社，1992，38頁。

[9]. 同上，14頁。

  [10]. 陳來：《宋明理學》，遼寧教育出版社，1992，15頁。

[11]. 同上，10—11頁。

[12]. 唐君毅：《中國哲學原論·原教篇》，中國社會科學出版社，2006，11—12頁。

[13]. 《宋元學案》廬陵學案附錄。

[14]. 《宋元學案》廬陵學案附錄。

[15]. 唐君毅：《中國哲學原論·原教篇》，中國社會科學出版社，2006，18—19頁。

[16]. 《宋元學案》安定學案。

[17]. 唐君毅：《中國哲學原論·原教篇》，中國社會科學出版社，2006，14頁。

[18]. 《東坡文集》卷七。

[19]. 唐君毅：《中國哲學原論·原教篇》，中國社會科學出版社，2006，22—23頁。

[20]. 朱伯崑：《易學哲學史》，華夏出版社，1995，5頁。

  [21]. 陳來：《宋明理學》，遼寧教育出版社，1992，13頁。

[22]. 牟宗三：《心體與性體》一，臺灣正中書局，1968，49頁。

[23]. 勞思光：《中國哲學史》（三上），香港友聯出版社，1980，51頁。

[24]. 同上，48頁。

[25]. 唐君毅：《中國哲學原論·原教篇》，中國社會科學出版社，2006，25頁。

[26]. 牟宗三：《心體與性體》一，臺灣正中書局，1968，322頁。

[27]. 《祭李端伯文》,《程氏文集》卷十一。
[28]. 《中庸章句》序。
[29]. 錢穆:《宋明理學概述》,臺灣學生書局,1977,68 頁。
[30]. 張君勱:《新儒家哲學發展史》,中國人民大學出版社,2006,140 頁。
[31]. 唐君毅:《中國哲學原論·原教篇》,中國社會科學出版社,2006,161 頁。
[32]. 勞思光:《中國哲學史》(三上),香港友聯出版社,1980,205 頁。
[33]. 同上,43、48 頁。
[34]. 馮友蘭:《中國哲學史》下冊,中華書局,1961,869 頁。
[35]. 馮友蘭:《中國哲學史新編》第五冊,人民出版社,1988,106 頁。
[36]. 勞思光:《中國哲學史》(三上),香港友聯出版社,1980,264 頁。
[37]. 錢穆:《宋明理學概述》,臺灣學生書局,1977,121 頁。
[38]. 陳來:《宋明理學》,遼寧教育出版社,1992,112 頁。
[39]. 《宋元學案》卷二十五。
[40]. 同上。
[41]. 陳來:《宋明理學》,遼寧教育出版社,1992,142 頁。
[42]. 《二程集》,中華書局,1981,608 頁。
[43]. 《胡宏集》,中華書局,1987,115 頁。
[44]. 陳來:《宋明理學》,遼寧教育出版社,1992,149、150 頁。
[45]. 《朱子年譜》卷一上。
[46]. 《答何叔京二》,《朱子文集》四十。

● 十 哲學的現代化與民族化

十 哲學的現代化與民族化

「哲學的現代化與民族化」這個題目，我今天主要談的還是民族化的方面，裡面又牽扯到現代化和民族化的關係。這個關係，從整個文化來講，不僅是哲學，應該是一個帶有普遍性的課題。

20世紀中國的歷史，如果從現代化的角度來看，我們可以說，就是中華民族作為一個民族國家，不斷奮起、奮爭，尋求現代化的一部歷史。因此呢，可以說追求現代化，是20世紀中國知識分子的一個普遍的共識，我想這一點，大家都可以切身體會到。但另一方面，20世紀的中國歷史也可以看做具有五千年歷史和淵源的中國文化，它在受到衝擊，處於失落，這樣一個逆境裡面，不斷地尋求奮起，尋求新的自我肯定的這樣一段歷史。因此，我們就看到，在文化上面，除了現代化的意識出現以外，中國化和民族化的意識也是非常明顯的。因此在哲學上來看，一方面我們看到現代化的這個觀念，它或隱或顯，影響到許多哲學家，他們關於哲學的理解，成為他們建構自己哲學的重要的動力。那麼另一方面，怎麼使這個哲學的工作能夠呈現出民族化的特點，也是很多的哲學工作者，他們內心沒有間斷的內在衝動，而且隨著時代和環境的變化，體現為各種不同的訴求和實踐。這個現象，是我們現在非常關注的。因為新的世紀到來，我們可以展望中華民族的現代化的前景是越來越燦爛的，那麼在這個時候，從前不太被注意的，關於這個文化的民族化的問題，我想現在提到日程上來了。

今天因為這個課題很大，我們只能就一個小的方面，提出一些淺顯的例子。特別集中在北大已故的著名哲學家馮友蘭先生，他的一些思考上面，來跟大家做討論。

▎馮友蘭、金岳霖關於「的、底」的討論

第一，我想回顧一個現象，這是一個具體的討論吧。我們知道，20世紀現代化是個主流，而民族化的問題呢，考慮得比較少。在20世紀30年代的時候，有兩個著名的哲學家，一個就是馮友蘭先生，另一個是金岳霖先生，

十 哲學的現代化與民族化

這兩位先生注意到一個現象，他們就有這樣一個討論。比如我們今天的題目叫「哲學的現代化與民族化」。可是我們不會說「化學的民族化」、「電子學的民族化」，我們不會提這類問題，是不是這樣？在那個時代，20世紀30年代的時候，馮先生和金先生，就注意到這個問題，馮先生說，我們的語言裡面，經常會說，英國哲學、英國文學、德國哲學、德國文學，可是我們比較少說英國化學、德國化學，這個比較少，這個語言現象怎麼解釋？那麼他就作了一個叫「的」和「底」的分別，「底」就是瓶子底的那個底，漢語發音，在口語上都叫「de」，但是在文字上面有分別。

他說，當我們說英國文學、德國文學，這個時候呢，我們講的是英國底哲學、德國底哲學，或者英國底文學、德國底文學，這個「底」呢是一個形容詞的意思，表示這個學術形態有這個民族文化的特性。當我們說英國化學或德國化學的時候，不是指「英國底化學」、「德國底化學」，而是改成「英國的化學」、「德國的化學」。什麼意思呢？「的」在這裡是一個「所屬」的關係，表示在這個地方發生、出現，並不表示它和英國、德國的語言，英國、德國的文化傳統有什麼特別密切的內在聯繫。

從這個討論他們就發現，「的」和「底」的用法可以演變出一套宏觀的理論，我們在人文科學裡面有很多地方可以用到「底」的。比如，因為文學需要用到特定的名詞和語言，應用語言裡面有很多自己民族的特殊的技巧，這種民族的語言可以形成一些特殊的文學的趣味和文學的技巧，包括審美的特點。因此它所體現出的這些文學作品充滿了這樣的一些東西。所以文學一定是底，充滿了文化，這個民族的傳統；科學一般來講是沒有這些東西，不同國家的科學家寫作當然會用不同的語言來寫，但他所追求的是一種公共的普遍的真理、原理，這些普遍的原理，雖然可能借助於某種特別的文字表達出來，但是它的文字和原理之間通常沒有這種內在的不可分割的聯繫。

因此，他就提出來，哲學到底是屬於什麼形態呢？他發現，哲學處於文學和科學之間，兼有它們兩種特點，一方面哲學也是追求這種公共的，普遍的這種原理，可是另一方面呢？哲學跟它這個民族的傳統，跟它的語言也有密切的聯繫。所以從這個「的」和「底」的分別呢，他就發現，哲學也是可

以有民族性的。那麼馮先生呢，他晚年就以金岳霖先生為例子，他說金先生有兩本書，一本書叫《論道》，說《論道》這個書，它是「中國哲學」，而不是「哲學在中國」。他說金先生還有一本書，叫《知識論》，他說這個《知識論》不算「中國哲學」，是屬於「哲學在中國」。

「中國哲學」還是「哲學在中國」

　　這裡又有一個新的名詞出現，就是「中國哲學」和「哲學在中國」，或者說中國的哲學和哲學在中國。這裡所要表達的分別，和 20 世紀 30 年代表達的「的」和「底」是一樣的。30 年代他們用的，像馮友蘭先生用的那個「的」和「底」的用法，不是所有的人都這樣用，也有些人「的」和「底」是反過來用的。但是以後呢，現代漢語慢慢變化了，不管哪一種用法，他們的那種區分已經意義不大了。所以他又用新的語言來作區分，就是用「中國哲學」或者「中國的哲學」，表示有中國性的，表示有中國性的哲學。那麼另外一種，叫做「哲學在中國」。照他來看，我們做哲學工作有兩種，就是我們中國人做哲學工作有兩種，一種我們做的叫做「哲學在中國」，這裡面呢，不是刻意地去凸顯，去表現，或者去繼承，或者去發揚跟中國哲學、古代哲學的資源有密切關係的方向。那麼另一方面是「中國哲學」，或者叫中國的哲學，這個方向呢，它是繼承、發展，當然也有改造，跟構建我們的中國哲學文化串通有密切聯繫的，這樣一個方向。

　　我剛才講我們要以馮友蘭先生作為一個具體的例子來看，前面都涉及他了，那麼他自己的觀念是什麼呢？我們在《中國哲學史新編》最後一冊就看到，他說，「中國需要現代化，哲學也需要現代化」，這是第一句。第二，他說他自己所謀求的所致力的是做一個近代化的中國哲學。他要做的哲學，一方面是近代化的哲學，一方面又是中國性的哲學。他指出，做這樣一個哲學，不是憑空，沒有任何基礎，一下子就可以做出來的。它和傳統有一個接續的關係，中國性才能表現出來。另外，如果僅僅是和傳統接續，沒有任何新的東西，那也不是近代化。所以近代化一定要引進西方的和世界其他的文化資源，來重新瞭解、分析和構造中國哲學。這也是馮先生他自己一個追求。

十 哲學的現代化與民族化

▍「照著講」與「接著講」

　　這個目標，這樣一種工作的方式，他有時候用另外兩句話來區分、表達，是什麼話呢？就是「照著講」和「接著講」，他喜歡用「照著講」和「接著講」這個話來區分。照他來看，「照著講」，是保持中國性的一種方式，比如，古人怎麼講，我們也照著這個講，那麼這當然是一個中國性的表現。可是這種照著講呢，它不是一個近代化的東西，只是重複古人、再現古人的講法，這個不是馮先生的工作目標，所以他講，我的工作目標是要採取「接著講」的方式。那麼，什麼是接著講呢？接著講就是一定要接引西方的這些文化資源，對中國的傳統的資源進行分析、重建，這樣一種工作。所以照著講和接著講這個分別，我們習慣上是說，照著講就是不發展，接著講就是發展，這個解釋呢，是單一了一些，就馮先生的意思不止於此，馮先生不只是強調說哲學不能夠故步自封，還是要發展，有照著講和接著講這個不同；那麼馮先生講的照著講和接著講，裡面還包含著近代化和民族化的統一這個問題，以前這個大家沒有很好的注意。他說，只有用西方的哲學的方法，來分析和研究中國這個哲學資源，這個才是接著講，所以馮先生他講的接著講，他不僅僅是說要發展，而且包含一個學術轉型，而且在這個轉型裡面，要保持中國性，發展中國特色。從這裡我們可以看到馮先生的一些努力。

▍「就哲學來說」與「就民族來說」

　　那麼哲學的這個民族性呢，怎麼體現，或者有什麼地位？他認為可以用兩個方面來講、來表達，一個叫做「就哲學來說」，一個叫「就民族來說」。就哲學來說，他說，就是把哲學作為一個普遍的學科，普遍的一個類型的學問來說，那麼各個民族的民族性的特色，在這裡面是一個外在的形式的因素。可是如果我們要就民族來說，那就不同了，比如說，我們就看愛因斯坦這個個人，那他長的什麼樣子，他的性格如何，甚至他的口音，他的各種愛好，都是這一個人區別其他人的很重要的特點。所以哲學也是一樣，哲學的民族性也是一樣，照馮先生講，如果就民族來說，一個國家的民族的哲學，它能夠提供給這個國家，這個民族的人民，給他一些非常重要的，而別的東西，

別的民族的東西所不能給予的一些精神上的滿足,和精神上的愉快。他甚至提出來,包括能夠促進這個民族的精神上的團結。在這個意義上,哲學的這種民族性,就不是可有可無,外在的東西了,就變成這個民族生存,它的精神生活,在精神上存在的重要的條件,變成相干的、內在的因素。那麼這個民族性,就形式上的體現兩個方面,一方面,它的討論是接著這個民族的哲學史來講的,這是它體現其民族性的一個方面;而另一方面,民族性體現在它由自己民族所熟悉,跟它的文化傳統密切關聯的語言來講述。如果講哲學是接著講,接著西方哲學來講,就不能體現哲學的民族性。這種接著講,就不是馮先生所講的那種接著講。所以馮先生所講的這種哲學的民族性、接著講,是要接著中國文化的傳統,中國哲學的傳統中的一些問題來講,這個叫做中國性的哲學。

「程度的不同」與「花樣的不同」

那麼現在我們就要問了,馮先生這些思想,有的剛才我提到過,他說,哲學的民族性的重要表現,是能夠促進這個民族精神上的團結,給這個民族以它自己別人所不能給予的一種滿足,這個話當然是在抗日戰爭時期講的。今天時代是不同了,我們現在是一個全球化的時代,那麼全球化的時代,民族性的問題、傳統性的問題、現代性的問題,三者究竟個什麼樣的關係,怎樣來看?這就涉及我們前面所提到的這些問題的互相連結。那麼我想這裡仍然可以提到馮先生在談到民族哲學的時候,提到的它的另一個區別,「程度的不同」和「花樣的不同」。今天我們是處在一個全球化的時代,另外也處在一個多元文化盛行的一個時代,那麼在這個時代怎麼看這個問題,馮先生在當時應該說是有一些先見之明,或者他接觸過這樣的課題。他的想法是這樣,如果我們廣義地看文化,文化的這種衝突、變化,從這種情況來講,他說文化的這種差異、和對待差異,有兩種基本的方式和不同。一種是文化的不同,是屬於程度的不同,那麼對這種程度的不同呢,應該把程度低的改進為程度高的。比方說,牛車和汽車,這是程度的不同,那麼牛車就應該改進為汽車,這是文化的程度上的差異。這裡現代化和全球化非常地有意義,我想我們這一個世紀以來做的工作都是很重要。另外他說,有些文化之間的差

異，是花樣上的不同，你喜歡義大利的歌劇，我喜歡京劇，你喜歡吃烤豬排，我喜歡吃酸菜魚，這就是文化上的差異，花樣上的不同。在馮先生看來，花樣上的不同，不是程度上的不同，所以不存在哪一方面要改進到哪一方面，這是一個互相對話、互相理解，當然也要相互吸收相互學習。所以照馮先生看來，現在的全球化也可以說有類似這樣的看法，凡是對我們的經濟發展有促進，程度低的改進為程度高的東西，我們要雙手歡迎全球化，促進全球化。但是如果全球化的同時帶來一些危險，會消解一切民族文化，把一些地方性的民族文化全部拉平。這樣的傾向我們在歡迎全球化對經濟發展的積極作用的同時，也要有所警惕。我們也要注重在這樣一種危險面前，怎樣發掘和保持文化的民族性和我們的中國性。

21 世紀的哲學：中國的還是世界的

剛才我講了，因為我們今天的主題是講「哲學的現代化與民族化」，但是我的主題呢，因為時間的限制，和我個人研究的專業方向，我們是側重在民族化這個方向。那麼由於強調民族化呢，我們比較注重中國底哲學和那個中國哲學，但是這不等於說我們說哲學在中國，我們中國人做哲學，只能發展這種，不是這樣。那麼哲學在中國這個方向，我們同樣也要大力發展，要繼續發展。跨入 21 世紀的今天，我們在繼續促進現代化、全球化的同時，中國的哲學這個方嚮應該受到大家較多的重視，我們要重新挖掘和總結 20 世紀那些自覺地尋求哲學的中國性的重建的前人，我們要總結他們的工作，看看他們在做這些工作的時候有哪些思考，這些思考有沒有什麼道理。當然我們看到，在這一支發展中，是取得了一些成績的，像我們剛才提到的馮友蘭先生；在馮友蘭先生之外，也有其他的許多先生，比如說熊十力先生、梁漱溟先生，以及所謂有些新儒家哲學的一些工作。這些工作跟馮先生的工作可能不太相同。比如說，剛才提到的那幾位先生，他們可能不是說僅僅把中國哲學作為一些資料和材料，而是注重中國哲學的那些精神的方向，那麼以中國哲學內在的精神方向為依歸，或者以中國哲學固有的那些觀念和理念為主張，比照西方哲學的一些觀念，把它加以闡發表達。今天我們在 21 世紀到來的時候，要想繼續促進這個方向的研究和發展，我們總結他們的經驗，

要瞭解他們在這裡面的一些苦心和成敗，這有益於今後我們自己的哲學建設工作。

最後可以總結講幾句話，就是當代哲學和文化的發展，顯示出根源性、民族性、地方性，這些東西，和世界性、普遍性、現代性，這兩組東西不是啟蒙時代所理解的那種非此即彼的那種對立，而越來越被大家理解，成為一種我們叫做對立的統一這樣一種辯證的關聯。所以在這個意義上我們說，中國的，同時也是世界的，也就是說可以普遍化的。所以我們作為在參與迎接21世紀，中華文化偉大復興的一個成員，在一方面促進中華民族的現代化的同時，要深入的思考，考慮怎麼樣進一步挖掘、再現和重建中國文化的中國性。

問答部分

主持人：好，先看一下來自網站的問題，第一個問題，是一個叫做「思想被我三姨所控制」的網友提的，他說，我真的認為哲學是一門古老的學問，我的這個想法來源於我的三姨，有一天，我朋友結婚，我給他們買了一束鮮花，回家後我姨問我買花幹啥，我說朋友結婚送禮。三姨回答，要是我就不買那東西，我買兩瓶水果罐頭。我驚然發現，這就是中國現實，她連鮮花都不喜歡，何況是哲學？您能不能給我舉出一兩個哲學實用的好例子，說服我，我再去說服我三姨。

陳來：他這個意思就是說哲學有沒有實用性。哲學的實用性是要比較廣義的看，比如說哲學包括很多的門類，哲學裡面包括很多的門類，不是我們以前所講的，只是一個對世界普遍規律的一個瞭解，不是那麼簡單。比如哲學裡面有一門學問叫做倫理學，倫理學是討論怎麼樣做人的問題，這個是很實際，這就是很古老的學問，在我們中國社會裡你到哪裡，都要碰到做人的問題，哲學，特別我們中國傳統的哲學，是要跟你討論怎麼樣做人，做人這個問題重要不重要。這就是很實用的。像新的問題，比如說現在有所謂的克隆人這類問題，克隆什麼東西，引起生命倫理，和一些新的倫理學的問題，哲學有一支就是倫理學，倫理學就要討論這些課題，研究這些問題，這個就

儒學發展與進化：陳來講談錄

● 十 哲學的現代化與民族化

是很實用的。那麼再比如說，哲學有一個門類是美學，美學當然是在理論上討論審美的，但是美學呢，也跟我們這個生活中的審美現象有很多很密切的關係。

提問：陳教授，我想請教您一個問題，以前一般的觀點都認為，中國的哲學就是一種儒家的思想，但是現在有些人認為，中國從來沒有一個真正的哲學占過統治地位，因為在像秦朝以前是百家爭鳴，秦朝法家占統治地位，然後漢朝董仲舒對儒家思想進行了一種改造，這時候它已經不是原來那種真正的儒家思想了，到唐宋時期，然後佛家，還有一些宗教思想開始占有一定的地位，然後到明清，中國正統的哲學思想已經不太明顯，這種概念非常模糊了，您對這種觀點是怎麼看的？中國究竟有沒有一個哲學真正占過統治地位？

陳來：儒家也好，道家也好，它是有發展過程的。我們的概念、我們的理解裡面是要允許它發展的，不能說儒家只能是孔子和孟子講的那些，不能說如果講得比孔子、孟子多了就不是儒家了。比如說董仲舒，董仲舒他講的當然跟孔子、孟子那個時代有點不同，他吸收了一些陰陽家的講法，吸收了一些別的東西，包括一些當時的自然科學的講法比如感應論這種講法。但是不等於說他就不是儒家。到宋代以後，就是所謂宋明理學，宋明理學裡面也自覺不自覺地吸收了很多佛教的一些理論思維，但是這不等於它就不是儒家，所以儒家本身它是有一個發展的。至於說，中國歷史上有沒有某哲學占主導地位，這個呢，當然各個時代不一樣，這不能有一以貫之的講法，比如說在先秦，先秦是百家爭鳴嘛，但是百家爭鳴裡面呢，雖然有比較主要的，比如百家爭鳴裡面，在早期是儒、墨，儒家和墨家，儒墨為顯學，這兩家勢力最大。你剛才講了，到秦的時候，法家透過政治取得了比較大的影響，但是時間比較短。那麼到魏晉的時候，是新道家出現，玄學，玄學是新道家。到了隋唐，當然佛教的影響是比較大。但是如果我們看，從10世紀到11世紀以後，這段歷史，這個醞釀著新的變化裡面，儒家思想可以說占了一個最重要的地位，雖然這個時代還是有佛教、道教，有儒釋道三教，甚至後來還有三教合一的說法，在明代後期。可以說這個時代裡面儒家思想是占比較主導的中心的地位，特別是他的新的形式，所謂新儒學，就是理學，而且一直接續到我們所

說的前近代。所謂我們現在提的最近的傳統，就是這個。這應該是實事求是的。

提問：您剛才說馮友蘭先生在 30 年代的時候，他的主要工作是以中國傳統的文化和哲學為素材，引用西方近代哲學觀點來審視來繼承中國的傳統哲學，那麼為什麼馮友蘭先生不倒過來一下，就是以中國的傳統哲學和思想為基礎，來吸收和批判外國就是近代的那些哲學觀點？就是說，馮友蘭先生不選擇後者，而選擇前者，在 30 年代這種歷史背景下，有沒有它的歷史必然性？

陳來：我想，因為馮先生在 30 年代是比較注重現代化的，是比較注重現代化的一個觀點。一方面是社會的現代化，一方面是哲學的現代化，他是比較注重這個的。所以呢，當時的知識分子，我想普遍像你講的那樣，非常關切怎麼樣從西方引進很多先進的東西，一些好的東西，我們缺乏的東西，來幫助中國進一步地發展。你剛才提到，為什麼馮先生不選擇以中國的思想為基礎來批判西方？我想當時呢，不僅是馮先生，一般來講沒有這個潮流，那麼當然，馮先生在這個時代，他注重現代化，所以他在經濟上，在文化上，他都非常注重吸收西方的東西。但是因為他同時又是個中國哲學家，他就想把這兩者結合，所以他採取接著講，比如說《新理學》這本書，他寫一本書叫《新理學》，不是老的理學了，是新的理學，新的理學就是接著講，照著講就是老的理學了。什麼叫新理學？新理學就是，那些概念還是中國的概念，但是那個講法，和那個問題的組織方式，就變成一個西方式的了，這是他選擇的一個路徑，這個選擇當然是跟整個當時這個時代，大家怎麼樣思考東西文化的問題，考慮中華民族的現實處境是聯繫在一起的，是跟這個背景有一定關係的。

主持人：好，下面看兩個來自鳳凰網站的網友的提問。先看這一個。這個網友的名字叫「會跳迪斯科的現代大儒」，他說請問陳老師，哲學是否有一個真正的分支叫生活哲學？據說林語堂和周國平就是這樣的哲學家，就是生活哲學家，他們寫的書都是暢銷書，好像現在的大學教授就是看不起那些

十 哲學的現代化與民族化

能寫暢銷書的教授，我認為他們的工作就是復興哲學，促進哲學現代化和民族化，您怎麼看林語堂和周國平，會不會看不起他們？

陳來：那不會了。我想他講的是有一定的道理，就是說，這些人的工作是有意義的，而且應該受到重視，我想這個是沒有問題的。另一方面，他講的另一方面也不完全符合事實，就是說哲學作為一門學科，不管是作為一個學術研究的學科，還是在現代教育制度裡面的一個教學的領域，它確實沒有生活哲學這一門。

主持人：根本就沒有這一分支？

陳來：它沒有一個名稱叫「生活哲學」這一門，這個確實是這樣的。為什麼會是這樣呢？不等於不討論生活問題，我剛才講了，倫理學裡面當然是討論生活問題，像林語堂裡面討論的問題，像周國平所討論的問題，有些是屬於人生哲學，在倫理學裡有一個表達叫人生哲學，是跟人生哲學有關係。但是他們的表達呢，可能是比較具體的，比較文化的，比如林語堂，那麼這個呢，在廣義上可以看做是一種與人生哲學有關係的一種表達。但是就哲學裡面，我剛才說做學術研究領域本身來講，人生哲學呢，它也有它理論上的一套做法，就是這個學科裡面它有一套規矩，就是要做人生哲學怎麼樣做理論的表達，這些規矩當然不是不可以打破，但是並不意味著這些做人生哲學的人，就看不起前面提到這兩位先生的工作，據我瞭解，應該不是這樣。只是說，他們不是選擇這樣的方式，是選擇比較理論化的建構方式，而不是選擇像林語堂和周國平，他們這種比較具體的、具象的，甚至文學性比較強的那種表達。所以就我個人來講，我不會說看不起，我很佩服，我很佩服寫暢銷書的，因為我寫不出暢銷書來。但是並不是所有的暢銷書都是好書，這也是同樣的道理。我想我要講的就是這個意思。

主持人：這位網友透過您的這個回答，知道了您不會看不起這兩位寫所謂生活哲學的作家兼哲學家，但是他不知道，我覺得我應該替他追問一下，您會不會不僅是不討厭他們，而且跟他們一樣，也去寫這樣的書？

陳來：我其實呢，向來是肯定做這種比較有點普及性的哲學工作的學者，而我自己的工作性質決定了我的主要的方向一定是理論、學術的研究這些方

面，我自己，可以說我的職業，我的工作性質，當然也包括我個人的興趣，是不大會向那個方向發展的。

提問：剛才你說，就是上個世紀我們對待傳統文化的態度，激進主義的批判態度是主要的，這在一定程度上就割裂了我們與傳統的關係，那麼您現在也提倡哲學的民族化，那這種割裂給哲學的民族化帶來哪些困難呢？

陳來：對，我覺得是造成了一定的影響，這個影響，不管從哪一個思潮來看，像「五四」時代，比如說自由主義的思想影響比較大，那麼後來比如說馬克思主義的影響比較大，在有些時代裡面，我們都可以看到，由於過分的排斥傳統，所以大家的思考就不能向這個方面走，他不會考慮這個問題。比如說在批林批孔的時代，雖然是表揚法家，批判儒家，但是沒有人想怎麼樣建立一個民族化的哲學，哲學的民族性怎麼體現。或者像「文化大革命」前期，甚至50年代後期，這方面大家都不太考慮，覺得可能傳統的中國哲學已經沒有什麼用了，完全沒有什麼用了，我們可能是有這樣的一種影響，所以應該說是有影響的。就是到了今天，我想大家可能還是在這方面考慮得比較少，我覺得這個跟我們現代化的過程有關係，就是當處在一個現代化受挫的時代，在這個過程裡面，大家的民族自信心不強，在這個時候比較少，當然有些人還能夠頑強的表現、提倡，追求這些東西，但是大多數人就比較少考慮這個問題。但是隨著我們整個經濟發展的良好前景的出現，現代化，我想現在大概沒有人懷疑中華民族的現代化的能力了，這些問題就會有越來越多的人來考慮。所以我想，剛才我講以前大家少考慮這個方面是有一定的原因的。

提問：你談中國哲學的現代化和民族性裡，談二者之間能統一起來，但是我的擔憂就是，我認為二者之間很難統一起來，因為現代化它本身也是一個包羅萬象的概念，但是我認為裡面肯定有三個非常重要的因素，第一個就是政治，還有一個是經濟，還有一個是軍事，也就是說，在這種非常現實的意義的影響下，在訴求中國哲學的民族性，有沒有可能，也就是說在現實中有沒有可能。因為現在老子和莊子對我們現在非常陌生，對我們現在非常熟悉的是美國的大片兒和麥當勞，這些對我們是非常熟悉的。

十 哲學的現代化與民族化

陳來：你說的這個現象當然是存在的，但是我想，這可能是個過程，可能經過一段過程，現代化越來越平穩。這些大片大家也看煩了，慢慢會有一些內在的，一些精神性的一些要求出現，它會重新親近老子、莊子、孔子的這些書，所以我想不必悲觀，可能現在只是個過程，再過一段時間看，這個情況我相信會好轉。我覺得一個民族越現代化，它的文化的民族化的意識將來也會慢慢地越來越自覺，越來越強烈。另外，我覺得你講政治、軍事、經濟這個力量的問題，因為中國力量弱，所以大家都對自己的東西沒興趣，就對最強的，世界上最強的是美國，就對美國的東西有興趣。我覺得這個也不一定。一般的民眾可能會受這個影響，但是我覺得有識之士，他會不同。比如說，21世紀到20世紀90年代以來，我想是中國最強的一個時代。像50年代、40年代，乃至30年代、20年代，中國的處境顯然比現在差，中國的國力，顯然綜合國力比現在差，可是我們仍然看到，我剛才舉了很多的發展民族哲學的，發展中國性的這些哲學家，像我剛才提到的馮友蘭先生，包括金岳霖先生的《論道》，馮友蘭先生也認為是中國的哲學，像熊十力先生，像梁漱溟先生，還有一些其他的先生，還是有的。當然，哲學家總是少的。不管你是做哪一種哲學，是中國的哲學還是哲學在中國，在人口比例上是少的。但是我不悲觀，即使在現代，還是有著這樣的人，而且會越來越多。

提問：第二個問題，我記得梁漱溟先生好像有一個這樣的假設，他的意思是說，如果中國近現代不跟西方這樣的碰撞的話，那麼中國肯定會按照它以前的那種模式發展下去，那麼我們現在的倫理道德等等的觀念肯定不會像現在這樣。我不知道這段話是梁漱溟哪本書上的話我忘了，我的意思就是您能評價一下樑先生這個假設嗎？

陳來：這個呢，梁先生講的就是，在世界上有三大文化的系統，就是中國、印度和歐洲，這三個系統的文化，它的路向是不同的，他說，西方人的路向它是一直往前走，就是拚命地往前奔，是這麼一種心態，見到擋著它的，想辦法克服，把它戰勝，是這麼一種文化。中國人呢，是一個調和持中的這麼一種路向，注重把人際關係搞好，不是拚命奔錢，我掙錢，我認為一萬不夠，十萬、一百萬、一千萬，不是那個心態，他就是搞好關係，注重人際關係，他叫做調和持中的這種路向。第三種是印度人，他認為印度人不向前看，

他也不是調和持中,他向後看,就是看來生,那種人對現實比較悲觀,因為他是注重來生。所以體現在實踐上來講,是比較消極。但是,梁先生他認為這三個民族本來都是各走各的,本來是互相碰不到的,但是因為歷史的發展,它有個規律,就是什麼呢?就是人類一定要解決了第一個問題才能解決第二個問題,解決第二個問題才能解決第三個問題。就是西方面對的是自然的問題,它面對自然,我要戰勝自然,不斷地克服,要發展,這個硬道理在這兒,他說這是人類的第一個課題。假如你這第一個課題沒解決,你一直在走第二條路,或者第三條路,這個走不通最後還要回來,還得再走一次,所以中國、印度本來是要走,結果看到西方這條路走得很順,它的問題解決了,受到它的影響,中國人還要回來這樣走。但是梁說我們現在都要學西方,走它這樣一條路。所以梁先生他不是保守的,他是要學西方的,全盤承受,加以改造,學這個東西,把第一條路走順。可是走順了不代表西方文化一切都好,走到一定程度他就認為們該走我們這第二條路了,我們中國文化注重社會人際關係、社會平等、調和,這就和社會主義聯繫起來了。他說社會主義就是第二條路,這也就是中國文化裡面研究的理想,注重人的平等、仁愛,就要走這條路了。走了這條路以後,他講西方注重自然、中國注重社會,將來再物質極大豐富,可能就協調共產主義吧。走印度人的這條路,那就是注重精神,一些精神的思考等等生命的一些問題,所以印度這條路梁先生也是肯定的,並且他安排不同的歷史時段來發展。

主持人:您提出來要把哲學現代化和民族化,那哲學一定是一個在您心中非常高尚的東西,現在呢,我想讓您用一句話告訴我,而且非常感性的話告訴我,哲學是一樣什麼樣的事物?

陳來:哲學就是使你這個人能夠增長智慧的一種東西。

● 十一 中日韓三國儒學的特色

十一 中日韓三國儒學的特色

　　中日韓三國對「儒學」這個詞的用法不太一樣，日本比較喜歡用「儒教」，中國很多場合用「儒家」，所以儒家、儒學、儒教可以說是跟主題相關的三個關鍵詞，可以互換，但是也有區別。

　　這三個詞在中國古代文獻裡面都出現過，在今天的用法裡，三者的區別是什麼呢？一般講，「儒家」主要是強調作為一個學派的特性，儒家學派跟道家學派、跟墨家學派相區別，作為一個學派是從孔子開創的，到孟子以後，由歷代儒家學者所構成。所以用「儒家」的時候比較強調、注重其學派的特性。「儒學」往往強調儒家學派裡學術體系的方面，因為儒家包括很多東西，比如政治、教化的實踐，當講「儒學」的時候，比較側重在歷史上儒家所建立的學術性體系。

▎什麼是儒教與新儒教？

　　「儒教」的用法，主要是由於在歷史上往往注重其作為一個教化體系的意義，因為一個社會不能沒有教化。我想社會不僅是從文明時代初期開始，一直到今天，雖然所謂自由民主等等很多新的觀念都出現，教化始終是重要的。任何時代一個負責任的政府對社會和文化的教化工作要有承擔，這個責任的承擔是非常重要的。在中國歷史上，對社會和人民進行教化工作，教化在今天包括稱為思想道德教育這類意義上的教化，也包括一些文化教育。古代思想文化道德教化的工作主要是透過各級各類的儒家的學者和組織來實現，當談到教化體系的時候，就用「儒教」的概念。中國古代大體是這樣的。

　　日本人習慣用儒教，中國比較習慣用儒家。日本人用「儒教」，其實也兼指中國在「儒學」和「儒家」使用上的意義。韓國也是一樣，韓國也是多用儒教的說法。

　　當然儒教這個詞到上個世紀以來，在東亞所謂宗教的重新建構裡也有一些新的意義。比如「儒教」在中國歷史上主要是講一個教化的體系。不一定叫做「教」就一定信神，信不信神沒有關係，關鍵是有一套教化的體系。教

儒學發展與進化：陳來講談錄
十一 中日韓三國儒學的特色

化體系裡有理想的人格，比如聖人；有經典，比如今天發給大家的《論語》。有一套教化的體系就是一個教。但是近代以來，因為受西方宗教的影響，所以「儒教」也有一些新意義。比方在香港有儒教或孔教真正作為一個宗教組織向政府申請註冊。再比如韓國的儒教已經帶有宗教性，政府也承認是它是一個宗教組織。宗教組織在社會上扮演一些政府或者其他領域不能夠扮演的角色。比如韓國的儒教每年要發孝道獎，表彰對父母盡孝的人士，孝道獎不是政府發的，是宗教組織發的。韓國前總統金泳三就接受過「成均館」儒教領導人頒發的孝道獎。這都是題外話，就是說儒教的概念到近代以後也有一些新的變化。

除了儒家、儒學、儒教以外，上個世紀以來，還有新儒家、新儒學、新儒教的概念，常常用來指指宋代以後中國的儒家思想，也就是理學。

為什麼叫做新儒教？因為在明末清初，17世紀左右的時候，有一些耶穌會士的外國傳教士來中國，其中比較著名的是利瑪竇。他來了以後研究中國思想，因為傳教士也要本土化，跟本地的文化資源相結合。

先秦已經有孔子、孟子、荀子，當然還有曾子、子思等等，構成古典儒學，或原始儒學。古典儒學大體上是在公元前200年以前提出的儒家學說。中國古代所謂儒家經典主要也跟早期的儒學思想有關係。比如今天講的《論語》、《孟子》，所以中國人習慣把儒家叫做孔孟之道。

但是傳教士來了以後，發現影響噹時中國老百姓和知識分子的不僅僅是古代的孔孟之道，而且還受到宋代以來學者對孔孟之道新解釋的影響。比如從南宋以後，特別從元代開始，科舉所有考試，用今天的話講要有一個參考書、教科書，總得有一個標準答案給人家準備參考，當時用的是朱熹寫的對孔孟的解釋。從前毛澤東講，朱熹的書我們都忘了，但是「即以其人之道，還治其人之身」這句話還記得，這句話出自《四書集注》，即朱熹對四書所做的註解。四書是《論語》、《孟子》、《大學》、《中庸》，都是先秦古代儒家的著作經典。朱熹做了註解以後，從南宋後期開始，元明清三代都是以此做標準的教科書，所以知識分子、老百姓都受它影響。

朱熹也有教化的實踐。比如朱熹寫了《朱子家禮》，在社會層面的規範。比如在家裡應該怎麼做？怎麼做兒子？怎麼做媳婦？怎麼做弟弟？怎麼做哥哥？家裡鄰里關係怎麼處理？當然包括結婚時用什麼禮儀，喪事用什麼禮儀。《朱子家禮》在社會層面，特別是明清時代對中國文化影響相當大，韓國也受其影響，到20世紀80年代、90年代韓國仍然主要用《朱子家禮》，韓國的社會比中國更加傳統，所謂傳統主要在儒家思想文化方面，而儒家思想文化如果在社會層面看，就是如何按照《朱子家禮》做事。從這些方面都可以看出宋代以後的儒家學者對文化發展塑造的積極意義。

所以傳教士研究以後認為中國的儒家思想有兩截，一截是先秦的，公元前200年以前的，另一截是公元10世紀以後。他們說這很像西方，西方古代希臘時代有柏拉圖主義，後來有新柏拉圖主義，於是傳教士把宋代以後中國一般稱為宋明理學的儒學形態起個新名字叫「新儒學」。日本有時稱為「新儒教」。

先把這些基本概念作一些簡要說明，因為關於這些關鍵詞，大家在報紙在文章上也可能會看到，也可能有的時候有一些疑惑，這幾個概念大體是可以互換，但是儒家側重學派的屬性，儒學側重學術的體系，儒教側重教化方面的特點。

中日韓儒學研究的差異

今天談談東亞各國儒學的歷史文化特色，是因為儒學如果從一個更大的眼光來看，不僅僅是中國人的文化，從世界的角度看，至少是東亞（中日韓以及越南）一個重要的歷史文化傳統。當然，中日韓的歷史文化傳統不僅僅是儒家或者儒學，如果從整個東亞共同性的範圍看，佛教也是一個很重要的傳統，還有一些本地的傳統。但是能夠作為一個共通的東亞傳統，學術界、文化界對儒學對東亞社會的塑造作用以及對東亞價值觀的形成更為重視。因此儒學不僅僅是中國的文化，更是一個東亞共同的文化。

日本京都大學已故的歷史學家島田虔次，曾稱宋明理學是東亞文明的共同體現。從這個意義上，儒學包括兩代，第一期先秦儒學，第二期新儒學，

十一 中日韓三國儒學的特色

兩代都是東亞文明的共同體現。當然它發源於中國，但同時也傳播到東亞，成為東亞文明的共同體現，也成為東亞文化的共同傳統。

但是日本、韓國除了中華文化傳播過去以外，本地有自己的一些歷史文化因素，包括宗教、一些民俗文化的傳統，所以一個外來的思想文化在本地生根發芽，一定會受到本地思想文化因素的影響。於是，經過長期的磨合以後，在日本、韓國社會裡得到發展、得到強調的那個形態的儒學可能就跟其他地區的有所不同。

中日韓三國都有儒學傳統，如果講孔子，大家都尊敬，但是這三個社會形成不同特色的傳統，這種傳統對民族精神和近代化有一些什麼影響？這是今天要探討的一個課題。

儒家思想發源於中國，這是中國人的常識。但有些韓國人認為儒學發源於韓國。因為中國古書記載，周武王伐殷以後，殷代末年的大貴族箕子東渡到朝鮮，中國歷史上有記載，而箕子有一篇重要的文獻《洪範》，現在收在《尚書》裡，而《尚書》是儒家經典五經之一。所以韓國人有時說，儒家的發源地在韓國，不是在山東（山東曲阜是孔夫子的老家），這也是韓國民族性的一種體現，不能完全當真。因為箕子雖然提出一些思想，但不是完整的儒家思想，特別是今天所看到的儒家思想的一些主要特徵在箕子的書裡沒有提出來。另外箕子東去的故事還需要歷史學家真正做一些研究才能說明。所以我們說儒家思想發源於中國，應該是沒有問題的。

但是儒家思想又廣泛傳播到東亞漢字文化圈。因為以漢字為基礎、以漢文的典籍體系為主要內容的中華文化很早就傳播到東亞鄰邦，在漫長的歷史文化發展過程中，由於各民族本地的傳統不同，精神氣質不一樣，地理、歷史、社會存在條件的不一樣，造成文化的差異。比如秦漢時的朝鮮半島和日本列島，其歷史和社會發展以及文明的程度還趕不上中國，從地理來講，日本是一個島國，韓國是半島性的國家，跟中國大陸文化，地理條件也不一樣。由於這些條件不一樣，在一個漫長的發展過程裡面，中國、日本、韓國各國的儒學各自形成自己的個性和特色。

一般來講，很多學者認為，在理論形態上韓國儒學可能發展和關注的是一些比較抽象性的討論，主要是 16、17 世紀（相當於中國明朝中後期），韓國儒學特別討論一些儒家比較抽象的概念。像四端和七情，四端是人的道德感情——仁義禮智，七情是喜怒哀樂愛惡欲。四七的問題韓國的學者在歷史上有很多討論。所以很多人認為韓國的儒學可能是比較注重內在性的、心理方面的，或者比較抽象的東西。

日本儒學比較發展外在性的東西。比如日本江戶早期的儒者貝原益軒，就比較注重對外在事物的研究，諸如花草樹木等等自然界外在的東西的研究。另外 19 世紀中期荻生徂徠比較注重政治學的研究。所以一般認為韓國學者比較注重內、抽象的東西，日本的學者比較注重外，或者是自然，或者是政治社會。

但是這裡想討論的問題是在 19 世紀中葉以前，中、日、韓社會跟西方還沒有做全方位的接觸以前，三國的儒學特別是他們的精神氣質（Ethos）是什麼？精神氣質的概念是一個文化人類學的概念，現在叫文化精神，三國儒學裡體現的文化精神是什麼？不要光講理論特色，還要講文化精神，文化精神和民族、社會的關係更直接一些。精神氣質換一個角度叫價值類型，就是一個文化裡把什麼價值看得最重要？比如一個社會把自由看得最重要，這是一種價值特色，可能另外一個價值體系裡把平等看得最重要。這兩個價值體系就不一樣。所以我們也關心在中日韓儒學結合本地的歷史文化傳統發展以後，它的精神氣質各自有什麼特點？各自的價值類型有些什麼表現？

近年來有關亞洲的比較文化，特別是有關東亞儒學的比較研究，有一些日本學者走在前面。其中有一位是前東京大學的教授溝口雄三，他是一個左派學者，20 世紀 50 年代他是馬克思主義者，當然 90 年代以後他有一些改變，但是他的研究還是值得重視。因為他研究中國近代思想史，又是日本人，所以他對中國和日本的思想都比較熟悉，他提出一些見解（後面我們會簡單提到），在比較儒學的研究方面提出一些我覺得還是很有意思的見解，可以參考，給我們一些啟發。

儒學發展與進化：陳來講談錄

十一 中日韓三國儒學的特色

簡而言之，今天的討論是在儒家所提倡的關於「德」的思想方面，「德」就是現在講以德治國的德，「德」當然是道德、德性，德也可以是某一個方面的道德、德性。比如仁義禮智，仁是一個道德的德性，我們常說這個人很「仁義」，這句話的「仁義」就是作為個人的一個德性。另外仁義又是一種價值，價值就是它規定了、體現了我們的理想。比如仁在中國近代表現為「大同」理想，這就不是一個個人的德性。

所以，如果就儒家所講的「德」的德性和價值來看，把中日韓三國加以比較，其中就有差別。大體上，中國儒學凸顯的是「仁」，韓國儒學凸出「義」，日本儒學凸出「忠」。如果用兩個字講，稍微細化，可以說中國比較重視「仁恕」，孔子對「恕」有明確的解釋，恕就是「己所不欲，勿施於人」。

「己所不欲，勿施於人」，在這兒多說幾句。有關宗教和傳統的價值在當今社會的意義，從1989年以後在國際上有一個動向叫做世界倫理運動。就是歐洲和美國的一些神學家和宗教學家有鑒於在歐洲當然也包括中東，世界上的這些地區衝突的出現，提出了一個概念，「沒有宗教的和平就沒有世界的和平」。它發現所有的衝突和宗教有關係，不僅僅是政治利益，和宗教一些背景特別有關係。比如伊斯蘭世界跟以色列的衝突有宗教的關係，像科索沃在巴爾幹半島也有宗教的因素，像穆斯林和天主教、東正教的關係。因此他們就提出沒有宗教的和平就沒有世界的和平的觀點。要實現世界的和平，除了要去做斡旋，政治的、外交的工作，根本上要把文化宗教的問題加以解決。因此美國90年代初開了一個世界宗教議會，找世界上各種大小宗教代表，一起看看在教義上能否找到一些共識，因為宗教的衝突肯定和教義有關係，看能否在每一個宗教教義裡找到一些共識，成為世界所有宗教的一種共識。這個共識主要不是信仰方面，不是神（因為有的信阿拉，有的信基督），而主要是倫理方面，最後大家找出來若干條，可以歸結為一個最根本的原則，總結叫做世界宗教的金律，就是「己所不欲，勿施於人」這句話。在整個世界各宗教裡面找這句話的出處，就發現和這句話意思相近的，最早大概是在公元前7、8世紀的伊朗的瑣羅亞斯德教（拜火教）裡，其次就是孔子，而孔子講的最明白最清楚，「己所不欲，勿施於人」，就變成世界宗教都承認的一個最基本的原則。

我們可以說中國凸顯「恕」，如果用兩個字，我們中國是「仁恕」。韓國凸顯「義節」。舊戲比如京劇傳統戲目裡面，很多都是講節義，就是要守住一個節操，當然可以是政治的，也可以是人生的。日本凸顯其「忠勇」。這種不同反映了各自價值系統的差異，也可以說反映了三個國家文化原理的不同，就是文化裡可能有很多原理，但是有一個支配性原理。最後再講這個問題。

中國的「仁愛」

首先我們來看中國，中國古代的文化，「仁愛」觀念居於核心的地位，特別是儒家思想可上溯到西周初期，就是公元前一千年西周初期早期的人道主義的保民思想，在《尚書》裡有很多保民的思想。比如對人民要像對待赤子一樣保護，「若保赤子」，對人民要有一種保護赤子的心情，這種觀念在《尚書》裡不僅僅是一種政治思想，也是一種倫理價值。

在《尚書》裡很多篇都提出，不要欺負老實人，不要欺負孤兒，要照顧那些寡婦等，就是對於弱勢群體不能欺負，要照顧關照。這種思想對於像孤寡老人、失去父母的幼孤的特殊關照以及把這種思想放大為統治者對人民應該抱的一種態度，這是中國早期人道主義的開始，事實上中國人講的孝的觀念，對父母的一種感情，應該和這個早期人道主義思想也有關係。

孝和仁愛有關係，因為孝是仁愛感情的一種，仁愛是比較普遍的一種，孝是對父母一種特別仁愛、關愛的感情。所以孔子講「孝悌也者，其為仁之本與！」孝悌是仁的根本，孝悌跟仁聯繫在一起。孔子的意思是，要想做一個仁愛的人，首先要對父母好，連父母都不能孝敬，怎麼能設想可以愛其他的老百姓，怎麼能做一個愛民如子的官員？所以孝悌是「仁」的根本。

「仁」的意義在中國古代在孔子以前就提出來了，但是孔子給予最高的重視，孔子把「仁」解釋為愛人，仁者愛人，「夫仁者，己欲立而立人，己欲達而達人」。[1] 現在中國東西部，東部發展了，要幫助西部發展。自己要發展，但是也要想到讓別人立起來發達，這叫「己欲立而立人，己欲達而達人」。不是說自己發達就完了，要考慮到別人。還有「己所不欲，勿施於人」，

[2]這都是孔子「仁」的基本觀念。所以「仁」在孔子思想是一個普遍主義的倫理原則,「仁」不僅僅對我的父母要仁,僅僅對我的家族或者家庭要仁,仁是一個普遍的倫理原則。

先秦的時候,當時人們就總結孔子思想,說「孔子貴仁」,總結為這四個字,指儒家把「仁」看得最尊貴、最寶貴。「孔子貴仁,墨子貴兼」,[3]墨子的兼不是兼併的意思,而是兼愛,是普遍的愛,不能只愛你的父母,還要愛別人。

所以中國古代最早的思想發展中,孔子把「仁」作為最高的原則,墨子以兼愛為最高的理想原則。老子說「我有三寶,持而保之,一曰慈」,[4]慈即愛。這三人是中國古代最早出現的哲學家,孔子貴仁,墨子貴兼,老子守慈,中國古代三位最早的也可以說最重要的思想家其實都以不同的方式在不同的程度上對仁愛的原理做了肯定。

戰國時期孟子出現,孔孟之道的說法,說明孟子繼承了孔子的思想,孟子就大講講「仁民愛物」[5]。中國古代有一個名家,討論概念的,名家裡有一個人叫惠施,也叫惠子,提出「泛愛萬物,天地一體」,要把天地萬物看成是一家人。這些都跟前面講的兼愛、仁愛思想相通。

唐以後儒學思想仍然強調這一點,唐代大學者也是唐代儒家的代表韓愈,寫過一篇文章《原道》,道是什麼?他先定義仁,「博愛之謂仁」,「仁」就是博愛的一種思想。

宋代哲學家張載在歷史上第一個提出「天人合一」的思想。他提出「民胞物吾」的思想,就是說人民老百姓都是同胞,「物與」,「與」是朋友的意思,老百姓都是我的同胞,萬物都是我的朋友,從這裡引申出對老百姓、對萬物的一種態度。

同時,宋明理學新儒家裡跟張載同時的一位代表性的理學家程顥講,「仁者以天地萬物為一體」,[6]要把天地萬物看做和你息息相關,要去關心、愛護它。他當時舉了一個例子,說中醫裡講手足麻痹的症狀叫做「手足不仁」,他說這個概念非常好,「不仁」就是不通,掐也不疼,感覺不到是你的一部分,

所以「仁」在這個意義上，就是要把它感覺成為自己的一部分。「仁者以天地萬物為一體」[7]就是要把其他的事物和人看成和你息息相關。

這些思想都把「仁」放在一個最高的地位，把「仁」作為中國文化、儒學文化裡一個支配性的原理，也就是文化裡要講仁義禮智信，但「仁」是支配性的原理。在中國儒學裡，「仁」的解釋跟「愛」、「和」、「恕」、「公」的價值有密切的關係。「仁」是要引申出一種愛，一種人道主義的理念。「和」就是人際關係的和諧，「仁」跟和諧有關係。所以「愛」和「和」都可以說是從「仁」裡面出來的。還有「恕」，「恕」在最通俗的意義上是能夠寬容別人，能夠寬容別的文化，能夠替別人著想，站在別人的角度來考慮問題。另外是「公」，當然跟「私」對立。歷史上的儒學對「仁」的討論跟「愛」、「和」、「恕」、「公」的價值有密切的關係，這些價值共同構成中國儒學主導的價值取向，而且在歷史上這些價值跟中國的社會制度形成一種互動的關係。

梁漱溟的仁學

近代一個有名的學者梁漱溟，他在1954年的時候跟毛澤東爭論，他自認為代表農民，受到毛澤東的批評。在批林批孔的時代，公開反對批林批孔的只有梁漱溟一個人，當時他在政協貼了一個大字報叫「我們今天怎麼來看孔子？」。他是一個老學者，而且是政治上非常進步的一位知識分子，因為他是民盟的創始人，20世紀30年代的時候，他已經訪問過延安，也是反蔣的，是早期跟共產黨合作的民主黨派裡面比較突出的。這位先生還倡導鄉村建設的，現在講「三農」問題，有些人還重新提「鄉村建設」的理論。可以說整個20世紀最有名的從事鄉村建設的人就是梁漱溟，就是怎樣透過一些科學文化的方法來改變中國農村的舊面貌。從前我們批評他，說不講革命不講土地改革，這是不行的。今天在新的歷史角度來看，也應該肯定這些人的努力，像梁漱溟、晏陽初在怎麼改造農村，如何引入一些科學的方法、文化的教育等方面提出了一些辦法，也有實踐。

十一 中日韓三國儒學的特色

同時梁漱溟是現代新儒家學者。梁漱溟也很講仁學，他認為仁是一種倫理情感，倫理是跟慾望相對立，一個人如果不從倫理，只從慾望上來看，只是關心自己，不會關心別人，只有懷有一種倫理的情感，才會關心別人，所以他說所謂倫理，「一言以蔽之曰：尊重對方。」所以他講中國儒家的一套思想、儒家文化的原理一言以蔽就是尊重對方，尊重對方就是一種義務關係，就是一個人好像不是為自己而存在，是為了別人而存在。這是梁漱溟對儒家仁學的一種發揮。

梁漱溟認為中國文化有一個很好的很高明的地方，就是中國孔子的時候提出倫理的理想，為別人考慮，尊重對方。在孔子那時中國社會已經從一個封建社會變成一個倫理的社會。所謂封建的社會不是今天一般講的封建社會，是講孔子以前的領主制的社會，變成了一種「倫理的社會」。

倫理社會有什麼特點呢？他舉了一個例子，說在中國很早就倫理代替封建。比如親兄弟兩個人都是父母的孩子，在家庭裡面感情很自然，沒什麼兩樣。封建社會有一個特點就是父死子繼，而且是長子繼承制，以長子繼承制的封建制，兄弟兩人就得到不同等待遇──兄承襲了父親的財產、爵位等等，而弟弟好像沒有什麼關係。這種長子繼承製是封建制的一個特點。梁漱溟引了一個古代羅馬學者梅因（Maine）的《古代論》，說繼承制度跟政治有關係，只要跟政治有關係，就變成長子繼承制。所以他就講，所謂封建社會封建關係就是因為當時有政治上的必要性，因為在政治上領導人只能有一個，好幾個都想當領導人，也有麻煩。但這就造成兄弟之間的不平等待遇，抑制了家庭的感情，結果變成了一個不好的制度，他把這個制度叫做封建制度。但是他說，中國社會從孔子以後已經就變了，不是長子繼承制，已經變成遺產均分。

他作了一個對比，他說1936年到日本，看見日本鄉村裡有所謂「長子學校」，他很奇怪，中國沒聽說有的地方辦學校專門培養長子。他問了以後知道，原來農家土地是由長子繼承，其他的兒子沒關係，其他的兒子愛幹什麼就幹什麼，自己找出路。他覺得很驚訝，其他的兒子很多都轉入都市謀生，

都市當然不是近代現代意義上的大都市,是小城市集鎮等等,結果長子就留在農村,繼承這份田業,因此就有長子學校教育。

梁漱溟看了以後,知道這是典型的封建制,說明日本人去封建未久,遺俗猶存。他說,其實歐洲國家很多也保留了這樣的風俗一直到最近,像英國。然後他講中國不一樣,中國實行遺產均分,遺產均分看起來好像是一個小小的制度的不同,後面反映了一個價值的觀念,就是仁、恕、公、和觀念。根據梁啟超(字任公,是中國近代一個大學者,19世紀末期光緒戊戌維新的時候,主要聽取康有為、梁啟超的意見,但是後來沒有成功,西太后把權力又收回去了。)的《中國文化史》,他就說遺產均分兩千年不是一件小事,亦不是一件偶然的事情,中國人比較注重尊重人心情理之自然。兄弟兩在父母在家庭裡長大,沒有什麼兩樣,是人心情理的自然,要用一個自然的東西化除封建秩序從政治帶來的不自然。他認為中國以倫理代封建已經兩千年,所以中國是一個文化「早熟」的國家。當然他的理論比較複雜,他認為早熟還有早熟的一些毛病,一些問題,按下不表。從梁漱溟的觀點來看,「仁」的觀念出現就代表中國尊重人心情理的自然對封建的不合理的一種替代,也表現中國文化很早就已經成熟,這對於中國歷史的發展也發生很大的影響。

這是第一個問題,簡單介紹中國儒學裡對「仁」的突出和強調,以及對「仁」的解釋。

《菊與刀》與日本的「忠」

第二點來談談日本。有一位很有名的學者本尼迪克特(Ruth Benedict),她是一位美國的文化人類學家,她寫了一本書叫《菊與刀》,也有翻譯為《菊與劍》,這是一位很不簡單的女學者。美國在第二次世界大戰的時候要研究日本,美國很注重研究對手,當時把這個任務交給本尼迪克特。可是文化人類學是要到當地去做調查,兩家打仗怎麼到日本做人類學、做民俗調查?沒辦法做。當時第二次世界大戰的時候,美國、加拿大把日裔的人、日本人都集中在一起,因此她就到那些地方去做調查,她沒有親自到過日本,

儒學發展與進化：陳來講談錄

十一 中日韓三國儒學的特色

只是在那樣一個很特別的日本的難民居住地裡做調查，在此基礎上她寫了這本書。

1945年戰爭結束的時候，她提了一些很重要的建議，其中一些建議跟今天還有關係。比如天皇制的保存，都是她透過對日本人類學的一些研究調查所提出的建議。就是怎麼樣提出一個能夠適合日本人文化心理的一些政策。這本書裡指出一個很重要的觀察，「仁」的概念在日本從未獲得像在中國最高的地位。日本人對天皇的「報恩」觀念非常強，對天皇的「報恩」對日本人而言，是一種無限、無條件的義務，日本人對天皇的義務的感覺中國人沒有，中國人對「仁」的強調在日本沒有。所以她說，中國人也講「忠」、「孝」，忠君愛國，可是中國人的「忠」不是無條件的。因為在中國的儒學裡特別是孟子以後，儒學裡面有一種革命論，就是君主如果不好，老百姓可以把你革命，這在日本是根本不能想像的。所以日本在接受儒學的時候非常抵制和排斥中國儒學裡的革命論。所以她說中國設定了一個德目，就是道德的一個條目（仁、義也是條目），中國設定了一個超越忠孝，比忠孝更高的德目，是凌駕一切的，這就是「仁」。所以她說，在中國，統治者必須行「仁」愛民，如果不行「仁」，人民反對君主是正當的，沒有無條件的個人忠於君主的要求。她說：「中國人的這種倫理觀念在日本從未被接受過。」所以中國的很多文化都傳到日本，但日本在接受的時候沒有接受這樣的觀點，所以她說：「事實上，在日本，『仁』是被排斥在倫理體系之外的道德，完全沒有它在中國倫理體系中所占的那種崇高的地位。」這是她透過對日本人類學的調查瞭解得出的一個很重要的結論。

同樣，羅伯特·貝拉（Robert N.Bellah），美國非常有名的宗教學者，他是帕森斯的學生，帕森斯就是美國20世紀50年代現代化理論之父。貝拉寫過一本書講現代日本文化的淵源，就是現在日本之所以為現代日本有一些什麼文化上的傳統淵源？要透過文化上的淵源來看日本怎麼樣發展到今天、它的優點和缺點。他認為在前現代的日本，就是明治維新以前，日本明治維新成功以後逐漸進入近代化。在這之前，日本的文化裡面對於主君「忠」的觀念凌駕於其他所有觀念之上。為什麼叫主君？因為除了天皇以外，日本當

時是一個領主社會,是封建割據的。比如水戶是一個藩,藩相當於一個小國,有藩主,藩主對於下面的人就是主君。

他的原話是這樣:「對主君的那種特殊主義的『忠』凌駕於其他所有的倫理觀念之上。所以『忠』就成了所謂江戶時代的中心價值和第一美德。」江戶時代又叫德川時代,17世紀以後因為天皇不住在江戶,幕府將軍住在江戶(現在的東京),因而叫江戶時代,也叫德川時代。這個時代,「忠」是中心價值和第一美德,所以他說:「我們看到,在日本,『忠』滲透於整個社會,成為所有階級的理想。」不僅是貴族,包括知識分子甚至平民,都要忠於主君,成為理想價值。「而在中國,『忠』甚至很難適用於整個紳士階級,而僅僅適用於做官的那些人。」在中國就不是那麼普遍。在前現代的江戶時代的日本儒學或日本文化中最支配性的價值、最中心的價值原理就是「忠」。「忠」是表示你對一個特殊的系統或特殊集體的承諾,忠於藩主,或者忠於更小一點團體的主人。所以這是對於一個特殊的系統或特殊集體的承諾,不是對於人類。中國人是講「四海之內皆兄弟也」,那是普遍主義的,中國人說「仁者愛人」、「仁者以天下為一體」,這是普遍主義的。特殊主義是說我的忠誠只是奉獻給我特殊的集體。

這樣一種文化裡,一個特殊主義的承諾就勝過人對普遍主義價值的承諾。其實,那個文化裡可能也不見得沒有那些價值,比如正義、博愛、自由、平等,但是在日本前現代的文化結構裡,「忠」壓倒對正義、博愛的承諾,這變成日本文化的特點。

▍弱肉強食與近代日本的世界觀

原東京大學教授溝口雄三對日本價值原理做了一個比較深刻的揭示,還是有勇氣的。溝口雄三反對天皇制,也批評天皇,在日本要求取消天皇制,這在現代日本也是不多見的人。他講近代以來東亞受到西方思想的影響,達爾文的生物進化論對大家震動很大,達爾文的生物進化論後來演變為斯賓塞的社會進化論。在中國由嚴復引進,他譯寫了《天演論》。「文化大革命」時,毛澤東還幾次提到,《天演論》上半截是唯物的,下半截是唯心的,商務印

書館把原書翻譯作《進化論與倫理學》。這個《天演論》當時在清末民初的時候對中國人震動很大。

書中闡述了生存競爭,適者生存的概念,從生物進化論變成社會進化論,《天演論》介紹的西方思想對中國人震動非常大:現在世界是一個生存競爭,適者生存,自然淘汰,弱肉強食的世界。這本來在中國古代認為是不好的東西,認為是野獸的世界,不是人文的世界,可是中國近代以來受到帝國主義壓迫羞辱,這套說法加上達爾文進化論這樣一種好像是科學的支持,給中國人很大的刺激,流行一時。這套理論不僅在中國,在韓國、日本都有傳播。溝口雄三指出這套東西在當時是讓大家作為一個進步的思想來接受,生存競爭、適者生存、自然淘汰、弱肉強食被當做近代化的一個進步性原理讓大家來接受,不要再墨守成規,在一個老的思想裡活著,要認識到現在世界是這樣的,而且這是最進步的一個原理,從而來警醒大家。

但是溝口雄三指出,中國要接受、要同意這種弱肉強食的原理,在中國人的世界觀上要有一個根本轉變,因為中國人歷史上的世界觀跟這個是相反的。所以中國要接受這種弱肉強食的原理,帝國主義的原理,在世界觀上要有一個根本的改變。至少宋代以來受制於中國儒家思想的影響,中國人認為仁義禮智的世界是一個人的世界,馬克思也講人的世界和物的世界不一樣,人的世界在中國人心中就是一個道德文明、精神文明的世界,仁義禮智就是有文化,有道德,這是人的世界;弱肉強食的世界在中國被看做禽獸的世界,是野蠻的世界,所以中國兩千年以前,文明就早熟了,弱肉強食的理論讓中國人接受有一定的困難。

而且他說,在中國,認為仁義禮智是人的世界,弱肉強食是禽獸的世界,所以財產以均分繼承。這跟梁漱溟講的一樣,財產均分不僅是一個一般的繼承制度,後面有一個文化、價值的觀唸作基礎。而且職業在中國不是世襲的,包含一種平等的概念,財產均分也有平等的概念,義田、義莊(舊時代義田義莊用來救濟貧苦、寡婦等人)也體現了這樣的觀念,同居共財在中國古代被看成是美德。所以這一套文化,說明中國的社會倫理和社會組織有固有的

倫理、原理，與弱肉強食相反，中國比較講究仁愛、平等、大同，有這樣一種文化原理在這些財產均分等現象的後面。

反過來，日本就不同，這方面日本和中國的差異比較大。比如江戶時代是長子繼承的世襲階級社會，沒有平均平等的觀念，比較封建。但是世襲階級社會也有一些意義，如私有財產的觀念比較強，另外，在日本職業意識比較早就確立。因為長子繼承田地，其他人都到城裡去做工，每人在一個行業裡面做一個工作，行業裡就是職業的意識。因此在日本有一些容易適應競爭性的文化。生存競爭、適者生存在中國比較少，在日本就多一些。

另一方面，他也指出，江戶時代的武士階級（因為江戶時代為藩主、主君服務的主要是武士階級）接受的儒學裡，有一個德目跟中國不一樣，特別強調「勇」。在中國宋代以後，講這些德目的書，比如南宋陳淳的《北溪字義》，清代戴震的《孟子字義疏證》中都沒有「勇」這一項，宋代以後中國儒學裡面不強調「勇」字。可是在江戶時代的儒學，主要是由武士來學習，很重視「勇」，所以「勇」在江戶時代變成和「仁」並列的一個德目。

19 世紀中葉荻生徂徠比較著重講政治方面的儒學，他有一個著作《弁名》，他講勇、武、剛、強、毅，這些德目在宋代以後中國儒學裡面沒有出現，因此溝口有一個結論，「在思想與倫理傳統中，日本具有容易接受弱肉強食原理的根基。」東亞前現代的文化說起來似乎都是受儒家的思想影響，但是在日本文化裡具有接受弱肉強食原理的根基。「而與此相對，中國豈止是沒有這種根基，毋寧說具有與此相反的原理基礎。」所以中日儒學文化看起來都是漢字文化圈，都有儒學，都有一些共有的文化的要素，但是這些文化要素如果按照結構排列起來，會發現結構不一樣。因此，他認為像忠、敬、勇、武、剛毅都是武士階級的儒學的重要德行，日本儒學中也有講仁的，但非常少，所以日本儒學不能被概括為仁學。

中國學者現在意見是一致的，中國儒學基本上可以概括為仁學，但是日本儒學很難概括為仁學，這是一個事實。

十一 中日韓三國儒學的特色

▎士禍的打擊與韓國的「節義」

韓國儒學的精神與韓國歷史的開展有密切的關聯。比如所謂士禍，在朝鮮時代a比較嚴重。朝鮮之前叫高麗，士禍在高麗歷史上還沒有。朝鮮時代出現士禍，而且很嚴重，士禍可以說是官僚整肅知識分子的運動，但是不嚴格，因為士也是官僚。中國古代叫士大夫，英文叫做 official scholar，是一身二任，先得科舉考試透過才能做官，所以做官的人有二任，一方面有很好的文化的根基、修養，甚至還經常做文化的工作，一方面是官員。古代的官不是天天做，哪天皇帝不高興，說你回家吧，他就回家了，過幾年皇帝又想起來，他又出來了。在家幹什麼？從事文化工作。所以是一身二任，他是知識分子，他又是官僚。但是迫害這些人的是那些不是靠科舉考試，主要靠官僚家庭出身做官的人。頻繁不斷的士禍對韓國儒學和韓國儒者的精神形成有很大的影響。

士禍有很多的稱呼，韓國人一般叫戊午士禍（1498）、甲子士禍（1504）、己卯士禍（1519）、乙巳士禍（1545），都是在15至16世紀。這些士禍基本是對一些儒家學者、士大夫進行政治清洗，甚至屠殺，這在東亞其他各國沒有。這些歷史，照韓國歷史學家的講法，就是由韓國儒學特別是朱子學，受朱熹影響比較大的學者組成一個士林派，他們是學者派，主張要求改革，而且主張社會正義。對立面是代表一些貴族官僚特權利益的舊勳派官僚派，兩派形成衝突。但是由於士林派在權力結構裡總是處於容易比較受打擊的位置，所以在朝鮮時代發生好幾次這樣的士禍。

這樣的士禍對韓國人的精神特別對知識人的精神影響非常大。在士禍裡慘死的著名的儒者的精神一代一代在傳流，他們的文集、文獻一代一代在傳承，他們的學生不斷在往下傳，促發韓國儒者的一種抗爭的、不妥協的精神，逐漸醞釀成韓國儒學裡突出「道義」的精神，「道義」就是一種原則。學者派、士林派主張改革社會理想，這是要堅守的一個理想精神，這是「道義」。

所以韓國歷史上很多這樣的儒者都從不同的方面強調這樣一個思想，就是不管自己的身家性命，不計禍患，堅持「道義」的精神。「道義」就是一種理想，正確的理念、理想，因此我們一開始講韓國突出「義」，就是道義

的「義」。「義」是韓國儒學的精神和原理，就是要堅守自己一個理念。韓國學者也認為：「從士禍和犧牲中光顯的道學派的義理精神中可發現韓國儒學特有的精神。」所以韓國儒學特有的精神是從士禍和不斷犧牲裡面凸顯出來的那些道學派的義理精神。「義」是一種對於道德信念的堅持。韓國朝鮮時代有很多儒者嚴格分判「義」和「不義」的關係，嚴格分判「義」和「利」的關係，利就是利益驅動，不是按照自己的理念理想走，跟著利益走，按照理想信念走的是「義」。

韓國儒學精神的形成，「義」觀念的形成，不僅跟朝鮮時代士禍裡面傳揚出來的儒者的精神有關係，而且跟韓國歷史上受到外民族的入侵有關係。比如在高麗時代，受到契丹、蒙古的攻略；朝鮮時代，先後受到日本和清朝的外患。比如壬辰倭亂（1592）是日本近世歷史上有名的豐臣秀吉率兵攻打朝鮮，當時韓國以儒者為中心，組織義兵，反抗倭亂。在那個運動裡，激發和表現了韓國民族傳統——為國家而忠孝。韓國講的忠孝很強調為國家而忠孝的精神，所以在倭亂在國難中不少韓國儒者以身殉國，有一種忠義的精神。

忠義是一個好詞，不要一說忠義，就聯想到阿慶嫂說忠義救國軍，忠義是好詞，忠義的精神是可貴的精神。所以在韓國如何應對外患的抗爭之中，韓國民族傳統裡面的為國家忠孝的精神、義節的精神、愛國愛族的精神發揚了起來，為人民所廣泛地傳誦和讚揚，民族精神就這樣形成了。

另外像丙子胡亂，胡就是滿洲人，不是專指中國，是講清朝初年清軍侵犯朝鮮。清軍當時強迫韓國和明朝斷交，與清簽立臣屬的條約，向清稱臣。因為韓國跟明有歷史的關係，想保持和明朝的關係，不想和清有這樣的關係，而且清當時還沒有占領全部中國，所以韓國始終很多人仍然懷念留戀和明朝的關係，不想跟清朝有這個關係，所以「胡」字主要指的是滿洲人。丙子胡亂裡也有不少韓國的志士犧牲，反對投降的人都遭處死，因此在韓國歷史上外民族的入侵激發了韓國儒者的節義精神，節就是要有節操，不投降就是節操，不受侮辱寧可死，這是節義的精神。

歷史發展使韓國關於「忠義」的精神，關於「節義」的精神的強調成了韓國儒學的基調，特別是17世紀以後。因此「義」所代表的道義理想，在

民族關係上表示一種為大義而殉節的精神，大義就是國家大義，也就是為理想可以殉節的精神，節就是一種理念，是一種理想。韓國講的義所代表的「道義」和犧牲精神不是像日本一樣只是以主君為對象，不是以個別特殊的主君為對象，是為一個大義而殉節的精神。

這樣的例子在韓國歷史上是不少的，所以韓國儒學也強調所謂的春秋大義名分來加強這種意識。中國古代儒家經常講春秋大義名分，《春秋》是五經之一，《春秋》裡講所謂大義名分，用今天講就是合法性，政治上要有合法性，天子就是天子，諸侯就是諸侯，諸侯不能反抗天子，這叫大義名分，這是中國古代講的。韓國把大義名分主要發揚為抗拒外來的侵略，什麼叫大義名分？就是要抗拒絕義的外來侵略，韓國歷史上講的「春秋精神」，主要是抵抗外族的侵略，發揚節義的一種道義的精神。

金忠烈教授談韓國民族精神

韓國高麗大學有一個教授金忠烈，現在已經退休了，也很有名，在本國地位上跟剛才那位日本教授在日本差不多，他曾經在華語地區生活多年，在臺灣留學多年。他有一個體會，他講中韓日越在受西方文化衝擊以前同屬中國文化圈，而且共享漢字，學習的都是四書五經、子史等中國古典，教育的都是仁愛孝悌忠信等儒教道德，書同文，共享漢字。因此儘管自然環境有所不同，生存方式也有一些差別，但是所形成的觀念，比如自然觀、人生觀、文化觀，大致上有相同的地方。可是同為儒教國家，所追求的國家目標、社會風尚不盡相同，尤其國家目標不同，教育出來的人民的心思形態、國家觀、人生觀差異很大。自然觀相同，可是國家觀、人生觀差別很大，這是因為一個國家的目標不一樣，教育出來的人不一樣。有什麼分別呢？大體上中國儒教重個人道德生活，孝悌是人生的本然，孝就是對父母盡孝，悌是兄弟之間的友誼，他說中國人「謙己恕人之風甚厚」，「謙己」是比較謙虛，不張揚，「恕人」是對別人有寬恕之心，能夠寬容。我想他的體會是很深的，中國儒教注重個人的道德生活，講孝悌，而且謙己恕人之風非常厚，影響到民風。但是忠國愛族的精神不甚強烈，中國人這方面的精神不夠強烈，個人和國家

之間總有一段距離。這是他的觀察。因為他是專門研究中國哲學思想的學者，又在臺灣留學，他對文化的這種觀察還是很深入的。

他說韓國儒教信三綱為天經地義民行的根本，韓國儒教講究三綱，認為這是天經地義，韓國儒教偏於家族範圍的孝，只知道家族的利益，缺乏公德，甚至有排他忌人的劣性。當然這是韓國學者自我的一種批判，他沒有正面地把韓國的精神表揚出來。很多國家的學者都對自己的傳統有一個痛切的反思，但是不表示韓國民族沒有優秀的方面，他講韓國民族偏於自己家族，只知道家族利益，缺乏公德，還有排他忌人的劣性。我想這個觀察也不能說沒有道理，但是比較偏在批判的一面。

他說日本是國家目標、國家利益至上。日本也是儒教國家，可是國家目標國家利益至上，把所有的道德價值都放在忠君愛國之上，道德價值再多，最重要的還是忠君愛國。忠君所忠的就是君主就是天皇，所以日本勤於組織，忠於君國，為達成目標而追求利益，不顧身家犧牲集中力量貫注到底，所謂大和精神是舍私赴公，集中力量盡忠報國的一種君國主義的產物。日本的文化裡國家利益國家目標至上，為了達成這樣的目標追求利益不顧自己的犧牲而且能夠集中力量貫注到底，這就是「大和精神」。這個講法一會兒有時間的話再提幾句，這跟羅伯特·貝拉有關係。

總的說，他出於對本民族的反思，所以對韓民族的愛國民族精神沒有強調表彰，但是對三國文化總的觀察也是有參考價值的。

中日韓三國儒學的共通性

簡單做一個結論。如果把仁、義、禮、智、信這五德作為儒學代表性的價值，在中、日、韓各國儒學中都受到一般的提倡。因為經典在那兒，孔子、孟子的書在那兒。但因為「歷史─社會─傳統」的制約，不僅使得歷史裡形成的三國的儒者的精神風貌不一樣，而且每個社會裡面儒學的價值系統和其支配性的原理有所不同，從而這三個國家儒學的精神氣質呈現出不同。

十一 中日韓三國儒學的特色

中國的儒學雖然也提倡「義」，也重視「忠」，但更推崇的是「仁恕」之道。日本儒學雖然也講「仁」與「義」，但比起中國、韓國，更突出「忠」的價值。韓國儒學雖然在理論上兼重仁義禮智信五常，但比較起來從士禍的歷史、從外患的歷史，形成了一個更加注重「義」的精神。這些不同也反映在三國各自近代化的進程之中。

比如中國的儒學以「仁恕」為原理，變成一種普遍主義的價值原理，一種對仁愛的平等的價值的追求，因此在近代對西方近代的文明半信半疑。因為它有兩千多年的價值的傳統，對西方的船堅炮利，老師打學生，總是很難接受。毛澤東講本來中國人是要學習西方要拜西方為老師，可是老師總打學生，所以中國人對溝口雄三所講的那一套生存競爭、弱肉強食的原理，總是半信半疑，不會堅定不移地去奉行那套東西。中國人在這樣一個有長久文明歷史，以仁愛價值觀秉持的文化，在中西文明的衝突面前，很難坦然承認在「文明」上是落後的。這一切應該說決定了它不會像那樣日本不顧一切去擁抱西方文化。近代中國人總是對西方的文明、理念有很多的懷疑，但是又打不過它，它力量強，又得跟它學，在這樣一個過程中造成了現代化進程的遲緩。

日本因為是突出「忠」和「勇」的價值，在接受近代文明方面較少受到價值的阻礙，帝國主義怎麼不好？它沒有這種觀念，怎麼能不講仁，不講義，不講平等，不講博愛？它沒有這種觀念，對帝國主義沒有根本牴觸。它是馬上去全面擁抱，去追趕、奉行這樣的東西。所以在價值方面，在接受西方所謂近代文明的時候，日本比較少有這種價值的障礙。同時，因為日本文化突出的是特殊主義的價值原理，就是對主君的特殊主義的承諾，勝過了對普遍價值自由、平等、博愛、正義等價值，這使得日本終於為自己付出了代價。

韓國充滿「義節」精神的儒學，可以說造就了韓國近代的一個民族主體性，韓國的民族主義非常強烈，這個強烈不僅僅在最近一百年才形成的，跟它在古代以來的強調「義節」的精神有關係，所以那種「義節」精神對近代民族國家的形成和發展起了一種促進的作用。

如果綜合起來,可以說「仁」包含的是一種和諧原則,「義」所凸顯的是正義原則,「忠」體現的是秩序原則,這些東西應該是現代東亞社會任何一個國家所必需的,不能說這個國家不需要「仁」,只需要「義」,只需要「忠」,同樣一個國家也不能只有和諧的原則,沒有秩序的原則。因此從這個角度來講,在當今時代東亞國家和地區,中日韓三國如果就歷史文化傳統來講,都應該在進一步反思傳統的優點和缺點的同時,能夠吸取其他民族和地區一些發展的優點,取長補短,使每一個國家的精神成長和發展方面能夠走向更完善,這樣也有利於中日韓三個國家互相瞭解和建立一個和諧的未來。

《德川宗教》對日本文化的研究

上面是今天要講的一個主要的部分,但是還沒有完。因為講座的主持人預先給我轉來一些訊息,說有些同志有不同的關切,特別有一些對東亞的儒學跟現代化的關係希望再多講一點。

我就想再介紹一個觀點,是羅伯特·貝拉(Robert N.Bellah)的名著《德川宗教》,副標題「現代日本的文化淵源」。這本書是1955年作者在哈佛大學完成的博士論文,得到東亞系與社會學系聯合授予的博士學位,這是一部名著。這個人現在還活著,是美國一個很有名的學者。

這個學者當時所運用的是社會學理論研究的方法,社會學理論的方法主要是受以下兩個人的影響,一個叫做馬克思·韋伯(Max Weber),有時就叫韋伯理論,一個是韋伯的後繼者美國哈佛大學社會學繫著名的教授,現代化理論之父帕森斯(Talcott Parsons)的有關現代化的理論的一套框架。

我簡單地把這個書所涉及的問題講一講,作為對講演的一個補充和參考。

馬克思·韋伯寫了一本書叫《新教倫理與資本主義精神》,有一個很特別的觀點。馬克思主義認為資本主義的生產關係是生產力自身的發展所導致的,可以說是比較注重物質性的因素。韋伯澤認為資本主義的興起、資本主義生產關係和精神性的因素有關係,主要是跟基督教的新教一派的倫理觀念,特

十一 中日韓三國儒學的特色

別是禁慾主義的倫理觀念有關係。這在西方社會影響非常大。同時他還研究了中國的儒教與道教，而並且跟西方作了對比。

簡單來講，他很重視宗教的倫理在資本主義形成和發展裡面起的一個重要的作用，他認為資本主義的產生很大程度上除了制度的因素以外，得益於新教倫理的一種觀念上的支持，所以他認為新教倫理的禁慾主義的勤儉觀念和職業觀念對西歐早期資本主義的發生提供一種心態的支持，而中國宗教與印度宗教都沒有這樣的觀念。他認為新教倫理跟世界有一種很緊張的關係，它就想方設法去轉變這個世界，或者叫改造世界，它就想用這套東西把世界加以改造，所以它跟世界之間是有很緊張的一種關係。中國的儒家和道家跟自然的關係是一個適應的關係，沒有一個動力要把它改造，只是怎樣去適應。這樣適應的心態產生不了資本主義，只有那種改造的心態才能產生資本主義。這屬於比較哲學的一種討論了。

在韋伯的時候，其實日本近代化已經成功了，日本有儒學的傳統，但是韋伯從來沒有用日本做一個例子來研究，貝拉的書就是要用韋伯的觀點來處理日本這個例子。他認為，日本的成功不能夠歸於一般所說的日本人善於模仿，應該歸功於它前現代時期的一些文化因素，主要指的是宗教倫理觀念。西方人講的宗教是廣義的，包括儒家在內，不僅僅是在狹隘意義上的宗教。所以貝拉的目的就是完全用韋伯化的方式，探討日本的成功和日本近代化轉型的成功的背景有哪些前現代的文化因素，有什麼傳統倫理觀念的因素幫了忙。

所以第一點，這個立場是一個韋伯式的角度，研究一個這會現代化的成功與現代化以前一些傳統的倫理觀念有什麼關係。第二，是用帕森斯的框架，主要是借用「類型變量」和「行為維度」的社會分析方法來分析，他認為，日本文化的基本價值類型可概括為政治價值優先，如果相對比，歐洲中世紀是近代化以前是宗教價值優先，現代美國是經濟價值優先。所以有三種不同的社會，一種是政治價值優先的社會，一種是宗教價值優先的社會，一種是經濟價值優先的社會。

他認為從非工業社會轉型到工業社會的現代化發展有兩種轉變方式，一種是基本價值轉變的情況下完成向工業社會的轉變，歐洲美國都是一樣，以前是宗教價值優先，轉變為經濟價值優先，在這樣一個價值轉變過程中完成工業化、工業社會的轉變。一種是基本價值不變，但也取得工業社會的發展，日本就是這樣，日本基本價值——政治價值優先沒變，但是也獲得工業化的發展。

當然他也指出，在日本的情況下，政治價值優先沒變，但經濟價值本身也變得比較重要，使整個經濟能夠理性化發展。日本跟歐洲美國的情況不一樣，不是從宗教價值優先轉變到經濟價值優先來實現現代化，而是保持政治價值優先，當然經濟價值也受到重視，但是始終保持政治價值優先的特徵。政治價值優先是一個廣義的價值，是一個廣義的用法。按照帕森斯的講法，所謂政治價值優先就是達成社會目標壓倒一切，這是最重要的。如果換一個說法，在日本的文化的中心價值系統是政治優先為特點，其他的文化價值都要在政治優先的前提下得到承認。

帕森斯的理論本來是把社會分成四個維度，一是經濟系統，一是政治系統，一是文化系統，一是整合系統。經濟系統裡與經濟系統相配合的價值是經濟價值，所以經濟系統有一個跟這個領域相適合的價值觀念就是經濟價值。相應從社會學角度講，在價值上講究強調「適應」。政治系統相適合是政治價值，政治價值相應的維度是「達到目標」。文化系統與之相適應的是文化價值，文化系統相應的維度叫「潛在性」。第四個是整合系統，與之對應的是整合價值。這是按照帕森斯理論裡講的，我們也不必深論，為什麼叫「潛在性」，不用管它，就是每一個系統都有與之相應的價值和表現，經濟系統叫做「適應」，政治系統叫做「達到目標」，文化系統主要講「潛在性」，整合系統就是講凝聚團結、社會的整合。因此照此分法，日本是政治價值優先，表示在日本「社會結構中『達到目標』的維度具有特別重要的意義」，社會的團結意義不大，發揚文化的潛在性意義不大，經濟當然要適應，但是最重要的就是「達到目標」。

十一 中日韓三國儒學的特色

剛才講韓國的金教授講日本強調國家目標,肯定是受了這本書的影響,因為這是一部關於日本文化研究的經典著作。因此在日本社會裡面政治價值支配社會結構中的其他三項,整合、文化、經濟都是所謂政治價值的主導作用派生出來。這樣一個中心價值系統,在貝拉講就是強調日本人所重視的不是整合價值,也不是文化價值,甚至不是經濟價值,而是政治價值。政治價值就是把達成目標看成是最重要的。但是這個目標不會是完全空洞的,集團目標總是指增強集團力量與威望的目標,這樣一個目標可以是經濟發展,也可以是戰爭,也可以是帝國主義擴張,總而言之是一個集團的功利目的和目標,實現它是最重要的。

跟這個相應,貝拉認為日本因為制度系統的特點是強調垂直的關係,不強調橫向的關係,垂直就是領導被領導的關係,垂直的關係主要是靠上下級的一種忠誠倫理來保持。所以他說在日本的前現代社會裡面,達到目標本身是一個政治價值優先的結果,同時武士倫理是講究忠誠的,和政治價值優先是結合在一起。一方面整個社會的結構是一個政治價值優先,優先就是要達成一個集體的目標;同時倫理方面就是要強調一個上下級的忠誠關係。

在這方面,他特別考察了淨土真宗,考察武士倫理、武士道,考察日本的儒學的心學運動(石田梅岩的心學運動),基本上概括起來,其基本想法就是認為武士倫理在德川時代就是江戶時代形成日本國民的基礎,是講究嚴肅、勤儉、不懈怠、謹慎的一種生活方式。在這樣一種可以歸結為所謂「禁慾主義」的生活方式裡,節儉和勤勉特別重要,因為韋伯講西方新教倫理也是強調這兩點,這種武士倫理促進政治的理性化,而且對於經濟理性化也有一些明顯的意義。特別是武士倫理在德川時代成為一種社會倫理運動,對社會層面特別對商人階級也有很多影響,結果商人階級都是強調忠孝,要服從,要正直,要勤儉,要節儉,變成社會的倫理,對上級要無私奉獻,要最低度的個人消費,要嚴格地履行日常的工作、義務等等,這些變成德川時代日本前現代化的基本的倫理觀念。

這些東西其實剛才都已經點到,討論這個問題的時候,貝拉也意識到一種疑問,就是他所討論的一些日本前現代文化的倫理要素在前現代的韓國和

中國也都存在，而且相當廣泛，那怎麼解釋中日韓現代化的不同發展呢？他給自己一個回答，認為除了剛才講的日本是一個政治價值優先的解釋以外，他把這個問題做了展開。他說，如果從政治經濟學的角度看，中國式的觀點和日本式的觀點有一個區別，中國是強調穩定和諧的理想，日本是強調達到目標的動力。也就是日本是政治價值優先，中國是整合價值優先。中國式的觀點是強調穩定和諧的理想，所以中國前現代是整合價值優先，不是政治價值優先。雖然東亞的儒教都可以上溯到中國的一些淵源，但是中國的儒教基本上是文人學士、紳士官僚階級的一些專有物，日本則把這一套透過武士道影響到商人階級，得到廣泛的傳播。儒教對日本的武士倫理影響非常大，但日本不是照單全收，是從日本古代社會結構出發，從日本歷史文化的制約理念來選擇。這個選擇如果對比，日本江戶時代的社會跟中國先秦的封建社會有很大的類似性，跟唐宋以後的中國社會不太類似。另外在中國，軍事力量在傳統上比較萎縮，對主君的忠誠不是最重要的，而在日本，軍事非常重要，對主君的忠誠凌駕於所有的觀念之上，因此他覺得中國和日本的區別還是很明顯的。用帕森斯的術語來講，中國是以整合價值占首要地位，而日本是以重視政治價值達到目標為特徵，這是他所解釋的最根本的一個區別。

當然，他認為中國的情況也是可以改變的。比如他認為儒家的倫理如果要對現代化產生影響，中國的政治結構需要有所改變，要在價值結構上轉為政治價值占首位的價值系統。這個書寫在1955年，他認為當時的蘇聯大體上是一個達到目標的社會，達到目標的社會是政治價值優先。從而他說1950年代的中國也是向著這個方向轉變，而這個轉變有利於工業社會的勃興。因為政治價值優先和一個有利的政治系統是落後地區工業化的巨大的有利因素。這是他的一個基本講法。

問答部分

提問：聽了陳先生的演講，很受啟發，但是也有一些觀點還沒有聽得很明白，想請教一下。陳先生在中日韓三國儒學的個性和特色的比較當中，引證了梁漱溟先生的關於仁學的一些言論，梁先生認為仁的出現表現中國文化

儒學發展與進化：陳來講談錄
十一 中日韓三國儒學的特色

中的理性的早熟。陳先生還引征《菊與刀》的作者本尼迪克特的觀點，這位作者指出中國設定一種凌駕於一切之上的德，那就是「仁」，統治者必須行「仁」，否則人民群眾反對君主就是正當的。陳先生在演講當中也認為，中國儒學凸顯的是「仁」，這是中國儒學和日本人凸顯「忠」截然不同的地方。這些分析和引證都是很有道理的，但是想一想我們的歷史事實，這些估計，我個人感覺到是不是過於樂觀了些？如果回憶一下中國封建時代的歷史事實，回顧一下在儒學的思想影響下人們的社會實踐，那麼我感覺到，我是不很有把握，但是我們可能要得出另外一種結論，實際上在長期的中國封建社會當中，「忠」才是在儒學特別是在宋明儒學教育下的中國人提倡的最重要的政治價值、文化價值和倫理價值的核心，而那些真正堅持「仁」的價值，堅持「仁」的理念，宣布統治者必須行「仁」，否則人民群眾就可以反對他的人，在古代在近代中國社會始終被視為異端，其中突出的代表有黃宗羲，有李卓吾等等，這種凸顯「忠」的思想可以說一直延續到現代。

我們大家包括陳先生在內，都經歷過「文革」，在「文革」中我們真正看到了「忠」的價值得到了極大的張揚，得到了非理性的張揚，而以人道主義為主要內容的「仁」概念在被批判、被掃除殆盡，在那時真正看到對於一個特殊系統或者特殊集體、特定個人的承諾勝過了人們對普遍價值、對正義對平等對博愛的承諾。

那是一場浩劫，是一個蠻不講理的時代，是一個把「忠」的信念發展到非理性的極致的時代，在那場浩劫之中，中國人雖然批孔批儒，但實際上又在跳忠字舞，唱忠字歌，在盲目地恪守儒教的忠君的原則，這無論如何是一個歷史的諷刺，所以今天到底怎樣看待儒家的積極的人文價值同它在中國的現實的社會中，在人們的實踐中產生的消極的影響之間的矛盾，想聽聽陳先生的看法。謝謝。

陳來：謝謝您的很好的意見。我想您講的是有一定的道理，您是說在中國實踐上來講，「忠」還是很重要的，還是很突出的，其實也壓倒了「仁」，尤其像我們知道三四十年前還重演了歷史的狀況。我想您這個想法是有一定的道理，「忠」的觀念在中國社會仍然有很多的影響。我今天的講演是從比

較特色來講的，並不是說中國由於相比於韓國日本突出仁，就沒有忠、誠了。中國從古代到現代也有忠，在某些領域還很影響很深，我只是說，比較起來，比起日本，忠不是中國儒學的第一原理，第一德目。而不是說中國沒有忠。

這個問題是比較複雜的，可能還是要分析，如果要分析，一個就是您從政治實踐的方面講的，是很重要的一個方面。另一個就是從理論上來講，從先秦孔子，到宋代以來的儒學知識分子，他們所有的言論強調「忠」的是比較少，強調「仁」的比較多，在他們講學實踐裡，我們看到更多的都是講「仁」的問題，而不是突出「忠」。忠雖然也講，但是不突出。

其次就是，在「忠」的問題上，可以說更多的是王朝的國家權力加以強調和維護，從而跟儒學形成若干的緊張。比如典型的是明太祖朱元璋看到《孟子》裡面講，「民為貴，社稷次之，君為輕。」人民是最重要的，社稷就是社會是第二位的，君主則是微不足道的，他說這怎麼行？要把孟子從孔廟從祀的行列中趕出去，把孟子的牌位從孔廟中撤走，把孟子的書都收了。結果儒臣就反抗，就勸說，最後說孟子還保留吧，讓他在這坐著吧，但得把他的書給刪了，把那幾句跟人民有關的都刪了。這就可以看出專制政治權力跟儒學之間有一種緊張。

所以我們在歷史實踐中碰到的很多東西，其實更多是來自專制政體本身的一種要求和作用，這些不能夠說簡單等同於儒學的表現，要把它和儒學區分開來，皇權和儒學的一些緊張應該也照顧到。

我想，像您提的一些比較有代表性的啟蒙思想家像黃宗羲這些人，在歷史上，一直到明末清初，還是比較少的。確實能夠提出這些很珍貴的啟蒙思想的人，還是比較少見的，而這些人像黃宗羲也是儒學裡精英的分子。他本身是消化、研究、繼承宋明理學的思想家，在學術史方面做了很詳細的研究，像《宋元學案》、《明儒學案》；同時他又寫《明夷待訪錄》，對中國政治制度做全面的反省。這說明儒家知識分子本身也有這方面的願望和能力，只是中國歷史上的條件不夠，所以儒學這方面不能完全發揮出來，像明代是最黑暗的專制政治。我簡單做一個回答。謝謝。

註釋

[1]. 《論語·雍也》。

[2]. 《論語·顏淵》。

[3]. 《呂氏春秋·不二》。

[4]. 《老子》六十七章。

[5]. 《孟子·盡心上》。

[6]. 《程氏遺書》二上。

[7]. 《程氏遺書》二上。

十二 全球化時代的多元普遍性

▌用朱子「理勢論」解讀全球化

雖然題目不是朱子學的題目，但我想我們三句話不離本行，還得跟朱子沾點邊。以朱子為代表的古代儒家的歷史哲學有兩個重要的概念，一個叫做理，一個叫做勢。理是道理的理，勢是趨勢的勢。按理、勢的分析框架來觀察歷史，所謂勢就是一種現實的趨勢，所謂理我們可以說就是歷史發展的規律、原則、理想。勢往往和現實性、必然性相關聯，而理如果相對於必然性，我們說是偏重於合理性的一個範疇，這兩者可以說是有分有合。如果我們離開歷史發展的現實，空談理想和正義，那往往會被歷史所邊緣化。但是如果我們認為理勢合一是無條件的，那就意味著老黑格爾的命題「凡是現實的都是合理的」，這樣就會使我們失去對於歷史、對於現代的批判和引導的力量，也就抹殺了我們人對於歷史的能動的參與和能動的改造。因此，如果就本來的意義上來講，朱子學裡關於理勢的分析，既是為了強調人對於歷史發展的趨勢要有個清醒的認識，更是為了強調人和人的道德理想對於歷史的批判改造的功能。從前我們常常有句話說：歷史潮流不可阻擋。這個歷史潮流就是「勢」。「勢」和歷史潮流當然有它歷史的必然性，但不一定是完全合「理」，不是不可以引導的。但是，我們如果完全不顧歷史大勢而反勢而行，逆歷史潮流而動，那當然也要失敗。因此，我們說妥當的態度應該是理勢兼顧，這應該也是朱子學所能夠贊成的立場，所以我想我的觀點先從這樣一個背景出發，作為我今天講演內容的方法論的一個對比。

全球化是當前的一個大勢，那麼這個大勢的內涵是什麼呢？我們說就是全球經濟的一體化和訊息的連通化，已經越來越使全球的各個地方連接成一個整體。在當今的世界上，任何的一個國家經濟、技術，甚至政治的發展都不可能脫離世界其他國家，任何閉關自守的孤立於世界的那種發展努力，不僅是徒勞的，應該說也是注定要失敗的。今天面對經濟技術的全球化以及由此帶來的人們對於推進民主及政治改革的要求等等，我們應該用全盤承受的態度，透過全面加強和世界的聯繫和交往，加速科技文明的進步，加快學習

現代企業制度和它的管理體系，來推動我們政治文明的不斷進步。同時，我們要立足於民族國家的根本利益，充分利用全球化的機遇，在利用全球化機遇的過程裡面，能趨利避害，大大發展我們的生產力，借助全球化來促進我們的現代化。這樣，我們在積極融入全球化的潮流中建設起我們能夠適應世界發展和潮流的社會，促進我們中華民族的偉大復興。這可以說是我對於全球化的一個基本態度。但這不是我今天要講的重點，我要講的重點不是要關注全球化運動的「勢」，而是希望也能注重分析全球化中的「理」，尤其我們要透過注重分析全球化運動中的文化面向，從而使我們不僅一方面像我們剛才講的成為全球化運動中的參與者，同時也能夠時時刻刻保持對全球化運動的一個清醒的分析。在這種參與中，發揮我們東方智慧的力量，促進全球化運動向更加理想的方向發展。這是先交待給各位的我的一個基本態度和問題背景。

變西方化為世界化

我主要講兩個大問題。第一個大問題是面對文化全球化的趨勢，我們的口號是「變西方化為世界化」。我剛才講了，我們報告的重點不是討論全球化的經濟、技術或政治的方面，我們的重點是討論文化，也就是全球化時代的文化關係。從全球化的實踐來看，經濟和文化是可以分開討論的。這在西方的社會家裡面也都是這樣來瞭解和分析。比如像經濟全球化的浪潮已經席捲全球，面對這個趨勢，第三世界的反對是比較少的。那麼，站在文化角度上，面對文化全球化的趨勢，我們看第三世界注重本土性、注重民族性、注重地方特色的呼聲是日益高漲。而且，如果把眼光放得更遠一點，我們可以看出這些注重本土民族和地方特色的呼聲不僅來自非西方的國家，而且也來自歐洲國家，特別像法國等這樣的國家。剛才我說朱子學裡面有理勢的分析，在中國古代理氣論裡面有兩個說法：一個叫「氣強理弱」，還有一個叫「以理抗勢」。如果說「氣」相當於或可以用來表達「勢」這類的概念，是可以表達現實性、必然性這樣的一類概念，那麼理呢，可以用來表達合理性一類的概念。用這樣的觀點來看全球化的問題，也許我們可以說，在全球化的經濟領域裡面，氣強理弱。但是在全球化的文化領域裡面，則是理可以抗勢。

變西方化為世界化

以理抗勢,也就是說,重視理對於現實的引導作用,我們所強調的引導作用更多的是體現在文化的領域。

從文化的角度來思考 19 世紀以來的各個民族的歷史的密切連結、密切的交往,世界各個地方文化的溝通融合的過程。也就是說從文化的角度來反思全球化歷程的特點,目前在整個世界有不少,其中有一個美國的社會學家羅蘭·羅伯森 (Roland Robertson),他可以說是一個代表。但是,首先我們要把這個問題先回到馬克思,看看他對這個問題的深論。下面是馬克思的一段話:「過去那種地方的和民族的、自給自足的閉關自守的狀態被各民族的各方面的相互往來所代替,物質的生產是如此,精神的生產也是如此。各民族的精神產品成為公共的財產,民族的片面性和侷限性日益成為不可能,於是由許多種民族的和地方的文學形成了一種世界的文學。」看來,馬克思這裡是特別就文學來講,但我們可以把意思擴大。這裡面所說的民族的片面性和侷限性,我們認為不僅對於東方是如此,對於西方也同樣適用。也就是說文化的這種民族的片面性和侷限性,不僅在東方文化裡面有,在西方文化裡面同樣也有。那麼很顯然,我們看到,在文化上,馬克思所主張的並不是東方從屬於西方,他正面肯定的是各民族的精神產品都成為公共的財產,成為全世界文化的共同財富。他主張由許多民族和地方的文學(這裡的文學也可以說是文化)形成了一種世界的文學。我們說這個觀點應該不僅是指文學,也代表了馬克思在整個人文學領域的世界化的觀點。站在這樣的立場上說,世界文學、世界史學、世界哲學是涵蓋了各個地方的民族的特色,而又能夠超越了單一的地方、單一的民族的那種侷限的一種文化。他絕不是說要以歐洲的範式或者美國的特色,去覆蓋一切民族和地方的文化。這是馬克思的瞭解。如果就世界哲學而言,在全球化的時代,一個很重要的任務就是我們要一改近代以來的西方中心主義的文化弊病。比如說,在西方,直到現在仍然有一種很普遍的文化理解,認為只有西方的哲學才是哲學。這種觀點應該說已經是一種落後於二百年來東西文化頻繁交流、普遍交往的經驗。那麼,在今天這個世界化的時代,或者說 19 世紀後期以來的這個世界化的時代,我們應該把哲學看成一種文化,換言之,哲學是什麼?哲學這個概念應該是一個共相。它應該是一個家族相似的概念。可以說它是西方,也是印度,也是

中國這些文明各自對宇宙人生的理論思考，是世界各個民族對宇宙人生的理論思考，這樣才是一個世界哲學的概念。因此，在這個意義上，我們說，哲學不僅僅是一個西方經驗的東西，西方的哲學是哲學的一個例子，而不是哲學的標準。因此，哲學這一概念不應該是西方傳統的特殊意義的東西，而應當是世界多元文化裡面一個富於包容性的普遍的概念。這樣的觀念才能和馬克思講的世界文化這樣的概念相匹配。比如說我們中國哲學，雖然範圍和西方哲學有所不同，它所考慮的問題和西方哲學也有所不同，但這不能妨礙中國哲學成為哲學的。而我說這不僅不妨礙中國哲學成其為中國哲學，恰恰體現了哲學本身是共相和殊相，一般和個別的統一。我們說今天在非西方世界的哲學家的一個重要的工作就是要發展起一種廣義的哲學的概念，在世界範圍內可以推廣，解構在哲學的概念上的傳統的西方中心的立場。這樣，我們才能夠真正促進文化間的哲學對話，發展 21 世紀人類的哲學智慧。如果我們對於未來哲學的理解仍然像以前一樣受制於歐洲傳統或者更狹小的所謂英美的分析傳統，（我們知道在美國哲學系連歐洲哲學都不講，只講英美的分析哲學。）這樣的話，哲學的人生智慧和價值導向就沒辦法體現，21 世紀人類的前途也不會比 20 世紀更好。

「全球化」一詞背後的隱憂

我們來看全球化這個詞，全球化這個詞如果作為動詞，本來應該指某一個元素被推行於、流行於、接受於全球各個地方，在這個意義上，全球化是有主詞的。比如說，市場經濟的全球化，這句話裡面主詞就是市場經濟；美國文化的全球化，主詞就是美國文化。事實上，我們看今天這個世界上眾多的著名的政治家、媒體還有學者所使用的全球化這個語詞，多數人在使用這個詞的時候是不贊成這種有主詞的，或是單一主詞的全球化的立場。那麼從文化上看，其原因很明顯，就是有主詞的全球化它是一個一元論，它意味著用一個單一性的事物去同化、去覆蓋、去取代全球文化的多樣性，那麼這也就意味著一種同質化，一種單一化，一種平面化，這對於文化發展是極為有害的。另一方面，這種有主詞的全球化，我們知道一般其實就是西方化，甚至這種有主詞的全球化就是以美國的政治經濟體制、美國的價值觀、美國的

文化意識形態作為它的主詞，這樣一種有主詞的全球化必然引起，而且已經引起了跟世界各個地方的民族文化傳統和文化認同的緊張。而現實世界的全球化過程也的確有這種趨勢和傾向，就是這種全球化就是美國化的傾向。特別是美國自身推動的和主導的全球化的努力是始終致力於朝著這個方向去發展的，這理所當然地引起歐洲和亞洲多數國家人民對這種文化帝國主義的警覺，對文化帝國主義的質疑。因此，基於這樣的立場，更多的人贊成把文化的全球化視作全球各個文化相互滲透、相互融合的過程，而不是用單一的某種文化去化掉其他所有的文化。甚至於有的社會學家、文化學家說全球化是一個雜合的過程，他不說融合，而說雜合，說的就是這種相互滲透、互相共存的關係。這樣的一種全球化的概念，我們說它更多地代表一種全球化的狀態，而不是像剛才講的，以某一個單一的元素為中心把別人都化掉。因此，可見全球化這個詞在應用裡有不同的應用，可以是性質的應用，也可以是狀態的應用。也就是說，全球化既可以理解為一種全球性的狀態，也可以是一種全球性的性質。當我們把全球化理解為一種全球性的狀態，像我剛才所講的文化的相互滲透，這裡就已經不需要主詞，因為是多種文化的元素的相互滲透，就已經不需要主詞。與這樣的時代相適應，我們必須發展起更新的、富於多元性的世界性的文化概念和文化理解，就是剛才我們講的要變西方化為世界化。我們今天就是要從馬克思的世界化的觀點出發來，發展出一些更新的富於多元性的世界性的文化理解。

另外，我們看全球化和本土化近十幾年來討論很多，在實踐上他們實際上是相互補充的。在討論全球化的學者裡面，甚至發明出一個詞叫做全球的本土化，就是指這種全球化和本土化相互補充的關係。從這個方面來講，我們也可以說如果全球化有主詞的話，這個主詞應該是多主詞，它所形成的全球化是一個複數的全球化，也就是由眾多的全球化的努力相互競爭相互影響，共同構成我們這個全球化時代大交流的豐富的畫面。在這個意義上，我們說全球化實際上是一個競爭的平臺，也是一種技術機制，任何事物都可以努力借助於當前這種世界性的技術機制來使自己所要求的東西全球化。這是我講的第一個問題：關於變西方化為世界化的一個觀點。

十二 全球化時代的多元普遍性

▎東西方價值誰更具有普遍性

我們要談的第二個問題是關於價值的多元普遍性。我們說全球化為東方文明提供了機遇，或者說是新的機遇，它有可能根本上改變三百年來東西文化失衡的狀態，失衡就是說我們受到西方文化的衝擊、壓迫，所以我們從西方文化學習到很多，西方向其他地區學到的比較少。總體來看，東西方文化是一個比較失衡的交流狀態，可以說全球化為我們根本上改變這個狀態，創造了一個新的機遇，因此我們不能把全球化僅僅當做一個外在的、客觀的過程，我們應該把它當做一個參與的、能動選擇的、不斷改變的實踐過程，那麼這涉及關於文化認同的問題。

在中國，我們說文化認同的問題始終跟古今東西之爭相關聯。所以全球化的問題，今天在中國的浮現，還是和這個問題有關聯的。全球化所涉及的古今中西的問題，全球化的討論跟我們在 20 世紀 90 年代以前所進行的現代化的討論裡遇到的問題相似，只是方式和角度有所不同。比如說我們在中國現代化初期的啟蒙運動裡，不管是「五四」時期，還是在 20 世紀 80 年代初期，它是以西方對東方，這是早期現代化啟蒙運動的一個基本的對待，就是東方對西方。在現代化的理論裡面，是以傳統對現代。在現在的全球化論述裡，是以全球化對地方性。這些看起來是不一樣的，我們說，在中國近代化初期的啟蒙運動裡，是西方和東方相對；在現代化理論裡，是傳統和現代相對；在全球化運動裡，是全球性和地方性相對。事實上，我們看它始終都關聯著一個根本的問題，就是在現代化的時代，對於非西方的世界來講，文化傳統的命運如何，你如何對待文化傳統，如何對待文化認同這些問題。我們這裡所說的地方性，和全球化相對的地方性不是人類學家所講的小區域的地方性，而是指一種非西方的大文明傳統，比如說印度文明、中國文明、阿拉伯文明。可以說，在全球化裡面已經顯現出一種趨向，把這個問題提得更尖銳，就是在當今這個全球化的世界裡頭，這個大勢、這個勢頭裡，誰在經濟上政治上更有力量，誰在文化中就有可能覆蓋其他的文化和文明創造，這是個很嚴峻的問題。因此，我們今天所面對的全球化的問題，和我們以前碰到的古今東西的文化問題仍然是有共同性的。此外，如果我們從現代化的角度來看，經

濟全球化最有說服力。全球化有多種說法，其中經濟全球化的說法是最普遍的。從這個意義上，全球化突出的仍然是工具理性的全球發展，全球化裡遇到的問題其實和現代化運動裡遇到的問題有一致的地方，就是工具理性和價值理性不平衡的問題，太強調工具理性的發展，忽視價值理性的保存。比如說，德國前總理、資深政治家施密特在考慮全球化時特別提出，全球化可能帶來的人的道德退化的問題，必須要引起注意。我想，他指的就是這種過分強調經濟全球化和工具理性的膨脹。

　　從哲學上來講，我們說一個事物或是一個要素在一定的歷史過程裡被全球化，表示說這樣一種事物或要素自身具有一種可普遍化的性質，這是它內在的根據，而且這個特質在一定的歷史過程中得到了外在的實現。我們從哲學上來講，就是這樣。從世界範圍來看，早期的現代化過程是歷史地呈現為一種西方化的特點。在社會學界裡面，從馬克斯·韋伯到塔科·帕森斯，在倫理上，都是把西方文化看成是一種普遍主義，而把東方文化看成一種特殊主義。就是意味著西方文化和它的價值才能夠普遍化，可以被所有的人所接受，才是可普遍化的。而東方文化，不管是印度文化、阿拉伯文化、中國文化，它的價值只有特殊性，也就是說是不可以普遍化的。從而，我們看從韋伯到帕森斯，是把東西方的價值關係製造了一種對立，就是我們剛才講的，一種是普遍主義，一種是特殊主義。把東西方的文化價值歸結為這樣一種對立，用這樣的觀點去講全球化，就是用西方的普遍主義去化全球，因為只有西方才有這種可普遍化的能力，它是普遍主義的東西，它才能去化全球，實現全球化。這樣的觀點就是我們上面所反對的觀點。在這裡，我們看，全球化的討論和現代化的討論又銜接了，現代化是要求從古代進入到現代，所以講的是古往今來，突出的是古和今的矛盾，這是現代化的路數。而全球化呢，是要求放之四海而皆準，所以它講的不是古往今來，而是四方上下，突出的不是古和今的矛盾，從我們中國人的角度來講，突出的是東和西的矛盾，是西方文化和其他文化的矛盾。在 20 世紀 60 年代，現代化論者很注意強調傳統和現代的對立，美國的現代化論有一種講法，要求所有的後發展地區和國家拋棄自己的文化價值，去擁抱西歐和美國的現代化。20 世紀 90 年代的全球主義強調的是全球和地方的對立，要用全球性徹底覆蓋地方性。因此，可以

十二 全球化時代的多元普遍性

說從現代化到全球化,對我們來講,古今東西的問題其實仍然始終站在文化問題的中心點。

從儒家思想的角度來看,針對現代化理論,我們所強調的是古代的智慧仍然有其現代的意義。針對全球主義,我們強調,東方的智慧同樣具有普遍的價值、普遍的意義。這兩種針對性,我們都是要強調文化傳統,特別是非西方世界、非西方文化的傳統自身具有普遍意義,具有永久價值。只是我們針對現代化和全球化的重點不一樣,一個側重在時間,現代和古代,一個側重在空間,東方和西方。如果我們借用地方性的概念,有一個問題,也需要重視,就是我們要看到人類不管生活在一個什麼樣的工業化發展的時代或是技術化的時代,人最直接的生活秩序,其實就是地方性,就是人在現代化的生活之外,我們要求有道德生活、精神生活、心靈對話。而道德秩序,就我們今天人類發展的經驗來看,從來都是由地方文化來承擔。比方說世界上的大部分文化和文明的道德秩序,都是由宗教信仰來承擔。而宗教信仰不是一個一般的概念,它都是由各個特色的地方文化來承擔的,這些信仰對每個當地的人民起著直接的作用。因此,我們說古往今來從來沒有,未來也不太可能有一個全球宗教,可以取代一切地方性的宗教(這個地方性是個大的地方性,比如說印度的、中國的、阿拉伯的),不可能有一種全球性的宗教來取代一切地方性的宗教道德體系,成為地球人類的一種共同宗教。因此我們說現實的多元化的道德體系、宗教信仰是我們現在世界的現實,未來的幾百年我們相信也不太有改變的可能。

另一方面,剛才講的那些所謂地方性的文化,比方說印度的,還有中國的,當然東方裡面也不止印度和中國,還有日本的,等等,這些地方文化也可以具有普遍性,也可以普遍化。我們以佛教為例,它是世界宗教,但是佛教仍然有地方性,就是它是源於東亞,當然最早是南亞,後來到東亞大陸,在朝鮮半島和日本列島得到特別充分的發展。不僅佛教有地方性,儒教也是一樣,儒教是儒家文化,當然有地方性,它和東方文明、東亞文明有密切的聯繫,可見全球化和地方化不是截然兩分的,而是互相滲透的。事實上,我們看世界文明的歷史,佛教也好,儒教也好,在歷史上它早就不是一個純粹的地方文化。剛才我講的,佛教本身的傳播就是一個世界化的傳播。佛教也

好，儒教也好，其本身不斷隨著傳播的可能性在擴展。也可以說，從歷史上看，首先它在近世的東亞取得了它的世界性，因為那個時候的傳播的可能性受到很多限制。它在近世東亞取得了它的世界性後，在近代又向更大的世界性展開。我們看到，佛教在美國，在歐洲都在進一步擴大它的影響，信徒也很多。我們說，這種傳播的擴大，本身就說明像東方的佛教具有可普遍化的性質，他的內容有普遍性的意義，儒家也是如此。因此，面對這樣的現實歷史，我們應該嘗試建立起一種多元的普遍性的概念。

羅伯森全球化理論的缺失

剛才我提到的美國的社會學家羅伯森，他注重研究全球化的問題，他有一本書叫做《全球化：社會理論和全球文化》，其中他提到兩個概念：一個就是普遍主義的特殊化；另一個概念就是特殊主義的普遍化。他說這兩個是全球化的雙重進程，全球化不是只有一個過程即普遍主義特殊化，同時也是特殊主義的普遍化，他提出這樣的雙重過程具有互補性。什麼叫做普遍主義的特殊化呢？就是我們也常講的普遍真理和具體實際相結合。比如我們講中共黨史，說用馬克思的普遍真理和中國的具體實際相結合，用他的概念就是普遍主義的特殊化。怎麼樣把普遍真理與當地具體實際結合起來？羅伯森所講的普遍主義指的就是從西方首先發展起來的那個現代經濟、政治體制，現代的管理體系和它的基本價值，這個過程，他又叫做全球地方化，這是一個過程，這個叫普遍主義的特殊化。那麼特殊主義的普遍化對他來講是什麼呢？他就是指的對與西方文化不同的那些特殊文化的認同，它越來越具有全球的普遍性。以前看不到這些，以為只有美國、歐洲的東西有這種全球的普遍性，現在發現很多其他的本來可以看做特殊性的那些文化，那些價值，越來越具有全球的普遍性。那麼他就認為，只要這些地方、這些民族群體，如果能夠放棄那種跟西方有對抗性的那種關係，如果開放地去融入到這種開放性的全球化雙重進程裡頭，那麼它自己的文化和它的地方性知識，（這個地方性知識不是人類學所講的一個小的地方性的知識，而是這種大的文明價值和信仰。）同樣可以獲得全球化的普遍意義，這叫地方全球化。簡單地說，就是

十二 全球化時代的多元普遍性

一個叫全球地方化,一個叫地方全球化。前面一個叫普遍主義的特殊化,後面一個叫特殊主義的普遍化。

羅伯森這種講法還是很有意義的。但是這種說法,在我們看來,它對東方文明的普遍性還是肯定不足。在我們看來,不管是東方的也好,西方的也好,所謂普遍和特殊,其實在很多時候只是一種時間的差別。你說西方是普遍的,東方是特殊的,其實這是一種時間上的差別。什麼意思呢?就是西方比較早地把它自己實現為一種普遍的情況,而東方呢,我們可以說它尚處在把自己的這個地方性實現為普遍性的一個開始,這是一個時間上的差別。而從精神價值來看,它的內在的普遍性,其實並不決定於外在實現的程度,儘管目前這個外在實現的範圍還不大。比如說佛教,可能還沒有基督教信仰的人口多,沒有基督教宗教信仰的地域涵蓋面大,但是佛教的內在的普遍性,其實並不依賴於這種外在實現的程度,只是現在還沒有條件完全實現出來而已,但是內在的普遍性是本來具有的。因此,如果這樣來看,我們可以說,東西方的精神文明和價值,它都是內在的具有普遍性。我們應該一視同仁,認為它們都是內在的具有普遍性。這種普遍性我們把它叫做內在的普遍性,它不是依靠外在的實現程度。同時,內在的普遍性是不是能夠實現出來,當然需要很多外在的歷史條件,而實現出來的,我們叫做實現的普遍性。一個我們叫做內在的普遍性,一個我們說實現的普遍性。因此,真正說來,在精神這個層面,我們必須承認,東西方各個文明都具有普遍性,都是普遍主義的,只是在它們之間互有差別,而且在不同的歷史時代,實現的程度不同。這就是我們所講的所謂多元普遍性的概念。

從價值上來看,我想我們都可以承認這一點,就是現在西方所特別強調的正義、自由、權利(不是掌權人的那種權力,而是我們個人的權利,身邊的權利。)、理性、個性,這些都是在近代西方裡面特別發展,被認為是普遍性的價值。但是同時,我們認為,跟正義、自由、權利、個性相對,有另外一組價值,就是仁愛、平等、責任、同情、社群(與個性相對的社群),仍然是具有普遍性的價值,這些價值也是普遍主義的價值。這兩種價值,都是當今世界人類所需要的普世的價值。

梁漱溟：讓西方回到西方

中國近代有個思想家叫梁漱溟，他早期的一本名著叫做《東西文化及其哲學》，他所揭示的就是這個道理，就是文明的內在價值，各種文明都有內在的價值，但是實現的時代又是有所不同的。那麼今天呢，我們只有建立全球化的多元普遍性這種概念，我們才能夠使全球所有的文化形態都相對化。我們不能說只有西方的文化是絕對的，其他的都是相對的。這樣才能使全球的所有的文化形態都能夠平等，不是只有哪一種文化高高在上，具有普遍性，其他的文化都是低人一等。在這個意義上，如果說在全球化的第一個階段，文化的變遷具有一種西方化的特徵。那麼在第二個階段，今天我們就看到這個階段了，有可能使西方回到西方。什麼意思呢？就是指西方文化、西方化，回到與東方文化相同的一種相對化的地位。不再是西方是絕對，別人都是相對。在西方回到西方的意義上，我們看到，在晚近十幾年裡，西方有多元主義的文化觀。西方的多元文化主義很注重講承認的政治，承認的政治就是指承認不同的族群都有它的政治權利。相對於這一種所謂承認的政治，我們說，在全球的文化關係上，要強調承認的文化，就是要承認文化和文明的這種多元的普遍性。用這樣的原則，來處理不同的文化和不同的文明的分歧。這樣的立場，當然可以說是一種世界性的文化多元主義的立場。我們主張全球文化關係裡面的去中心化，不要以一個西方為中心，歐洲為中心或者美國為中心，應該多中心化，一種世界性的多元的文化主義。

「理一分殊」對全球化的啟示

我們以往的習慣往往認為普遍性只是一元的，凡是多元就意味著特殊性。其實從價值上來看，多元也不必都是特殊。多元的普遍性是否可能或者如何可能，現在應該成為我們全球化時代哲學思考的一個新的課題。回到儒家哲學的講法，在全球化這個問題上，已經有學者用理學的傳統模式來分析，比如理學裡面所講的「理一分殊」，已經有學者用這個模式來說明東西方宗教的傳統都是普遍真理的特殊表現形態。用「理一分殊」來講，都各有他的價值，有共有一致的可能性。用這樣的觀念來促進文化和文明的對話，這是很

十二 全球化時代的多元普遍性

有價值的。我想補充的是,除了「理一分殊」以外,從儒家哲學的角度還有很多層面可以講。第一,很多命題都可以用來討論世界文化和全球化的問題。比如說,以前的理學裡面講「氣一則理一,氣萬則理萬」,這可以發展出一種多元主義的觀點。氣在這裡就可以解釋為包括文明實體、地方性、地區等等。理就是價值體系。「氣一則理一,氣萬則理萬」,就是每一個特殊的文明實體都有它自己的價值體系,那麼各個文明的實體的價值都是理,都有他的獨特性,也都有他的普遍性。另外,就是「和而不同」,這個大家講得很多,就是全球不同文明、不同宗教的價值的關係應該是「和」,「和」就是多樣性的統一,而不是單一性,和是倡導、強調多樣性和多元性、差別性。一個這樣的多樣多元的差別的東西的共存,這是和。「同」是什麼呢?在全球的文化關係裡面,「同」就是單一性,就是同質性,就是一元性。和即是目前最理想的全球文化關係。「理一分殊」就是要在差異中尋求一致,繼承人類的共同理想。最後,我們又回到朱子,朱子在《四書集注》裡面談到「理勢之當然」,又談到「理勢之必然」。我們如果用這樣的話來看全球化,它是一種自然之勢。用朱子的話來講,人可以而且應當「因其自然之勢而導之」,它是個自然之勢,但是我們可以「因其自然之勢而導之」,這樣才能把理和氣結合起來,把「理勢之自然」和「理勢之當然」結合起來,歷史才能夠向著我們人類的理想的方向前進。

問答部分

主持人:剛才陳先生已經跟大家講了關於全球化的多元性和普遍性的問題,講得很精彩。剛才我記得在作介紹的時候說過一句話,就是陳先生的研究成果代表目前本領域的世界領先水平,我們剛才也已經聽到了,陳先生說他是從研究朱熹開始,研究朱子。但是我們從這裡看到了一個真正的哲學家,他不僅僅是把自己侷限在傳統文化的研究過程中,他研究朱子,不僅僅是研究朱子,在研究朱子的過程中,他實際在思考著整個中國的發展的大勢,整個世界發展的大勢。他今天給大家講演的題目是全球化的問題,全球化的多元化與普遍性,講的是這樣一個大問題,實際上他面對的是中國當今面臨的一個世界局勢的大問題。我覺得講得很深刻。陳先生說,面對文化全球化的

趨勢，一是要變西方化為世界化。如果全球化的目的就是使整個世界西方化，那還有我們中國人存在的可能性嗎？那還有我們中國文化的地位嗎？當然就沒有。所以要變西方化為世界化。也就是說，全球化不是世界各國都西方化，而是世界化，世界化就是各國各地都有自己的東西。陳先生做了非常周密的論證，透過好幾方面的論證來說明了這個問題，他認為，這種文化狀況應該是一種多元文化，各國文化的融合、滲透、共存，這種狀況才代表了全球化的狀況，而並不是說以西方文化一個元素為中心來把其他的化掉，比如說把我們豐富的燦爛的中國文化給化掉。這樣的論說應該是樹立了我們民族的信心，對我們中國本身的本土的傳統文化應該是樹立了信心。事實上，我們中國的文化也是有走向世界的可能性，陳先生做了多方面的分析。我記得有一次在馬來西亞參加世界各國的朱子學研究的一個會議，也提到這樣一個問題，很多學者在會上提出了建立一個全球倫理的問題，這個全球倫理還是要回到兩千多年前，從我們的孔子那裡尋找。也就是說，從東方文化，從中國的儒學傳統文化裡面尋找世界倫理的一些基本的東西。比如中國文化在關於「忠恕」問題的「忠恕之道」，關於「己所不欲，勿施於人」，實際上對於世界來講，還是可以認同的。陳先生所講的第二個很重要的問題就是價值的多元普遍性，我覺得陳先生講得非常深刻，他講到了價值的多元體系，也就是說，全球文化對於各國來講應該是平等的，各個國家的文化應該是平等的，是相對的。他非常巧妙地運用了這樣的一種說法，提出了這樣的一個觀點，多元文化應該是一個雙重過程，也就是普遍主義的特殊化，特殊主義的普遍化。他又結合朱熹哲學裡面關於「理一分殊」的命題，中國傳統文化裡面的「和而不同」的命題來解釋來論證這種價值體系，我覺得確實是講得非常好。我想，我們有些同學還不一定能夠聽得進去，或許還有一點吃力，恐怕是這樣。陳先生有這樣一個特點，他不僅僅是在中國研究中國哲學，他是走向世界去研究中國哲學，他曾經在美國做過訪問學者，也在日本做過多年的訪問學者。我有一次在外面參加國際討論會，有人說過，海外的留學人員，海外的一些華人學者他們是這樣說，臺灣人和香港人比大陸人瞭解西方，比西方人更加瞭解大陸，這個話說得非常好，作為香港作為臺灣或者說作為澳門，他們這些地區的華人，他們比大陸的中國人更瞭解西方，也比西方人更加瞭解中國，

十二 全球化時代的多元普遍性

更加瞭解大陸。陳先生大概就是這樣,在這樣一個廣闊的文化氛圍下研究中國文化,研究世界文化,研究全球化。所以,今天他的講座確實是非常精彩,現在還有點時間,我想哪位老師要提問的,或者哪位同學要提問的,大膽地提出來,請陳老師來對我們指教。

提問:哲學的全球化與民族化有什麼衝突?哲學的全球化是否影響對中國哲學合法化的理解?

陳來:我想,關鍵是哲學的全球化怎麼理解,怎麼定義。就像我剛才所講的,如果所謂的哲學的全球化是以西方對哲學的理解,特別是英美對哲學的理解作為標準,作為模式,也就是說,只有西方的哲學傳統才是哲學,其他文明世界所創造的那些宇宙人生的理論思考都不屬於哲學的話,那麼這樣的一種全球化我想肯定是沒有全球性。我們知道西方哲學兩大派,一派是歐洲大陸哲學,一派是英美分析哲學。在英美的哲學系,特別是在美國的哲學系,不管是英國的牛津、劍橋,還是美國的哈佛、哥倫比亞,哲學系都主要是講分析哲學,連西方自己的老根,歐洲哲學,大陸的德國哲學都不講。像這樣把單一的哲學歸結為英美分析哲學一種狹窄的對語言技術的分析,而忽略了人類文明的關懷和價值引導等等,這些深刻的生命思考,我想這肯定是沒有前途的。所以你說有什麼影響,關鍵看你怎麼理解哲學的全球化。如果僅僅是西方哲學理解的全球化,肯定是有害的,當然也就對中國哲學的合法性這個問題的討論有影響。因為中國哲學合法化的問題,其中的一個導火索或是一個引子,是因為若干年前,我忘了是哪一年,2001或2002年,法國當代有名的哲學家德里達在北京大學作講演的時候,他說中國沒有哲學。他本來說這話是好意,他不是不懷好意的,因為在他後現代主義的哲學裡面哲學是個壞東西,中國沒有哲學,中國沒有這個壞東西,他本來是這樣的意思,他是要批判西方兩千多年的哲學傳統。但是我們中國人聽起來覺得很不是滋味,不太受用,中國沒有哲學,只有你們有哲學,那我們搞了這麼多年的中國哲學史全白搞了。關於中國哲學的合法化的討論,就是涉及這一類的問題。所以關鍵是我們怎麼來理解全球化的哲學這個概念。我們一定要從多元化的角度理解這個新的、更廣的概念,否則的話,這個問題終究是避免不了。這個同學提的問題,提得很好。

提問：我們知道，歷史上很多的哲學家都是唯心主義的，朱熹、王陽明、王夫之的思想都是唯心的，而我們也知道，世界是唯物的，那麼我們需要學習唯心主義思想嗎？這些對我們平時樹立正確的人生觀和價值觀有什麼幫助嗎？

陳來：我覺得你還是應該多看點哲學的書，多瞭解一些哲學，因為你的話是有點問題的。你說世界是唯物的，這話是不通的。你可以說世界是物質的，但不能說世界是唯物的。你說很多的哲學家，他們都是唯心主義的，意思就是說，今天對我們有什麼作用，我想應當從廣義的角度來看。如果說世界是物質的，假設說，哲學只是為了幫助大家瞭解物質世界，那你提這個問題也可能有一定的道理，但這個道理還不充分。就是說，唯心主義哲學家也可以對世界的物質性，世界的規律性有他深刻的認識，我們在很多哲學體系裡面都看到這種情況。不管是西方，還是東方，唯心主義也可以對世界的某些方面，甚至包括物質運動及運動的規律，也可以有很深刻的見解，對吧。另一方面，問題更大，世界不僅僅是物質的，比如我們人，你能說人就是物質的？人是有精神的，人是有精神活動的，如果人沒有精神那就等同於走獸，走獸還是有知覺的，不僅僅是只有物質。所以，我想你要從這方面來看那些哲學家。我們看古往今來很多這樣的哲學家，他雖然不是用唯物主義的方法去思考世界的物質結構和規律，但是他深刻地研究人類的精神文明，研究人的精神活動。比如說，我們剛剛提到的佛教，佛教當然是唯心主義的，但你能說佛教是沒有用的嗎？基督教當然也是唯心主義的，但是現在世界上大部分的人口是有宗教信仰的，為什麼要有宗教信仰呢？還是因為宗教信仰對人怎麼樣安頓自己的身心性命有幫助。社會是複雜的，人的需要是多方面的，唯心主義哲學家也可以透過他的創造對於價值、對於道德、對於信仰作出深刻的闡發，能夠幫助我們，能夠安頓我們的身心，能夠指引我們有正確的道德的行為，甚至套用一句時髦的話，能夠促進和諧社會的建構。

提問：陳老師，您好，非常榮幸能聽到您的講座。如果說我們在全球化的背景下，我們本土文化能保持民族性而又有地位的話，那麼在經濟全球化的背景下，我們的民族工業能否自立，能否有自己的地位而不被國際上的跨國公司兼併？您怎麼看這個問題？

儒學發展與進化：陳來講談錄

● 十二 全球化時代的多元普遍性

陳來：我想這可能是兩個問題，一個是因為我們今天主要談的是關於文化的問題，不要把我們民族文化的主體性全部喪失，不要使民族文化在全球化裡面淹沒，能夠保持我們語言、文化、價值各方面的獨特性，這也是前幾年聯合國透過的關於世界文明遺產的公約所主張的保持文化多樣性的一個基本觀點。另一個是經濟問題，我覺得這個問題是複雜的，就你所講的關於民族工業在全球化裡面怎麼樣保持自己的地位，不被跨國公司所吞併，不要使我們中國的產業完全變成跨國公司一家獨大，我想這是很重要的一個觀點。這些年大家都在關心這個問題，但是在實踐上怎麼來解決，我想不容易。因為這個世界還是一個不安寧的世界，民族國家有自己的利益，民族的企業也有它的利益。在一個很複雜的國際關係裡頭，比如說昨天美國總統布希說，很可能要爆發第三次世界大戰。假定說，我們面臨一個第三次世界大戰的一個狀況，那麼在這個狀況裡面，我們假如變成第三次世界大戰的某一方，那就意味著你有敵對的一方，民族的工業一般來講會站在自己國家的這一方。可是在一個全球化的結構裡面，會不會出現一些不利於民族國家的防衛體系、決策，甚至戰爭的行為，我覺得這確實是很複雜的。我想，很多有識之士都有這個擔憂，但是光有擔憂不行。我們還要以全盤承受的態度，以開放的心胸來走向世界，在這個開放的過程裡面使我們的民族工業、民族企業能夠發展壯大，而不是說我們要以一種堵塞或者關閉、封閉的方式來對待這樣的問題。也許這個過程需要一個波浪式前進，可能在某一個階段，民族工業的發展不是很理想。但是，我想，只要我們大家都有一致的想法，大家都支持民族工業的發展（當然民族工業作為市場經濟的一個份子，也不能夠違背價值規律，因為市場還是市場，民族工業最好還是在適應全球化的趨勢，適應市場經濟的現代化過程裡面來發展壯大。），我相信我們的民族工業能夠發展壯大，能夠起來，不會被全球化的浪潮所吞併淹沒。我是有這個信心的。

提問：您對於文化全球化，對於價值的多元普遍性，從理學的角度做了很好的闡發，是不是也可以從心學的角度去看呢？另一個問題，臺灣新儒家盛傳，馮友蘭和熊十力關於良心有過對話，馮友蘭說良心是假設，熊十力、牟宗三都不同意，您怎麼看待？還有一個問題，林安梧有這樣一個說法「保

臺灣就是保中華文化的道統」，我想，陳先生作為當代儒家的頂尖代表，對這個有什麼看法？

陳來：我剛才基本上是用朱子學的一些理念來疏通全球化的文化關係。我想，處理這些問題，理學的資源比較多，心學的資源相對來說比較少。比如說，用良知的觀點怎麼解釋全球化的哲學裡面的這種關係，我覺得很難講，還是從理學裡面可以講，因為理學聯繫的東西比較廣。至於你說到的臺灣新儒家所盛傳的馮先生和熊先生對話，這也不知道真假。因為在馮先生晚年我也問過他，馮先生說不記得這回事，但是其實馮先生這個講法是康德的講法。康德是講良心就是一個設準，就是假設。牟宗三先生專門講康德，用康德的純粹理性來講宋明理學。我覺得，對於馮先生，馮先生可能突然碰到這個問題，一時沒有仔細思索所提出的一個回答，應該要重新理解。但是臺灣的新儒家，派系比較強，就是說因為站在一個特殊的哲學立場，比如把王陽明心學看成孟子心學的集成者，覺得這個是正的，所以對其他的哲學特別排斥。而且，加上冷戰時期國共的對立，凡是留在大陸的學者他們都認為是「附逆」，所以他們都是非常不客氣，批評往往都是有偏見的。不過，我想回到「良知」這類問題，關於文化全球化的問題，心學裡面所提供的一些資源，我覺得沒有理學這方面的資源更廣。關於你講的林安梧的這個話，我想今天已經過時了，如果在三十年、四十年、五十年以前講的話呢，也可能有一點道理，就是保臺灣就是保中國文化的道統。因為我們在 20 世紀 50 到 70 年代走過一段彎路，特別是「文化大革命」，革的是一切傳統文化的命，是進行最徹底的「兩個決裂」，要破「四舊」，所有的舊思想、舊文化、舊風俗、舊習慣全部都要打倒。在這種情況下，臺灣就成立了「中華文化復興委員會」，針對大陸這種對中華文化的破壞（「文革」當然是對中華文化的破壞）提出復興。在那種狀態下說保臺灣有保中國文化的道統的意義，還有幾分道理。但我想今天再講這個話，就過時了。因為恰恰是臺灣正在「去中國化」，我們看臺灣的主要領導人，都講「去中國化」。而大陸近三十年來，從「文化大革命」結束以後，大陸是撥亂反正，而且經過這段現代化的促進發展，到今天十六屆三中全會提出「中華文化的復興」，更早，十五大、十六大已經提到這類的口號了。所以我想，不管是我們這邊的執政黨，還是知識分子，

十二 全球化時代的多元普遍性

還是廣大的人民,都有對中華文化的熱情,都希望對復興中華文化有一種擔當,應該說已經成了未來的中國文化的主要驅動力。在這個意義上講,我想,繼承、發揚、傳承中華文化的主體力量在中國的大陸而不在臺灣。在今天來看,如果再講保臺灣是保什麼中華文化,已經沒有意義了。這是我個人的看法。

提問:陳教授,您剛剛講到現代化和全球化的問題,全球化解決中西問題,您覺得我們這樣一個正在發展中的國家,文化建設的難點在哪裡?

陳來:你這個問題太大了,我覺得難點很多,但如果要我講難點具體在哪兒,我還真是回答不了。但是我想,從廣義來講,文化裡面是包括教育的,我們始終要把教育的問題搞好,尤其我們師範學院跟教育更有直接的關係。如果從一個廣義的文化範圍來看,我想我們中國現在最重要的還是要把我們各級的教育抓好,現在教育的問題確實大,這大家都體會到了,不用我多說。

提問:請問陳老師,當我們進入了共產主義社會,國家和階級都消滅了,宗教在共產主義社會還會存在嗎?

陳來:這個問題,19世紀上半期的共產主義者已經提出來過,其中就有共產主義者認為到共產主義社會仍然會有宗教存在。我想,對於共產主義有幾種理解,一種共產主義就像我們現在有些人所理解的人類的所有理想完完全全實現的一個社會,我相信那個社會一萬年也還不容易到達。如果真正到達了這樣一個社會,就是我們人類古往今來所有的理想都實現了,那宗教可能就不需要了。但是,共產主義還有另外一種理解,就是說,共產主義是一切自由人的聯合體。從這樣一個比較相對的角度來看,我想,在那樣的社會,仍然需要有宗教。為什麼呢?因為人要死。如果到共產主義社會,人都不會死,也許不需要宗教。宗教很大程度上是面對人的生死,面對人對死的那種焦慮、恐懼等等。只要人是要死的,我相信不管到哪個社會,宗教還是被需要的。這是我的個人的淺見。

提問:剛剛您講了全球化的問題,在這個全球化裡面有先進的文化和落後的文化,按照進化論的進化觀點,先進的文化必然取代落後的文化,您對這個有什麼看法?

陳來：我想，先進的文化必然取代落後的文化，這話我也不能反對。問題是什麼是先進的文化，什麼是落後的文化？我們要討論一下這個問題，是不是說只有西方的比如說美國的文化才是先進的文化，其他的文化都是落後的文化，我想我們現在的問題在這兒。現在全球化的浪潮，是一個很強勁的美國化的浪潮，所以歐洲人特別反對全球化，包括法國的知識分子從文化上特別抵制全球化，就是這個道理。就是說，全球化所實現的那種對其他文化的抹殺，其實不是說用先進和落後能解釋的，它會把人類文明創造的很多很珍貴的東西，被不合理的潮流所衝擊掉。這樣的全球化對我們民族有沒有衝擊？當然有衝擊，就是因為有衝擊，所以才會提出「以理抗勢」，才會有各種各樣的反全球化的運動。當然，反全球化有出於各種各樣不同的動機。我們今天主要是從文化上來講，我想，我不能說你說的先進文化衝擊落後文化這個命題不對，但是我們今天要辨別什麼是先進文化，什麼是落後文化，是不是除了美國文化，其他的都是落後文化，是不是除了英語以外，所有的語言都是落後的語言，是不是除了美國的歷史以外，其他國家走過的歷史都是白走的？這些問題，不是一個簡單的先進、落後所能夠解決的。儘管如此，我們要承認，在經濟全球化的經濟技術裡面，美國有很多先進的東西，先進的管理經驗，先進的科學，這個我們剛才也講過，但是我們要從另外一個人文主義的角度來看這個問題。

提問：我想問一個問題，朱熹是中國歷史的偉人，到明清時期朱程理學基本上占據了人們的思想，導致中國學術界死氣沉沉，中國遠遠落後於西方國家，可以這樣說，朱程理學在一定程度上造成了中國落後於世界。朱子學說必然含有精華，他的糟粕是什麼？它的精華是什麼？為什麼要研究朱程理學？

陳來：先糾正一個錯誤，學術界也好，歷史上也好，沒有叫「朱程理學」，只有叫程朱理學的。這裡面年頭上有差別，因為二程是先生的，朱熹是後生的，這個知識上的準確性要注意。其次，你提的這個問題是以前很多人想過的問題，把中國在近代的落後，都歸到程朱理學，甚至整個儒家思想的身上。我想，應該說這是不太公平的，因為沒有任何證據，也沒有任何學術上的討論能夠證明，中國近代與西方的差距是程朱理學所造成的。這完全是一個假

想，是一個大膽的假設，但是沒有透過任何學術的證明。這樣的想法，是我們習以為常地因襲下來的一些舊的講法。其實，中西方文明的發展歷史的比較是一個很複雜的問題，絕不可能像這個問題講得這麼簡單。隨便舉個例子吧，前幾年翻譯了一個在美國講學的德國作家叫弗蘭克（Andre Gunder Frank）寫的一本書，叫《白銀資本》，最近這十幾年美國有很多學者在研究這本書。這本書認為，在鴉片戰爭之前，中國的經濟體和商貿的總量，是世界上最大的。那麼，假定說現在歐洲和美國的歷史學家的這種講法是對的，那你剛剛講的那些話就不能成立，就是說從宋代以來，中國的經濟發展沒有停滯，反而一直到 1840 年之前都是最大的經濟體，它的貿易量實際上是最大的。我想，這個問題還是學術界不斷討論的問題，但是你講的這個觀點肯定是一個陳舊的，而且是從來都沒有被證明過的觀點。所以，我希望大家不要去因循一些舊的想法，要自己善於思考，這樣才能把我們中國文化的發展所累積下來的那些積極的東西發揮起來。像你所說的那個看法是一個狹隘的觀點。我們研究一個思想家，到底是研究他精華的東西，還是研究他糟粕的東西？如果非要用糟粕、精華來講的話，我們可以看到，在任何的哲學裡面都有精華和糟粕，可以一分為二的。我們舉個類似的例子，很多人研究希臘哲學，希臘哲學是西方早期的哲學，我們看柏拉圖和亞里斯多德，西方人到今天還在深刻地研究。但是，我們要知道，柏拉圖和亞里斯多德都是贊成奴隸制的。我們中國的儒家、程朱理學沒有贊成奴隸制的。如果要用剛才那個學生講的先進和落後，中國比他們先進多了，可是為什麼西方今天的學者還要研究那些人的思想？思想不是那麼狹窄的，只看一個什麼精華、糟粕，我們要看他理論思維的成就。你首先要好好學習什麼叫理論思維，什麼叫哲學，什麼叫哲學的智慧，才能夠真正瞭解為什麼我們要學習和研究古代的那些哲學家。比如說黑格爾，我們知道他是普魯士的代言人，可以說在歷史上是反動的，但是馬克思從黑格爾那裡學到了多少東西，馬克思從他那裡學到很多辯證法思維。18 世紀末 19 世紀初的黑格爾也認為，兩千多年以來，即使是奴隸時代的思想家所做的理論思維的創造，仍然是我們人類思維能夠往前走的寶貴的遺產，一代一代人的思維和所提出的神聖的辯論到今天仍然值得我們提倡和學習，這樣，人類的思維才能發展。所以，我們對於歷史思想不能

抱虛無主義的態度，也不能用簡單化的辦法去處理。我希望，不管是提問題的同志也好，還是其他的聽眾，儘量把我們的思維和眼界擴大，把古今中外的歷史、哲學、宗教的所有問題都放在一起考慮，你就會覺得問題不是這麼簡單。

● 十三 儒學的普遍性與地域性

十三 儒學的普遍性與地域性

我先把題目講一下,「儒學的普遍性與地域性」,這裡所講的儒學的普遍性和地域性,我是專就中國的歷史文化而言。也就是說,我們所講的儒學,是講中國的儒學,不涉及中國之外;這裡所講的地域性,也是講中國內部的地域而言。廣義的來講,日本也有儒學,韓國也有儒學,這裡不涉及東亞的大的地域分別。我這裡所討論的儒學的普遍性,是講儒學的思想的普遍性。思想的普遍性,我想有兩個基本的意義,一個是思想傳播的空間的普遍性,傳播的空間有多大,另一個是關於思想內涵的普遍性。而一種思想是不是有地域性,主要是看思想內涵和地域因素有沒有一種有機的關聯。另外,一種思想有沒有普遍性,要看這個思想有沒有面對普遍的問題,比如說,在普遍意義上對政治的、社會的、歷史的、文化的、人生的問題提出思考,有普遍的思考就有普遍性。普遍性與地域性兩者之間是互相聯繫的,因為任何思想的發生、提出,總是在一個地區開始,傳播的範圍會受到一定時代傳播網路的制約,另外它也會受制於思想的普遍性的內在因素的這種制約,這是從傳播的角度來看。因此,我們大體上可以說,一種思想、一種學術在一定程度上可以反映出它的內涵的普遍性大小和可普遍化的能力的大小。這是一個開場白,把題目給大家作一個簡單的介紹。

西方人類學各派別與中國的地域化研究

下面我們先談第一個問題,先把這個問題的背景簡單地提一下。關於文化的普遍主義和特殊主義、關於文化的統一性和差異性、關於文化的同質性和地域性,這樣一些對比性的範疇,本來不是產生在我們研究儒學的領域裡頭,從學科來講,是人類學思考所特別關注的。人類學普遍主義者主張,人類學的目的就是要發現人類的共同的結構和普遍的規律,這是人類學裡的普遍主義。人類學的另外一派是歷史特殊主義,它是強調各種不同的文化間的差異性,主張人類學應該做具體的、細微的田野個案考查,要注意避免宏大的普遍性的建構。人類學有這樣兩種觀點。如果要從歷史上展開的情況來看,20世紀60年代,人類學中的結構主義盛行,結構主義的出現曾經使人類學

十三 儒學的普遍性與地域性

的普遍主義比較流行，而且結構主義的方法影響到整個人文社會科學的方法論的取向。到了 70 年代以後，人類學越來越多的人開始反省，拒絕結構人類學的方法的主導和主宰，開始試圖尋求研究文化與社會的一些新的途徑。比如這個時期，分別興起於英美的象徵人類學和闡釋人類學，都是對結構人類學的一種挑戰，一種回應。象徵人類學和闡釋人類學從理論的根源上來講都是受到 19 世紀的德國新康德主義哲學家狄爾泰的影響，強調社會科學與自然科學不一樣，自然科學是要達到普遍性、普遍化的結論，但社會科學應該發現個人和族群的一些獨有的精神品性。就這兩個材料來講，象徵人類學是側重在從儀式的象徵性去解釋去把握一種特定的文化和社會秩序的再生產；而解釋人類學，我們也叫闡釋人類學，它是受到韋伯的社會學的影響，是把文化看做是人類自己編織的意義之網，它是和意義貫穿在一起的。因此，從解釋人類學的角度來看，人類學的文化研究不是要尋求一種普遍規律的一種科學，而是一種尋求意義的一門解釋學。解釋人類學的代表就是格爾茨，有人說格爾茨的學術目標是要建立一種文化符號學理論。但我們要注意，格爾茨的文化符號學與結構主義的符號學是不一樣的。結構主義的符號學是從建立人類的共同的文化心理結構方面來努力的。格爾茨的理論的一個特點是，他所關注的所面對的是地方性知識，由於他所面對的是地方性知識，所以他不關注不尋求可以通約為某種共同語法的普遍規則。所謂地方性知識這個概念，意味著一個地方所獨享的一套知識文化體系，是由這個地方的人民，在長期的生活和發展過程中，所獨自生產、享用、傳遞的這樣一個知識文化體系。當然，它和這個地方的人民的生存、生活、歷史是密不可分的。因此，照這樣一種注重地方性知識的解釋人類學的角度來看，一個人類學家要瞭解一個地方的文化，一定要進入一個地方性知識的內部，這樣才有可能理解地方性知識。這樣一來，一個人類學家要研究某一個地方，必須在這個地方生活很多年，學習當地的語言，用當地的語言和當地的人民交流，去瞭解它。在這樣一種觀點引導下，人類學裡邊相對主義和特殊主義的觀念就慢慢占了上風，今天人類學中的相對主義和特殊主義也就成了主導潮流。這是人類學關於普遍性與地方性的一種討論。另外，如果從文化社會學的角度來看，什麼是文化呢？文化是人們適應其週遭的環境的產物。不同的地域共同體，它

所面對的是不同的生存和生活環境,因此文化以區域來劃分的話,就有文化地域的差異,地域差異也就表明生活環境的差異。從文化社會學的角度來看,在傳統的鄉村社會裡面,一個地域的文化往往很難成為其他的地域共同體所能夠共同享有的文化。這是從傳統的鄉村社會來講。當然,一個現代的如美國的鄉村社會,它的地域因素可能就減少了。那麼,為什麼一個地域的文化往往難以成為其他地域共同體所共通、共享的文化呢?根源當然是交往的不發達,傳統的鄉村社會缺乏流動性。當然,在傳統社會包括傳統的鄉村社會,各個地域的文化不是沒有相互影響,在某種程度上也有一些相互影響、相互傳播,但總體來講這種影響和傳播在廣度和深度上受到相當程度的制約。這是關於文化社會學的觀點。

好了,現在轉回到我們的本題。上述的社會科學裡面的這些有關普遍性和地方性的這些論說,不僅僅在自己的學科裡面有影響,而是不斷地影響到歷史研究和思想研究,特別是思想文化研究。對有關地域或者地域性的關注,在最近的二十年裡,可以說是特別發達,尤其是在美國的研究裡頭。這種關注也很自然地延伸到對中國歷史文化的研究,當然包括對中國儒學的研究。從20世紀80年代開始以來,在國內國外都出現了關於儒學的地域化的研究和從地域研究切入近世儒學研究的新動向。今天我所談的儒學的普遍性和地域性,其實更集中在儒學研究的普遍性和地域性的問題,是針對80年代以來在儒學研究裡所出現的關於普遍性和地域性的一些問題和困惑。80年代以來出現了關於儒學地域化的研究的動向,不僅如此,當代所謂的地域研究,並不僅僅是在描述的意義上對不同地域的歷史文化加以比較。我們看晚近關於中國歷史文化的研究,特別是關於地域歷史文化的研究,還有另一重的意義,就是要把思想文化在某些地方的發展追溯到這個地區的社會經濟結構,因此這種地域性的研究不僅僅是描述一個地方和另一個地方的差別,還傾向於把一個地方的文化追溯到這個地方的政治經濟結構,這種研究的取向和動向就不僅僅是把儒學和儒學研究地方化,而且傾向於把一個地方的思想學術文化脈絡化,這樣,儒學的研究就變成地方社會史的研究。這是晚近以來在美國、日本、甚至臺灣所看到的很明顯的動向。應當說,重視地域性的觀點,一般意義上說,我們是贊成的,我們認為這種觀點也是合理的。尤其在人類

學的研究裡頭,地域性的研究非常重要。不過,在思想史的研究裡頭,在思想史的儒學研究裡頭,問題就比較複雜,要加以分疏。

如果我們從社會學的觀點,就是關於大傳統和小傳統的分別來看,我們可以這樣說,小傳統的地域性比較強,大傳統的內容往往是以超越地域性的普遍性內涵為特徵。特別是要注意地域性是一個相對的概念,它有大也有小,如果從空間的範圍來看,大和小可以有完全不相同的意義,地域空間大小的量的規定與地域性的意義有很大的關係。比如說儒學的觀念,在世界歷史文化的範圍來看,可以說是東亞地域的文化,但是從中國的範圍來看,就不能說儒學是一種地域的文化。這就有一個相對的意義。又比如,目前有關中國歷史文化的地域研究或者地方研究,所謂地域性或地方性的單位,往往是傳統所謂州縣一級,比如專門研究餘干,專門研究贛州,這就是關注州縣一級。就人類學、民俗學的研究來看,州縣已經是很大的單位。可是就儒學大傳統來講,州縣就是很小的單位。如果僅僅研究一個縣的儒學,那就是太小的單位了。這一點,我們從經驗也可以有所瞭解。另外,古代地域性特色的相對性,還在於與傳播條件有關係。古代某些文化的地域性色彩好像很明顯、很突出,但是它的內涵並不僅僅限定在地方性的區域裡頭,而是說它的傳播條件受到限制。有些所謂地域性文化,它的內涵並不見得沒有普遍性,或者普遍意義較小。這是我們需要提起注意的。總而言之,從背景上來看,在晚近的國際漢學的領域裡頭,當然也影響到我們中國的學術研究裡頭,有一種傾向,就是比較強調、比較偏重儒學研究裡頭小單位地域的重要性。這是最近一二十年我們所看到的一種現象。而比較忽視儒學風格的同一性、同質性,比較忽視儒學思想的普遍性,這是值得我們注意和檢討的。我的報告的背景和針對的問題就是這樣的。這是第一點。

天下之學:儒學對地域性的超越

關於第二點,剛才我們說到人類學家非常重視地方性,重視小單位、小地域的研究。那麼,為什麼會這樣呢?理由也很明白,就是很大程度上與人類學所研究的對像有很大的關係。人類學所研究的對象大多是原始的部落文

化,或者民俗文化。但是,如果不加分析地把一些人類學的概念運用到思想史的敘述,那也會出現問題。比方說格爾茨有一個著名的概念就是「地方性知識」,他有一本書就叫《地方性知識》。如果我們隨意把地方性知識的概念運用到思想史的敘述,有的時候就會出現問題。比如有學者借用人類學的觀點,說儒學的歷史就是從曲阜的地方性知識到儒學第三期的發展,儒學最早是曲阜的地方性知識,然後變成中國的,變成東亞的,以後再走向世界,第二期的發展是到東亞,第三期的發展是走向世界。這種說法把儒學看做曲阜的地方性知識,曲阜當然是孔子活動的一個主要區域。提出這種觀點的學者也承認,儒學是具有普遍性意義的地方性知識,也就是說儒學雖然是地方性知識,但也具有普遍性。但是,嚴格說來,把孔子思想或孔孟思想稱作地方性知識,從歷史的發展來看,是不恰當的。孔子是春秋末期魯國曲阜的人,但是孔子不僅僅在地理上是魯國的人,如果從族裔來講,孔子的祖先是殷人。孔子思想的意義正在於超越了他的地域和族裔,超出了魯國,也超出了殷人後裔的範圍,他提出了一種具有普遍性的道德認識,一種具有普遍性的人生真理,這是孔子思想的內涵。而且就孔子本人來講,他的文化意識是自覺地承繼夏商週三代中原文明的體系,孔子並不是只看到魯國這個地方,孔子的文化意識一開始就是繼承三代中原文明,這是孔子終身的一個強烈的使命。這樣一種文化意識,並不就是限定在曲阜。而孔子的思想內涵是繼承夏商週三代中原文明而來的,孔子是在全黃河流域的場景和1500多年的文明歷史長河中來確認他的文化認同。孔子的文化認同是這樣建立的。從這一點來講,孔子的思想從一開始就不是曲阜的地方性知識,而是致力於繼承整個周代的禮樂文明。從這個方面來講,孔子本身就是超越了曲阜和魯國的地方性,是對夏商周以來華夏文明整體的繼承。舉這個例子,也是為了說明人類學的概念不可以隨意地不加分析地運用到思想史研究的領域。

　　就孔子所處的春秋時期來看,各諸侯國的政治和文化的發展當然是有差別的,尤其是秦國、楚國,和中原其他各諸侯國的差別更突出一些。但一般來講,這種差別是被看做是一種內在性的差別,是一種內在性的差距,就是各諸侯國都在禮樂文明的道路上走,但有一種先進與後進的差別和差距。到了孔子的時代,各個諸侯國在大傳統上,都是在統一的東周禮樂文化的覆蓋

十三 儒學的普遍性與地域性

下,具體來說,在政治結構、宗教信仰、文字使用等方面,各個諸侯國都相當一致。比如說,《周易》、《詩經》、《尚書》都成為普遍性的經典,哪個諸侯國都是一樣的,德性的範疇,比如「忠」、「信」,都大體一致。我們如果不從民俗學的角度來談,而是從大傳統的角度來看,可以說春秋各國在大傳統上面,從宗法制度和禮樂文明來看,是高度一致的。這一時期離中原比較遠的吳國和楚國也是一樣,吳國的貴族已經飽受禮樂文化的浸潤。《左傳·襄公二十九年》記載,吳公子季札到魯國去,他所體現的在禮樂方面的知識和修養非常高,絕不低於任何中原的貴族。而《國語·楚語》裡面記載的楚國貴族在教育、教養方面所使用的教材,和中原的禮樂文明也是高度一致的。所以,周代的禮樂文明在常態系統上是超越地域性的。在這個時代產生的孔子儒家以繼承周文化為使命,在文化歷史上也是超越地域的。事實上,當時的墨家、道家、法家,他們的思想也是針對整個周文化的變化或衰微而提出的超越地域的政治主張。墨家、道家、法家都不僅僅是地域性的文化。因此,儒家、墨家、道家、法家等諸子百家都是提出超越地域的政治主張、社會規劃、人生意義。以前歷史學家一直都認為,戰國時代楚國這個地區的文化很獨特,是以道家為主線的文化。但最近幾十年出土的文獻證明,特別是 20 世紀 90 年代湖北荊門郭店出土的楚簡證明,其實不是這樣的。這些戰國的簡帛文獻證明了在戰國前期的楚國已經大量流傳而且保存了孔子和早期儒家的思想文獻。楚簡裡頭道家文獻也有一部分,但還沒有太多,這使得我們瞭解到,即使是楚國這樣的地區,它的文化也具有多樣性。而且,儒家文化在戰國前期以至整個戰國時代的廣泛流傳和影響,我們今天都有了新的認識。因此,像郭店楚簡所表明的早期儒家文獻在戰國前期楚國的流行,鮮明地告訴我們,儒家學說從一開始就是一種具有超越地域性的、普遍性的文化。春秋戰國時期,在黃河流域、長江流域,文化的交流往來是非常密切的。對於這種交往的密切,以我們今天的瞭解,要比以前所知道的更明顯。

事實上,孔子曾周遊列國,並不是在曲阜一個地方待著的,而且他的門下號稱賢人七十、弟子三千。這三千里當然魯國的有不少,但也有遠道從其他諸侯國來的,包括從楚國來的,這些各地的學者來到孔子的身邊,跟孔子學習,回去之後就在各地宣講、傳承孔門的思想,這樣一種文化的溝通、流

動、傳播,其本身表明了儒家學說具有普遍性的性格。而孔門從七十子、三千弟子到他們的後學相互之間的往來學傳(學習和傳播),也成為以後中國文化當中儒家思想學術實現自己的普遍性的一種實踐方式,到宋明時代就十分明顯。因此,可以說,在戰國時期儒家、道家、法家等各個思想流派在思想內涵上、在傳播上都成了一種具有天下取向的學問,而不是地方取向,所以都不是地方性知識。再比如戰國的「士」四處遊走,向各國諸侯宣講他的政治主張、政治謀劃,如果這種政治主張和謀劃只是地方性的,就不可能到其他地方推銷,這本身說明當時的百家之學都不能被看成是地方性的知識,百家之學的共同特點都是以天下作為他們自己學說的普遍化的空間。當然,地方性因素在古代有很多表現,不能抹殺。但是地方性因素對於大傳統來講,它的體現往往表現為促進某一種思想發展的條件,而不是說一種思想只具有一個地方的適用性。比如,相比較而言,齊國的文化在戰國比較有利於產生一種功利主義的思想,秦國比較有利於出現法家思想。儒學也是一樣,儒學在各個地方的發展條件也不一樣,魯國的儒學發展有它的特色,齊國的儒學又有它的特點。但我們提出這些特點並不是說,功利主義的思想、法家、儒學只是在齊國、秦國、魯國的地域才具有地方性的適用性,不是僅僅具有地域性的意義和實用性。百家之學基本上還是以思想的內涵和內容來劃分,不是以地域來劃分。

到了西漢時期,司馬談講六家要旨,從思想系統本身來分論六家的不同,完全沒有提地方性、地方因素的問題。應該說,儒學發展的地域性始終也是和儒學發展的統一性聯繫在一起的,地域性和統一性始終是聯繫在一起的,是不能分開的。當然,儒學在各地的傳播、發展及發展的特色可能有所不同,比如說戰國時期儒家的易學,魯國的易學、齊國的易學、楚國的易學,各自的發展確實有所不同,但這種地區的不同發展主要是受各地的文化傳統的影響,並不能歸結為各個地方的經濟結構、政治結構的不同,並不是說魯國、齊國、楚國的政治、經濟結構根本不同才造成這樣的結果。所以,問題不在於承認不承認地域性的因素,地域性因素當然要承認,而在於我們怎樣理解、認識、掌握地域性對於思想學術的意義這個方面。這是我們要重點討論的一個方面。某一個地方所特別發展的學術流派,是有資於這個地方的一些文化

發展條件,但這不等於說這個學術流派跟這個地方的政治和經濟的社會基礎一定是有機地關聯在一起。

　　從戰國以後的歷史來看,西漢設立五經博士,儒學經典的地位為國家所確立。儒家的五經在先秦是在社會的層面為大家所接受的,到漢代是國家所承認和確立的經典體系,成為全國的文化權威,全國的意識形態的標準。在這樣的情形下,全國的各地人士都必須要學習儒家傳承的典籍,才能進入仕途,或者取得地方性的聲響。從漢代到唐代,儒家經典的學習和傳授有一個確定的形態,就是經學,經學成了這個時代儒學的主導形態。包括主張儒學地域化的學者也承認,兩漢是儒學統一性話語的時代。從政治、文化的結構上講,從秦到漢有一個條件更促進了這種發展,就是秦漢以後統一的郡縣制國家的建立,全國使用相同的書寫文字,國家確定通行的經典(儒學的經典體系)及這些政治政策條件,都為確保儒家話語的普遍性提供了進一步的條件,進一步的保障。當然,不僅僅是儒家得到發展,西漢前期推行道家思想,也促進了道家在全國的發展。漢代以後,和先秦有一個差別,就是各個地方不再像春秋戰國的諸侯那樣是較為獨立的封建國家,而是成為了中央集權國家的一個地方行政區域。這些條件,都為全國的精英文化那種同質性的發展,提供了比戰國更好更有利的條件。從漢代到唐代,經典的數目也在增加,不僅有五經,後來還有九經、十二經、十三經,儒家的這套經典體系,成為國家頒布的經典,隋唐以後成為國家文官考試的內容,具有不可動搖的權威性。這些都強化了儒學超越地域形態的影響。

　　因此,從發生學來看,儒學的起源在山東,這是沒有問題的。但是即使在孔子的時代,孔子的儒學思想也不僅僅是在曲阜形成的,而是在他周遊列國的實踐中動態地形成的。而且,孔子的學生來自各個地方,他的儒學思想也是在和來自各個不同地方有不同背景的學生的互動中形成的,絕不是僅限於曲阜這個地方而已。當然,魯國對於孔子思想的形成起了很重要的作用,甚至是主要的作用,但這種作用並不是體現在魯國有什麼獨特的政治結構、經濟制度。在東周,在政治、經濟、宗法的結構上,魯國和其他列國比如鄭國、衛國等,是相似相近的。但是,魯國為什麼能產生孔子儒學思想呢?主要是由於魯國的文化傳統,魯國的禮樂文化是保留得最完整,傳承得最長久的,

魯國的禮樂文化傳統才是孔子儒學產生和發展的重要條件。儒學在先秦的主要發展區域當然是齊魯，但是儒學在本質上不是山東地方的。從以上所講儒學的早期發展到西漢以來的一些外在的發展條件來看，儒學從一開始就並不僅僅是地方性的學問。

宋以後儒家文化的全國性普及

有些歷史學者認為，從北宋到南宋，知識人（士人）階層的心態有一種變化。北宋的知識人的心態是關注全國性的事務。范仲淹講，士以天下為己任，先天下之憂而憂。這是一種全國性的事務關懷，始終注意中央朝廷的政務。到南宋就變了，就轉向關注地方性的事務，特別是關注所居住的州縣的地方利益。美國的歷史學家最近經常有這樣的著作，其中有一本書[1]專門研究江西撫州，研究撫州的地方精英，在美國很有影響。照他的說法，南宋以後，儒學已經從以天下為己任的那種文化精英，變成以地方認同為主的地方精英。在這樣的研究中，他所著力呈現的是地域性的儒學。這種研究所表達的意思是，這些地域性的儒學學派是地方精英的心態的表達，是地方意義的表達。就是說，這種地方儒學的特色就是反映了在這個地方的精英的心態，反映了他們所在的這個州縣的地方利益。我們知道，江西撫州是陸九淵的老家，江西有二陸、三陸，他們的心態是不是僅僅是撫州地方的精英心態？這個問題大家也可以考慮考慮，研究研究。這種把天下和地方對立起來的研究，相對以前的研究來說，是一種異軍突起的新的東西。但這種研究是不是值得檢討呢？這種研究和結論大多數是從歐美的史學裡頭移植而來的。歐美的史學非常的成熟，成熟到大的問題已經差不多研究完了，開始研究很小的一個單位，甚至在美國研究一條街道就可以做一篇博士論文。史學成熟到了這種程度。這樣的從歐美的史學移植而來的對中國文化研究的這種結論能不能夠符合中國近世文化的實際，能不能夠反映中國近世文化的普遍狀況？這是我們需要檢討的，不能外國人怎麼說，我們就跟著走。剛才講到中國古代，從秦漢以來，各個地方的文化交流非常頻繁，沒有一個地方是孤立發展的，特別是在大一統的時代，更是如此。宋代以後，文化的同質性更是大有提高。

十三 儒學的普遍性與地域性

而且隋唐以後至宋代，科舉制度、印刷業等等在促進各個地方文化的同一性方面發揮巨大的作用，這方面至少可以舉出六七點表現。

第一，唐宋以來，我們看詩歌等游旅性的文字，士人的游旅成為很普遍的風氣，在中國境內大幅度的往來，或拜師訪友，或遊歷山川，這種現像是很普遍的，這就使得各個地方的文化交流更加通暢。當然，游旅是廣義的，不僅僅是遊玩。我今天上午參觀了滕王閣，看了王勃的《滕王閣序》，王勃是山西人，到我們這兒作序，這也是一個表現。我們並不能說王勃的序反映了山西人的特點，僅僅是山西的地方性知識，而是他寫了以後全國傳誦，一直流傳到今天。

第二，士人要取得功名，前提是要學習普遍性的經典文化，比如「五經」、《孝經》、《論語》、《孟子》都是必須要學的，更不用說詩文了。中了進士，取得功名以後，是作為中央政府任命的官員到各地任職。山西人可以到江西任官，我們江西人也可以到全國各地任官。我們知道，唐宋時代江西的進士是最多的，但不是只在江西做官，而是到全國做官，包括在中央做官。這些人從縣級的行政和文教做起，王安石也好，黃庭堅也好，都是走這樣的路子，他們做官大都從事儒家文化的傳播，透過教化的努力把統一的精英價值貫徹到地方的行政中去，貫徹到當地的民眾生活中去。升到縣級以上，士大夫一生中往往要更換很多不同的地域去任官。古代的這種官員任命制度和流動機制便於把普遍性的精英文化傳帶到各個地方。

第三，宋代以後，儒家的士大夫官員非常積極地興學辦學，辦書院，其中重要的一個方面就是推廣儒學，使得儒學的教育和傳播更有了體制上的保證，而且全國的縣級單位還有縣學，這些都促進了全國儒學同質性的發展。

第四，宋代印刷業非常發達，特別是福建更發達。宋代以後，不僅印刷業，許多行業都很發達，比如驛站，水陸路交通的改進都非常明顯，這就使得儒家的書籍藉著印刷技術的進步能夠大量印行，借助交通的改善使得商業的流通也大大的方便。而且這個時代，士大夫的書信往來也更加流行。宋人的文集與以前人的文集很不一樣，就是書信大大增加了，這就是一個證明。因此，宋代以後儒家著作的印行、流通，學者之間書信的往來、論學，互相

的交流，使得儒家的學問不再依賴面對面的傳授和交流（比如，孔子與七十子是面對面的傳授和交流。），而是能夠進行學問的研討，能夠進行學問訊息的傳遞。這就使得儒家士人的眼界更能夠突破地方性的限制。

第五，明代以來，經濟的發展，交通的進步，使得很多一般的民眾也有更多的機會在省內遠距離的往來，（假如不能到省外，省內從九江到贛州、到吉安是沒有問題的。）甚至是省際的往來。比如理學家王艮是一個小商人，早年曾經從江蘇到山東經商。江西的顏山農，也曾經從江西到江蘇。這些都是很明顯是省際交往的例子。特別到了明代中期以後，以士人為主的這些人遊走四方，到各省參加講會，已經成為風氣，尤其江西、安徽的講會風氣特別盛。這就促進了理學話語的全面傳播，使得一個很小很偏僻的鄉村裡面都會有理學話語的影響，因而很多以前居住在狹小地方的儒者能夠在思想上在話語上超出鄉里的限制，甚至超出州縣的限制，能夠融入到更加具有普遍性的理學話語裡。

第六，近世以來，儒學雖然有不同的派別，但有一個共同的理想，就是成聖成賢，嚮往著自己能夠成為聖賢的人格。以泰州學派來說，泰州學派是一個非常接近民間的學派，他們也沒有把自己的理想僅僅限制在一個地方性的事務裡頭。像王艮，他是有名的陽明學學者，他所代表的泰州學派是以特殊的形式來追求孔子的那種施教的體系。明代的講會普遍流行，就是表示說，當時的儒者在心態上都是超越州縣地方的，他是嚮往一種偉大的人格的成長，嚮往一種更高的文化理想。不管是王艮也好，顏山農也好，以至整個明代的王學（王學就是王陽明學派，也稱陽明學），他們的理想，他們的活動，他們的心態都不是侷限在一個州縣之內，都是超地域的。

另外，宋元明清所有的儒者，他是哪個地方的人，他當然會關注哪個地方的事，會一貫地關切他的原籍居住地的事務，這是沒問題的，但是他從來沒有把他自己的心態、眼界、理想限制在這個地方。因為我們知道，宋元明清所有的儒者、士大夫，作為一個隨時可能進入到朝廷中央甚至外任擔任職務的士大夫，他不可能也從來沒有從根本上放棄在中央王朝進行政治改革，或者在全國其他各個地方推行社會風俗的改進，這些理想他都沒有放棄。那

十三 儒學的普遍性與地域性

當然，除了我們以上說的這些以外，儒學的發展是不平衡的，所以它的地域的表現也是不一致的。那麼，在我們上面所講的儒學的統一性和普遍性的前提下面，近世的儒學也體現了它的地域性，但是我們不能把這個地域性和統一性分裂開來，去嘗試著建立一種沒有統一性或遠離統一性的跟統一性隔絕的那種地域性。

儒學各派的由來

中國古代的歷史編纂學家常常有一種偏好，偏好什麼呢？就是用一種地域性的名詞來對學術派別進行分類，進行命名。比方說，宋代的理學的發展和主流，習慣稱作濂、洛、關、閩。這一類的地理名詞是怎樣來的呢？是以一個學派的領袖的家鄉或居地，作為這個學派的誕生地。這些名詞或名稱一定程度上，可以提示這些學派的發源地或者活動中心，這是可以的。但是我們不能理解為這些學派只是一些地域性的學派，那就有偏差。比方說，濂學是指周敦頤，關學指張載。濂學，它不是湖南道縣的這個地方的知識，比如關學，它也不是關中地方意義的表達。

另外，伊川學，朱子學，它們都不能歸結為洛陽或者閩北某種地域的需要、地方利益的表達，都不能這樣規定。可以說，濂洛關閩這些學派，都是具有普遍性的哲學思考，普遍性的倫理思考，這些思想都探索人們生活的意義、人格境界、思想意義，探索德性的作用、道德的實踐、個人心理的調整、理性和情感的關係、個人和群體的關係、個人和他人、人和自然的關係，甚至包含著人生的終極關懷，以及社會歷史的理想等等。其實這些都是具有普遍性的哲學思想、哲學思考。我們看洛學，洛學在南宋初期，在很長一段時間內是受到壓制的，官方壓制它。但是呢，即使在這種情況下，它還能夠吸引許多士人，像朱熹的老師（李侗），他是在洛學受到壓制的情況下，去學習它，受它的吸引，這就是一種思想學術超越地域性的最明顯的例子。

另外，王安石的新學也是如此，王安石的新學是代表中央政府政策的一種調和，不能把王安石的思想歸結為江西某個地方——臨川的文化，這是不可能的。這正像余英時前幾年寫的一本書所指出的，「以天下為己任」實際

是宋明儒學士大夫的普遍理想。我們說，伊川學代表著洛學跟王安石新學的分歧，既是全國性的政治經濟政策的分歧，也是全國性的學術思想的分歧，不能把這種分歧當做洛陽文化和臨川文化的一種地方文化的分歧。那麼朱熹呢，有的時候，他也用江西之學來概述陸九淵兄弟的心學。但是我看呢，陸九淵自己淳熙中在朝廷做官的時候，他一直具有這種得君行道的廣闊的期待。而且晚年，他在湖北荊門擔任地方官的外職，做出了很好的成績，傳為美談。即使我們看二陸，他們在家鄉講學，在撫州金溪講學，也是以一種全國性的名義。以陸九淵為主，他也是以全國的文化領袖自任，陸九淵從來沒有說我只管這個地方。即使我們看朱熹和陸九淵的「朱陸之爭」，他們不是地域文化的紛爭，而是在一種大的理學思想體系裡面必然發生的兩種傾向所產生的普遍性的衝突，他們都是超越地域的。

因此，朱、陸兩派的爭論，能夠歷宋元明清四代而不絕，甚至到當代，他們從來都不是用一種地域性的因素所能夠解釋的。另一方面呢，我們說，每一個地方，每一個地區，它也有不同的文化傾向，甚至有一種全國性的學派在當地誕生，因此就出現了同一個地區會產生不同的思想文化派別。就我們江西來說，從北宋以來，江西學術就是多元的，比如說，歐陽修是慶歷時的一個大儒，劉敞是當時經學的首領，李覯非常重視《周禮》，他們的文化傾向都不同，到了王安石的新學，作為北宋後期一直到南宋前期的一種主流的意識形態有百年之久，他們的學術方向都不一樣。江西的陸氏，就是剛才所講的陸九淵，從南宋乾道年間異軍突起，跟隨他學習的人不少。可是我們要知道，當時江西也有不少的朱熹的學生，而且當時很多江西學者是往來於朱陸兩家的。到了明代的江西，王學當然是很興盛，但是我們知道，王學裡面的派別也不一樣，像鄒守益和聶豹、羅洪先就不一樣，鄒守益和顏山農就更不一樣了。

如果我們從另外一個方面看，明代朱子學水平最高的胡敬齋、羅整庵都是江西人。所以，如果我們忽視全國性的話語，專注於一個地方的因素，那就會產生相當的偏頗。比如陳白沙，可以說是開明代心學先河的人物，他是廣東人，可是來江西問學於吳與弼。王陽明是浙江人，可是他的思想呢，他與廣東陳白沙很相似。如果說吳與弼、陳白沙、王陽明的思想只是一種地方

十三 儒學的普遍性與地域性

性的社會網絡的產物,他們怎麼能跨地域傳播到全國,發生這麼大的影響。所以說,儒學的普遍性與地域性,是一種辯證的關係。這種關係如果用傳統的表述,也可以說是「理一而分殊」。統一性同時表現為各地的不同發展,而地域性又是統一性之下的地方發展。因此,從這個角度來看,我們說,沒有跳出儒學普遍性的獨立的思想史的地域化問題,也不可能有離開了全國總體文化思潮的一個地方東西。當然地域性的因素,在古代交往不發達的情況下,我們剛才講了要重視,但是我們究竟怎樣來看它,這是很重要的。我們不能把江西的陸學僅僅歸因於撫州金溪地方的宗族或撫州地方的某種經濟結構,正如我們也不能把朱熹的思想歸因於閩北崇安、建陽這一帶的宗族或經濟結構的原因。

至於清代的情況,比較特殊。清代中期文獻學的新發展導致了一種新的情況出現,就是使得這一個時期的學者分別專長於某一部書,比如說某一部經書,比如說《尚書》或者《詩經》。在清代中期由於文獻學的這種新發展,造成全國性的統一性的理學話語漸弱了。我們看,從宋代以來到清代的前期,全國有一個統一性的理學話語,但是到了清代中期,由於文獻學的發展,這個話語漸弱了。那麼什麼東西強化了呢?強化的是一種文獻學的方法。在這種情況下,文獻學的研究日益走向專門化,這種結果就使得文獻學它只成為少數學者長期從事的一種專門化的工作。這樣一來就使得文獻學的傳承也變得狹窄和困頓。理學的傳播卻是很容易的,像顏山農這樣的人,他參加講會,聽了兩天,他就能夠接著講。但是,像《周禮》這門學問,沒有二十年的工夫,根本掌握不了。這樣一來,不僅使得文獻學的傳承變得狹窄和困頓,而且形成了只有在家族內長期傳習,父親傳給兒子,伯父傳給侄子,這樣才能延續的一種局面。

於是乎呢,在這個時代,文獻學的學問裡,在某種程度上,就可能成了某些家族科舉的長技。什麼意思呢?就是你這個家族,從你爺爺輩就是念《尚書》的,專門研究《尚書》的,經過幾代的傳承,那你的積累就比別人雄厚,你參加科舉就比別人有更多的資本和能力。所以你這個家族很可能中進士、中舉人的多,所以這種文獻學的研究可能變成家族科舉的常技。漢學和宋學的性質是不同的,宋學是一種思想的學派,漢學是一種專門的文獻學派。那

麼對於漢學來講，專門化和狹窄化，這是很難避免的。但是我們要指出，即使在這種情況下，家族和學術的關係是一種外在的關係，不是一種內在的關係。對一個家族來說，只要壟斷了某一經的學問，就可以保證這個家族的子弟中科舉的成功率比別人高。但是在這裡，被壟斷的學問是什麼，並不一定重要。這是偶然的，這是從祖輩開始就是偶然的。從祖輩開始，可以壟斷《尚書》，也可以是《詩經》，也可以是《禮》，所以這種壟斷的學問本身和這個家族的關係是一種外在的關係。這種情形在宋代和明代是很少的。如果要用這種例外來誇大這種地方性的家族對於思想文化的作用，把一定的學術派別從整個中國文化場裡面孤立出來，把這一文化派別變成由地方的社會利益或某些家族利益所決定的地方性的學派，這是有它的片面性。

影響晚近儒學的兩大因素

接下來簡單地作一個總結性的討論。在有關中國思想的研究方面，特別是在關於宋元明清時代的儒學研究方面，有兩種在晚近有比較大的影響的傾向。一種就是最近十年左右吧，所謂當代的新儒家，港臺的新儒家，比較強調儒家思想研究的自主性。什麼意思呢，就是說研究儒家的思想基本上不需要考慮他們所在的時代和社會，也就是說宋明儒學的思想、爭論不是主要依賴於政治、經濟、社會背景的條件，而是這個時期的各種各樣的儒家學者面對人生，面對古代的思想經典，所產生的回應和思考。這是一種當代新儒家的影響。另外一種影響，就是我們剛才所講的，歐美的史學，所謂新文化史學，就是強調各個時期的儒學，以及各個地方的儒學，都是從它所在的政治經濟的社會脈絡裡面產生的。也就是說，政治經濟社會的結構和脈絡對這個地方的思想文化具有決定性的影響和作用。這是這兩種情形。我們認為，較好的方法當然是合其兩端而用其中，去掉這兩種極端的方法而用其中。一個學說在一個歷史時期成為一個國家的意識形態，一個學說在特殊的歷史環境中，怎樣被運用於政治經濟，這是歷史學應該研究的課題。歷史學對於像理學這樣的儒學大敘述的思想，它所以能夠長久流行，給出一個大背景的說明，也是有幫助的。這是沒有問題的。

但是我們也應該指出，歷史唯物論的方法，及知識社會學的方法，往往強調的是長時段歷史的宏觀背景，重點在這兒，而不是要把每一個思想學派還原於一個小的地方單位的社會脈絡。特別是在目前流行的新文化史研究裡頭，它名義上還是思想史研究，是以一種思想史研究為名的，可是，它越來越不去研究思想本身，不去研究思想體系的複雜意義和內容結構，不去解釋說明概念、思想、命題，不再體會思想在歷史上怎樣被不斷深化和延續的理論的邏輯，也忽略像哲學思想理念對於社會和諧，對於存在意義，對於內心精神世界的探討，那些具有超時代、超地域的普遍性意義，它都不討論。這種研究，終究不能說是思想史研究的理想境界。事實上，地方化的、脈絡化的化約主義的研究並不能妥當地說明歷史。如果說，唯物史觀所強調和面對的是全國普遍性的思想和學派，所揭示的是整個社會的經濟基礎和階級背景，這確實可以為我們所接受。但那種把眼光聚焦在某個州縣的小單位地方，所謀求、所致力的研究結果是把個人和思想學派歸因到一個小地方的社會脈絡，這樣的研究，我們說，它的說服力是大大減少。而這種離開思想本身，完全轉向尋求一種社會政治的脈絡，去說明思想本身的傾向，雖然能夠豐富我們對社會史的細節瞭解，但也可能導致對儒學思想史研究的偏差。比如說，如果我們研究西方思想史的領域，只去注重研究柏拉圖、亞里斯多德、康德、黑格爾的思想與他們所處時代的政治經濟社會的脈絡的外在聯繫，而不去注重、不去研究他們的思想特徵，甚至認為他們的思想沒有超越當時的社會脈絡的普遍意義，這難道能說是研究西方哲學史嗎？如果我們只去研究基督教或佛教的思想家們跟他們所在的社會脈絡的聯繫，而認為這些基督教、佛教思想沒有超越性，沒有超越一定的社會基礎的普遍性的意義，這能夠解釋思想和歷史嗎？

學術研究需要普遍性的思維

所以，最重要的問題是我們承認不承認近世中國儒家的各派學說包含有普遍性的哲學思考、普遍性的理論知識，如果我們堅持認為思想的歷史只是證明了人的社會關係，只是認為對思想的研究應該變成對它的社會經濟基礎的說明，把思想史的命題轉換為社會史的命題，這樣做的結果，其實是犧牲

了思想史去成全社會史。我們說，對思想的思想史的研究和對思想文化的社會史的研究，只有互相尊重、互相補充，才能夠相得益彰。當然，一般來說，對哲學思想的學術研究是比較深，比較難，但是如果我們把對哲學的畏難變成對哲學的排斥，甚至用歷史學的具體來排斥哲學的抽象思考，以迴避對哲學做艱苦的研究功夫。這些是近年以來在海外思想史研究裡出現的偏向，我們認為是不可取的。我們的立場是贊成歷史學的社會史研究和地域研究，對於歷史的那種細化的描述，可是不贊成把規約主義的研究當成思想史研究的中心。

中國的儒學當然有它的政治背景、社會背景，這是馬克思主義史學家在20世紀50年代、70年代不斷重複的敘述。即使在今天，我們也不否認這些敘述，比如說中央集權的皇權和地方、科舉制度與士大夫官僚、中小地主與士農工商經濟等等這些論述。但是這一類的思想，和社會政治背景的相關性，是在一個長時段的歷史的大背景裡面所體現，所需要把握的，並不等於我們可以把一切思想學術的派別，都和比如州縣這一級的地方性社會基礎，地方性的社會權力結構，地方性的經濟利益相聯繫，更不能夠把他們化約為其他地域性的基礎結構。即使像我們所舉的例子裡面，在中國歷史文化上，有某些學派與地方文化有關聯性，也仍然不能夠否認這些學派的思想裡頭，在地域性的成分裡面，仍然有普遍性的內容。因此，我們說，不僅古代的政治哲學，社會理論裡面有它普遍性的一面，宗教哲學思想裡面的道德思考、人生的探究、精神境界和修養工夫，都有它不能歸約的那種獨立性和普遍性。像宋明理學裡面各派的宇宙論、知識論、價值觀、心性論、修身學都是具有普遍意義的精神追求，值得我們從哲學思想層面不斷地深入研究和加以發展。今天我向大家報告的內容就到這兒，謝謝大家。

問答部分

提問：您在您的著作中和剛才報告中提到人類學家有大傳統和小傳統的說法，您的論述很有啟發性。我的問題是，大傳統和小傳統之間存在一種什麼樣的關係？謝謝！

儒學發展與進化：陳來講談錄

● 十三 儒學的普遍性與地域性

陳來：我把這看做是對你提的問題的鼓掌，作為對你的鼓勵。我想這個問題應該在社會學界裡面討論很多。芝加哥學派雷德菲爾德提出這個問題之後，也有一些人不一定同意這個看法。小傳統是起源於鄉民社會，比如一個村子裡面，一個小的村落裡面的文化，這樣的一個小傳統，這當然是具有地方性的。那麼大傳統呢，是我們一般所講的思想宗教這種文化的大傳統。那麼這兩種之間的關係呢，我想我從前也講過，就是這兩種之間有一種關係，就是大傳統如果從發生學的根源上來講，它應該是不斷從小傳統裡面發展而來的，是經過對小傳統的提高產生的。那麼小傳統呢，也對大傳統不斷提供一些生活的資源。在一個文化裡面，小傳統是比較接近它底層的社會部分。但大傳統更具有範導的作用，因為大傳統的普遍性內涵比較大，所以它能夠被不同地區的地域文化的人所接受，而且它的範導的能力更強。大傳統對於我們研究思想史的人來說更加值得注重，因為一個大的思想傳統，在長時段的發展中會出現很多的變化和曲折，這個變化一個方面呢，它會有不同的學派的分化，另一方面它的思想在不同時代的起伏裡面，會呈現不同的發展。這些呢，都是我們思想史研究特別要關注的東西。但是如果說小傳統研究是人類學特別要關注的一種比較具體的經驗的研究，那麼從哲學思想的角度來講，我們更加重視大傳統的因素。所以，我以前講的你所提到的那些關於儒家思想的根源的論述，也是側重夏商週三代以來，作為大的文明傳統的內涵，它是怎麼樣的產生、發展、變化，這是跟我們這些哲學思考者、哲學研究者跟人類學的那種文化研究者不同的眼光。

提問：陳教授，有一個問題想向您請教，宋明以來的儒學，心學從佛教裡面吸取了很多資源，可是又排斥佛教裡面的因果報應論，這是為什麼？宋明的心學和佛教有什麼關係？謝謝。

陳來：我想，如果你講的心學就是跟理學相對的心學，那麼受到佛教影響的不僅僅是心學，理學也受到佛教的影響。整個來講，宋明理學、宋明儒學都受到佛教的影響，這是沒有問題的。就心學來講呢，受到禪宗的影響更明顯。從唐代後期，五代以來，禪宗在佛教裡頭的影響越來越大，差不多成了唐宋以後佛教的代名詞，一談到佛教的影響，更看重它與禪宗的聯繫。所以，心學裡面你可以看到很多的命題，不管是陸九淵，還是他的前輩，有些

思想家，像黃宗羲提到的王蘋（王信伯）的許多思想命題都跟禪宗的一些命題很接近。這種影響有可能是直接的，有可能是間接的。直接的可能是他讀過一些佛教的書，佛教的一些命題啟發了對孟子學義理闡發的形式。但是，心學基本上是孟子學的發展，並不能把心學看成就是佛教。它的一些命題的表達方式有些跟禪宗的表達比較接近。理學呢，我想也是一樣，理學命題的表達方式不僅與禪宗，與華嚴的思想方式也有一些接近的地方。

　　總體來講，應該說這個時代，不管是理學還是心學，都是面對佛教對儒學的一種挑戰，來重建儒學的本體論，心性論和修養論。這屬於問題的實質。以前有一種很皮相的說法，說宋明理學就是掛羊頭賣狗肉，是陽儒陰釋，這都是不對的。從唐宋以來，佛教的影響是透過很多的方面、途徑，有的直接，有的曲折，對士大夫的思想文化產生影響。有的透過讀佛書受到影響，有的不透過讀佛書也受到影響。但是，我想不管讀不讀佛書，大家的意識都有一個共同點，就是佛教在這個時期已經成為儒學思想復興的最大的危險。我們看在北宋，在二程這個時代，都是主張儒學要復興，因為隋唐時代儒學不景氣。如果說北宋這個時代是儒學復興的時代，一般來講，它所面對的，一方面就是辭章之學，而另一方面呢就是佛教，構成了對儒學復興的挑戰。那麼在面對挑戰的過程中，有不同的走向，有的是採用嚴判儒釋，就是儒家和佛教區分得很清楚，我們看從二程到朱熹都是這樣的，都是嚴判儒釋，透過這個來排斥佛教。透過儒教與佛教的辯論，能夠打擊佛教在理論上的影響，建立起儒家的影響。這是一種方式。還有一種呢，比如說陸九淵，他不是以嚴辨儒釋作為特徵的，而是重新找到詮釋孟子思想的一些簡易的方式，而這些方式呢，可能從表面上看起來跟佛教有接近的地方，但實際上它仍然是宋代儒學的新的發展，這是不能混同的。雖然心學裡頭有一些表達看起來跟佛教的表達接近的地方，但是實際上呢，這兩者之間的價值觀，它的人生修養的目標，它的社會取向依然是有明顯不同的。關於因果的問題，我想因果的問題就更不是心學一家的問題了。所有的心學、理學，所有的宋明理學都比較排斥這種講法。假如你講的因果就是人生善惡的輪迴報應的這類的因果的話，因為這類的東西是一種比較功利主義的想法，我為了有好報，我才行善。我為了避免惡報，我才不行惡。那麼這一點，在儒學看來，都是有所為而為，

都是有一定的功利目的。而宋明理學是傾向把儒家的倫理原則看做是一種絕對命令,我不是為了某種功利的目的,才去實行。所以,因果報應的問題,不僅心學不談,理學也不談。當然,在明代中後期的心學裡面,有一些變化,可能有些學者容納了關於因果的討論。這是和明代後期三教合一的影響,和社會的腐敗、亂象,還有民間宗教的影響有關係。

提問:我有兩個問題想請教您,一個是去年12月劉軍寧先生呼籲在中國需要來一場文藝復興,需要復古運動,以此來大力吸收、弘揚傳統文化的精華,您對此有什麼看法?二是很多人認為,中華人民共和國成立後大師級人物少了,甚至是沒有,您怎麼看待這樣一種看法?謝謝!

陳來:你的問題提得非常好,所以大家都給你鼓掌。由於時間的關係,我簡單地回答。我不大贊成用「復古」這個概念,來描述最近幾年出現的大家對傳統文化的興趣,或者是大家對復興中國文化的這種熱情。復古呢,是一個具有貶義的詞彙,至少在「五四」以來是這樣。「五四」以來有一些比較特殊的現象,形成了一種習慣,就是用「復古」這個名詞去打擊對傳統文化比較認同的這些學術活動或者學者。今天的時代不同了,因為事實上我們看文化史上,其實沒有真正的復古。復古往往是發展的另外一種形式,是變革的另外一種形式,很多打著復古旗號的文化運動,其實都是一種文化的變革。這是我首先講的關於「復古」這個名詞,我不太喜歡這個詞。

那麼中國呢,需不需要這麼一種東西,你剛才所講的需要文藝復興,我不是很瞭解去年12月那位學者所談論的那個問題,他是講需要?(學生補充:就是需要一場文藝復興)我想,這樣講的意思也許是需要的這個東西還沒有來,所以我們需要。其實不是我們需不需要,而是文藝復興已經是一個不爭的事實,或者說新世紀以來對於傳統文化的關注越來越多,這已經成為一個不爭的事實。如最近幾年,引起大家關注和討論的,就是高校裡頭人民大學的國學院,這就是一個很有特點的例子。我想,如果就我們中國現在需要一場什麼文化運動來講,這個文化應該是綜合的,不僅僅是我們對傳統文化的繼承、發揚和發展,同時也包含著我們對世界文化的吸取、吸收、進一步的研究和引進。如果如你所說我們中國需要這麼一場文藝復興運動,好像中國

僅僅需要這麼一種對傳統文化的關注。這無形中會影響到我們對其他文化加以發展的局面，這個是容易引起誤解的，雖然這是最近幾年文化發展的特點。從 20 世紀 80 年代以來，我們對西方文化表現出較高的熱情和關注，但是 80 年代、90 年代我們對傳統文化的呼聲比較弱。最近幾年我們對傳統文化的關注顯得呼聲比較高，這是比較明顯的。但是綜合起來看，假如我們今天需要一場什麼樣的文化復興運動，那應該是全方位的，既包括我們對傳統文化的繼承和發揚，也包括對世界文化的吸取、學習，當然也包括鑒別。

第二個問題，我想，這種想法應該有一定的史實根據，就是 20 世紀 50 年代以來受教育畢業的學者到今天能成大師的比較少。50 年代以前，20 年代、30 年代畢業還活著的已經成為大師的那些學者當然不屬於你提的這個範圍之內。有一個情況現在可以不必諱言，就是 50 年代以後我們走了一段彎路，這段彎路跟我們國家的政策相關，比如我們過分強調階級鬥爭，過分強調對知識分子的改造，使得我們的學術發展受到很大的干擾。同時，在 50 年代到 70 年代，我們的學術交流被阻斷，我們和外界沒有很好的學術交流。所以，在這個時代成長起來的學者，無論是人文科學的學者還是自然科學的學者，他們都受到很多的侷限，更不用說連綿不斷的政治運動造成很多的干擾。但是，我想所幸的是，最近三十年來這種情況已經得到根本改變。從 1949 年算起，現在已經差不多六十年，這六十年可以分為兩個時期，你說的這種情況更多的是前三十年的情況，但是後三十年情況是根本好轉。近三十年以來，環境已經得到改變，已經使大師級的人物的成長變得比較容易一些，我想應該承認現在已經出現了（如果我們不算那些在 1949 年以前已經成為大師的人物，把這些大師排除在外），其實我們已經開始有一些大師級的人物，只是我們中國人現在有一些習慣，總是要等一個人到了九十歲我們才稱他為大師。我們很少承認一個三十多歲、四十多歲的人就可以成為大師。但是，事實上我們有很多學者，不一定要到九十歲，不一定要到八十歲，甚至不一定要到七十歲就已經可以成為大師了。所以我們要自己肯定我們自己的大師，自己肯定我們自己的經典。我們不要一味地眼睛去向外看，只有外國人說我們什麼人是大師，我們才說什麼人是大師，外國人說我們什麼著作是

經典，我們才說什麼書是經典。我們現在是一個重新確立經典，重新確立大師的時代，我們應該有這個文化的信心。

　　提問：歷史上先秦時期出現了諸子百家爭鳴的局面，為什麼後來沒有出現過呢，那個時期是很自由的，我們今天有些方面也比不上，比如說研究生考試就有政治考試，您怎麼看待這種現象？

　　陳來：百家爭鳴是發生在先秦那個社會矛盾突出、社會劇烈變動的時代，當時的思想家思考得也比較多。假定一個社會非常安定和諧，可能就沒有那麼多動力促使人們去對社會文化進行思考。從外在的情況來看，先秦社會處於一個劇烈的變動時期，矛盾很突出，新舊交替，這是一個原因。第二個，當然就是有自由講學的風氣和條件。大家都明白，百家爭鳴需要有一個自由講學的環境。我想，也不能說中國歷史上除了戰國時代就沒有別的時代比較接近於百家爭鳴的這樣一種情況，像宋明時代，我們就思想史來講，就是一個大家輩出的時代，就以儒家來講，也是大師輩出的時代。大師之所以輩出，我想跟這個時代所面對的很多社會文化矛盾有關。另一方面，這個時代有比較好的知識分子政策以及自由講學的風氣。當然，自由是相對的。在明代也不是那麼自由的，也有學術的禁忌，學術上的講話以及政治上的講話有時候也會被打壓，在朝廷上會被打板子。但這也和士大夫的志氣和心氣有關係，即你越要打板子我越要講，有一種不為環境所左右的志氣。至於你說到的政治考試的問題，那其實是大家普通都會遇到的一個問題，如果這個問題是短時間內沒辦法解決的話，我想可以找到一些克服的辦法。因為歷史不是真空，社會也不是一個理想的環境，我們看宋明時代那些偉大的學者都應付過他們不想參加的考試，朱熹、王陽明都中過進士，這些考試也並不都是他們喜歡的東西。我相信如果你有志氣，有能力，那些東西是你人生智力成長過程中可以付出的一點代價，沒有關係，我們就花一點時間，把它看成是鍛鍊我們的背誦能力的一個方面。

註釋

[1]. 按指 Robert Hymes，譯作韓明士，著有《官員與鄉紳：北宋與南宋時期江西撫州的精英》。

十四　儒家能否提出一種新的普世價值

　　《何謂普世？誰之價值？》這本書我看了以後有幾個印象：第一個就是非常突出中國文化的主體性；第二，書裡面的討論，不是只有一種聲音，是多種聲音復合起來的樂曲，有不同的傾向，但總體來講，明顯可以看到一種很強烈的文化自覺；第三，這本書的討論其實也是對當今這個時代主題的呼應和追求；第四個特點是鋒芒非常銳利。

　　十幾年前討論世界倫理的時候，我在《讀書》寫的一篇文章也用過類似這本書的題目，即「誰之責任，何種倫理」。我以為，這個問題的討論特別針對兩個主要的現象：

　　第一，目前流行把西方的特別是西方近代以來的政治制度價值化身為全世界的、最高程度上的普世價值；

　　第二，是那種一元的普遍性觀念，這是西方自基督教文化流行以來一個根深蒂固的想法，即不能容納一種多元的看法。

　　這兩點是我們主要面對的一種情況。

談「再中國化」

　　關於這個問題，我特別想談以下幾點。第一，今天我們談這個問題應該關注對民族文化的表述，並以此為基礎，借這個東風，擴大我們對中國傳統文化的認識和研究。2007 年我跟童世駿教授一起參加了一個活動叫做「中國文化論壇」年會，那一年的年會我擔任主席，討論「孔子與當代中國」。我的主題報告裡面特別談到，在談中國當代文化的時候要關注執政黨政治文化的「再中國化」，因為我們明顯看到 20 世紀 90 年代末以來黨提出的政治文化裡面，民族傳統文化的內容作為口號越來越多地出現，這個變化我稱之為「再中國化」。「再中國化」的意思是說更自覺地利用中國傳統文化的資源作為正能量，我覺得這個轉變很重要。

在中國來講,執政黨的政治文化應該說對社會文化具有非常大的作用和影響,所以在這個空間裡面我們要推動文化活動,就必須關心它。我想我們今天在中國環境裡面討論這個文化問題必須跟中國特色的社會主義理論,包括中國特色社會主義理論的是怎麼樣實踐,相結合。就讓它的理論到實踐,越來越多地容納中國文化的那種精神價值,我們學者也應該去推動政治文化的再中國化,充分肯定政治文化的這個變化。

全面總結近代成果

第二,要更全面地總結上個世紀儒家學者的文化觀念和文化實踐。《何謂普世?誰之價值?》一書認為「五四」以後出現的以保守主義自居的新儒家對儒家價值的肯定不過是要從中引出西方價值,但我覺得可能情況不是這樣,至少不完全是這樣的。比如馬一浮,他是一個保守主義者,但他是普遍主義者,不是特殊主義者。他所理解的六藝之學,不是被僅僅看做一種民族文化,他認為六藝是真正世界性的東西,世界的文化都應該納入這個體系裡面來衡量,它是一個普世性的體系。他保守的態度當然是有,但是他的普遍主義態度不是僅僅對西方的肯定,反而要把西方的學術納入中國學術系統裡來,你西方那個還不夠普遍,我這個更普遍。

另外我們知道梁漱溟的例子。「五四」以後最有代表性的當然就是梁漱溟的《東西文化及其哲學》,梁漱溟的想法是,我們第一步的任務,是全盤承受西方文化,這是非常現實主義的,你不得不全盤承受它。可是接下來呢,未來是中國文化的復興,再未來是印度文化的復興。這種講法,不是說我們對儒家的肯定僅僅要引出西方價值,而是認為西方只能走到這一步就為止了,再往前走那必然是儒家價值的體現。所以儒家價值對於他來講更有前瞻性,更有世界性,只不過不是在當下的空間裡面。我覺得,我們必須要更全面地總結上一輩,特別是上個世紀儒家學者的文化觀和實踐。

古今中外兼收並蓄

　　第三，對百年來文化討論還要有一個同情的理解。關於上個世紀的文化討論，《何謂普世？誰之價值？》比較偏重在「東西」的緊張，完全忽略了「古今」的面向。我覺得上個世紀的文化討論應該是「東西—古今」的辯論。馮友蘭先生在1930年講，所謂東西的問題不過就是古今的問題，古今的問題就是走向現代化的問題。所以對上一代學者來講，他們不是單純討論價值，不僅僅是關注文化上的對比。如果你講民族文化的立場，這些學者為什麼要接受西方文化？最重要就是要促進民族國家的近代化和現代化，離開這點，你講他好像只是抽象地做一個文化的轉變，就不能反映他真正的歷史動機。所以那一輩學者，尤其是第一代思想家更關心民族國家的發展現代化，接受科學民主也是為了現代化，不現代化怎麼救國救亡？吸收西方近代文化搞現代化就是救國救亡最根本的手段。所以我想討論這個問題的時候不是僅僅注意東西的問題，一定要看到古今的問題，古今的問題就是認為，中國作為民族國家，現代化是最重要的。可以說20世紀中國的主題就在這裡，他們深深瞭解這個主題，所以要把早期五四時代的東西文明問題轉換為古今的問題。當然，古今不是唯一的理路，不能把東方文化完全看成是傳統文化，把西方近代文化看成現代的普世價值，就價值來說，東西方兩種文化都含有普世價值。

　　上一輩的學者提出對西方文化要全盤承受，甚至可能有一些更多的肯定（代表性的當然就是科學、民主），這個肯定，一方面包括對中華民族現代化的焦慮，另一方面確實包含了他們對世界意義上的現代性的價值的一種肯定，比如說自由也好，民主也好，人權也好，他們是把它看成具有世界意義的普遍性價值來肯定的。在這個方面我想要更全面的總結現代儒家。

　　另外，因為中國的社會形態是不斷變化的，儒家的概念和儒家的內涵以及它的主張是與時俱進的，現代儒家對民主自由的肯定是儒家的與時俱進的應有之意。當然這種對民主自由的肯定也不是儒家在最高層次上面的肯定，這個我們也要看清楚。而且，與時俱進中，不僅有對自由民主的肯定，也包括對社會主義的肯定。像梁漱溟，他一生中應該說對社會主義是肯定的。梁

漱溟為什麼說現在全盤承受西方文化，下一步是一個儒家問題？他說未來世界需要儒家文化，他講的那個未來世界的儒家文化，就是儒家社會主義，是跟社會主義密切聯繫在一起的。包括熊十力在中華人民共和國成立後對社會主義的肯定，是因為社會主義的價值跟儒家的價值有內在的親和性，所以這個與時俱進也不是違背傳統的價值，這個與時俱進是連續的，他根於本有而繼續根據時代的變化來發展。

儒家能否提出一種新普世價值

第四，《何謂普世？誰之價值？》一書中有個提法，說儒家能否從自身提出一種不同於自由民主的新普世價值，這個問題大概是書裡面最重要的一個問題。這個問題一聽起來有一點怪，儒家當然自身能夠提出一種不同於自由民主的價值，因為在他兩千多年發展裡面本來就形成了一套價值體系，這個價值體系就是不同於自由民主的。但是本書這個提法似乎不是指過去的普世價值，是說新的普世價值，就是要針對現代生活，在我們今天這個時代提出一種從內容到表達形式上都是新的普世價值。這個問題比較發人深省。

我們一般講社會主義核心價值的設定、表達，要考慮傳統文化的基礎，這裡還是把儒家的價值作為過去式。所以談到儒家價值一般是指儒家從前所發展起來的一套不同於現代，不同於民主自由的那些價值，而不太重視今天的儒家怎麼表達新的普世價值。後來我想其實從抗戰以來也還不少，什麼新五德、新六德，都是儒家思想裡面總結出來新的價值觀。當代學者至少我知道牟鐘鑒、吳光等都有好多新幾德的這種想法，什麼仁義、中和、公誠等。所以新的普世價值這個提法以前沒有怎麼見到，但是現在仔細一想確實有這個東西。

但我想提出的例子，是比較有世界意義的，這就是新加坡所謂亞洲價值那個提法。你說有沒有一個從儒家思想裡面提出的不同於自由民主的新普世價值，我認為是有的。現在在世界上最有影響的就是新加坡提出的「亞洲價值」。它說是五大價值：第一個社會國家比個人重要；第二國之本在家；第三國家要尊重個人；第四和諧比衝突更有利於維持秩序；第五宗教間應該互

補和和平共處。這五項原則包含的，不僅是傳統的東亞的價值，也有百年來吸收西方文明所發生的新價值，如國家要尊重個人。其實亞洲價值並不是說它的價值體系裡面所有要素只有亞洲性。亞洲的價值跟現在西方價值不同，但並不是這個體系裡面所有價值要素都不一樣，不是的。所謂亞洲價值不是追求元素上的那個差異，而是價值的結構和序列、重心有不同；元素有不同，但是也有同的，但是總體來講價值序列的重心不同。因此新加坡的這套亞洲價值觀是一套價值觀體系，總體來講就是一套非個人主義優先的價值觀，是新加坡版本的亞洲現代性的價值觀，我認為也是新加坡版的現代儒家文明的價值觀。它的核心就是不是個人的自由權利優先，而是族群和社會的利益優先；不是關聯各方的衝突優先，而是關聯各方的和諧優先，這比較接近社群主義的態度。我們說它不能夠用來壓制人權，它需要靠擴大民主和尊重個人的價值來實現對人權的保護。但是它與西方價值確實不同，就是它的總體的價值態度是要求個人具有對他人、對社群的義務和責任。當然，這個亞洲價值也有不足的地方，在於它的層次在中間的層次，他還是著眼於在社會價值的層面，在比較高的層次上的價值沒有怎麼表現出來。

關於自由民主的問題。自由民主在這本書裡面表述就是說它總是跟西方國家的利益訴求是結合在一起，這是我們從它的外交政策來看的。但是要看到，世界史上，自由民主的理念是在西方近代長期的社會衝突裡面，特別是在解決內部衝突的過程中提出的，提出這個不是為了外部騙人的，而是為瞭解決內部的問題。

「多元普遍性」文化觀的重大意義

最後講一下我自己對普世價值的看法。我有一次在韓國講過這個問題，當時用了四個比較押韻的英文詞講儒家的價值，這就是：Humanity，Civility，Community，Responsibility。

我認為，中國傳統第一它比較關注仁愛；第二關注禮性（當然我這個提法裡面有受我在韓國講演影響的一種因素。就是我突出這種禮性精神，部分是因為韓國是一個比較重視禮儀的國家，我講的時候當然要跟當地的文化有

儒學發展與進化：陳來講談錄

● 十四 儒家能否提出一種新的普世價值

所溝通。我講的禮性就是對禮教文化的本性、精神、價值的肯定）；第三關注社群利益；最後強調責任，中國文化、儒家文化所有的德行裡面都是充滿著責任意識，比如說孝是對父母的責任意識，信是對朋友的責任意識等。

最後我想特別強調的是，我採取的基本立場不是要素論的，是結構論的；不是一元論的，是多元論的。什麼意思呢？我在2005年寫了一篇文章講全球化時代的價值問題，我提出的概念叫做「多元的普遍性」。針對一元化的普遍主義，所以我提出多元的普遍性。多元的普遍性跟人類學關於全球化的提法有關係。美國社會學家羅伯森講全球化的時候，就提出所謂普遍主義的特殊化和特殊主義的普遍化。他認為全球化是雙重的進程。普遍主義特殊化指的是西方首先發展出來的政治經濟、管理體系，和它的基本價值引入其他地方。特殊主義的普遍化是指世界其他各民族對本土價值的認同，越來越具有那種全球的影響，並且融入到全球化過程裡面來，這樣地方性知識就可以在這個過程中獲得全球化的普遍意義，所以羅伯森把它叫做地方全球化。我覺得這個說法是有意義的，但是這個說法對於東方文明價值肯定性是不足的。我們認為西方的文明是比較早的把它自己實現為一種普遍的東西，而東方文明在把自己實現普遍性的方面，現在還沒有做到最充分的程度。而不管東方還是西方，內在的精神價值並不決定於它外在實現的程度，換句話說，東西方的精神文明跟它的價值其實都內在地具有普遍性，我們也不能說今天只有我們中國具有普遍性的意義，說西方的價值沒有任何普遍性意義，不能這樣講。我認為應該承認東西方都有其內在的普遍性，這個內在的普遍性能不能實現出來是另外一個問題，因為它需要外在的歷史的條件，實現出來的就叫做實現的普遍性。費孝通先生曾講：「各美其美，美人之美，美美與共，天下大同。」這是對「多元普遍性」文化觀的生動的形象的寫照。

如果從精神層面，從價值層面，從東西方各個文明都有它內在的普遍性這個方面來講，我們說都是普遍主義的，東西方文明的主流價值都是普世價值。但是他們之間有差別，他們在歷史裡面實現程度也不同。因此正義、自由、權利、理性當然是普遍主義的，但是仁愛、禮教、責任、社群、內心安寧也是普遍主義的價值，我剛剛講梁漱溟先生的例子揭示的應該就是這個道理。這樣一個立場，我以前寫的文章就稱之為「承認的文化」，查爾斯·泰勒

是專門講「承認的政治」，從多元主義來講，我就說我們必須有「承認的文化」這樣的立場，這個立場當然就是世界性的多元主義的立場，這是我自己在這個方面的一個看法。

　　這是從多元主義的角度來講。我剛剛講的要素論和結構論差別在什麼地方？《何謂普世？誰之價值？》一書提出要從儒家體系裡面提煉出跟西方不同的價值，我的意思就是不一定只是要求在要素上全然不同的一個體系。我覺得這裡面有些要素可以是不同的，但是一個現在的儒家價值裡面可以包容民主自由這些，只不過自由民主的價值在儒家價值體系裡面的位階不一定是最高的。

● 十五 傳承優秀文化與弘揚民族精神

十五 傳承優秀文化與弘揚民族精神

　　中國改革開放以來，國家的綜合實力大大提高，小康社會的建設給人民的生活帶來了明顯的變化，這一切首先要歸功於鄧小平南巡以後，提出「發展是硬道理」，明確了社會主義市場經濟的發展方向，有力地啟動了 20 世紀 90 年代的高速發展。才有了十多年來的國民經濟的快速發展和人民生活水平的較大提高。

　　但是，我們的視野並不能單一地停留在地區發展這一點上；我們既要明白「硬道理」，也要懂得「軟道理」。我們要不斷增強中華民族的生命力、創造力、凝聚力，提出要把弘揚和培育民族精神作為文化建設的重要任務，這些都是站在整個中華民族整體發展而提出的文化問題。因此，對於文化問題有較深的理解，才能使官員在理解、把握和處理全局和局部問題時有更高更遠的眼光，從而實現中華民族的長治久安。以下我就文化傳承和民族精神的問題談談我對傳統文化的一些認識，僅供大家參考。

千年文化傳承的生命力

　　文化是人類認識和改造世界的一切行為和結果。這個世界包括自然和社會。文化包含有四個層次，即物質、制度、習俗、精神意識。我們平常所說的「傳統文化」，是指中國傳統文化，也就是中華民族從上古到清代幾千年的歷史實踐中物質創造、制度創造、精神創造的總和。這是廣義的文化概念。除了廣義的文化概念外，還有狹義的文化概念，就是專指精神文化的創造活動及其結果，精神文化包括信仰、道德、藝術、知識等。我們一般用的文化概念多是這種狹義的文化概念。這個意義上的中國文化或傳統文化，包括中華民族的獨特的語言文字、文化典籍、文學藝術、哲學宗教、道德倫理、科技工藝等。世界上每個民族都有其有特色的文化創造，但從總體上看，中華民族幾千年形成的傳統文化在世界文化史上最鮮明和最突出的特色，就是它在文化傳承的連續性和政治實體的統一性。

儒學發展與進化：陳來講談錄
十五 傳承優秀文化與弘揚民族精神

對事物的認識總是從比較中鑒別的，文化傳承的問題也是如此。我們知道，世界文明史有四大文明古國，就是巴比倫、埃及、印度、中國，它們的文明建立都在至少距今五千年以前，它們所創造的燦爛的古代文明是人類文化的搖籃和基礎。但是，在四大古國中，巴比倫在公元前6世紀被波斯所征服，公元前4世紀又被希臘馬其頓的亞歷山大所征服，公元2世紀巴比倫文字已經消失，由希臘文字取而代之，公元7世紀後則為阿拉伯人所占，巴格達成為阿拉伯帝國的首都。埃及的歷史同樣古老，但公元前300年希臘人侵占了埃及，此後希臘人的統治又變為羅馬人的統治，希臘語成為官方語言，公元7世紀阿拉伯人占據埃及，此後阿拉伯文成為唯一通行的文字。伊斯蘭文化湧入埃及後，埃及的宗教崇拜、法老制度等傳統文化全部消失，古代語言文字完全消亡了。公元前3000年印度已經有高度文明，公元前13世紀被雅利安人入侵，此後建立了吠陀文化；公元7世紀中亞的突厥穆斯林開始不斷侵入印度，10世紀建立了穆斯林王朝，統治印度6世紀之久，迫使印度人改變了宗教信仰。近代英國又把印度變成了殖民地。希臘和羅馬是歐洲文化的發源地，但希臘在公元前146年被羅馬人征服，而羅馬帝國滅亡後希臘又成為拜占庭的一部分，中世紀奧斯曼帝國土耳其人滅拜占庭，統治希臘六百多年。比較這些文化古國可知，只有中國幾千年來始終維持了獨立的民族生命，雖然中國歷史上也有短暫分裂，或建立少數民族政權，但總起來看，我們的文化從夏商周以來傳承連續，從未中斷，在民族的融合中國家的政治統一是歷史的主流。所以中華民族不僅幾千年來文化傳承連續不斷，而且中華民族賴以生存的政治實體在不斷擴大的同時保持了穩定統一，這就遠不是猶太民族所能相比的了。

在抗日戰爭的時候，哲學家馮友蘭曾說「當世列強，有今而無古；希臘羅馬，有古而無今」，英國文化的歷史不過一千多年，美國的歷史只有三百多年，而文明古國有的夭折，有的轉移；「惟我中國，有古有今」，所以他總是引用《詩經》的「周雖舊邦，其命維新」，說明中國是文明古國，但始終在與時俱進的發展，並在這種發展中保持了文化的連續性。抗戰的時候，另一位思想家梁漱溟也說，我們現在正經歷二次大戰，眼看著歐洲國家一個一個先後被消滅，觸目驚心。中國的國防、政治、經濟比起這些國家都不如，

但它們幾天就滅一國，幾星期就滅一國，或幾個月滅一國。中國卻一直支撐著，其原因就是中國國家大、人口多、資源廣，「平時我們的國大自己不覺，此時感觸親切，憬然有悟」，「這就是祖宗的遺業，文化的成果」。中國文化依託黃河、長江為中心，在這麼廣大的土地上，擁有這麼眾多的人口，三千多年傳承不斷，華夏民族結合的政治實體，基本統一，祖先創下的這份宏大的基業，這是多麼難得的啊！所以，近代歷史學家就中國歷史文化的三大特徵問三個問題：

第一，地域遼闊，人口繁盛，先民何以開拓至此？

第二，民族同化，世界少有，何以融合至此？

第三，歷史長久，連綿不斷，何以延續至此？

歷史學家說，從這三個特徵來看，中華民族的歷史發展，必然有一偉大的力量寓於其中。這個力量是什麼？就是我們的文化和我們的民族精神，它是給了我們中華民族偉大生命力和凝聚力的內在的東西。其中最核心的就是中華文化中的一套價值觀。我們今天的一個重要任務，就是去發掘它、維護它，承擔起發展中華民族生命的重大責任。所以文化的作用和意義一定要站在一個比較高的角度才能深切瞭解。

毫無疑問，從我們今天來看，傳統文化中有積極、先進的部分和消極、落後的部分。20世紀，從革命的立場出發，我們對傳統文化的消極的部分進行了反覆的甚至是激烈的批判，但如何同時認識、肯定、發揚傳統文化的優秀的部分，深切體認中華文化的偉大生命力的所在，這個問題始終沒有解決，由於這個問題沒有解決，使得我們傳統文化中許多好的東西流失了，我們現在從政治到社會出現的許多問題，都與此有關。

中國的優秀傳統文化

那麼，中華民族傳統文化中那些優秀部分呢？文學、科技、藝術等等，應當說有很多，限於時間，我們今天僅就傳統精神文化中的價值觀的幾個要點談一下。

十五 傳承優秀文化與弘揚民族精神

中國文化有一個基本觀念，就是「天人合一」。從戰國時代到漢代到宋以後，天人合一的觀念一直很發達。所謂天人合一就是注重人與自然的和諧合一，注重人道（人類社會的法則）和天道（宇宙的普遍規律）的一致，不主張把天和人割裂開來。天人合一思想不是強調征服自然、改造自然，不主張天和人的對立，主張天和人的協調。根據這種思想人不能違背自然，而應當在順從自然規律的前提下，以人的行為與自然相協調。古代的天人合一思想，一方面注重人是自然的一部分，注重人在自己身上體現自然的本性，致力於人與自然的統一併與自然融合一體。另一方面也主張人主動配合天地的生生變化，在與自然相協調的同時，協助並促進宇宙的和諧與發展。這種追求人與自然普遍和諧的思想對糾正那種無限制地征服自然，不顧及環境與生態的平衡，尋求全面、協調的社會經濟發展，有其合理的現實意義。

中國傳統文化的顯著特點是以人為中心，中國古代哲學主張「人為萬物之靈」，「天地之生人為貴」，「人者天地之心」，肯定在天地人之間以人為中心，在神與人之間，以人為中心。所以與其他以基督教、猶太教、伊斯蘭教為基礎的文化不同，中國文化以人作為考慮一切問題的基點和歸宿，神本主義在中國文化中始終不占主導地位。孔子以前的人說「天道遠，人道近」，「神依人而行」，孔子說「敬鬼神而遠之」，孔子以後的人說「人事為本，天道為末」，儒家始終關注的焦點是現實社會政治的有序和諧和人生的價值理想的問題，這個特點可以稱為人本主義或人文主義。所以中國傳統主流文化不重視彼岸世界，不講天堂地域，不講來生來世，始終強調在的人的有限生命和現實生活中實現崇高的理想和價值。儒家所強調的道德價值不是從宗教的信仰來引出，而是從人的良心、人與人的現實關係中引申出來而加以肯定。所以中國文化沒有在神本背景下的原罪觀念和贖罪觀念，而是主張啟發和發揚人的善良本性，提高人的情操境界，重視人倫關係的調整和完滿。

中國文化自古以來重視人的德性品格，重視德性的培養和人格的提升，歷來高度推崇那些有精神追求的人、具有高尚道德品格的人士，孔子說「朝聞道，夕死可矣」，把對真理和道德的追求看得比生死更重要；孔子又說「殺身以成仁」，孟子說「捨生而取義」，都是認為道德信念的信守和道德理想的堅持不受物質條件所影響，在一定的條件下比生命還重要。儒家的這種思

想在社會上造成了崇德尚義的氣氛。在這種精神追求下，透過古代的精神文明規範體系「禮」，而形成了中華「禮儀之邦」的社會面貌。孟子還說過「富貴不能淫，貧賤不能移，威武不能屈」，鼓舞人們追求堅定獨立的人格尊嚴，不被任何財富所腐化，不受任何外力所威脅，也為那些為捍衛正義和美好生活的人們進行不屈不撓和艱苦卓絕的鬥爭提供了精神的激勵和支持。在這樣的精神影響下，中國文化一貫強調明辨義利，主張明理節慾，在價值評價上對堅持道德理想追求的人高度褒揚，對追求個人私慾的滿足的人加以貶斥，人的「美德」和修養始終受到重視。在中華文化的長期發展中形成了以重視禮義廉恥，奉行仁孝忠公誠信為核心的傳統美德體系，深入人心。中國文化重視人的價值和尊嚴，重視自覺的道德修養和意志鍛鍊，重視完美人格的培育與成就，同時在政治上強調「道之以德，齊之以禮」，注重用道德禮俗實現對社會秩序的維護，反對以刑罰暴力管理社會；對外強調「以德服人」，反對「以力服人」，這些都成為中華文化特別重視道德文明的特色。

在中國的人本主義文化中，重視人，但不是強調個人，而是重視人倫，中國文化總是把人作為一定的倫理關係中的人，在一定的倫理關係中負有倫理責任的人，從而個人的德性和價值實現緊密聯結於他和他人的關係。君臣父子夫婦兄弟朋友五倫所代表的政治關係、家庭關係、社會關係，和忠孝仁愛信義的道德德性，相互配合與對應。人活著不是為了自己，而是為了人倫關係的美滿。同時，中國文化重視處理群己關係，強調群體的利益高於個體的利益。群體的利益是公，個人的利益是私，於是在中國文化中群體、國家往往成為個人的終極關懷。尤其應當指出的是，關心國事大事天下事成了中國人發自內心的責任，也成了人們一種不可遏止的情感，體現為憂國憂民的情懷。孟子說君子要「自任以天下之重」，就是要把天下大事作為自己的責任，又說「樂以天下，憂以天下」，漢代以後的士大夫始終強調「以天下為己任」，「以天下之風教是非為己任」。在實踐上，漢代的士大夫「每朝會進見，及與公卿言國家事，未嘗不噫嗚流泣」，北宋范仲淹自頌其志說「先天下之憂而憂，後天下之樂而樂」，感論國家大事，時至泣下。明代東林黨人「家事國事天下事，事事關心」，清初的顧炎武說「天下興亡，匹夫有責」，這種「天下」的觀念是中國士大夫傳統能超越家族主義、地方主義，而始終

把國家整體事務作為己任的文化思想的根源。歷史上的愛國志士，為國捐軀，為人民所傳頌和敬仰，這樣的例子舉不勝舉。在這種思想文化裡，不僅個人對他人對群體的責任意識始終被置於首位，也凸顯了以小我成就大我，以犧牲個人和局部利益維護整體和全局利益，以國家和民族利益為上的價值取向。

傳統文化的優秀部分還可以舉出很多，比如中國文化重文重教的文化意識，中國文化陰陽互補平衡的辯證思維，中國文化重視和諧中庸的價值取向，等等，就不在這裡細論了。那麼，中國優秀文化是如何傳承的呢？首先，傳統文化的連續傳承要歸功於儒家的文化自覺，兩千五百年前孔子整理了三代以來的文化，確立了中國最早的經典文本，建立了中國文化的經典意識，建立起了文化傳承的使命感。而後孔子所開創的儒家學派努力傳承六經，代代傳經釋經；後又形成了一種道統的意識，使得後來儒家以傳承發揚中國文化的經典和維護華夏文化的生命為神聖的使命。其次，漢字雖然歷經演變，但很早就成為溝通華夏文明區內各種方言的統一交流工具，這種統一的文字保證了統一的文化。再次，中國自古以來有一個注重歷史的傳統，很早以來歷史的記述不斷，而且受到珍視，歷史的記述起著承載民族歷史記憶、建構民族文化認同的重要作用。最後，很重要的是，中國傳統文化的士大夫在政治實踐、地方教化和文化活動中，始終自覺傳播、提倡、強調這些價值觀念，強化這些價值觀念，使得這些價值滲透在一切文化層次和文化形式之中，從而影響到全體人民大眾的文化心理。

我們需要怎樣的民族精神？

傳統文化有各種各樣的具體表現，有各種各樣的表現側面，民族精神則是指中華民族綿延發展的深層動力和精神氣質，也可以說民族精神是體，傳統文化是用。民族精神是民族智慧、民族情感和民族共同心理和思想傾向的主導方面，與一個民族的共同價值目標、共同理想、思維方式緊密相連。中國屹立於世界東方五千多年，有古有今，她的發展壯大和延續必有其能以自立的精神基礎。所以，我們不僅要瞭解中華文化創造了哪些文化成果和奇蹟，更要自覺理解她的內在生命力和精神特性。

我們需要怎樣的民族精神？

　　20世紀80年代初，國學大師張岱年提出，《周易》的兩句話可以作為中華民族精神的集中表達，這就是「自強不息」和「厚德載物」。《周易》裡面解釋乾卦說「天行健，君子以自強不息」，《周易》又把這一自強不息表達為「剛健」，剛健就是剛健有為、積極進取，奮發向上、永遠前進。《史記》說：「文王拘而演周易，仲尼厄而作春秋，屈原放逐，乃賦離騷，左丘失明，厥有國語……詩三百篇，大抵聖賢發憤之所為作也。」這些都體現了中華民族愈是遭受挫折愈是奮起進取的精神狀態和堅韌意志。《周易》裡面解釋坤卦說「地勢坤，君子以厚德載物」，厚德載物就是接人待物要有寬容寬和的態度，既肯定自己的主體性，也承認別人的主體性，既要保持自己的尊嚴，也要尊重別人的尊嚴，在對外關係上表現為愛好和平，反對侵略。所以厚德載物又集中表達在「以和為貴」的價值取向，崇尚和諧統一。以和為貴的和就是不同事物的統一與融合，從這裡發出重視人際和諧的思想，孟子早就說「天時不如地利，地利不如人和」，和的要義是和諧，它既和「同」不一樣，不是單純的同一，而是不同東西的和諧相處；也和「爭」成為對比，不崇尚鬥爭，注重平和的解決問題的方式。這種精神對中華一體，國家統一的民族心理的形成，對中華民族政治共同體的長期穩定發展，發揮了重要的作用。這種精神也體現在中國文化特有的「兼容並包」文化政策，使得不同宗教傳統在中國歷史上不斷走向互相融合，而不是訴諸宗教衝突和戰爭。

　　中華民族的民族精神也就是中國文化的基本精神，在中國幾千年的歷史發展中發揮了重要的功能，這就是為中華民族提供了強大的凝聚力和頑強的生命力以及巨大的同化力。今天我們雖然不見得能舉出很多所謂提倡凝聚力的古代提法，但中國文化的歷代教育和傳承，的的確確實現出了這些功能。所以從功能的角度來考察也是我們理解傳統文化的重要角度。在中華文化的熏陶和教育之下，一般來說，以國家統一為樂，以江山分裂為憂，成了中華民族的成員的天經地義的當然價值，也成為民族文化的深層心理。而剛健有為的精神不僅在我們民族興旺發達的時期起過巨大的積極作用，在我們民族危難之際，更成為激勵人們的強大精神力量，在歷史上無數志士仁人身上體現出來，如杜甫的詩「劍外忽傳收薊北，初聞涕淚滿衣裳」，「出師未捷身先死，長使英雄淚滿襟」，陸游的詩「王師北定中原日，家祭無忘告乃翁」，

文天祥詩「人生自古誰無死，留取丹心照汗青」，這些讀來迴腸蕩氣的詩句，具有強烈的感召力量，無不體現了自強不息的精神，也發揮了愛國主義的激勵功能，培育了中華民族反抗壓迫、維護民族文化生命的精神。

今天，弘揚民族精神，就是要把那些在歷史上促進中華民族發展壯大，體現和促進了中華民族的生命力、凝聚力、創造力的優秀精神文化發揚起來，並加以新時代的發展，以加速實現中華文化的偉大復興。

人類社會離不開文化

文化是人之所以為人而脫離動物界的代表，沒有文化就沒有文明人類，文化為我們提供了認識世界的世界觀和道德、審美的意識方式與框架，文化為我們提供了生存的意義、生活的規則，文化在人類文明歷史發展中起了無可替代的作用，一個民族的文化規定了這個民族步入文明、發展文明的特殊路徑。如何在歷史唯物論的前提下，更加注重和深入認識文化的意義、地位，是我們面臨的一個重大課題。

西方學者早就重視「資本主義的精神」的文化問題，德國社會學家韋伯認為，資本主義的興起是依賴於一種精神，這種資本主義的精神不是對利慾的貪圖追求，而是以新教信仰為背景的一種勤奮、節儉的禁慾主義，一種理性化的態度。這個觀點換一種表達，也可以說，對財富利慾的貪圖是小商販和古典商業資本的特徵，而與現代市場經濟和現代企業制度相適應的精神是勤奮、節儉的職業精神，一種守信、盡職的倫理態度。他認為這才是近代資本主義發展的動力，才是資本主義的精神。這種觀點我們不一定贊同，但這種從倫理精神上看問題的方向值得我們深入研究。

文化的價值和功用是不能以短視的功利主義者的角度去瞭解的。表面上看，文化的具體作用似不明顯，其實文化的用是「無用之大用」。文化是一個社會發展水平的重要標尺，一個沒有文化創造，沒有文化品味，沒有文化理想，拜金主義、享樂主義、自利主義盛行，只知道追求物慾滿足的社會，不過是一個暴發戶的庸俗社會。封建主義、資本主義的統治階級尚且知道文化建設的重要，社會主義的現代化社會更需要文化建設的發展。

事實上，文化滲透在我們的政治、經濟、外交、社會等一切實踐領域，文化作用於、支配著我們觀念的深層結構。近年來第三代領導集體提出了許多政策主張，這些雖然都是針對中國社會發展的現實問題，但其思路和表述形式，往往也都帶有傳統文化的特點，如「以人為本」、「以德治國」、「以和為貴」、「執政為民」、「與時俱進」，這些都與傳統文化有一定聯繫。與時俱進的哲學思想最早可見於《周易》的「與時偕行」、「以人為本」的提法出於《管子》，《三國志》上也說「夫濟大事必以人為本」，可見文化的作用影響其實無所不在，關鍵在與我們有沒有文化的自覺。上面舉的例子說明，新一代中央領導集體對認識和利用傳統文化的資源有了進一步的主動性。

冷戰結束以後，美國政治學者亨廷頓提出「文明的衝突」，作為美國世界策略的預測，認為冷戰結束以後國際衝突的爆發點將在世界幾個文明圈的交界處。這就是從文化的角度研究國際關係和國際策略。我們若不懂得文化，就不能從更高更廣的角度看問題，也就不能有效地回應這些挑戰。

目前，在經濟方面已經出現了所謂全球化的趨勢，引起了世界各地各階層人民的不同反映。同時，全球化也促進了各種思想文化的相互交流與相互激盪。全球化浪潮中值得警惕的是文化單一化的危險，那種把全球化在文化上理解為用美國的文化價值觀去格式化、去淹沒世界其他地區和民族的文化的觀點是必須堅決反對的。全球化必須和民族化並行，經濟的一體化必須和文化的多樣性並存，在當今的時代，在面向現代化、面向世界、面向未來的同時，我們要始終注意保持民族文化的主體性，使中華民族的民族生命繼往開來，永遠暢通。

儒學發展與進化：陳來講談錄

● 十六 儒學要義與儒學現狀

十六 儒學要義與儒學現狀

▍儒學究竟是什麼？

如果我們給儒學一個字典式的定義的話，我們可以說，它是以孔子為創始人，以孔子思想為核心，在歷史上傳承兩千五百年之久，形成的思想學術體系。

儒學以孔子思想為核心，那麼孔子思想以什麼為核心？孔子思想是以「仁」為核心。戰國末期的《呂氏春秋》裡面就有「孔子貴仁」的說法，就是說孔子思想中最重視「仁」。在《論語》中有一百多次提到了「仁」。在孔子以後，孟子以「仁」「義」並提，從此「仁義」成為儒學的核心價值。

為什麼孔子開創的學派稱為儒家？孔子以前的時代「儒」有什麼含義？《周禮》裡面有「儒以道得民」的說法。道，是宇宙的意義、人生的真理的意思。就是說周代的儒以「道」得到人民的信任。《周禮》中又說「儒有六藝以教民者」，六藝就是禮、樂、射、御、書、數。就是說，當時的儒不僅教人以道，還教人以藝，所以說「儒有六藝以教民者」。最後，《周禮》還有一句話，「師儒，鄉里教以道藝者」，這裡的師儒就是既教道又教藝，他們退休後在鄉里向人民教授道和藝。可見周代已有儒，主要是教授道藝知識。到孔子的時代，周代的這種儒大多失去了正式工作，流落民間，以教書和幫人行祭祀禮為生。孔子時代，告誡學生不做小人儒，要作君子儒，突出了儒的道德人格。

孔子的弟子後學在《禮記·儒行》篇記述了早期孔門對「儒」的理解，對儒者的行為特徵的理解。其中列舉了孔子所說的儒者之行十七條，其中有：「剛毅有節」、「仁義忠信」、「安貧樂道」、「見利思義」、「貧賤不移」和「威武不屈」等。後兩條和孟子講的大丈夫是一致的。

到了漢代，司馬遷的《史記》中也有一種對儒家的認識，說「儒以六藝為法，列君臣之禮，序夫婦長幼之別，雖百家弗能易也」。這裡的六藝，是

十六 儒學要義與儒學現狀

指六經,說儒家以六經為根本標準,注重政治理和家庭倫理,認為這幾點是諸子百家其他各家都不能取代或改變的。

總結以上所述,我們可以說,儒學的特點是注重:(1)文化傳承,如傳承六經;(2)教化民眾,如以道藝教民;(3)社會倫理,列君臣之禮、序夫婦長幼之別;(4)個人德行,剛毅有節等儒行。

一個大的源遠流長的文化傳統,都有其經典的體系,儒家也有自己的經典體系。瞭解儒家就必須要瞭解儒家的經典。儒家的經典與佛教經典有一個很大區別:佛教在印度比較晚起,而且不是傳承上古印度主流思想,並且在佛教產生後也不是印度的主流思想。佛教在中亞、南亞和中國傳播後,才能成為當地主流思想。

孔子思想則不是突然出現的,他繼承了夏、商、週三代的文明,孔子以前中華文明至少已經有了一千五百年文明發展史,中華文明早起的發展,結晶在六經之中。特別是夏商周的主流政治思想、歷史觀念等都保存在六經中。孔子刪定六經,對六經的文獻進行了整理,孔子和他的弟子們致力於傳承六經,所以孔子的思想是接續了中華文明主流的思想。在儒家經典體系中,有大量各個朝代的儒者對六經的解釋和研究,所以儒家經典,不是單純的一家一派的經典,而是中華文明的經典。與基督教的經典相比,舊約的上帝是以色列人的上帝,儒家則突出六經傳承,不突出民族特性。

儒家的經典,在漢代到唐代,主要是五經。原來是六經(詩、書、易、禮、樂、春秋),後來經秦始皇焚書坑儒,樂經丟失了。漢代開始,在文明傳承上,以國家名義,頒以「五經」為經典,設立五經的專門研究人員。在「五經」外,《論語》和《孝經》在漢代也具有重要的地位。後來,五經中的「禮」擴大為儀禮、周禮、禮記,「春秋」的三家註釋即左傳、公羊、谷梁,都進入了經典系統,這就是九經了。又增加了爾雅、論語、孝經。最後加進了孟子,成為十三經。

到了宋代,出現一組新的儒家經典即四書,《論語》、《大學》、《孟子》、《中庸》,朱熹作有《四書集注》,影響最大。

所以儒家的經典,核心是五經和四書,儒學史上對五經和四書進行的註釋,歷代連綿不斷,數以千計,構成了儒家的經學。

儒學有一套人格理想,並對象化為一組儒家所推崇的理想人格。這個理想人格的系統,寬點說,包括堯、舜、禹、湯、文、武、周公,後人集中於孔子,孔子的弟子很多,其中最著稱的是顏子和曾子,孔子的孫子子思寫了《中庸》,孟子是子思的後學。

唐代以前,五經的權威最高,儒家的理想人格並稱「周孔」,即周公和孔子,因為尚書中的重要思想多是周公所闡發的,而孔子以繼承周公為理想。宋代以後四書流行,故推稱「孔孟」,孔子是聖人,孟子被稱為「亞聖」。從堯舜禹到孟子,宋代以後,儒家把這個聖人的譜系稱作為「道統」,意思是儒家之道的傳承系統。

儒家文化中聖人之外還有賢人,凡是被認定為賢人的人,便可以在孔廟陪祀。孔廟兩廡中供奉的先賢先儒,分東廡和西廡,總共一百五十九人。先賢者以明道修德為主,先儒者以傳經授業為主。

荀子有「聖可學而致」,「途之人可以為禹」之說,所以儒家思想認為每個人都可以透過學習和修養成為聖賢。

近代以來,有幾個概念並行使用,即儒家、儒學、儒教。其實這三個概念在歷史上早就有了。那麼這三者有什麼分別呢?一般來說,「儒家」是區分學派的意義上使用的,如儒家是諸子百家中的一家,「儒家」是指與道家、墨家不同的一個學術派別而言。

「儒學」則是就學術體系而言,因為儒家自孔子以來,學術思想的傳承與發展,蔚為大觀,早已形成一個規模巨大的體系。「儒教」則是把儒家思想文化體系視為一個教化體系而言。所以傳統上我們說的儒家並不是以儒家為宗教,而是把儒家、道教、佛教都看做教化體系,而稱之為「三教」。韓國、日本稱儒教,一般很少稱儒家或儒學,韓國和日本所說的儒教,也主要是在教化體系意義上講的。近代以來,也有把儒學宗教化的例子,如印尼以儒學為宗教,香港也有孔教會,是正式登記的宗教組織。

十六 儒學要義與儒學現狀

關於儒家在中國歷史文化中的地位，我們沒可能詳細地加以闡述，但我們可以透過下面五句話來認識：第一，儒學是中國文化的主體部分。第二，儒學奠定了中國文化的核心價值。第三，儒學在歷史上對傳承、發展中華文明發揮了主要的積極作用。第四，儒學在塑造中華民族的民族精神方面起了不可替代的作用。第五，儒家創始人孔子已經在相當的程度上成為中華文明的精神代表。

這是由於孔子已經在兩千多年的中國歷史上，以及近代一百多年的歷史中，自然地獲得了這樣的地位，所以如何對待孔子，是一個涉及民族文化的具有根本性的問題，一定要謹慎對待和處理。

儒家的四大哲學要義

講到儒家哲學核心的部分，第一叫做「變易生生」。《周易》解釋「易」有三義，簡易、變易、不易。《易》就是面對自然複雜的變化，能夠掌握到它未來發展的某種規律，世界是變化的，人要適應它的變化。《易經》本是用來占卜的，占卜就是瞭解變化，占卜作了很多記錄，後來把普遍性記錄保存下來，從複雜上升到抽象，這是簡易。占卜是充滿了變化的，所以《周易》強調「唯變所適」，這是變易。不易就是變中的不變，掌握變化的常則。周易不僅講唯變所適，還講「與時偕行」，就是說在掌握變化的時候不僅要看到變化，還要注重「時」，因為在《周易》中，「時」和「位」對理解卦爻變化很重要，卦的吉凶和它的時位有關係。《周易》說與時偕行，與時俱進，這是很重要的世界觀。21 世紀初中國共產黨「三個代表」重要思想也提出了與時俱進。從根源上說，是和《周易》的哲學相通的。

除了變易，儒家還重視「生生」，即生生不息，《周易》說「生生之謂易」。也就是說，對於易，不僅有前面所說的三種理解，還要從生生來理解易。《周易》認為「天地之大德為生」，德是特性，「生」體現了創造和發展，是天地的根本特性。所以周易理解的變易，在三易以外還有一個思想，就是「生生之謂易」。這是主張生命的不斷發展運行變化，不是一般的變化，而

是生生不息的，帶有生命哲學的意味。這個生生的觀念對儒家哲學影響很大。宇宙的最根本性質是「生」，生是自然法則，這就叫「天地之大德曰生」。

從後來儒家思想的發展來看，儒家哲學重視生生，還有一個原因，就是宇宙的生生可以與儒家的核心價值仁聯結起來，仁體現了宇宙的生生，宇宙的生生落實在人間便是「仁」。

天道就是宇宙運行和變化的秩序與規律。天命原來的意思是上天的命令，孔子將之變成了世界必然性。在孔子以前，古代本有天命的概念，古代的天命就是上帝賜予你的東西，孔子把這個概念加以改造，並和天道的概念結合起來。本來商朝人信任世界有主宰神上帝，他們相信他們的祖宗死後會在天上接近上帝。周朝人發明「天道無親，常與善人」，讓我上天從善不從親，不是和誰有親戚關係就照顧誰，而是誰善良就照顧誰。孔子以前早期的天道觀念跟天命觀念受到早期宗教的影響，相信有一個帝，到了周朝叫做天，天就是一個最大的神。但西周文化認為，「民之所欲，天必從之」，天的意志是以老百姓的意志為意志，這種天沒有獨立於老百姓意志以外的意志，老百姓的要求天必定遵從。所以儒家思想裡面保留的是這樣一個概念，這個法則本身包含了對善惡的分辨和對老百姓的關愛。孔子把天的宗教的主宰的含義淡化，但保留了天道跟天命的關係，作為一個宇宙的法則。

天在儒家的話語中還往往用來指世界最重要的事情，如「民以食為天」，政治上則提出「以民為天」。宋代儒家提出：「天者，理也。」天道就是理，「理便是天道也」，所以宋朝以後，就講天理。什麼是天理呢？應該說天理的觀念和天道的觀念是接近的，「道只是理，此理便是天道也」。天道就是理，所以理也是宇宙的普遍的法則。但是儒家講的天道，不是純粹自然世界的法則，天理是一個普遍的法則，包括我們社會人世生活道德的法則，這就是天理的普遍性。天理是宇宙的普遍法則，也是人的社會行為的最高權威。

先秦早期儒家多主張「生之謂性」，把人與生俱來的特質都看做人的本性。後來子思在中庸提出「天命之謂性」，孟子更直接提出性善論，引起儒學內部人性的討論。大體上說，從先秦到漢唐時代，主流的看法是人性有善

有惡,善惡相混。宋代後《孟子》進入四書,性善論逐漸成為儒學的主流。北宋的二程提出「性即是理」,進一步發展了孟子的性善論。

儒家的哲學特別重視講人性論,早期既有孟子的性善論,也有荀子的性惡論。性惡論主要講人性中的慾望是惡的來源。人性裡面有一部分是與生俱來的慾望,這個慾望如果不加控制,會產生很多惡的想法和行為,由於人性惡,需要有聖人出來加以規範。但是儒家思想,特別是在宋朝以後,人性善成為最主要的想法。這其中有很重要的理由,因為儒家本身特別注重教育,是從教育者的角度來看人,因而堅持人是善良的,認為所有的人都可以透過教育啟發把他變成善的人。

明代的王陽明提出「良知即是天理」。明朝中後期,商品經濟非常發達,這種重視天理觀點進一步變化。孟子說:不學而知的是良知;不學而能的是良能。良知天生就有,小孩子生出來不用人教他,自然就愛他的父母,他在成長的過程中,他自己知道他要尊敬自己的兄長,這就是良知。四書裡面有一篇叫《大學》,講「格物致知」,朱子解釋致知的概念就是擴充你的知識,王陽明解釋說致知就是致良知。良知是人的行為的直接指導。

現代人不講天理,不講良知,心靈和行為沒有主宰,沒有權威,所以社會道德和倫理出現了很大的問題。

中庸是儒家主張的思想方法和工作方法。朱熹解釋中庸這兩個字說:「不偏之謂中,不易之謂庸;庸,用也;庸常也,平常也。」中庸是中道思維,不走極端,無過無不及,重視日常生活的中間狀態,在決策沒有充分把握的情況下採取中道選擇,這些都在經驗中被證明是有意義的。

儒家思想的價值觀崇尚「和」,和就是和諧,論語裡有「禮之用,和為貴」的說法,強調要秩序也要和諧。儒家又講和而不同,寬容包容,容納不同的意見。周易提出「保合太和」,認為永久和諧是宇宙的根本原理。這個思想代表了儒家價值觀的一個重要特點。

新世紀國學熱的發展狀況

關於近十年來的國學熱，以下先就文化事件來看。

第一個我想講的是經典彙編。從 2002 年開始，北京大學、人民大學、四川大學等多所高校共同提出關於編輯《儒藏》、儒家經典大全的事情。這很快在教育部立項，在北大社科基金立項。雖然它的發展在高校裡方式各異，比如北京大學以本土儒家經典為主，人民大學側重海外如日本、韓國、越南等儒家經典，四川大學也有自己的一套《儒藏》體系，並結合自己的文獻整理與研究的工作特點。總之，《儒藏》的編輯引起了中國文化經典或者說國學經典正在慢慢成為學界的熱點。後來出現了山東、上海一些項目的立項。總體來講，從 2002 年開始這個現象可以作為我們判定十年國學熱的第一個起點。《儒藏》為什麼現在很熱？必定由很多因素促成，其中與國家綜合國力的增強與經濟的發展有直接關係，另外從社會氛圍來講，這又跟社會對文化的需求、認識的轉變有關係。

第二個就是到 2004 年的 9 月發表的《甲申文化宣言》，它由許嘉璐、季羨林、任繼愈、楊振寧、王蒙等人倡導並發起。許嘉璐先生在一定程度上代表了政府的觀點，季先生、任先生代表了學術界的一種態度，楊振寧先生和王蒙先生則在廣義上代表了整個中國文化界的知識分子對於中國文化的態度。剛才郭建寧在講這十年中國文化熱的發展時也提到了這個事件，事實上這個宣言的出現也遭到了一些批評。這些批評一個就是來自於像剛才講的把它和之前的宣言聯繫起來，另外更多的是來自於自由主義觀點立場的批評。但是我想這兩種批評對於這件事情的出現可以說雖然表達了批評者自己的意思，但是都沒有真正瞭解到他自己本人的利益和立場。這個立場實際上就是新的時代，就是在全球化時代、在一個多樣文化共建的時代，中國文化怎麼建立自己的文化態度，從而怎麼樣正面回應從 90 年代以來關於文明對話的一個正面的立場。像我剛才講的，一方面反映政府，一方面反映專業學者，一方面反映中國人的共識。所以我覺得這事件其實是面對全球化和文明對話挑戰，所建立起來和表達的關於傳統文化的一種共識。這個跟 1935 年的情況不同，也和自由知識分子所提出來的方向不相關。任何一個國家、一個民

十六 儒學要義與儒學現狀

族都有權利保護自己的民族文化。這個事態的發展直到去年的尼山論壇。尼山論壇是由政府參與，表達我們對文明對話的態度一個論壇。這個論壇在我看來是希望能夠建立在全民的共識基礎上，表達對於全球化的一個正面態度，這是第二點。

第三點，在 2006 年以前，在社會層面，國學的教育和普及工作有很大的提高。北京大學不同的院系都大量開辦了國學班，哲學系、歷史系、光華很多的院系以及外單位，包括民族黨派合作的一些項目，在北大校園風風火火地開辦。學生來自於各個方面，有媒體、企業界的，當然高級的老闆也有，結果是有的同志參加一次參加兩次、三次，就變成了在五六年裡面在燕園念國學班的常客。這個現像是自下而上的，反映了整個社會對於民族文化補課學習的一個強烈的需求。

從國學普及的方向和線索來說，一條是自上而下的發展。雖然國學班的開展是在各種各樣文化的共同推動下而並非完全由政府主導的，但是由於社會各個部門的參與，使國學班相當流行，各個省市非常多。就具體形式而言，有的是以儒家經典的普及版為主，也有一些是正規的像「四書」甚至還有「五經」，總體來講從校園內的國學班發展起來的大眾學習也是一個傳統文化的學習。推動國學普及的層次越來越多，甚至有一些是政府部門、組織部門。就國學普及的方向而言，一個方面是知識性的普及，這個大家需求很大、積極性很高，但是這個需求來自於各個方面，企業家有企業家的需求，媒體界的朋友有媒體界的需求，總體來講是文化知識上的一種補課；另一個方面是道德教化和普及，主要指向青少年，要加強我們德育上的發展，這兩個方面共同推動了整個今天自上而下的發展。

有關國學普及的另外一個方向，除了剛才我講的國學班、大眾速讀這樣一條線索外，從 2006 年 10 月開始，由中央媒體參與進行推動。事實上從 2006 年 1 月《光明日報》已經建立了國學版，它本來的宗旨不是寫學術文章，而是寫給大眾看，寫給普通人看，所以國學版的初衷和整個方向是由自下而上的社會文化，這與國學熱的推動，與對國學知識進行普及的目標是一致的。到了 2006 年 10 月由中央電視臺與於丹女士的合作，燃起了我們最近五年「百

家講壇」的發展,這個意義也是相當重要的。中央電視臺的這項工作得到了社會非常熱烈的響應,後來成為這幾年整個中國傳統文化普及的一個先鋒,帶起了一大片。中央媒體的參與掀起的國學熱,推動了傳統文化的普及,這個作用非常大。2009年對國學普及又慢慢向青少年發展,在CCTV-2套有一個節目叫「開心辭典」,這檔由王小丫主持的節目推出了「開心學國學」,請季先生題詞講話。這個活動選擇在暑假播出,這跟自下而上的方向變化是一致的。因此可以說,整個這一波的國學熱是由自下而上和自上而下(或許也不能完全這樣說)這樣兩條線索的推動。當然這一現象的理論根源剛才已經說了。

第四點,關於國學教育、國學機構。其實2000年北京大學中國傳統文化中心就轉型為國學院,動靜比較大的應該是2005年人民大學設立並發展國學研究院,而且是從大學開始進行本科教育,運用學科的方式進行,這個在社會上引起了相當大的反響和議論。其次是2009年清華國學院的恢復,因為早在1925年成立之初就代表這近代中國學術和國學研究的典範和最高水平,它的恢復引起了海外相關方面的重視,也有一些示範效應。這也造成了「兩院」的發展景觀(當然「兩院」這個詞是郭建寧同志的發明權)。除了國學研究機構推進研究以外,國學院要把學科性質的發展帶進學校來,引起了對現有體制的一些衝擊和困惑。最關鍵的是國學要不要成為一個一級學科,這個話題的討論也是從2005年以後在《光明日報》的參與下進行的。

由於時間的關係,我就從以上四個大的文化現象和事件入手,粗略的概括一下近年來我們所經歷的一些文化現象和它其中的意義。

孔子與馬克思主義中國化道路

最後談一點,建立馬克思主義與中國傳統文化相結合的一個新的文化體系,應該說任重而道遠,還要走很長的道路來探索。如果就文化事件上來講,新世紀有三個和孔子有關的文化事件,一個是公祭孔子,一個是孔子電影,一個是孔子塑像。紀念孔子誕辰公祭大典2005年9月在曲阜孔廟舉行,這是中華人民共和國成立以來的首次公祭,在海外影響很大。一個就是電影《孔

子》,電影《孔子》的出現,從對電影的積極反映來看,某種意義上代表了中國社會文化對於孔子的共識。如果把它放在馬克思主義中國化問題中,我覺得這個問題在20年前從方向上其實已經解決了。江澤民同志在1989年秋天的講話,關於孔子他講的方向是明確的:第一句話他說中國古代有孔子這樣一個思想我們應該引為自豪,第二句話他說孔子的思想是很好的文化遺產,第三句話應當取其精華、去其糟粕、繼承發揚。

這三句話講得很全面,這就從方向上明確了我們在發展過程中怎麼對待孔子。我個人認為,不能把孔子僅僅作為一個個人看待,不能僅僅把他當做一個歷史人物來看待。因為孔子的地位是在幾千年中國歷史發展中自然形成的,也是在近代以來中國文化重建過程中形成的,這使他成為中國文化的代表。因此我們今天對於孔子的態度要非常慎重,因為這不僅是對個人的態度,也涉及對整個中國文化的態度。但遺憾的是,今年孔子塑像一立一撤,引起大眾關注,海外一片嘩然。其實孔子像的位置根本不在天安門廣場範圍內,而一些同志還根本不清楚孔子像的位置就大發其議論,是很不負責任的。對這一文化事件發表意見的人很多,從媒體誤導、憤青心態到「文革」遺風,都參與了對這一事件的議論。我始終認為孔子塑像立在國家博物館是積極的,而且從一開始我就肯定,在政治上可以說這是馬克思主義中國化深入發展到新階段的一個代表。就其結果而言,則不能不說這是馬克思主義中國化進程中的一個曲折。但從整體上看,整個社會的發展帶來的人民對民族文化的信心不會減弱,人們對中華文化的偉大復興的信心不會動搖,文化界和廣大人民對中國傳統文化的肯定和守護是不會改變的。因此我對於中國的馬克思主義和中國傳統文化相結合的前景是樂觀的。

(2011年4月在國家行政學院的講演,原題目為「儒學思想與當代價值」)

十七 儒家思想與當代社會

　　我覺得，古代思想家裡面，老子和莊子還好講一點兒，老莊的思想比較另類，它刺激你從一些你想不到的地方想問題，比如說我們都從正面考慮，他提示我們從反面考慮。這樣的思維是反向的、否定的，但它往往能挑戰我們的習慣思維，給我們以新鮮感。

　　儒家思想不是這樣，它可以說是平淡無奇的，我們講起來也常被認為是老生常談。但是為什麼這些平淡無奇、老生常談的東西今天還要講？這其中包含著一個中庸的道理。大家可能認為，中庸不就是中庸之道嗎？其實，「中庸」這個詞有其哲學上的解釋，「中庸」的「庸」字在我們今天看來，主要就是平庸，但漢朝人解釋：庸者，用也。就是指你怎麼用它，把中的道理拿來用就叫中庸。「中」是指根本的原則，它是中國很古老很重要的智慧。怎麼用這個「中」，就是中庸。宋朝有個大哲學家朱熹，今年是他誕辰880週年，他對「庸」字進行解釋，認為：庸，平常也。其實，古書上的「庸」不僅有平常的意思，還有恆久恆常的意思。朱熹很強調平常的意思，認為平常的東西才能恆久，平淡無奇的東西才能長久。他舉例說只有粗茶淡飯可以頓頓吃，天天吃，月月吃，年年吃而吃不出毛病，所以最平常的東西就是最永久的東西，這就是一個哲理。同樣，儒家思想看起來都是一些平平常常的道理，例如尊師重道、父慈子孝，這誰不知道啊，但是這個道理是有永恆性的。儒學這一講為什麼又好講，又難講，就是我們要把平淡的東西不斷地加以分析，這是不容易的。比如，我們這個讀書活動的主題叫做「強素質，作表率」，這就是一個儒家的題目，表率就是儒家的概念，這個題目本身就已經標示了在我們的思維和價值信念中包含了很多儒家的東西，只是大家不自覺而已。

▎儒家經典的源流

　　儒家文化是一個源遠流長的文化，儒家是指孔子開創的一個學派。孔子生於公元前551年，卒於公元前479年，距今兩千五百多年了，因此，儒學學派也有兩千五百多年的歷史了。這樣一個傳承久遠的文化傳統，在世界文

十七 儒家思想與當代社會

化史上也是罕見的。一般認為,一個能夠傳承久遠的文化傳統必然包含著一個經典的內核,具有一套經典的體系,而這套經典體系也決定了這個學派的主要特質和性格。我想這應該是適合儒家傳統的特點的,所以我們講儒家文化的特點就從它的經典體系開始。

儒家經典體系的第一部分是「五經」。「五經」的第一部是《詩經》,大家比較瞭解,特別是《詩經》裡面的一些愛情詩,比如「君子好逑」之類。第二部是《書經》,就是《尚書》,它主要涉及的是夏商週三代的政治文獻,後來就成為大家所看到的上古歷史。第三部是《易經》,二十年前大家很少知道,但今天街頭巷尾書攤上擺著許多關於《易經》的書,這是古代占卜之書,也包含了古代的哲學思想。第四部是《禮經》,「禮」在當時主要是禮儀、禮節和社會規範。第五部是《樂經》,這個大家瞭解的更少,因為《樂經》到秦始皇焚書坑儒以後就失傳了。「樂」是一個廣義的概念,不僅包括音樂也包括舞蹈。《樂經》主要從理論上肯定了禮樂文化中「樂」這個部分的重要性。最後是《春秋》,也可以叫《春秋經》,記載魯國的歷史,大家知道,關於孔子的很著名的文化事件,就是他除了把《詩》加以整理刪改以外,還刪定了《春秋》。這六部文獻不就是「六經」了嗎?的確,從先秦到兩漢之間本來是有「六經」概念的,到了漢武帝的時候,《樂經》沒有了,所以漢武帝立「五經博士」,以國家的力量正式肯定我們這個國家有一套文化經典,而且設立專門的專家來研究它。

「五經」或者「六經」跟儒家有什麼關係呢?夏、商、週三代的詩歌、樂舞、政治、歷史、包括在《易經》裡面所體現的古人的思維,這些東西跟儒家有什麼關係呢?為什麼算作儒家的經典呢?因為這些經典經過孔子的整理,孔子教授弟子把這六部經典作為核心和精華。如果將儒家與其他學派進行比較,你會發現一個非常重要的特色,就是儒家是以傳承六經作為最重要的文化責任和使命的。老子和莊子沒有。老子和莊子有一點反文化的色彩,不是說他們的思想完全不可取,比如說他們主張「返樸還淳」,是有值得肯定的地方,但他們認為文明越發展就越失去了純樸的本性,因此他們反對代表文明發展的《詩》、《書》、《禮》這些東西,可見道家是不講文化傳承的。先秦各家裡只有儒家講文化傳承,孔子帶著他的弟子每天都討論六經這些東

西。以前我們瞭解得不多，最近二十年發現的大量出土文獻證明了這一點，例如20世紀90年代發現的竹簡就記載了孔子和子貢以及其他的學生討論《易經》。後來上海博物館公佈的從香港買回來的出土戰國文獻，第一篇就是孔子的《詩論》，即孔子和他的學生討論《詩經》的問題。

  儒家是傳承三代文明的主要學派。儒家早期的七十子及其後學，每天討論什麼？就是文化的傳承問題。這個很重要，文化如果沒有傳承，你這個國家的歷史怎麼寫？所以一個國家有歷史，最重要的不是說國家不斷地在這塊土地上有生息的人群，而是說有一個連貫的歷史記憶，這是我們中國歷史的特色。在世界文化史上沒有第二個國家能像中華文明這樣有這麼長久的、連續的傳承。跟這個連續性相匹配的是，這個不間斷傳承的文明和文化的載體所依存的政治實體，在幾千年來基本維持統一。這兩項成就在世界史上獨一無二。有人說中國文化長遠，世界上還有一個例子就是猶太文化，它也一直延續到今天。但是，猶太文化有它依存的固定的政治實體嗎？沒有。猶太人在世界上各個地方流動，直到1948年才有猶太復國主義。我們中國以長江和黃河流域為基礎的中華民族政治實體，不斷擴大，不斷融合，雖飽受戰爭之苦，但從未完全被外族侵占或長久分裂。這是很難得的。一個文明只有具有巨大的融合力和凝聚力，才能達到這樣的結果。融合力、凝聚力從哪裡來？就是從我們平淡無奇的儒家文化中來。所以，大家不要小看儒家講仁義禮智，講父慈子孝，講家庭親情，這正是中華民族的凝聚力、融合力的根本性的東西。儒家經典跟其他學派的經典相比還有個特點，就是儒家所傳承的以五經或者六經為核心的經典體系，不是一家一派的、一個宗教的經典，而是一個文明的經典，即中華文明的經典，這一點具有非常重要的意義。

▍「五經」到「十三經」的演變過程

  「五經」的體系到漢代以後逐漸擴大，從「七經」、「九經」直到「十三經」，在這個過程中增加了《禮記》。《禮經》在漢代以「儀禮」的形式保留下來，漢朝人又蒐集了先秦時期對《禮經》的解釋，結集成了《禮記》。叫「記」的東西就不叫「經」，它是輔助經的讀物。《春秋》則有三種傳，

傳就是解釋、說明的意思。後來，春秋的「三傳」也慢慢地進入到經典體系。另外，《論語》和《孝經》在漢代雖然不是經，但是已經有了「經」的地位。《爾雅》是一部字典，因為研究古經必須借助古代的字典，所以也進入經典體系。到了宋代，《孟子》也入經了。今天我們看「十三經」，除了前面的「五經」以外，還有《禮記》、《春秋》三傳、《爾雅》、《論語》、《孝經》和《孟子》。其中，《禮記》是對《禮經》的一些解釋，《春秋》三傳是解釋《春秋》的，《論語》、《孝經》、《孟子》是先秦儒學的東西，雖然有一些新內容，但它們還是以「五經」的文化作為根本核心的。

這種情形到了宋朝以後有點變化。從 2500 年前一直到唐代，我們的經典體系是以「五經」為主的儒家經典體系，與其相匹配的人格特徵和人格代表我們叫「周孔」。今天我們講儒家常說「孔孟之道」，這是後來的說法。從漢代到唐代，不講「孔孟之道」，而講「周孔之道」，「周」就是周公，孔是孔子。周公的大部分思想保存在《尚書》裡面。可是到了宋代以後，在儒家經典系統裡面有一套新的經典體系開始跟「五經」並列，其地位甚至超過了「五經」，這就是「四書」。「四書」就是《論語》、《大學》、《中庸》、《孟子》，這樣排次序是有原因的，《論語》是孔子的教導，《大學》一般被認為是孔子學生曾子發揮了孔子的思想寫成的，《中庸》是孔子的孫子子思的一些基本思想，而孟子本人則是子思學生的學生。南宋朱熹第一次把四本書合起來稱「四書」，到元代以後都沒變。朱熹自己就寫了那部有名的《四書集注》，成就很高，但他晚年很悽慘，因為當時的朝廷打擊他，說他是偽學之魁。他死後十幾年，宋理宗把他的兒子召來，說你父親寫的書太好了。到了元朝正式把他的《四書集注》作為科舉考試的答案，一直到明清還是這樣。不僅在中國這樣，在朝鮮也是這樣。一直到 19 世紀整個朝鮮朝的統治思想都是對朱熹的《四書集注》的解釋。「五經」帶有很多不是精華的東西，而「四書」是精華的東西。任何宗教都有這樣一個變遷，就是越來越突出它核心價值的部分，而把那些跟核心價值沒有直接關係的部分在經典體系中慢慢淡化，這就是「四書」為什麼能取得這樣地位的原因。因此，我們可以說「四書」體現了中國人的核心價值觀，這個核心價值觀扮演了這樣一個角色，就是中國人有一套傳統的成體系的價值觀念。

儒家思想代表中國人的核心價值觀

　　儒家思想代表了中國人的核心價值觀，這套核心價值觀是跟中國人的歷史文化處境和生存條件相符合的，它和中國人生存的歷史環境、歷史條件、生產方式、交往方式是彌合在一起的，因此符合當時中國社會的需要，所以它就成為了中國文化的主體部分。

　　那麼，什麼是不適合中國文化的需要？有些文化也不能完全說不適合，但是可以做一些比較。比如說，佛教作為外來宗教進來的時候，首先它不是一個本土的東西，但不是本土的東西不等於就不能夠被本土文化所接受，但它要經歷一個選擇的過程，看適不適合這個社會的需要。因為中國社會長期以來是一個農業社會，而且是一個鄉村宗法共同體的社會，是以家族為主要形式的生活共同體。中國又是一個中央集權的國家。佛教是一個出世的宗教，中國人把佛教弟子叫出家人，就是說他要出離家人的共同體，這對中國文化來講就是一個挑戰和衝擊。因此佛教進入中國以後，始終跟本土文化有衝突，但也有融合，其中最重要的一部分就是佛教慢慢地向中國文化低頭，就是它要承認「孝」和「忠」。「孝」所代表的家庭文化的價值，佛教起初並不承認，因為所有入世的價值它都不承認，它是要出離此世的，這個「世」就是你的社會關係。人的本質就是社會關係，它就是要你脫離所有的社會關係，你要離開你的父母、拋棄你的妻子、兒女、脫離政治社會，到山林修行。當然，它有它的道理，即你只有擺脫了這些社會關係才能夠清靜地修行，達到最高的境界。這是從修行的角度來講，如果從本體來講，佛教認為這些關係都不是實在的東西，都是虛假的東西，甚至人生都具有虛假性，是空的。這樣一套思想適不適合中國社會的主流需要？能不能成為中國社會的主流價值？如果中國社會原來是一片空白，也許它就可以進來成為這個社會的主要思想，但是中國社會有自己本土的文化，主要就是儒家，儒家一直在強烈地批評佛教，強調我是講修身齊家治國平天下的，你講得最多只是修身而已，你這套東西不適合中國社會。所以我剛才講，儒家適合中國社會的需求因而成為了中國文化的主體部分。從先秦兩漢開始儒學就不斷地傳承中華文明的經典，一直到19世紀後期，所以，儒家對中國文化的傳承起了重要作用。如果我

十七 儒家思想與當代社會

們從民族精神的角度來看，中華民族的民族精神可以說是由不同的兄弟民族的文化共同構建的，但如果從中華民族精神的主導方面看，我們不能不說儒家的文化和價值在塑造中華民族的民族精神方面起了不可替代的重要作用。

最後一點，儒家的創始人孔子在幾千年的中華文化發展中，特別是在近代以來中華文明的重新建構中已經成為了中華文明的精神代表。我們看看海外幾千萬華人，如果你問他們什麼是中華文明的精神代表？我想這個答案基本是一致的，那就是孔子。孔子已經不是一個人的問題了，他在歷史中已經被賦予了中華民族精神代表的含義。所以我們今天對待孔子就要很慎重，不能僅僅簡單地把他當做一般的歷史人物來對待。

儒家的五大治國理念

儒家的治國思想，我們分五點來講，即以人為本，以民為本，以德治為本，以修身為本，以家庭為本。

第一點是「以人為本」。「以人為本」這四個字其實並不是儒家最早提的，而是見於《管子》，《管子》這個書比較雜，裡面也有很多儒家思想。可以說至少從西周以來，「以人為本」的思想就在不斷發展，而且包含不同的含義。首先是講人和神的關係，這是一個很重要的發展，因為在那麼早的時代，人文主義的思潮就能夠戰勝宗教的力量，這是中華文明能夠不斷發展的重要根源。所有的古代宗教都講尊天敬神，天和神是第一位的，但是在從西周到春秋的幾百年中，已經不斷發展的思想卻是人比神更重要。在春秋時代有句話講：「夫民，神之主也」，就是說人民是神的主體，神要依賴於人，要按照人的要求和意願行事，這正體現了人神關係中的「以人為本」思想。其次，在早期儒家思想裡也討論了制度跟人的關係，最典型的是《荀子》裡面講的「有治人，無治法」，就是說法再好還是要看人；「法不能獨立，類不能自行」，就是法律這個東西不能自動被執行；「得其人則存，失其人則亡」，再好的法度也要由君子執行才能發揮好的作用。這也是一種「以人為本」，我們叫人治。今天我們說人治的思想需要從很多方面加以批判，但是你不能不說它也是一種「以人為本」的思想。最後，「以人為本」的價值取向傾向於重視

人際關係，而不是僅僅講個人。也就是說一個人不僅要管自己，而且要考慮人際關係。以上三條就是儒家治國思想中「以人為本」包含的三層含義。

第二點是「以民為本」。只講「以人為本」還比較抽象，比如說人和神是宗教的關係，人和制度是政治的關係，人際關係是社會學的關係，而在中國古代是非常講究實際的，特別是政治管理方面，所以「民」的問題更突出。今天這個問題大家仍然在講。我們新一代中央領導集體這些年的講法裡面就有很多「以民為本」的思想，比如說「情為民所繫」的提法，最近大家非常重視的民生問題、親民政策等等，就體現了現在的領導集體強調的政治價值跟傳統的儒家民本主義思想有直接的聯繫。這個民本思想來源相當古老，在《尚書》裡面有一篇叫做《泰誓》，是商朝人的思想，可能經過周朝人的改造，說「民之所欲，天必從之」，就是說人民的慾望，老天爺一定要順從。我們承認有個老天爺，可是這個老天爺沒有它獨立的意志，它是以人民的意志為自己的意志的。這樣一種對天的宗教理解，已經把天民意化，這是中國人的特點。在《尚書》裡面更古老的有一篇叫《五子之歌》，說「民惟邦本」，國之本在民，也體現了民本思想。

儒家繼承了三代文明的民本思想，在《孟子》裡面講得最突出。大家知道有個故事，就是朱元璋看了《孟子》非常生氣，因為《孟子》裡面有很多地方都是講民本的，而相對來說把君放在很次要的地位，最典型的就是那句話，「民為貴，社稷次之，君為輕」。朱元璋一看，這還得了，找一個大臣把《孟子》裡面的這話都給刪去了。他本來想把孟子牌位請出孔廟，滿朝大臣都跪在地上不起來，說這可不行。這就是政治權威跟道德價值的對比，《孟子》所代表的是中國傳統的道德價值，你現在用這個政治權威把道德價值剷除是不行的，所有的士大夫都不接受，最後只好重新編一個新的《孟子》，叫《孟子節文》，當然這個長久不了，到了明朝後來的皇帝就不太把這個當回事兒了。可見，「以民為本」的思想作為儒家治國思想的一個根基，有很深的歷史根源，並且深入人心。

在《孟子》裡面把善政和善教分開的思想也體現了儒家的民本思想。他說善政不如善教得民，善政就是管理得井井有條，善教就是善於教化人民，

十七 儒家思想與當代社會

這是兩種不同層次的政治管理方式。善政的「善」就是有效的管理，能使民畏之，能使民服從，而善教則是能使民愛之。他說善政得民財，善教得民心，我們的法令政策有效的執行能夠得民財，但是只有善教才能得民心。有句老話說，得民心者得天下，這是老生常談，平淡無奇，但這也正是儒家所堅持的非常重要的信念。它始終把得民心、得到人民的擁護看成是政治的最高境界和成就，而不是說僅僅從工具的意義上把人民管住，建立一套秩序。我們今天當然不必凡事都按孔子、孟子所講的做，但是他們這套思想對中國人有很大影響，人民也會從這個角度來衡量政治的成敗和高下。這就是政治文化作為價值對政治的一種影響和制約，所以不能小看了傳統文化的意義。

第三點是「以德治為本」。「以人為本」、「以民為本」的思想在西周到春秋的時候已經出現了，而「以德治為本」則是從孔子開始才明確提出。如果說政治管理模式有一個大的轉變的話，我認為這個轉變從思想上就是從孔子開始提出的。孔子講為政以德，又說：「道之以政，齊之以刑，民免而無恥。道之以德，齊之以禮，有恥且格。」這個「道」就是領導的意思，道之以政，就是用政策政令來領導。「齊」就是整齊劃一、規範的意思，齊之以刑，就是用刑法來規範社會，什麼結果呢？民免而無恥。「免」就是人民可以不去做那些出格的事，「無恥」，就是沒有羞恥心。可見，孔子始終認為一個好的社會治理不僅僅是靠政策法令和刑法來使這個社會有序，而是要使這個社會的人們有羞恥心。這樣的社會怎樣達成？他說「道之以德，齊之以禮，有恥且格」。就是說用道德領導，用教化的方法去引導。禮就是禮俗，它可以慢慢內化，用它來做這個社會的規範，使人們有恥且格，也就是行為上不出格，同時有羞恥心。孔子的治國方法是以德治國，以禮治國，就是訴諸一種非法律的手段，以禮俗和道德教化為主要途徑的社會管理方式。為什麼用這種方式？因為他的理想的政治不是一個單純的秩序，而是一個有羞恥心的社會。這個說起來也是平淡無奇的，但這就是儒家的理想，這個理想更重視精神文明在一個政治社會中的意義。

這個思想大家現在聽起來是老生常談，但在當時有一個轉型的意義。就是孔子以前的政治理解一直是以政令和刑法治理社會作為主要的思路，到孔子這兒變了，所以孔子的話是有針對性的。商朝以來，大多數情形是以政令

為主導，以刑法為禁止手段的一種管理社會的模式，碰到問題就改，但是在理論上沒有提出一個典範，孔子就提出來了，你是「以德治國」還是「以刑治國」？我們看中國歷史，特別是到了孔子的時代，春秋後期，很多國家的改革都是朝著一個以刑治國的方向進行，越來越變成靠成文法來管理社會，在孔子看來，這就是使人們沒有羞恥心了。因此孔子的思想不僅具有現實意義，而且有超越意義，超越了以前「以刑治國」的典範。更廣義地看，這種思想裡包含有一個德和力的關係，就是「以德服人」還是「以力服人」的問題。《孟子》裡講，「以力服人者，非心服也」，「以德服人者，中心悅而誠服也」。從前《論語》裡也講，「何為則民服？」就是說怎麼樣使老百姓服從。西方政治學說認為服從是政治學的重要問題，命令與服從的關係是政治上的主要關係。但是儒家的思路是挑戰把命令和服從看成主要政治關係的思路，它的思路始終圍繞的是善政不如善教，「以力服人」不如「以德服人」。荀子後來也講「以德兼人者王，以力兼人者弱，以富兼人者貧」。這是早期儒家關於「以德治為本」的政治思維，在當時確實有典範轉移的意義。

第四點是「以修身為本」，也具有典範轉移的意義。《論語》裡有句話，「政者，正也」，好像是對政治下定義，政治就是糾正、規範。「政者正也，子帥以正，孰敢不正？」帥就是表率、率先。跟他對話的人是一位諸侯國的君主，所以他的意思是，你作為君主，你先做到正，那麼誰敢不正呢？後面說「其身正，不令而行，其身不正，雖令不從」，「苟正其身矣，於從政乎何有？」「何有」是說沒有什麼困難，你能夠正身的話，你從政就沒有什麼困難了，「不能正其身，如正人何？」你自己都不能正，怎麼正別人呢？

這個思想我們說起來也是老生常談。孫中山先生對政治下過一個定義，說政治就是管理眾人的事，政就是眾人的事。我們古代有類似的講法，《左傳》裡說「政以治民」，但這跟孫中山先生的講法不完全一樣，孫中山是說管理眾人的事，而「政以治民」說的是管理人民，這是兩個不同的概念。管人就是要把人管得服服貼貼的，管理眾人的事是要把他們的事情辦好，有點服務型政府的意思。但是孔子以前古代的政治，就是「政以正民」和「政以治民」。《左傳》這兩句話講的是春秋中期和前期的東西，孔子講的是春秋後期的東西，孔子在這裡就有一個轉變，「政者正也」這幾個字其實不見得

十七 儒家思想與當代社會

是孔子的發明，而是孔子在陳述已有的對政治的理解，春秋時代對政治的理解就是「政者正也」，正什麼呢？政以正民。政治就是要正老百姓的。所以「政者正也」，本來是傳統的政治學概念，認為政治的本質就是規範、管理、糾正人民，孔子則對它做了一個相反的詮釋，認為正是要正自己，是君主正自己。從正人變成正己，這是孔子對為政之道的一個新的詮釋。在孔子這裡，政治的本質不再被理解為是正人，而是正己，正己就是首先要作表率。「以修身為本」，這在《大學》裡講得更清楚，說「自天子以至於庶人，壹是皆以修身為本」，從天子一直到老百姓，都要修身，修身是最根本的。因為儒家對這種表率和示範作用有一個最根本的信任，他們認為領導者能夠以身作則起表率作用，被領導者自然就會按這個方式去做。可見，「以修身為本」這個思想看起來平淡無奇，但是從它的歷史發展的角度來講，它在歷史上是有革命意義的，當然經歷革命以後就沉澱為儒家政治思想的傳統了。

第五點，「以家庭為本」。在政治管理方面，儒家也注重家庭的作用。孟子講，「天下之本在國，國之本在家」，就是始終把家、國和天下看成是一個連續性的結構，家庭的原則適用於國家，國家的原則適用於天下。在古代，特別是春秋戰國時代，家是一個很大的家，古代實行分封制，天子分封給卿，卿分封給大夫，大夫分封給士，士分給家，因此家也是一個分封單位，跟其他大的結構相比，也具有同樣的政治結構。從前的家是對上一級的貴族負責，到了漢代以後，每個家庭就變為直接面對中央政府，但這種文化基因不斷被強化，家庭始終被看成國家的根本。在古代的政治思想裡，不是把家看成私的領域，把國看成公的領域，公私嚴格分開，而是把家始終看成跟國有同構性的東西。我們常說「忠臣出於孝子之家」，你對父親都不孝，怎麼能期待你在國家的活動中忠於君主、忠於國家呢？雖然孝子只是實踐家庭道德，但說明這個人有更普遍的道德意識，表面上是對家庭的忠誠，實際上是對道德承諾的那種獻身，所以換了不同的場合，他同樣能對道德奉獻自己的承諾。

儒家與道家政治觀念的對比

　　我們就講儒家治國思想這五個特點，我剛才講，我們也要呼應一下道家的治國理念「無為而治」。我想「無為」並不是儒家排斥的概念，但是儒家有自己的理解，孔子就說過「無為而治者其舜也與？」認為舜就是「無為而治」。儒家把堯舜作為聖王的典範，堯舜有仁心，這個舜是「無為而治」；下面又說「夫何為哉？」他做了什麼呢？「恭己正南面而已矣。」可見，儒家講的「無為而治」不是什麼都不做，而是要恭己，恭己就是敬德，不是讓你到處干涉老百姓。那種正民的思維才是干涉老百姓，孔子是要你從正民轉到正己，在不擾民的情況下發揮表率的積極作用。這就是儒家所理解的無為。另外，孟子也講，「無為其所不為，無慾其所不欲」，這個顯然是對道家的一種回應。「無為」是不要做那些你不應該做的事，而不是什麼都不做。這就是儒家對無為的理解，一方面是恭己正己，修己敬德，做道德的表率，另一方面，不應該有的慾望去掉，不應該做的事情不做，如此而已。這是一個對比。

　　另一個對比，儒家對於君主的說法，很多人有一種庸俗的理解，認為儒家就是講「君君臣臣父父子子」，就是崇拜君主的思想，這個是不對的，要作歷史分析。「君君臣臣父父子子」其實是孔子面對當時一個諸侯國國君的提問所作的回答，實際上裡面包含了對這個國君的批評，就是在那個時代，君不君，臣不臣，父不父，子不子，整個政治秩序和倫理關係都受到破壞，跟他相答問的這個君主本身就是非法打破既有的政治、倫理關係當上君主的，所以孔子在這裡包含了一種諷刺。在《論語》裡也談到一些跟君主關係的言論。例如，定公問他有沒有「一言喪邦」的情況，孔子講，「言不可以若是其幾也」，「幾」是簡單的意思，說話不能那麼簡單，要看什麼情況。比如說有一個君主，他說我並不覺得當君主有什麼快樂的，「唯其言而莫予違也」，就是我說話誰都不敢違背我的意願，這個我覺得好。孔子就說「如其善而莫之違也，不亦善乎？如不善而莫之違也，不幾乎一言而喪邦乎？」你說的話是個好話，對國家有利的話，別人不敢反對這個當然可以。如果你說的話對國家不利，臣子都不敢反對，這不就是「一言喪邦」嗎？孔子就藉著

「一言喪邦」批評了這種君主的心態。我就用這兩個例子來呼應道家的治國理念和他們對儒家的批評。

儒家的人生態度與道德理想

在中國歷史上，儒家對理解中國的政治制度、政治實踐、政治文化起了很重要的作用，同時，也為中國社會和中國人提供了基本的價值觀，而價值觀很多都體現在人生的態度、人生的理想上。我們舉幾個例子。

第一，人生態度，我們有幾句話：剛健有為，寬容和諧，中庸之道。剛健有為，這是跟其他思想相比較而言的，比如說老子，他不講剛健，而講柔弱，是另類思維，也有意義。但是儒家講的人生態度確實是剛健有為。例如，《周易》裡有兩句話就是：「天行健，君子以自強不息。地勢坤，君子以厚德載物。」天的運行是很剛健的，君子要仿照它，要剛健有為、自強不息；地勢坤就是地的厚重，厚德載物，就是要寬容和諧。這都是儒家所講的人生態度。當然儒家也講中庸之道，中庸之道就是不偏不倚，不走極端，這是儒家所講的人生態度和思維的另一個特點。有些思想很深刻，我們叫片面的深刻，而儒家的思想是在平淡中深刻，平淡中持久。我想片面的深刻其實是比較容易做的，而要在平淡中講出深刻則需要有更高的水平。儒家講的這種中庸思想在文獻裡也有體現，例如，「中也者，天下之大本，和也者，天下之達道也。」本就是根本，達就是最廣、最普遍化的，達道就是普遍的原則。中、和這是儒家人生觀很重要的概念。中庸就是不走極端，不追求片面，要在平實、正大、寬容中體現自己的人生，這是儒家的人生觀。這個人生觀我想它能夠成為主流的人生觀，也就是我們可以期待全社會的人都這樣做的人生觀，另類的人生觀我們不能期待全社會的人都這麼做，這就是普遍化的程度不同。

第二，道德理想，我們也有幾句話：公私義利，志士仁人，君子理想。

第一句話，公私義利。儒家認為道德最重要的就是怎麼處理公和私、義和利的關係問題。義代表道義的原則，利是利益的整體。公是更大的集體利益，也是我們公務員的義務，私是我們個體的，小家庭的利益。宋朝人講，什麼是公私？公私就是義利；什麼是義利？義利就是公私。我想公私這個問

題不是每個人都會碰到的義利問題，它更多的是我們國家公務員和領導者會碰到的問題。古人為什麼講公私講得很重，把公私之辯看得很重，因為它的對像是士大夫。什麼是士大夫？「士」就是你有知識分子的一面，「大夫」是說你是有官職的，有管理責任的，這樣的人最容易碰到公私的問題。我們看古代的官德，基本上就是「以公滅私」，這句話在《尚書》裡面就出現了。公私義利在古代主要是對士大夫講的，不是對人民講的，不是說人民不要有私，不要有利。孔子也講，「堯舜不能去民之欲利」，就是堯舜當聖王也不能讓老百姓沒有私心，沒有利益。這是很深刻的，以往我們在「一大二公」的時代，把自留地都取消了，就是不讓人民有欲利，但是實踐的結果，這個路是走不通的。正確的方法是「因民之所利而利之」。「因」是順隨，人民有這種利益的要求，你要根據這種利益的要求讓他能夠得到利。所以儒家講公私義利之辯就說儒家反對私利是不準確的。

第二句話，志士仁人。這個標準比較高，孔子講，「志士仁人，無求生以害仁，有殺身以成仁。」這個仁就代表道德理想。這是道德領域的一種普遍規則和要求，就是我們要能夠在面對重大道德選擇的時候敢於把自己的生命奉獻出來完成道德理想。這是儒家的精神，是正面的精神。在道德理想方面，儒家非常講究自由獨立的人格，它不是像我們有人講的，只是讓人君君臣臣當個順民順臣。孔子講，你當臣子，你對你的上級、你的君主，只是以順從他作為根本的原則，這叫妾婦之道，不是大丈夫之道。什麼是大丈夫之道？就是孟子說的「居天下之廣居，立天下之正位，行天下之大道。得志，與民由之；不得志，獨行其道。富貴不能淫，貧賤不能移，威武不能屈，此之謂大丈夫」。大丈夫之道跟妾婦之道是不一樣的，把妾婦之道當做為臣之道，這是孔子、孟子反對的，作為一個臣子一定要保持大丈夫的人格。

第三句，君子理想，是講普適價值。最普遍的價值是什麼呢？我想就是仁的價值和倫理。仁的倫理在《論語》裡面往往被表達為忠恕之道。《論語》裡是這樣說的，孔子有一天對曾子講，「吾道一以貫之」，就是說我們有這麼多思想，但是有一個貫穿其中的根本原則，曾子說我知道了，孔子就出去了，但是其他的門人不知道，曾子解釋說「夫子之道，忠恕而已矣」。這一貫之道就是忠恕。後來，子貢問，有沒有一句話我可以終身奉行實踐的？孔

十七 儒家思想與當代社會

子說：「其恕乎！己所不欲，勿施於人。」又有一次，子貢說，有這樣的人，博施於民而能濟眾，把好處都廣泛的施加給民眾，這個叫仁吧？孔子說，這個不止是仁，他已經快接近聖了，堯舜恐怕也不能做得這麼好。然後說，仁是什麼呢？仁就是「己欲立而立人，己欲達而達人」。這三句話體現了我們所說的忠恕之道、仁的普遍原理。具體講，恕就是「己所不欲，勿施於人」，忠就是「己欲立而立人，己欲達而達人」。在倫理學上，特別是恕道「己所不欲，勿施於人」叫做「倫理學銀律」。

「金律」是己所欲而施於人。這個觀點近二十年來有很大的轉變。20世紀80年代末，有一個天主教神學家提出一個看法，他說20世紀以來的熱點事件，最重要的還是戰爭與和平的問題，而所有戰爭的熱點背後都有宗教問題。因此他提了一個口號，說沒有宗教的和平就沒有世界的和平。宗教之間怎麼能夠達到和平？就是我剛才講的宗教學的思路，從經典入手，先看看不同宗教的經典裡面有什麼東西是我們大家最基本的共識。這個最基本的共識也就是普適的價值，我們能不能找到這個共識，從這個地方開始，來擴大宗教的和平合作，達到世界的和平？因此，他就跟美國一位倫理學家合作，想召開一次世界宗教議會。歷史上，1895年在芝加哥就開了世界第一屆宗教議會，一百年以後，1994年在美國召開了新一屆世界宗教議會，100多個宗教組織把他們的宗教經典都拿出來，結果找到了共識，並且透過了一個世界宗教倫理宣言。這個共識就是「己所不欲，勿施於人」，成為了世界宗教的金律，或者叫「世界普遍倫理的金律」。

「己所不欲，勿施於人」好像有一點被動的意思，但是今天我們從新的角度看，文化間的關係，國家間的關係，民族間的關係，那種強加於人的態度是非常危險的。能夠己所不欲，勿施於人，在寬容中求和諧，這是最可取的。把所有記載這一原理的宗教經典排開，排在第一位的是伊朗的拜火教，拜火教在公元前800~前700年有一個表述，但這個表述比較含糊，最清楚的表述就是排在第二的《論語》，「己所不欲，勿施於人」。所以這位西方天主教神學家就開始大膽地用「仁」字，他自己在神學裡講「仁」，講仁學，而這個「仁」是跟人關係密切的一種仁學，這代表了近代思想裡很重要的一個轉變。這就是儒家思想對現代思想的一種重要影響。當然，除了「己所不

欲,勿施於人」之外,「己欲立而立人,己欲達而達人」也有重要意義,我們今天碰到東西部發展巨大差距的問題,我們就從發達地區的角度提倡己欲立而立人,己欲達而達人。這個表述,我們叫做「忠」,但是它同樣屬於「仁」,所以「仁」是忠恕之道,不僅對孔子來講是一個一以貫之的根本原則,而且也應該是最有能力普遍化的普適法則。

第四,儒家的實踐取向,就是知行合一,在明代哲學家王陽明的思想領域裡得到最完整的表述,我們也引了他的一段話。他說現在的人把知和行分成兩件事做,以為先知後行才是對的,我先去求知,等知求好了,然後再去行。他說這個不行,實際的結果是終身不行,終身不知,因為知是永遠求不盡的,所以實踐就永遠不能實現。他是批評朱熹的,朱熹講先知後行,知先行後。他針對明朝的情況說朱熹的這個思想有不好的結果,所以他要把行放在前面,知行合一。王陽明說,我今天說知行合一是要對症下藥,社會有這種病,不是我杜撰。知行合一正是中國儒家實踐裡面一個很重要的傳統。

第五,是儒家的終極關懷。第一點,就是天人合一。自然與人的和諧,宇宙、萬物和人類有共通的本質、共通的法則,都是天人合一的內容。古代不僅是儒家,包括道家也是這樣認為,大的宇宙跟人類小的宇宙的原則始終是相通的。因此,天和人不是分裂的而是統一的。我們不像西方人那樣認為天和人有一種超越的割裂,天代表超越人生和這個世界的創世者,它跟被創造的世界完全不一樣。我們所理解的天跟人始終是貫通一體的。第二點,萬物一體,到了宋代、明代的時候,這種觀念越來越強烈了。如北宋哲學家程顥講的,這不是一個存在論的表達,不是說宇宙是這麼結構的,天和人是同構的,這是從一個境界上來講,就是每一個人都應該把萬物看成和你是一體的。比如說,別人掐你的手指時你感到痛,你知道手指是你身體的一部分,但是另外一個人受苦受難,你沒有感受到他的疼痛,就是麻木的。只有你看到他的痛苦,並且能夠感同身受,這才叫做萬物一體。這已經不是存在論、宇宙論的概念,而是一種非常高的人生境界。第三點,叫「保合太和」,這是《易經》裡面的話。保合太和就是最廣泛的、最永久的和諧。儒家有這樣的終極關懷是有針對性的。我們曾經有一個最崇尚鬥爭的時代,我們把實然的、實存的矛盾看成是合理的,主張我們應當透過鬥爭去解決,去發展。那

樣一種行為模式曾經造成了很多慘痛的事件，它跟儒家的價值理想、終極關懷是相反的。在崇尚鬥爭的概念裡面，和諧沒有它的地位。今天我們講要建立和諧社會，這是符合儒家思想傳統的，而儒家思想不僅是一個社會的和諧，它是小到人的身心和諧，大到家庭、社區、國家的和諧，更大變成整個宇宙的一個永久的廣大的和諧，這才是儒家的理想。所以，宋代有一個哲學家張載說過一句話，很合乎辯證法，他說「對必反其為，有反斯有仇」，就是毛澤東講的「矛盾就是對子」，對子就是相反相仇，但是張載後面又有一句話，代表了儒家的理想，說「仇必和而解」，相對立的雙方終究要和解。這就是儒家的保合太和的人生理想。

儒學當代價值的十句表述

我們剛才講了儒學的人生觀、治國觀，也用了很多經典上的話給大家證明。我想回到現代社會，我們不用這種引經據典的方法，而用一些現代的觀察，從現代的角度來看儒學價值觀的特點。我想用對比的方式，用現代的一些表達來強化我們對儒學的價值與當代社會的關係的認識，共十句話。

第一句話：道德比法律更重要。剛才我們引證過一些話，歸結到今天的說法就是道德比法律更重要，不是說不要法律，而是說道德更重要。

第二句話：社群比個人更重要。個人只是個體，社群小一點來講是家庭、家族、宗族、社區，更大的則是國家、民族。

第三句話：精神比物質更重要。儒家不是一個折中主義者，它要突出一些重點。物質也不是不要，特別是老百姓，要因民之所利而利之，但是精神更重要，對士大夫尤其是如此。

第四句話：責任比權利更重要。這個責任可以是對家庭的責任，對團體的責任，對社會、對民族的責任。這個權利，今天在西方政治學的領域裡更多的是指個人的權利，儒家不是不講權利，但是它更突出責任的重要性。為什麼我們叫價值觀的特點，特點就是優先性，不是說儒家不要法律，不要物

質,不要權利,而是要有優先性,一個價值觀體系的特點就是表現在優先性的安排上。

第五句話,民生比民主更重要。老百姓要有溫飽生活,其他東西才能去談。民主的發展是按階段走的,不能把民主看成是絕對的、在社會發展的任何階段都是首要的價值,而民生才是更基本的價值。

第六句話:秩序比自由更重要。這個不同的學派有不同的看法。莊子可能覺得自由比秩序更重要,法家只要秩序不要自由。儒家應該說更強調秩序,但不是不要自由。

第七句話:今生比來世更有價值。儒家是積極的現實主義者,重視今生,而佛教說到底是擺脫輪迴,把來生看得比今世重要。

第八句話:和諧比鬥爭有價值。對必反其仇,可是「仇必和而解」,這才是儒家的方向。

第九句話:文明比貧窮有價值。用這兩個詞作對比不一定準確,道家不推崇文明,它推崇原始狀態,儒家始終對文明有高度的肯定,早期的禮就是一個文明的代表,儒家是最保守、發展和傳承這個禮的。它的文明意識非常突出。

第十句話:家庭比階級有價值。這是儒家的一種思想,我們從前所理解的一種馬克思主義是認為只有階級鬥爭才是有價值的,今天時代已經變化了。儒家思想提供給我們一個新的思考,家庭是不是一個有根本價值的東西?古往今來總有一些消滅家庭的想法,像柏拉圖,還有一些共產主義者認為共產主義社會沒有家庭,但今天回到我們中國人的現實生活,家庭確實是一個非常有價值的東西,儒家對這一點給予了高度的肯定。

我們今天談中國的問題,用以上十點將儒家思想跟其他一些思想做了區分和對比,比如說與個人主義、自由主義、自由民主主義的對比,都是有針對性的,都跟現代社會相關,這樣我們可以整體的瞭解儒家價值觀的特點。當然這還是粗略的,每一條你也可以叫做本位,可以說儒家是道德本位主義、

社群本位主義、責任本位主義、民生本位主義，而儒家不僅僅是一種主義，它是由這麼多的主義體現的價值觀所構成的整體。

儒學在中華人民共和國歷史中的角色

回過頭來看整個當代中國的變化過程和儒學在其中的角色，我們可以做一個簡單的歷史回顧，分為幾個階段：1949 年到 1965 年是第一階段，叫政治建構階段，共和國成立；第二個階段，「文化大革命」，1966 年到 1976 年，十年浩劫；第三階段是經濟改革，我們的改革是多方面的，但突出的主導是經濟體制改革，這在十四大以後更明確；第四個階段叫協調發展，這是新世紀以來開始的新階段。

第一個階段，政治建構階段，它本質上是政治革命的繼續，是國內革命戰爭的繼續。革命時代，在文化上是反對儒家的，要以革命的意識形態來批判各種非革命的日常生活文化。儒家是平淡無奇的、日常生活的文化，是日用常行的道德倫理和生活規則，因此 1949 年以後的一段時間，它受到革命文化的批判。毛澤東講得很清楚，革命不是繪畫、繡花，不能那樣溫良恭儉讓。雖然儒家思想的確不是政治革命的意識形態，但要補充說一句，儒家是允許革命、肯定革命的，特別是中國的儒家。中國的儒家承認革命，但是革命不是常態，非要革命不可的時候才肯定革命。日本的儒學是反對革命的，他們有一個假設，說如果孔孟帶著革命到日本來，我們要把他打回去。他們不能理解儒家的革命思想，日本人怎麼能推翻天皇呢？但在中國，改朝換代的革命很多，中國的儒家在原則上不是不肯定革命，而是不把革命看做常態，它始終認為常態是日常生活。

第二階段，1966 年到 1976 年，叫繼續革命，是無產階級專政下的繼續革命。繼續革命在文化上批孔，認為法家是革新的，儒家是保守的，要用鬥爭的意識形態來批判守成的文化理念，因此要批判儒家。毛澤東講，安定團結不是不要階級鬥爭，階級鬥爭是綱，其餘都是目。西方學者在這裡把「保守」翻譯成「守成」，就是說文化的傳承本身就是一個保守的過程。儒家不是一個崇尚鬥爭的文化，而是一個崇尚安定團結的文化，因此它受到批判。

第三階段，中共發起經濟體制改革，取得了經濟的高速發展，但也存在問題。在整個鄧小平時代，因為最關注的是經濟體制改革，要摸著石頭過河，所以他的論述裡很少談文化。我想這跟這個時代的使命有關係，這個時代突出的特點就是體制改革，因此，比較忽略文化，特別是傳統文化，當然包括儒學。從儒學跟這個時代的關係來講，儒學不是給經濟改革提供精神動員，因為它是道德秩序的維護者，它的角色在另外的地方。但是這個時期在知識分子中間有人開始注意提儒家了，因為道德秩序的變化使得大家不斷關注儒學的角色。

第四階段，叫協調發展，這可以說是文化秩序的重建階段，我們開始更加重視那種安定團結、治國安邦的思想。而且，中華民族的偉大復興和中華文化的偉大復興這樣的口號也越來越被大家所接受。我沒有做過文獻調查，但是中華民族的偉大復興、中華文化的偉大復興出現在我們的歷史文件中應該是 1995 年到 2000 年之間，還是相當早的。民族的復興、民族文化的復興必然帶來中國文化包括儒學的復興。最近七八年來，我們已經看到特別是在民間興起的老百姓和企業家對傳統文化和儒學的那種高度廣泛的熱情。所以說在這個協調發展和文化重建的階段，儒學開始復興了。我們看一百多年來儒學發展的歷史，它經受住了現代化和西方文化的衝擊，經過了一系列的轉化之後，在現代中國煥發了生機，迎來了新的發展前景。

第三，我想今天儒學的復興有兩個重要的原因，一個就是我們現代化經濟發展的成功所帶來的全民族文化自信的增強。這從 1993、1994 年就開始了，十幾年來我們那種由於現代化不成功，將滿腔憤懣噴向自己祖先的 80 年代的情感有了很大的改變，這體現了整個民族文化信心的一種恢復，這要歸功於體制的改革。所以我把它叫做現代化的初步成功和民族文化的恢復。我前年有一個講法，說 2008 年的北京奧運是中國現代化初步達成的代表，現代化有初級階段、中級階段和高級階段，雖然我們現在仍然是發展中國家，但是這個現代化的初步成功確實是國民文化心理得以改變的重要原因。另一個原因，就是我們國家政治文化的變化，特別是以執政黨為核心的政治文化的變化。我剛才講，鄧時代是不太關注文化的時代，但是從鄧以後，就開始有變化了。比如說「以德治國」就是儒家式的口號，「與時俱進」也是儒家

宇宙觀的發展，「以人為本」、「以和為貴」、「執政為民」都是儒家的看法，現在這些都是我們公開的提法。我們的好幾位領導人，從江澤民、胡錦濤到溫家寶在海外講演的時候，都是從自強不息、以人為本、以和為貴這些概念作為一個核心來宣示中國政策的基礎。這就是從中國文明來宣示中國政策的中國性，來闡明我們中國政策的文化意義，呈現我們中國的未來。我想，我們執政黨最近十多年來開始重新吸取儒家的治國理念和價值觀念，來應對我們碰到的各種問題，這並不是說領導人就是喜歡儒家思想，而是他們負責任地面對我們的文化資源，面對我們的問題。這種變化，用學術話語講，我把它叫做執政黨執政文化的「再中國化」。再中國化，不是說我們以前的東西不是應對中國問題，沒有中國性，而是說我們現在更自覺地運用中國傳統文化的資源，更自覺地站在傳承中華文明的角度來全面增強我們的合法性。我覺得這就是我們現在儒學復興的兩個重要根源。

郭沫若與《馬克思進文廟》

郭沫若1926年寫了一篇文章叫《馬克思進文廟》，就是馬克思與中國化的問題。中國化跟馬克思主義、跟儒家思想傳統是什麼樣的關係？怎樣處理這個關係？按「左」的思想就是馬克思跟中國傳統文化沒關係，勢不兩立，我想現在很少有人這樣看。郭沫若在他的文章裡編了個故事，說這天孔子帶著他的三個弟子正在上海的文廟裡享用祭祀，外面大門推開，四個大漢抬著轎子進來了，也沒有通報，子路很不高興，說什麼人進來了，孔子說來者都是客，要有禮貌。轎子停下，下來一個人，滿臉鬍子，說是卡爾·馬克思。孔子很好學，誰有專門的知識，他都向人家學習，他也向老子學習過禮。孔子聽說馬克思名氣很大，就請他到臺上問，你到敝廟有什麼見教？馬克思說，我來領教了，我聽說我的思想在中國流傳很廣，可是有人說我的思想跟你的思想是對立的，我今天想瞭解瞭解我的思想跟你的思想有什麼對立？我的思想在你的國家能不能推行開來？孔子說，我還沒怎麼讀過你的書，是不是你先說說你的思想？馬克思說，我有幾個基本的思想，首先我跟西方歷史上的宗教家不一樣，我有一個強烈的現實世界的關懷，我就是要改造這個世界，變成一個幸福的、美好的世界。孔子說，我就是這個思想，我不是走出世主

義的道路，我也是現實感很強，這個是相合的。馬克思又講了社會主義的理想，孔子說我的《禮運大同篇》也是這樣講的，他們又談論了對財富的看法，馬克思說想不到在中國這麼遠的地方，兩千多年前有我的這麼個老同志，兩個人談得很開心，後來孔子把他送走了。這是郭老寫的一個小小說一樣的雜文。

郭老是第一代的馬克思主義史學家，他對馬克思主義的態度和中國文化的態度值得我們深思。那個時候他已經看到中國的儒家文化傳統跟馬克思主義的文化可以融合，不是對立的，所以他在「文化大革命」中受到毛澤東的批評，毛澤東說，「十批」不是好文章，因為《十批判書》是講孔子的。我們走過這個時代來，我覺得怎麼樣處理這個關係，仍然是我們時代的課題，但是，我想我們的前輩史學家、文學家已經做了很多很有意義的工作，我們今天應該重新學習他們的一些有代表性的、有價值的思考，來充實我們當代關於馬克思主義與儒家關係的思考。

● 十八 孔子與當代中國

十八 孔子與當代中國

在過去的一個世紀裡面，中國人對自己的傳統文化進行了全面深入的批判，這在世界範圍來講還是非常令人矚目的，尤其是因為我們有這樣的一段歷史。可是最近出現了很多傳統文化復興的現象，引起了各個層面非常普遍的關注，也許表現出來的是中國近代以來的社會意識，近代以來的中國變遷，始終與「傳統」的問題結下了不解之緣。

不管人們喜歡或不喜歡孔子和儒家，事實是，在中國過去兩千多年的歷史上，儒家在中國社會和文化中占據了突出的地位，在中國文化的形成上起了主要的作用；以至於人們有時把儒家傳統作為中國文化的代表，以孔子作為文化認同的象徵。另一個事實是，20世紀的革命運動和現代化變革，給孔子和儒學的命運帶來了根本的變化；在20世紀的文化運動中，對孔子和儒家思想的反省、批判，可以說占了主導的地位。而跨入新的世紀以來，隨著中國經濟的快速增長和中國在政治、經濟上世界地位的提高，要求對孔子和儒家思想文化重新認識的呼聲也不斷出現。在這樣一個呼喚「文化自覺」的時代，我們期待把孔子和儒家的問題放進古老文明現代發展的縱深視野，置諸全球化的現實處境，以理論思考和實踐關懷相結合的態度，把對這一問題的思考推進到一個更深入的水平。

讓我們先舉出與「孔子與當代中國」問題有關的三種思想史的解釋方式，然後嘗試描述與「孔子與當代中國」問題相關的現實處境。

■列文森對孔子的奇特比喻

「孔子」與當代中國，這個題目很容易使人聯想起美國著名教授約瑟夫·列文森（Joseph R. Levenson）四十年前的名著《儒教中國及其現代命運》（Confucian China and Its Modern Fate）。尤其是，這部書中正好就有「孔子在共產主義中國的地位」一章。在這一章的結尾，列文森說：「20世紀的第一次革命浪潮真正打倒了孔子。珍貴的歷史連續性、歷史認同感似乎也隨之被割斷和湮沒。許多學派試圖重新將孔子與歷史的延續、認同統一起來。

十八 孔子與當代中國

共產主義者在尋找逝去的時光中發揮了作用，並有自己明智的策略和方法：恢復歷史的本來面目，還孔子的真相，置孔子於歷史。」那麼，什麼是「置孔子於歷史」？列文森的這部書中有一部分，名為「走入歷史」，這意味著，在他看來，儒家思想文化在20世紀50至60年代的中國，已經喪失了任何現實的存在和作用，成為「過去」，而走進了歷史。正如他評論當時中國的文化政策所說：「共產主義者可以使孔子民族化，使他脫離與現行社會的聯繫，脫離今後的歷史，將他回歸於過去，只把他當做一個過去的人物對待。」與後來的「文革」不同，在60年代初期的一個間隙，對孔子的比較平心靜氣的學術討論曾一度短暫地浮現，列文森對此加以評論說：「與這些歷史遺物相同，共產黨也沒有必要非從精神上徹底拋棄孔子不可，所以孔子也能受到一定的保護，也有存在的價值。因此可以說共產黨不是要剝奪他存在的意義，而是取代他的文化作用。簡言之，保護孔子並不是由於共產黨官方要復興儒學，而是把他作為博物館的歷史收藏物，其目的也就是要把他從現實的文化中驅逐出去。」這是他對中國政府在50年代和60年代對孔子的態度，即「作為博物館的歷史收藏物」觀點的一種揭示。

孔子當然是一個過去的人物，但是，這裡所謂使孔子回歸過去，是要使孔子僅僅成為「一個逝去的古人」，其真正意味是使孔子的思想成為過去，使孔子思想在今天沒有任何影響，使孔子及其思想成為博物館中保存的歷史遺物，在現代社會沒有任何作用。這樣，所謂置孔子於歷史，就是「把孔子妥善地鎖藏在博物館的櫥窗裡」。應當承認，20世60年代的列文森在評論60年代的中國文化政策時，他的評論沒有任何受冷戰意識形態影響的跡象，他甚至對中國當時採取的文化政策與方法有某種同情的瞭解，顯示出歷史學者平實、冷靜的態度和風範。

由此也可見，列文森有名的「博物館收藏」的比喻，其實並不是他自己的文化主張，而首先是他對20世紀50至60年代中國的文化政策的一種旁觀的概括；其次在這種概括下也包含了他對中國社會現實的認知和判斷，即儒家已經「走入歷史」。而一個走入歷史的孔子，應當既不受崇拜，也不受貶斥，已經不再是一個需要反擊的目標。

列文森死於 1969 年，他雖然未及看到 20 世紀 70 年代前期的批孔運動，但「文化大革命」高揚破除傳統思想文化的口號，顯然給「博物館收藏」說帶來了衝擊和困惑。為什麼這麼說呢？難道，對已經走入歷史的博物館收藏物還需要大動干戈地「繼續革命」嗎？

李澤厚對世情的重視

　　然而，這樣的困惑對本土的作家李澤厚並不存在。1980 年李澤厚發表了他在 70 年代末寫的《孔子再評價》，他的思想特色，是把孔子和儒家思想把握為「一個對中國民族影響很大的文化心理結構」，以此作為解釋孔子的一條途徑。在這個解釋下，孔子根本沒有「走入歷史」，而是始終作用於歷史和現實之中。他指出：「由孔子創立的這一套文化思想，已無孔不入地滲透在人們的觀念、行為、習俗、信仰、思維方式、情感狀態之中，自覺或不自覺地成為人們處理各種事務、關係和生活的指導原則和基本方針，亦即構成了這個民族的某種共同的心理狀態和性格特徵。值得重視的是，它的思想理論已轉化為一種文化心理結構，不管你喜歡或不喜歡，這已經是一種歷史和現實的存在。」

　　在李澤厚看來，這種心理結構化為民族智慧，「它是這個民族得以生存發展所積累下來的內在的存在和文明，具有相當強固的承續力量、持久功能和相對獨立的性質，直接間接地、自覺不自覺地影響、支配甚至主宰著今天的人們，從內容到形式，從道德標準、真理觀唸到思維模式、審美情趣等等」。文化心理和民族智慧雖然並不是超時空超歷史的先驗存在物，但在 20 世紀它顯然不是走入歷史的死的木乃伊，也不是無所附著的幽靈，而仍然是一種持久的、延續的、活的、深層的存在。

　　李澤厚是中國最知名的史學思想家之一。根據李澤厚的看法，他認為儒學在歷史上所依託的傳統教育制度、政治制度、家族制度等在 20 世紀已全面解體，走入歷史，但儒學並沒有因此完全走入歷史，因為它已化為民族的性格。在這個意義上，孔子和儒家思想當然不是博物館的收藏品，而是在當代現實生活中，在大眾、知識分子、政治家內心存活著的、作用著的東西。

即使在今天,也沒有人能否認李澤厚的這一看法。因此必須承認,儒家對中國人的行為和心理的影響是中國的現實,是所有研究當代中國的社會科學學者必須面對和認真對待的基本國情。

黑格爾怎樣看待「過去」與「現實」

同樣明顯的是,儒家思想既不能歸結為走入歷史的過去式遺存,它的超越歷史的意義也不僅限於文化心理結構的存在,它還具有更廣泛的文化傳統和文化資源的意義。班杰明·史華慈(BenjaminI Schwartz)曾針對列文森的博物館比喻,提出圖書館的比喻,認為思想史不是博物館,而是圖書館,在一定意義上揭示了這一點。從思想史傳統和資源的角度來看,這是很重要的。黑格爾早已說過:「思想的活動,最初表現為歷史的事實;過去的東西,好像是在我們的現實之外。但事實上,我們之所以是我們,乃是由於我們有歷史。或者說得更正確些,正如在思想史的領域裡,過去的東西只是一方面,所以構成我們現在的,那個有共同性和永久性的成分,與我們的歷史性也是不可分離地結合著的。」也就是說,思想史上「過去」的東西,同時也在我們的「現實」之中。而在本體論上說,「過去」乃是規定著現在我們之所以為我們的東西。這個「我們」可以是個人、族群、國家。在這個意義上,圖書館的比喻就遠遠不夠了。就思想史而言,黑格爾認為,思想史的生命就是活動,「它的活動以一個現成的材料為前提,它針對著這些材料而活動,並且它並不僅是增加一些瑣碎的材料,而主要的是予以加工和改造」。過去的傳統把前代的創獲傳給我們,每一世代的文化成就都是人類精神對全部以往遺產的接受和轉化,因此傳統是每一時代精神活動的前提。列奧·施特勞斯(Leo Strauss)同樣強調,古代偉大的哲學家的學說,不僅具有重要的歷史意義,也有重要的現實意義,為了瞭解古今社會,我們不僅必須瞭解這些學說,也必須借鑑這些學說,因為他們所提出的問題在我們今天依然存在。他甚至斷言,古代思想家的智慧,要比現代智慧更為優越,這當然是見仁見智的了。儒家作為文化資源或思想史的意義,就是指儒家的道德思考、政治思考、人性思考等仍然可以參與當代的相關思考而有其意義。

希爾斯及其《論傳統》

　　論及文化傳統，自然要提起愛德華·希爾斯（Edward Shils）的經典著作《論傳統》（Tradition）。值得注意的是，其導言中曾專列一節，這一節非常有針對性。名曰「社會科學對於傳統的無視」。他認為當代社會科學受啟蒙運動的觀念影響，接受了懷疑傳統的態度和不能容納傳統的「社會」觀念。他說：「讀一下當代社會科學家對特定情況中發生的事情所做的分析，我們就會發現他會提及參與者的金錢利益、非理性的恐懼與權力慾，他們用非理性認同或利害關係來解釋群體內部的團結，他們還會提及群體領導的策略，但是他們很少提到傳統與重大事情的密切關係。現實主義的社會科學家不提傳統。」他以為，社會科學堅持「現時現地」的研究，而忽視時間的「歷史向度」。因此，「行動的目的和準則，接受這些目的、準則的根據和動機，以及我們稱之為傳統的信念、慣例和制度重複出現的傾向，往往都被認為是不成問題的問題。社會科學各分支在理論上越發達，就越不注意社會中的傳統因素」。據希爾斯分析，社會科學對傳統的忽視有各式各樣的原因，其中最根本的原因是社會科學家接受了進步主義的觀點，於是厭惡傳統把傳統視為落後甚至反動。他們認為現代社會正走在一條無傳統的道路上，「利害關係」和「權力」將支配人的行為。他舉出：「最偉大的社會學家馬克斯·韋伯，當然不是熱衷於進步的人，但他持有一種普遍觀點，他認為歸根結底有兩種社會，一種是陷於傳統的社會，而在另一種社會裡，行為的選擇標準是理性的計算、以達到最大的利益滿足。……按照這個觀點推論，現代社會正在走向無傳統狀態，在這種狀態中，行動的主要根據是借助理性來追逐利益，而傳統則是與這種現代社會的風格格格不入的殘餘之物。馬克斯·韋伯在論述現代社會時，顯然沒有給傳統多少位置，雖然他在表達這一點時表現出特有的悲劇式的雄辯。」希爾斯對現代社會科學的批評也許過於嚴厲了，在中國社會科學領域，不少社會科學學者一直致力於與儒學傳統相關的研究，如社會學、法學、心理學等，尤其是香港社會科學學者，以及臺灣的社會科學學者，在這方面可謂著了先鞭。但希爾斯的批評肯定是有的放矢的，直指經濟學、政治學的學科習慣和「理性經濟人假設」等新的社會科學教條，也很能針對當代中國社會科學多數學者的心態。事實上，我們說，人文學者和社會科

● 十八 孔子與當代中國

學者都應關心、思考包括傳統問題在內的社會、文化問題，以及其他公共領域的問題。

在另一方面，希爾斯也指出，20世紀人們已經對現代文明加以反思，現代文明是科學的、理性的、個人主義的，同時也是「享樂主義」的文明。「人們對資產階級社會的責難之一是，資產階級社會使人類脫離了賦予存在的意義的秩序」，而傳統正是這種意義秩序的組成部分，傳統是此種秩序的保證、意義的來源，是文明質量的保證。現代社會在理性化和除魅的同時，也喪失了偉大宗教所提供的意義。由此他批評韋伯低估了傳統的權威以及體現傳統權威的模式和制度對現代社會這種發展的抗拒力量。在他看來，相對於現代社會的各種力量如科層化而言，對實質性傳統的崇敬、對既存事物的尊重，宗教信仰、克里斯瑪常規化的制度、累積的實踐經驗智慧、世系與血親感、對地方和民族的歸屬感，在現代社會仍有力量。他指出，實質性傳統已不像從前那樣獨占社會中心，「然而實質性傳統還繼續存在，這倒不是因為它們是仍未滅絕的習慣和迷信的外部表現，而是因為，大多數人天生就需要它們，缺少了它們便不能生存下去」。在這個視野之下，儒學當然是屬於他所說的「實質性傳統」。在市場經濟的時代，在道德重建和社會正義的要求日益突出的時代，我們需要更嚴肅地考慮傳統在現代社會的作用和意義。

民間草根的儒學熱情

跨入21世紀以來，傳統文化普及日益發展，民眾對包括儒學在內的傳統文化的熱情持續增長。據國際儒學聯合會的一份報告，世界各地幼兒園、中小學開展的以誦讀蒙學與四書為主要內容的普及活動方興未艾，成千上萬少年兒童參加，在這些人背後，至少還有數千萬家長和老師。這些活動主要是民間的力量分散、自發地組織開展的。這些傳統文化普及活動，以養成社會價值觀和傳統美德為中心，著眼於道德建設和人格成長，追求積極的人生，受到了社會的積極關注。《論語》等儒家經典的今人解說，更是俯拾皆是。據估計，到2007年就有上百種解讀《論語》的新書問世，印刷量創歷史紀錄。企業界精英學習瞭解傳統文化的熱情一直以來有增無減，大學舉辦的以企業

管理人員為對象的國學班正在四處發展，與蓬勃發展的中國民營經濟形成了配合的態勢，同時也出現了由企業界人士出資創辦的非盈利性的以學習傳統文化為主的學堂和書院。以儒學為主要內容的網站目前已有幾十個，互聯網部落格的出現更成為民間傳統文化愛好者研究者的嘉年華展場，進一步激發了民間性的文化力量。所有這些，無疑都反映了20世紀90年代中期以來中國經濟快速發展以及所謂「中國崛起」所帶來的全民的民族自信與文化自信的增強。另一方面，民眾對傳統文化的熱情所體現出的人們精神的迫切需求，根源於舊意識形態在人們心靈的隱退所造成的巨大虛空，這種空間要求得到彌補，特別是民族精神與倫理道德的重建，成為社會公眾的強烈需求。

民間的草根性的對傳統文化特別是儒家文化的熱情，成為這一波中國文化熱的巨大推動力量，它的出現和規模，完全超出了知識精英的預期，其力量也遠不是學院知識分子可以相比的。其中雖然有些盲目的成分，但無可懷疑地顯示出，「文化場」不再是學者的一統天下，從而，社會和民間的文化價值取向將成為知識精英必須重視的因素。民間大眾最少洋教條、土教條的束縛，他們根據自己的社會文化經驗，表達他們自己的文化偏好，在文化民主的時代，發出了自己的聲音。應當看到，國民心理已經發生了變化，而這種變化，不會是短暫的，將是持久的，可惜我們還缺少對這一文化現象的有深度的社會學研究。

今天，「孔子學院」已經把孔子的符號帶往世界各地。在某種意義上，孔子被恢復了他作為中國文化象徵的地位。這代表著，在後「文革」時代以來對孔子及其思想的平反進程邁進了一個新的階段。這看起來對於儒家是一個可喜的變化，然而，在我看來也更是一個挑戰。我在這裡指的還不是一些人出於不同的動機而利用這種變化，而是指，近幾十年來為了反抗對它的不合理的批判，儒家學者往往把主要精力用於在文化上的自我辯護。而今天，當不再需要把主要力量置於文化的自我辯護的時候，儒家的社會實踐，除了堅持其一貫在文化教育、道德建設和精神文明的努力之外，如何面對當今世界、當今社會的現實處境（包括擴大民主、社會正義和公共福利等）而發出自己的聲音，表達自己的態度，不能不成為新的考驗。

十八 孔子與當代中國

孔子與「再中國化」

就 21 世紀後半期的中國大陸而言，可以大體分為兩個階段，前一階段為革命的延續，後一階段為改革的興起。而在跨世紀的門檻上，中國的社會、經濟、政治、文化，與 20 世紀相比，發生了巨大的變化。從文化上看，正如中國的經濟一樣，我們今天已經處在一個與「五四」時期、國內革命戰爭時期、「文化大革命」時期，與改革開放啟動時期都完全不同的時代。革命早已成為過去，經濟改革已基本完成，這個時代的主題不再是「革命鬥爭」，也不再是「改革發展」，用傳統的表達，是進入了一個治國安邦的時代。在文化上，從上個世紀的「批判與啟蒙」，走向了新世紀的「創造與振興」。

儒學不是鼓吹革命的意識形態，儒學也不是啟動改革的精神動源，因此儒學在 20 世紀的被冷落，是理所必然的。與相對短時段的革命和改革而言，儒學正是探求「治國安邦」、「長治久安」的思想體系。時代的這種變化在領導黨的觀念上已經表達出來，「執政黨」概念在近年的普遍使用，鮮明體現出領導黨從「革命黨」到「執政黨」的自我意識的轉變。這一點應當得到肯定。而執政黨的任務就是要把注意力平實地集中在治國安邦的主題上。與此相伴，執政黨的政治文化也有了明顯的變化，從江澤民的哈佛大學演講，到胡錦濤的耶魯大學演講，以及溫家寶的哈佛大學演講，無可懷疑地顯示出執政黨政治文化的「再中國化」傾向。21 世紀中國領導人的演講，以自強不息、以民為本、以和為貴、協和萬邦為核心，無一不是從中國文明來宣示中國性，來解釋中國政策的文化背景，來呈現中國的未來方向。以「和諧」為中心的執政黨的國內政治理念和口號，也體現著類似的努力，即探求以中國文化為基礎來構建共同價值觀、鞏固國家的凝聚力，建設社會的精神文明。大量、積極地運用中國文化資源，已經成為 21 世紀初執政黨的特色。放眼未來，這種順應時代的發展只會增強，不會減弱。這與 90 年代以來台灣的「去中國化」努力正成對比。

所謂「再中國化」，當然並不表示此前的、20 世紀後半期的中國政治、文化不具備中國性，而是指自覺地汲取中國文化的主流價值資源，正面宣示對中國文明的承繼，更充分的中國化，以應對內外現實的複雜挑戰。這種再

中國化，也絕不表示對外部世界的各種「好東西」的拒絕，因為它只是當代中國政治文化的連接傳統一個方面，而不是全部。它重在表示與「和傳統決裂」的不同態度，肯定了現代中國必須是根於中華文明原有根基的發展，表現出復興中國文明、發展中國文明的文化意識。所有這些，都是我們今天討論「孔子與當代中國」所不可忽視的背景。至於全球化浪潮下的文化多樣性和自主性問題的突出，就不在這裡敘說了。

我們該如何對待傳統？

毫無疑問，傳統的復興絕不是要回到過去，如果說新文化運動時期的「復古」批判具有當時政治的針對性，那麼，今天任何對傳統的關注，都是對現實的一種救治和補充，沒有人要在政治、經濟、文化上次復到古代。事實上，歷史上的所謂復古也大都是變革的一種形式，人們從來都是「古為今用」的。無論如何，傳統是不可或缺的，但傳統不是完美的；傳統是延續的，但傳統不是固定不變的；傳統既要經過接受，也要經過修改；發展、變化、轉化充滿了傳統傳延的過程。而且傳統的傳延更依賴於詮釋，而詮釋總是反映著時代的新的變化，包含著新的發展。我們所期待的是，人文學者和社會科學學者密切交流，以理性的態度、開放的心態，在學理上深入探討有關儒學與當代中國的各種課題，以適應、促進當代中國社會文化的更好發展。

20世紀對儒家思想文化從現代化的角度進行的批判，可以說已經發揮得淋漓盡致，達到了最深入和全面的程度；同樣，對這些批判的回應，在20世紀也達到了深入和全面的呈現。因此，重要的不是簡單重複20世紀有關儒家文化討論的已有論述和觀點，更不是膚淺地追逐文化的熱點，而是應當適應時代的變化，結合當代中國的社會現實，面對文化、價值、秩序的重建，發展出新的問題意識和尋求新的解答。在這一點上，我們期待著人文學者和社會科學學者的深入溝通與全面合作。

● 十九 市場經濟與傳統文化

十九 市場經濟與傳統文化

對待傳統文化需要新的模式

　　傳統文化與改革開放的關係，應該說改革與開放，特指經濟改革，我們更加明確了，這是一個以市場為取向的經濟體制改革。對於改革開放與傳統文化的關係，我想我們需要站在整個社會發展的角度來瞭解。從社會的動力分析上說，市場取向的改革開放所要解決的一個社會體系發展的動力問題，如大中型國有企業轉換機制、放開搞活，都是要使之有活力，這是一個動力性的問題，但是一個社會體系光有動力還不行，它的發展方向怎樣，如何均衡，合理、公平，這就與文化有關，這些是屬於規範性的問題，所以，從社會的結構上說，改革開放用力處在制度系統上，而一個完整的社會發展除了制度系統外，還要有文化系統。因此，從動力—結構的分析看，一個社會體系的良性發展既要有良好的動力系統，又要良好的（文化）規範系統，兩者缺一不可，正如一個驅動裝置一樣，要兼善其動力系統與調節系統。

　　改革開放所利用的資源是西方傳入的科學、民主等近代文化，而規範性系統則與文化傳統密切相關，這裡所說的文化傳統主要是指傳統文化的價值系統。根據剛才所說的動力—結構分析，對當代中國社會—文化的發展，我想提出一個文化的模式，「吸收西方（現代）文化以推之，弘揚中國（傳統）文化以挽之」，這個意思不完全是我的發明，從前張東蓀先生已經有了這樣的意思，「五四」時代大家認為要學習西方，就要學啟蒙運動、科學民主，傳統則全部推倒，張東蓀先生獨具慧眼，他說西方文明發展到今天，全憑「希臘文明有以推之，希伯來文明有以挽之」。雖然張東蓀先生就西方文化而言，但這一推一挽的結構我認為很合理，就是說，西方控文明的發展一方面是希臘精神（加上資本主義作背景）賦予他動力，一方面又有希伯來精神即基督教傳統為之確定價值，調節關係，這樣就構成了一種良性的發展，從這點說，我認為，我在一方面大力吸收西方文化，如科學、法治、民主、現代市場經濟，進一步推進改革開放，另一方面要完善文化規範體系，批判地繼承、創造地轉化傳統文化，特別是傳統文化的價值系統，在文化規範體系方面，對傳統

價值的繼承不僅包括古代中國文化，現代中國文化中的社會主義、馬克思主義的價值也應包括在內，以共同構成社會的文化規範體系。這樣，我們才能穩妥地建設有中國文化特色和完備市場經濟的社會主義。

運用市場經濟法則進行精神文明建設

精神文明是市場經濟的內在要求，對精神文明建設方面存在的問題，我們究竟如何看？我覺得這與我們對市場經濟的認識有關。有許多問題是歷史帶給我們的，不一定是現在這種發育程度的市場經濟的必然產物。有些發展中，他們的精神文明建設搞得不錯，但經濟發展不比我們強。可見我們目前面臨的問題是歷史的過程。「文革」後，我們社會的權威結構已經解體，整個規範體系已經失靈。道德迷惘的現象從20世紀70年代末80年代初就開始出現了，而且有些問題比一些第三世界的遲發展國家更嚴重。這是問題的一個方面。

另外，我們目前所存在的問題，也是西方一些發達國家過去有過的。16、17世紀的時候，西方的宗教學家不是要求道德在資本主義上升期間對社會減少幹預，而是要加強幹預。德國社會學家馬克斯·韋伯所說的新教倫理即是如此。我們現在搞市場經濟，所要追求的目標，應是「理性化的」。韋伯把資本主義區分為「投資資本主義」與「理性化的資本主義」。如果我們套用這種觀點，我覺得我們所處的階段正是以投機為特徵的市場經濟階段。我們要從這個階段逐步邁入到理性化的階段。在目前階段，由於很多理性的規範沒有建立起來，就不可避免出現一些弊端。但我們不能因為這些而對市場經濟有某種反感。

話又說回來，市場經濟的一些法則應該引起我們的注意。我們中國不大注意社會的多元化問題。在社會的不同領域，有著不同的運作法則，如經濟領域是效益和功利，說通俗點，就是金錢法則。政治領域應是正義法則；文化領域應是創造法則。人是有人性的，有高層的需求，人與人之間的關係不應是利益化的，不能把各種領域的法則相混淆。理性經濟人的假設只適合經濟的領域。當然，在當前市場經濟的法則比其他法則更深的影響社會。在經

濟領域講究功利原則,這無異議。但這不是唯一的原則。現在的問題在於,整個社會不能一元化地追隨經濟功利主義。在經濟領域用功利原則,而其他如政治、文化領域有自己適用的原則。丹尼爾·貝爾指出,經濟的核心原則是效益,政治的原則應當是平等,文化領域的原則應該是創造。由於經濟的力量大,它的法則會向各個方面延伸,所以要透過法制、道德建設、文化批判等把經濟功利主義限制在經濟領域,不能讓功利主義泛化為社會的通行風氣。就整個社會而言,經濟原則之上還有一個更高的原則制約它,就是社會主義和人的自由、全面的發展。

如當前許多地區開展志願者、義工等活動,這些活動和學習雷鋒精神一樣,代表一種價值,其核心我認為是倫理學的利他主義,在這個意義上說,雷鋒精神不僅在過去是有普遍意義的,當然,就雷鋒個人及其行為而言,作為體現這些價值的特殊個體和方式,是有限的;雷鋒精神也需要和其他精神相補充。「雷鋒精神」體現的價值是他人取向的、社會取向的、群體取向的,這與市場經濟通行的個人功利取向的價值、利益核算、收益預期等規範是不同的。但是可以把這兩組價值看做不同層次的、適應社會不同範圍活動的規範和價值,一個市場經濟活動的從業人員必須依照市場經濟活動的規則,否則經濟活動就會失敗。但助人為樂、做好事是人的社會活動的另一種需要。所以道德文明精神和市場經濟原則在各自適用範圍內各有其合法性,不必相衝突。不僅不相衝突,道德精神還有指導市場和社會發展總方向的責任。

▍對公民道德失範問題的分析

「文化大革命」結束以後,中國的社會發展可以說經歷了兩大階段,這就是撥亂反正、改革開放和建立、發展社會主義市場經濟,在這兩方面取得了令世人矚目的偉大成績。同時,也不能否認,在這樣一個巨大的社會變遷過程中,人的道德觀念和社會道德生活也發生了很大的變化,其中包括很積極的變化,但也出現了不少值得重視的問題。

目前,道德領域比較突出的問題,大家都能感覺到的,首先是社會公共生活領域的行為「失序」,人的行為規範和混亂、衝突乃至無規則的現象十

十九 市場經濟與傳統文化

分嚴重。如何建立一個有序、祥和的社會，是大家共同關心的切身問題。大學裡考試作弊流行，好學生不甘吃虧，與差生競相作弊，在一流學校亦復如此。20世紀80年代報上批評年輕人在公共汽車上看到抱小孩的就閉眼裝睡，而現在，我們常常看到的是，年輕人坐在汽車上對老人、孕婦和抱小孩者不再閉上眼睛，而是「直視無睹」。商品生產的假冒偽劣，文化製作的抄襲剽竊，「蔚然成風」，禁不力，行不止。沿海一些個體攤販因顧客問價後未買竟強加拳腳，開放城市的車站上旅客皮包屢屢被搶，諸如此類，聞不絕於耳。在各種道德缺失的現象中，而尤以各級公務人員權錢交易、受賄謀私對國家經濟生活、政治生活及社會風氣的敗壞影響為最大。

以上不過隨便舉幾個例子，所有這些問題當然不都是道德問題，也不可能僅由道德手段去解決。但不可否認，由這些問題暴露出來的我們所面臨的道德困境是相當嚴重的，如果簡單地加以概括，可以說，傳統道德規範和道德權威的解體與失落，造成了人們道德觀念的迷失、道德情感的冷漠、道德勇氣的沉淪。從而全面體現於個人品格觀念的淡漠、家庭關係的冷淡或緊張、職業道德的疲軟、團體意識的淡薄、公民道德的闕失、愛國心的淡化這樣幾個大的方面。而從個人的角度來看，最突出的是人的意識的商品化與人際關係的商品化所造成的缺乏「羞恥心」。

市場經濟體制下的<u>道德重建</u>

造成這些現象的原因很多，除了由於「文化大革命」的變化與破壞、不規範商品經濟的腐蝕以外，很重要的一個原因，就是我們長期以來對傳統文化的無分析的破壞，使我們丟棄以至喪失了我們本有的深厚的傳統道德資源。中國古代文化具有很強的德性的培育的功能，中華文明向以禮義之邦著稱於世，不僅是因為她有悠久的禮儀傳統，而且因為這個文化中很強調道德的價值和道德感，強調理想、正義與良知。在中國文化中有完整的德性人格的理想和道德準則體系，有悠久的道德修養傳統，有豐富的道德格言資源和其他道德文化資源。

然而近代以來,我們全力批判傳統道德,力求把傳統道德的歷史繼承性,把我們自己與源遠流長的道德文化傳統切斷,認為只有與傳統徹底決裂才能盡快實現現代化。可是歷史和現實並沒有證實這種激進主義的神話,反而,在東亞四小龍的後儒家文化中我們處處看到傳統。東亞其他儒教文化圈社會,尤在做人和處世方面,保存著不少的傳統道德與傳統交往態度。中國臺灣與韓國學生的尊師重道,是我們教育工作者凡見莫不為之感嘆的。至於臺灣電視劇中深厚的傳統倫理色彩,更是我們都有目共睹,與我們現在流行文化的非道德化傾向,適成對比。這至少從一方面說明,發揚傳統的倫理道德與建立一個現代化的社會並不矛盾。在我們自己的生活現實中,也有很多這樣的經驗:一些從舊社會過來的老同志,他們的工作態度和待人處世,基本上還是基於傳統道德,他們不僅工作認真負責,講究效率,而且善於與同事合作,關係融洽,在生活中敬老愛幼,溫良禮讓。我以為,用普通而平實的方式來說,這些都是我們所說的今天仍應發揚的傳統道德。可以這樣說,他們比起那些缺乏傳統道德觀念約束的人更符合於現代化社會對工作倫理和公民道德的要求。

馮友蘭先生曾說過,人類社會所以能存在,要有一些基本條件。這些基本條件就是基本道德,這些基本道德無所謂新舊,無所謂古今,是屬於「不變的道德」,比如「守信」。另有一些是與特定社會的制度有關的道德,隨社會制度變化而變化,屬於「可變的道德」,比如「忠君」。馮先生的這個分析,我認為還是有道理的。仁愛、正義、禮讓、理性、信義、和平、正直、廉潔、「己所不欲,勿施於人」,這些都是不變的道德,我們所肯定的傳統道德就是指那些不變的道德。在這個意義上,所謂「傳統道德」並不「傳統」,或不僅僅是「傳統」的,因為它們同樣適用於現代社會、未來社會、一切人們所組織的社會。我有時覺得,像道德的繼承問題,是理論界在階級鬥爭年代自己搞亂了的,但社會對繼承傳統道德的需要並不因此而消失,這種需要反映為人民在生活中對傳統道德資源的大量運用。如人民群眾對包公戲的熱愛,對「貪官」的憎惡,對「清正廉潔」的呼喚,都反映出人們在生活中自然地在貫徹著繼承的原則。

十九 市場經濟與傳統文化

應該看到，在某些方面，市場經濟體制的完善可以有助於實現道德重建運動所要達到的效果。康德哲學中區分了「動機的道德性」與「行為的合法性」，如：服務人員出於大公無私而提供良好的服務，這叫做既具備了「動機的道德性」又具備了「行為的合法性」。傳統的道德重建運動，總是希望人在思想上提高道德覺悟，進而體現在行動上，這就是注重「動機的道德性」。從倫理學上說，這沒有錯，但幾千年的經濟證明這種作法費力大而收效少。就精神文明建設而言，應該利用綜合力量，光靠道德手段是行不通的。此外，需要借助完善的市場經濟來完成，需要規範社會各個領域的法則與秩序。而我們看日本和其他發達市場經濟國家內普遍的高質量服務，便可以瞭解，在服務業中可以不採取「勞而寡功」的道德教育方式，而透過利用市場體制等途徑中以充分有效地使服務人員的服務具備「行為的合法性」。這提示我們在倡導道德重建時應把注意力作一種轉變，更多地去注意如何增進社會行為的合法性。在這方面，學習雷鋒和市場經濟不僅不是對立的、恰當地利用市場經濟的機制會更有利於實現道德重建運動所要達到的效果。

道德問題非常重要，但不是說現代文化失範的問題僅靠道德就能解決；精神文明需要繼承優秀的傳統道德，但不是說現實的道德問題，僅靠傳統道德就能解決；傳統道德觀念的教育與養成，如何透過現有教育體制灌輸給青少年，在認識上尚未解決；在現代公民社會中，法律觀念與法制環境同樣重要；公民道德和職業道德在教市生活中更接近可操作的層次；與法制相結合，還需要各種監督、監察的機制。我們要把各方面的制度建立好，利用一切可以利用的資源，調動一切可以調動的力量，綜合治理、精神文明的建設才能大見成效。

讓我們的良知再次萌發

只重視合法性行為，法律觀念、公民社會公德、職業道德等現代文化教育，是不夠的；所謂公德公民意識的教育，終究不能取消或代替基本的道德要求，現代社會人仍然必須有基本的良心、德性、同情心。梁啟超早就指出，《禮記》中說，「有可得與民變革者，有不可得與民變革者」，他認為倫理

是可得與民變之者，而道德是不可得與民變之者。因為在他看來，道德的根本是良知。良知是人人本有的，但為什麼良知會被遮蔽、矇蔽，發顯不出來呢？古人認為，或是天生的氣質，或是社會環境的風習所影響，以及私意、人欲阻礙下的放失。因此，在現代社會，培養、養護人的良心，仍然是一項重要的教育工程。這是一個綜合性工程，包含許多方面，除了各級學校德育的加強外，還要增加對各行業的道德意識的強調，特別是司法、法律界，如果司法判決者缺乏道德意識，和最基本的道德觀念，就會使社會的良善行為得不到保護，導致道德行為不敢出場的後果，造成社會行為的混亂。法律必須維護主流價值，維護道德行為，這是司法、法律承擔的道德責任。長期以來司法法律界把法律和道德割裂開來，道德意識嚴重缺失，法律判決不體現對道德的維護，這樣的局面必須改變。

　　文化建設最重要的是道德價值觀的樹立。那種「只靠自己，不管他人，不沾麻煩」的觀念，雖然在一般生活中可不受譴責，但由此養成習慣，在重要場合就要出問題，在這種情況下，「不」字當頭，就是不道德的，有悖於社會通行道德。不少學者用陌生人社會來說明類似行為，有人說是熟人的孩子就會救，認為傳統道德文化是熟人文化。但是，這不是我們的大文化傳統，古代儒家孟子早指出，人的良知本來是普遍的，不是為熟人的，「今人乍見孺子將入於井，皆有怵惕惻隱之心；非所以內交於孺子之父母也，非所以要譽於鄉黨朋友也，非惡其聲而然也。由是觀之，無惻隱之心，非人也」。儒家的要求並不是對熟人和親戚才發惻隱之心，良心是普遍的。儒家主張道德意識要主導一切，貫穿一切。但現實中的現成良知淹沒在各種理由之中，這些理由歸根到底還是「私意」。同時應該看到，外來務工經商工作人員社區，是沒有任何社會建設的商城區，在商業的生存法則下生活，沉埋在「只管自己不管他人」的習俗中，人的良知的確往往被習慣所沉埋、蔽塞。

●二十 中國傳統道德修養的起承轉合

二十 中國傳統道德修養的起承轉合

▌推薦梁啟超、蔡元培的相關著作

關於傳統道德修養，首先給大家介紹兩本書，第一本是蔡元培的《中國人的修養》，這個書現在有很多的版本。蔡元培先生對文化有一個特殊的看法，就是在北大做校長時提出的辦北大的方針——兼容並包，今天也仍是北大的宗旨，對今天教育的影響還是很大的。北伐以後，他擔任了中央研究院的院長，這之前他做過教育部長，不僅兼管北大，對整個中國的高等教育都有貢獻。他早期喜歡倫理學的書，《中國人的修養》這本書，不完全是學術性的，這是一個講義，主要講的是修身，中國人應該有什麼樣的道德是這本書的核心。

還有一本書，因為我們「照鏡子」嘛，「照鏡子」就可以想到梁啟超在1905年編了一本書叫《德育鑒》。「鑒」，就是鏡子，《德育鑒》講的都是修養的問題。梁啟超早期學的東西，主要是訓詁考據，對德育體會不深。後來跟康有為在「萬木草堂」學習，開始積累德育方面的筆記，哪些聖賢書對自己的修身很重要、有體會，就把它記下來。梁啟超流放到日本以後，做了很多工作，在思想界比較有影響的，就是《新民說》。《新民說》，他寫了三年多的時間才最後完成，主要是強調中國人要建立公德。

梁啟超認為，聖賢講的很多是「私德」，但他覺得中國人最缺的是公德。中國人當時碰到的問題，是國家的問題、救亡的問題。就是國家在殖民主義的態勢下，已經到了一個生死存亡的關頭，怎麼救國救亡，建立一個真正的民族國家，這是一個大問題。所以這個公德裡面最重要的內容就是愛國。梁啟超講，怎麼建立公德心是中國人碰到最大的問題，公德心裡面最重要的就是愛國主義，當然他也講了關於權利、自強等核心價值觀念。

他寫了不到一年就出國了。出國到北美舊金山等地，有十個月的時間，在這十個月當中，他的思想發生了一個很重要的轉變，就是他以前是一個主張破壞主義的，回來以後，我們一般說他變成「保守」了，其實不是的，而

儒學發展與進化：陳來講談錄
● 二十 中國傳統道德修養的起承轉合

是有了一個新的認識，就是認為這個問題不像他以前看的那樣了，這跟我們今天討論的這個問題有關。在《新民說》的前期，他說的「公德」對當時包括胡適、毛澤東等那一代人都很有影響。他從美國回來以後，在《新民說》中寫了第十八節《論私德》。《新民說》前期主要是講公德，好像私德不用講，他從美國轉了一圈回來，受刺激很大，他所碰到的新黨人士和革命黨充滿功利主義心態。私德有問題，嚴重地影響了維新的事業。所以他就重新強調，要建立公德，私德是基礎，你把私德建立好了，就自然可以推廣到公德了，可是你如果沒有私德的基礎，公德就無法建立了。

《論私德》這篇文章，當時大家都是不太重視的，他們沒有發現裡面的核心的問題，這裡面有一個轉變，古往今來的聖賢之德是統一的，不能僅有私德沒有公德，不能僅有公德沒有私德，而在這兩者之間，私德的培育更是基礎。在這樣一個轉變過程中，他1902年開始寫《新民說》，1905年就寫了這本《德育鑒》。《德育鑒》把他多年選錄的語錄做了個編排整理。

這本書一般印象，好像到五四時期大家都已經不怎麼看了，其實在當時對新派人士影響還是很大的。我就舉一個例子，就是梁漱溟先生。

梁漱溟是沒有學歷的，蔡元培之所以引進他，是因為看到他寫的《究元決疑論》。看到梁漱溟對佛教體會很深，蔡元培就請他到北京大學來教書。梁漱溟來的時候，正好是新文化運動興起的時候。北大是新文化的發源地，北大的整個氣氛是一個新文化運動的氣氛。新文化運動主要目的是要推翻舊文化、創造新文化、引進西方的傳統文化，甚至有人就提出了打倒「孔家店」的口號。

梁漱溟來了以後壓力很大，但是他非常坦誠，到北大以後他就說，我到北大來是替孔子和釋迦牟尼來說話的，這就符合蔡元培的想法了。到了新文化運動後期，1920年、1921年的時候，他在北大發表了一系列的講話，是對新文化運動的一個反思。當時有很多人都不理解，把它歸結為一種「反動派」，其實這是不對的。不要把進步知識分子理解得那麼狹隘，進步知識分子是多元的。

推薦梁啟超、蔡元培的相關著作

梁漱溟說，我比陳獨秀更早就講過西方文化的特長在於科學和民主。在現在這個時代，我們是要全盤承受西方文化，不是要全盤抵制、反對西方文化。可是你們要知道，我們現在引進的西方文化，並不是人類能看到的最有潛力的文化。特別是經過第一次世界大戰，在西方已經對西方文化做了一個很深刻的反思，在這種情況下，不應該再無條件地接受西方文化。他認為第一步，我們現在要全盤承受西方文化，第二步就是要弘揚儒家文化。可是他講的這個儒家文化和中國文化，其實不是我們完全傳統的東西，是跟社會主義密切結合在一起的，所以我們叫做儒家的社會主義。

為什麼要把西方文化傳到中國去？梁漱溟認為，西方文化解決的是人和物的問題，是解決人怎麼從外界得到物質生活資料的問題，這是西方文化的特長。知識就是力量，怎麼發展物質生產，提高生產力。中國文化是要解決人與人的問題、人與人之間關係的問題，他所講的這個中國文化，是帶著很深的社會主義色彩的一種理解。所以後來他參加創辦民盟，跟共產黨合作。

梁漱溟在20世紀被定位為新儒家，就是現代的儒家。大家都認為這個人既然是現在的儒家，一定是四書五經讀了不少的，然後提出一些觀點，其實不是。梁漱溟小時候根本就沒唸過四書五經，他念的是新式小學。他後來講，我對傳統文化的理解是怎麼來的？我是看著梁任公（任公是梁啟超的號）編的《德育鑒》這本書，才對傳統文化引起了興趣。所以他前期對傳統文化的理解是受梁啟超的影響。

蔡元培《中國人的修養》，這個書裡面其實沒有怎麼講修養，他是講道德的，就是今天的中國人應該有什麼樣的道德和道德規範，他講的其實不是中國人的修養，是中國人的道德。而梁任公這本《德育鑒》，其實應該叫《修養鑒》，因為他裡面講的不是道德規範，即應該怎麼做，他是講育人的，你要想成就一個偉大的人格，怎麼修養，這是他這本書的主要想法。

當然梁先生這本書對人的自我要求是比較高的，就是一個人，你如果想把自己塑造成一個偉大的人格，不管你是從事什麼活動，你可能是從事政治，也有可能是從事教育，但是不管從事哪種活動，你要想把自己塑造成一個偉

二十 中國傳統道德修養的起承轉合

大的人格，一定要透過一些修養的方法。他就從幾十年所總結的前人經驗，主要是從儒家方面找這些方法。

梁啟超在《德育鑒》裡面就把它（修養）分成六個方面：第一個叫「辨術」；第二叫「立志」；第三叫「知本」；第四叫「存養」，「存養」就是講涵養；第五個就是「省克」；最後叫「應用」。所以我說梁任公《德育鑒》應該叫《修養鑒》。

梁任公的這個《德育鑒》，以前人都不看的。前年的時候，我們清華大學國學研究院把它作為德育教材。怎麼把今天的德育跟文化結合起來，我們編了兩本書，一本就是梁任公的《德育鑒》，一本書是馮友蘭的《新世訓》。他們都是清華的人。梁啟超是清華很重要的一個人，清華的校訓「自強不息」、「厚德載物」，是梁任公1919年到清華學校的時候提出來的。從1921年開始，他不斷地在清華講課，講的是國學，而且是應著清華講師的名義，不是正式的教授。到了1925年，他正式成為清華的導師，四大導師之一。馮先生1928～1952年一直在清華。

蔡元培、梁啟超的這兩本書，我想如果大家有時間可以用來作參考。

▍慎獨與反省：中國傳統修養的起承轉合

道德修養包含的內容其實是非常廣泛的。比如說，我們就拿這個「四書」來講，在宋朝、明朝，最流行的就是《大學》。《大學》的「三綱領」、「八條目」，講的都是修養的問題。「大學之道，在明明德」，「明明德」就是修養；「格物致知」、「誠意正心」，都是講修養的問題。那麼《中庸》裡面講要「明善」、「誠身」、「戒慎」、「恐懼」、「慎獨」，這些都是談修養問題。那麼《孟子》裡面，也有很多，最明顯的就是孟子講的「存心養性」、「盡心知性」。

到了唐代以後，受到佛教的影響，佛教不講「存心養性」、「盡心知性」，它是講「明心見性」。只不過他講的不是儒家的心性，但是這種「明心見性」，在宋代以後，也被儒家吸收了，比如「明心」、「發明本心」。

我們今天來講中華優秀文化裡關於道德修養的問題，應該跟《論共產黨員的修養》是有關係的。在歷史上，「修養」這兩個字，就是我們要講的「道德修養」。

我今天就集中講兩個問題，一個是「慎獨」的問題，一個是「反省」的問題。特別是「慎獨」的問題，我講講「慎獨」在儒家歷史上是怎樣一個想法，這個想法經歷了怎麼一個「起、承、轉、合」，「起」就是從漢代講起，「承」就是講宋代的深入，「轉」就是明代思想的變化，「合」講清代的。漢代我就講鄭玄怎麼講的，宋代我就講朱熹怎麼講的，明代講王陽明怎麼講的，清代講曾國藩怎麼講的。

起：漢代鄭玄對「慎獨」的解釋

「慎獨」在歷史上，《中庸》講得比較多。後人把《中庸》分章，第一章叫「《中庸》首章」，裡面有幾句話，「道也者，不可須臾離也，可離非道也」。「道」，是不可以片刻離開的，如果可以離開，那就不是「道」了。

「是故君子戒慎乎其所不睹，恐懼乎其所不聞。莫見乎隱，莫顯乎微，故君子慎其獨也。」「喜怒哀樂之未發，謂之中；發而皆中節，謂之和。中也者，天下之大本也；和也者，天下之達道也。」

「是故君子戒慎乎其所不睹」，「戒」就是警戒，「慎」就是慎重。「恐懼乎其所不聞」，「聞」就是聞見。「莫見乎隱」，「見」讀「現」。「莫顯乎微」，隱本來是隱藏了，但是隱這個東西是最明顯的；「莫顯乎微」，微細的東西是最顯眼的，所以「君子慎其獨也」，這是君子的認識。

「君子慎其獨也」什麼意思？漢代最大的學者就是鄭玄，鄭玄在註解這個《中庸》的時候，他說「慎獨者」，什麼是慎獨呢，「慎其閒居之所為」，「閒居」就是獨居，就是你自己一個人在的時候。「慎其閒居之所為」，就是這時候你的行為，你要特別注重、慎重。「小人於隱者，動作言語，自以為不見睹」，小人認為，在「隱」的情況下，別人看不見，或者說，自以為別人看不見、聽不見，「自以為不見聞」。「不見聞，則必肆盡其情也」，

結果他是非常放肆的、隨心所欲，小人在這種隱的狀態下，他是肆意，那君子則是要「慎其閒居之所為」。那就是說，君子在別人看不見的時候，聽不見的時候，也不能做壞事，不能想做什麼就做什麼，實際上講的是一種行為的高度自律。

自律不僅是要在大庭廣眾之下自律，還要在你獨居、閒居的時候，仍然要堅持你這個自律的狀態，這是鄭玄的解釋，就是「慎其閒居之所為」，特點就是放在行為上，就是說這個時候，你做什麼事情一定要小心，所以鄭玄解釋的重點還是在做事情的行為上。

下面舉一個例子，是一個關於「四知」的故事。東漢有一個人叫楊震，他以前做官的時候，舉薦了一個人，他的舉薦被朝廷接受了。過了兩年之後，又見到這位他舉薦的官員，被舉薦的官員就送他十斤白銀。楊震就說，我跟你應該是故人，我瞭解你，所以我舉薦你，但是你不瞭解我，今天給我送東西。這個故人就說，黑夜裡誰也沒有看見，你就笑納吧。可是楊震就說天知地知、你知我知，這樣也就被傳為佳話了。

楊震講了這麼一個意思，不要以為別人看不見的時候，自己就可以什麼事情都做，他說有一個天知地知、你知我知，即使那個「你知」不在，天知、地知、我知還在。

我們講「起」就從這兒講起，這是鄭玄的啟示。劉少奇同志也是講的這個意思，他說：「在他個人獨立工作，無人監督，有做各種壞事可能的時候，他能夠慎獨，不做任何壞事。」劉少奇同志講的符合鄭玄的意思，就是道德行為的高度自律。以上講的是「慎獨」說的「起」的階段。

承：朱熹對「慎獨」的理解

從「起」到「承」，就到了宋代。因為漢唐是一個時代，漢唐的經學是一樣的，一直到唐代，孔穎達在做註解的時候，一般都是按照鄭玄來的，到了宋代，最大的學問家就是朱熹了。

承：朱熹對「慎獨」的理解

朱熹一生最重要的就是寫了《四書章句集注》，毛澤東青年時也常常讀朱熹的書。朱熹一輩子就是整理「四書」、編訂「四書」、解釋「四書」，臨死的時候，還在修改他對「四書」的註解，特別是《大學》關於「誠意」的註解。

朱熹對「慎獨」也有解釋。朱熹對「慎獨」的解釋不是單獨的解釋，他是把上面兩句話連在一起來理解。第一句就是「君子戒慎乎其所不睹，恐懼乎其所不聞」，第二句是「莫見乎隱，莫顯乎微，故君子慎其獨也」。朱熹認為「戒慎乎其所不睹，恐懼乎其所不聞」和「莫見乎隱，莫顯乎微，故君子慎其獨也」是相連接的。

朱熹說，「戒慎」和「慎獨」是兩種狀態。關於「戒慎」「恐懼」，朱熹解釋說：「是以君子之心常存敬畏。」這個「敬畏」不是對一個具體事物、具體對象的敬畏，如對某一件事情或者某一個神靈的敬畏，而是一種一般的內心狀態，就是不放鬆，總有一種警覺的意識。

「雖不見聞，亦不敢忽，所以存天理之本然，而不使離於須臾之頃也。」這個「不見聞」，不是說別人沒有看見你，而是你自己沒有明顯的知覺見聞等有意識的活動；「亦不敢忽」，你也不可以忽略這個狀態，你要心存敬畏，做好修養。這裡不是講別人看不見你、你一個人在的時候，而是說在沒有明顯的意識活動的時候，你對自己的內心，也要很清楚，要保持一個「敬畏」。一直保有這種狀態，你才能「存天理之本然」。什麼叫「存天理之本然」呢？就是你本來的性是善的，在你沒有明顯的、自覺的意識活動的時候，你的內心本來是可以從你性善裡面直接發出來，所以你一定要保持這個狀態。朱熹的解釋跟漢代人不一樣，把重點從行為轉到內心的修養上來了。

下面解釋「慎獨」。

朱熹給這個「獨」下了一個明確的定義，「獨」就是人家不知道、而只有你自己知道的，按照我們今天的話講，就是你自己所獨有的那個內心世界。當然這個世界，別人偶爾也有可能從你的行為上觀察到一些，但總的說是你自己的，所以朱熹給它下了一個定義。什麼是獨？鄭玄就沒有解釋這個獨。

「慎獨」是什麼？朱熹講「獨」，就是「人所不知而己所獨知之地也」，就把它解釋為一個內心世界。這個解釋很重要，重要在什麼地方呢？按照鄭玄的解釋，重點是在行，就是自律，行為自律，天知地知、你知我知，沒有人知道的時候，你也要注意，但這是個行為的問題，還不是意識修養的問題。要把這個「慎獨」變成一個意識修養的問題，你就要把這個「獨」字解釋為內心的世界。所以到了朱熹以後，「慎獨」才真正地變成了一個思想意識的修養問題，在這以前，更多的是對行為自律的解釋。

朱熹說：「君子既常戒懼，而於此尤加謹焉。」在宋代，朱熹不用「慎獨」，而是用「謹獨」。因為「慎」字跟孝宗的名字音近，古代同音字是要避諱的（按，宋孝宗名趙昚，「昚」與「慎」音同），所以朱熹他不能寫「慎獨」，他要寫「謹獨」。這句話的意思是說，君子已經常常有了敬畏之心了，但是在這個地方，尤其要加以謹慎，那麼這個地方是什麼呢？就是他所講的「獨」的內心世界。慎獨就是要謹慎地對待自己內心世界的活動。

而「獨」所代表的內心世界，朱熹還做了不一般的解釋，他認為這裡所說的「獨」是屬於一個「幾」的狀態。「幾」，在《易經》裡講：「幾者，動之微，吉之先見者也。」幾是剛剛開始動，是在動與未動之間。所以「慎獨」，實際上是要「慎」那個念頭剛剛起來的時候。剛才講了，這個「戒慎」、「恐懼」、「敬畏」之心，是你沒有自己的意識活動，意識活動那個時候還沒有起來。「慎獨」則不是你沒有自覺意識，而是你已經開始有了知覺活動，可是這個知覺念頭剛剛開始。就好比以前說的「狠鬥私字一閃念」，那「一閃念」就是剛開始的時候。文化是有基因的，兩個說法意思是一樣的。「幾者，動之微，吉之先見者也。」「動之微」，剛剛一動，動於未動之間，剛剛動。朱熹講，這個「慎獨」不是指你內心世界亂七八糟的時候——當然這個也要慎獨，更重要的是，如《中庸》裡所說的，你剛剛起念的時候，這個是「慎獨」。

朱熹說：「跡雖未形而幾則已動，人雖不知而己獨知之。」你的行為沒有動，沒有跡象，但是你心裡面的念頭已經動了。人家不知道，但是你自己知道，你自己知道，你就要慎重。

承：朱熹對「慎獨」的理解

「所以遏人欲於將萌，而不使其滋長於隱蔽之中，以至離道之遠也。」這裡是要大家對比，他前面講的「常存敬畏」、「所以存天理之本然」。現在念頭開始動了，動了就要「慎獨」，這叫「遏人欲於將萌」。一個是「存天理之本然」，一個是「遏人欲於將萌」。念頭一動，慾望就出來了，將要萌動了。你在「慎獨」的時候，就要把它遏制在萌芽狀態，這個叫「遏人欲於將萌」。一個是「存天理之本然」。「本然」，本性之善，你要保存敬畏之心，這叫「存天理之本然」。

心要「常存敬畏」，也要常常慎獨，這都是講君子的自我意識修養。正因為是君子這樣看問題的，所以君子才會說「莫見乎隱、莫顯乎微」。「隱」是隱蔽。隱蔽的時候，本來是最微細的，而君子認為最微細的時候就是最顯著的時候。君子就是不要把別人看不見、聽不見，或者只有你自己知道的內心世界，看作是隱蔽的，反而要把它看成是一個光天化日之下的世界，這樣子來提高自己的道德自覺。

比較說來，鄭玄講的是行為問題，朱熹則說，意念沒動的時候，你要保持一顆敬畏之心，意念動的時候，如果是人欲，你要趕快地給它遏制了。在朱熹的解決下，開始明確「慎獨」具有內心修養的含義。

《中庸》首章的大意是，道是不可以片刻離開的，若可以離開，就不是道了。因此品德高尚的人在沒有人看見的地方也是很謹慎的，在沒有人聽見的地方也是有所敬畏的。君子認為，越是隱秘的地方越是明顯，越是細微的東西越是顯著，品德高尚的人在一個人獨處的時候，也是謹慎的。這是我對《中庸》這一句話的翻譯，也有很多的解釋是不一樣的。

比如說我剛才講的，一個人獨處的時候，怎麼一個謹慎法？鄭玄講了，就是行為要謹慎，這和朱熹講的是不一樣的。剛才我講的是朱熹對《中庸》裡面說的「慎獨」的解釋和發揮，也是朱熹對「慎獨」解釋最主要的地方。

此外，在先秦典籍裡面，還有好幾個地方也講到了「慎獨」。其中一個地方是在《大學》裡頭。

二十 中國傳統道德修養的起承轉合

《大學》分「經」和「傳」。在「傳」的第六章「誠意」，《大學》說：「所謂誠其意者：毋自欺也。」就是不要自己欺騙自己。「如惡惡臭，如好好色，此之謂自謙，故君子必慎其獨也！」這裡邊又講了「慎獨」。

朱熹對什麼是「自欺」做瞭解釋，「自欺雲者，知為善以去惡，而心之所發未有實也。……獨者，人所不知而己所獨知之地也。……然其實與不實，蓋有他人所不及知而己獨知之者，故必謹之於此以審其幾焉。」還有一句話，也是《大學》裡面的：「小人閒居為不善，無所不至，見君子而後厭然，掩其不善，而著其善。人之視己，如見其肺肝然，則何益矣。此謂誠於中，形於外，故君子必慎其獨也。」最後還說了一句：「曾子曰『十目所視，十手所指，其嚴乎！』」

我把這幾句翻譯一下。「誠其意」就是說使意念真誠，不要自己欺騙自己，要像厭惡腐臭的氣味一樣，要像那喜歡美麗的女子一樣，一切發自內心。品德高尚的人，哪怕是一個人獨處的時候，也一定要謹慎。品德低下的人，私下裡無惡不作，可是一見到品德高尚的人，就躲躲閃閃，掩蓋其所做的壞事，而且自生自滅。別人看自己，別人看你，就好像能看到你的心肝肺一樣清楚，你掩蓋也是沒有用的。內心的真實，注意表現在外面，所以品德高尚的人，即使是一個人獨處的時候，也一定要謹慎。曾子說，十隻眼睛看著呢，十隻手指著呢，這還不令人畏懼？！這是《大學》裡面講的「慎獨」。

朱熹對閒居的解釋跟鄭玄的解釋是一樣的，具體的現在就不說了。重點是在「誠意」的地方講「慎獨」。就像我剛才講的，「慎獨」不僅僅是對你的行為而言，不只是對行為的一個規定，「慎獨」直接指向一個人的意念，所以《大學》在「誠意」這個地方講「慎獨」。

在《中庸》和《大學》中，朱熹把「慎獨」解釋為人內心世界的一種修養、一種檢查，這在整個儒家修養理論的歷史上，是有意義的。特別是他提到，為什麼要把「閒居」和「慎獨」解釋為獨居獨處，因為《大學》裡面講了，「小人閒居為不善」，什麼都可以干，但是見了人以後，就掩蓋起來了，就表現出自己善良的一面。所以從這裡可以看到，朱熹講的「慎獨」是小人做不到的。

承：朱熹對「慎獨」的理解

最後講一下《中庸》裡面的最後一章。「《詩》雲：『潛雖伏矣，亦孔之昭！』故君子內省不疚，無惡於志。君子之所不可及者，其唯人之所不見乎。」《詩經》裡面的一句話說，潛藏很深，但不是很明顯的，就叫「潛雖伏矣，亦孔之昭」。你別看你是潛伏的，但是他是很明顯的，因此君子要自我反省。君子自我反省的時候，沒有愧疚，這叫「內省不疚」。沒有惡的念頭存在於心裡，這叫「無惡於志」。君子的德行之所以高於一般人，主要就是在那些不被人看到的地方。

「《詩》雲:『相在爾室，尚不愧於屋漏。』故君子不動而敬，不言而信。」這裡的意思是說，看你獨自在室內的時候，你能不能無愧於屋漏，所以君子他即使在沒有做什麼的時候，他也是非常恭敬的。

這裡給大家增加一個知識。「屋漏」本身是講這個屋子的西北角，如果人死了，放在這兒，所以它有「神明」的意思。「無愧於屋漏」，是說你無愧於神明。你自獨自在室內的時候，你的所作所為也好，所思所想也好，是能夠無愧於神明的，事無不可對人言，事無不可對神明，你做的事、你想的事都是可以面對神明的。

關於「自欺」，前面講了「所謂誠其意者：毋自欺也」。什麼叫「自欺」，古人是有講法的。宋代有一個人叫範浚，是一個儒者，他說，「知善之可好而勿為，是自欺」，你知道是善，你本來知道善是好事，但你不做，這個叫自欺。「知不善之可惡而姑為之，是自欺」，你知道這件事是不對的，你說我姑且做一做，是自欺。「實無是善而貪其名，是自欺」，你沒有做這件好事，你要貪他的名，是自欺。「實有是惡而辭以過，是自欺」，你做這件事，因為怕別人批評，你想躲避這個事情。總之，不管是《中庸》裡面所講的「慎獨」，還是《大學》裡面講的「不自欺」，都有關於道德修養方面的一些內容，我就不詳細展開講了。

從朱熹的註解可以看出來，朱熹強調，人時時刻刻都要有自覺的意識，你沒有自覺意識活動的時候，你也要有這種戒懼的敬畏之心，你那個時候念頭出動了，你也要有「慎獨」這種檢省。

二十 中國傳統道德修養的起承轉合

朱熹常常講一個佛教的故事。佛教的故事很多，其中在禪宗史上有一個著名的故事，五祖想把法衣傳給弟子，就看看大家誰表現好，就要弟子把自己的修行所得寫一個偈語。結果眾人就說，我們的水平都太低了，給我們講課的老師神秀，他應該是水平最高，我們就看看他寫的怎麼樣。

這個神秀就想，我是門下大弟子，我不寫誰寫呢？可是我要是寫的不好，到時候老師批評我，好像臉上就不好看，猶豫了半天，然後他就在夜裡、在牆壁上寫了四句話：「身是菩提樹，心如明鏡臺；時時勤拂拭，勿使惹塵埃。」

這個菩提樹大家知道，釋迦摩尼就是在菩提樹下覺悟的。人心像明鏡一樣的光明，本來是一塵不染的，但是你在這個世界上，就一定要有塵染在你這個鏡面上，所以人要「時時勤拂拭」，經常要擦，不要讓它惹了塵埃。這就是講修養的，這跟朱熹講的有點相似。「拂拭」有兩種，一種是未發的時候，念頭沒動的時候，你要考慮，一個是念頭一動的時候，你要「慎獨」，去反對它，這就是時時刻刻要修養。

六祖不識字，聽人念了一遍，覺得這個偈語水平還不太高，他說我還有一偈，煩請你給我寫上去。六祖當時是一個行者，是幹活的，人家就說，你這麼個幹活的，你寫什麼東西？他說，你別看我穿得破，佛性還是和你一樣的。那人說，那我來幫你，假如老和尚把法傳給你，你第一個要傳給我。於是他就替六祖寫，一共四句：「菩提本無樹，明鏡亦非臺；本來無一物，何處惹塵埃。」大家一看，這個不得了。五祖看見以後，卻拿鞋把它擦了，說「亦未見性」。據《壇經》說，五祖怕有人加害於他，擔心大家嫉妒他，佛門裡面的鬥爭還是很激烈的。後邊的故事不講了。

其實，神秀講的是面對大眾的，是對的。六祖講的是針對上根人、利根人，是大徹大悟達到的境界，不是普通人可以達到的。「本來無一物」，根本就沒有塵埃。可是人有很多的貪慾，這些都是塵埃，六祖只是說你這個還不是最上乘的佛法，但是最上乘的佛法一般人是達不到的。道理是這個道理，可是對一般人來說，你讓他看六祖這四句話，那就是空，就是無，那怎麼修行啊！所以還是要「時時勤拂拭」，不使它惹塵埃。我們今天講修養，一定要按照神秀的做法，「時時勤拂拭」。

朱熹也講過這個佛教故事，朱熹說，我現在講這個道理，佛教也是這樣講修養的。他說佛教有一個瑞岩和尚，大概是五代時期的。瑞岩就經常自己問自己說：「主人翁，惺惺否？」「惺惺」的意思就是要有警覺，你別迷迷糊糊、昏昏沉沉。這個主人翁就是你的心在沒在。瑞岩問後自己回答：「惺惺！」後來佛教就把這個叫做「常惺惺法」，就是不斷地提醒自己，你這個主人要在，你不能六神無主，你這個作主的在。朱熹說作主的在，在幹什麼？要涵養，要修養，要「遏人欲」、「存天理」，就講這個「慎獨」。

　　以上所講「慎獨」，所代表的一種自警的意思，就是你在獨處的時候，你別以為就是你自己知道，別人不知道，「十目所視，十手所指」，君子要有這樣的自省意識。

▎轉：王陽明對「慎獨」的解釋

　　什麼叫「轉」呢？「轉」就到了明代，明代官方的意識形態是程朱理學，但民間對官方的意識形態總是覺得有所不滿足，於是就出了一個大思想家叫王陽明。

　　王陽明在龍場悟道，龍場就是在今天貴陽市的西北。那個時候它是一個蠻夷之地，只是一個驛站。驛站是什麼？驛站是國家規定設立的傳遞文書、中途換馬的場所。古代政令的上傳下達，是透過馬的接力，一站一站接應的，走四百里一個驛站再換馬，再往下走。王陽明本來是司法部的一個副處長，他給皇帝上了書以後，皇帝就給他貶到了驛站，就是管幾匹馬。這裡都是少數民族居住區，沒人懂漢話，但他在這兒大徹大悟。

　　王陽明是反對朱熹的，他怎麼反對的呢，我們也不可能詳細地講，他是第一個被脫褲子打屁股的人。明朝的皇帝是最不好的，宋朝的皇帝是優禮知識分子、不殺知識分子的。宋朝知識分子不想做官，給你一個比較低的工資，你就自己做學問去，這是非常好的制度。明代這位農民起義出身的明太祖是非常愚笨的，明朝的皇帝有一個專制習慣，就是打知識分子，知識分子提意見就要挨打，叫「廷杖」。就用杖來打，杖四十、杖六十、杖八十。杖八十就得死啊，哪受得了啊！據余英時先生考證，明朝正德年間，得把衣服脫了、

褲子脫了，照著肉打，王陽明就是頭一個受了這個侮辱和重刑的人，還好沒有打死。在危難的時候，人是可以有所覺悟的，王陽明就在這個危難的時刻悟道了。

關於「慎獨」，王陽明就有一個解釋。朱熹的解釋是「人所不知而己所獨知之地」，就是講人獨有的內心世界，「獨」就是「獨知」，「獨知」是什麼？王陽明認為，「獨知」就是「良知」，說「良知便是獨知時，此知之外更無知」，別的「知」沒有，「獨知」就是「良知」，「良知」便是「獨知」。

王陽明用「良知」來解釋「獨知」，那麼這樣解釋之後，在修養上跟朱熹有什麼區別？有這麼一個區別：朱熹是要把這個經文的解釋前後都可以照顧到，他為什麼要分成兩部分，一個是你自己念頭都沒有起的時候，沒有意識活動的時候，就是「敬畏」的修養。一個是說「慎獨」，是念頭已經起來了。為什麼說這個？就是《中庸》的首章「喜怒哀樂未發謂之中，發而皆中節謂之和」，《中庸》裡一個「已發」，一個「未發」，那你怎麼落實到這個上面呢，怎麼結合起來呢，朱熹把「戒慎恐懼」解釋為「未發」，「未發」就是你的意念未發的時候；「慎獨」就是「已發」的，這樣就把對整個文本的解釋都照顧到了。

王陽明就反對了，那學生就問他，「戒慎恐懼」是「己所不知」的時候，說「慎獨」是「己所獨知」的時候。王陽明說，無知的時候是「獨知」，有事的時候也是「獨知」。所以他說，「於此一志立定，便是端本澄源，便是立誠」，「戒懼之念無時可息」，「戒懼之心稍有不存，不是昏聵，便是流入惡念」。這裡的意思就是「慎獨」跟「戒懼」是一回事兒，不用分開，不分「未發」、「已發」，任何時候都應該有這個戒懼之心，「戒懼之心」稍稍不存，「不是昏聵，便是流入惡念」。因此，王陽明解釋的「慎獨」就跟朱熹不一樣的，他把「獨」解釋為「良知」，就是你不管任何時候，有事無事，做事不做事，你都要保持你的「戒慎恐懼」之心。

合：曾國藩的《君子慎獨論》

　　起承轉合，「合」是講曾國藩。曾國藩寫了篇文章叫《君子慎獨論》。裡面曾國藩的四句話可以記住。第一個叫「慎獨則心泰」。他的家書裡面有時候說「慎獨則心安」，這是他多年總結的，就是古人的功夫，他覺得是最有效果的。

　　第二個叫「主敬則身強」。在朱熹的思想裡面的「戒慎恐懼」就是「主敬」。《論語》裡面很多講這個「敬」字。「敬」字的意思就是你要有一顆「戒慎恐懼」的心，有一顆「敬畏」的心，這個就是「主敬」。

　　第三句話是「求仁則人悅」。最後一條是「思誠則神欽」。「誠者天之道也，思誠者人之道也。」聽到這個「誠」，你努力思考、追求，這是「人之道」，所以說「思誠則神欽」。今天我們也可以把「神欽」改為「民服」，孔子說「何為則民服」，領導者如何實現領導，要思誠。

　　關於要「慎獨」、要「求仁」，「慎獨」是《中庸》、《大學》裡面的，「求仁」是《論語》裡面講的，「思誠」是孟子講的，「主敬」是朱熹講的。曾國藩說：

　　慎獨者，遏欲不忽隱微，循理不間須臾，內省不疚，故心泰。主敬者，外而整齊嚴肅，內而專靜純一，齋莊不懈，故身強。求仁者，體則存心養性，用則民胞物與，大公無我，故人悅。思誠者，心則忠貞不貳，言則篤實不欺，至誠相感，故神欽。四者之功夫果至，則四者之效驗自臻。余老矣，亦尚思少至吾功，以求萬一之效耳。

　　我用白話跟大家解釋一下。「慎獨」就是要遏制自己的貪慾，連最微小、最隱蔽的地方也不可以放過，行事要遵循自然之理，一刻也不要間斷。那麼這樣，你的內心時時自省，所以你就心胸安泰。說「主敬」，莊嚴恭敬，儀容要整齊嚴肅，心靈要寧靜專一，穩重端莊不懈怠，所以身體可以強健。說「求仁」，追求「仁」，就是要心存仁愛，把百姓看成同胞，對萬物也心存養護，像這樣大公無私就會得到他人的喜愛。最後說，內心要忠貞不二，不欺騙任何人，用摯誠的心來感應天地，因此就受到神靈的欽敬。如果在修養

的功夫上,真的可以做到這四點,「四者之功夫果至」,你果然能夠做到這四點,成效就自己會來。我現在雖然老了,也還要想在修身方面下一些功夫。這個應該說是他的經驗。

接下來,曾國藩對「慎獨」有一番解釋,他說:

嘗謂獨也者,君子與小人共焉者也。小人以其為獨而生一念之妄,積妄生肆,而欺人之事成。君子懍其為獨而生一念之誠,積誠為慎。

什麼是小人呢?他說:

於是一善當前,幸人之莫我察也,則越焉而不決。一不善當前,幸人之莫或伺也,則去之而不力。幽獨之中,情偽斯出,所謂欺也。

那君子是什麼呢?君子是:

獨知之地,慎之又慎。此聖經之要領,而後賢所切究者也。

這幾句話的意思是說,古人說講的「獨」,是君子和小人都有的,但是小人他不會「慎獨」,小人認為自己是獨自一人的時候,他會產生非分的想法,而這些非分的想法積累到一定的程度,就是肆意妄為,做出欺騙他人的壞事。君子單獨一人的時候,他會產生真誠的想法,真誠的想法聚集多了,就會處事謹慎,下功夫提升自己不滿意的道德修養。小人辦一件好事,唯恐別人不知道是自己幹的,一個不好的毛病,僥倖別人看不到,背地裡自己獨處的時候,虛假的情意自然產生,這就是「自欺」。

什麼是君子呢?唯恐辦一件善事辦得不徹底,會使自己墮落;君子唯恐一個壞毛病不改正,會涓涓細流,常年不斷地犯錯。暗室之中,凜然不動邪念,就如面對天神,內心世界慎之又慎,這就是聖人修養的要點,也是我們後世的人要切實研究的問題。

曾國藩並沒有直接否定前人,基本上繼承了朱熹的路子,都是他自己的經驗之談,很有意義。

總之,古代儒家對自己的要求是比較高的,對自己人格發展理想的目標定的也是比較高的,所以他們才會追求各種修養方法的鍛鍊,不斷提高自己

的道德自覺，提高自己的精神境界。沒有理想的追求，沒有對理想人格的追求，當然也就沒有對道德修養的追求了。

傳統道德修養中的「內省」

「內省」的問題不用講很深，比較簡單，我們講一些古人的提法。

《周易》裡面講震卦，因為震是雷，取象雷。八八六十四卦，每個卦都是有取象的。震就是雷，那麼雷就是要震人，因此《周易》說：「震，君子以恐懼修省。」儒家對經典的解釋，就是要把《易經》和修德思想結合起來。那你看這個震卦的時候你是怎麼修養的？震是被震動，有震動就有恐懼，用這種恐懼之心來修行。「修」就是修德，「省」就是反省，所以在這裡講「君子以恐懼修省」。

再一個就是《論語》裡面，曾子所講的話：「吾日三省吾身：為人謀而不忠乎？與朋友交而不信乎？傳不習乎？」每天至少要三次反省自己：我替人家辦事有沒有誠心誠意幫人家辦；我跟朋友交往有沒有採取誠信的態度；老師傳給我的學業，我有沒有去複習。這個就是古人講的「反省」。

這個地方插一句話，朱熹在解釋的時候說：「以此三者日省吾身，有則改之，無則加勉。」毛澤東整風的時候就講這個，「有則改之，無則加勉」，這句話來自《四書集注》中對「吾日三省吾身」的解釋。在你反省的時候，有時候你可能是並沒有什麼過失，但是「有則改之，無則加勉」。

在《論語》裡面還有一個說法，「子曰：『見賢思齊焉，見不賢而內自省也。』」「自省」是代表人的一種自覺、自覺的要求。《論語》裡面特別提出，就是你看到好人好事，要跟他學，可是見到不賢的人，同時也要反省自己。

在《荀子》裡面，荀子說：「見善，修然必以自存也；見不善，愀然必以自省也。」意思是說，你見到有善的東西，有好的東西，「修然」是帶有整頓的意思，你一定要把這個善，自己自省，最終把這個善能夠修養到你自己的心裡面。見到不善的時候，用「愀然」這樣一種憂慮的心來反省自己。

二十 中國傳統道德修養的起承轉合

「善在身，介然必以自好也」，如果你自己身上有好的地方，要堅定地發揚下去。「不善在身，災然必以自惡也」，像自己身上受了什麼災、受了什麼禍一樣，要趕快摒棄掉。

以上是儒家學說裡提到的關於反省的一些話，那麼還有一些話，雖然沒有用到「反省」這個字，但是它的意思是一樣的。比如說《周易》中蹇卦說「山上有水，蹇，君子以反身修德」。

王陽明也講省察克制。到明代以後，功夫主要有兩個，一個是存養，一個是省察。「慎獨」就屬於省察，觀察、反省自己的內心世界。王陽明說「省察克治之功無時而可間」，「治」是治理，「間」是間斷，就是說沒有什麼時候是可以間斷的，就好像要去掉盜賊，要有一個掃除廓清之意，一定要把他去除。他就提出一個辦法，說「常如貓之捕鼠」，就好比貓看見老鼠以後，立刻就撲過去了，把它抓住。「一眼看著，一耳聽著，才有一念萌動，即與克去，斬釘截鐵，不可姑容，與他方便」，這是王陽明講的，就好像貓撲鼠一樣，「一眼看著，一耳聽著」。「一念萌動」，私念萌動，就把它克服，「即與克去，斬釘截鐵」。

剛才講王陽明解釋什麼是「慎獨」？「獨」就是良知，他就是專講良知的，他的學生都是講這一套，叫「良知教」。他有個學生每天晚上在家裡唸書，一次，家裡面進來了一個賊，結果被他的家人給抓住了，抓住了就帶到他屋子裡來。儒家講道德教育，不是說馬上去送官，就跟這個賊講儒家之道，講了半天，賊大笑。因為這個學生講，你得有良知，你得按照這個去做，教育了很久，賊大笑，說，我的良知在哪裡？你指給我看！這個賊還很猖狂。孟子最早講「良知」，良知就是「不學而知」，不是學來的。王陽明的學生，以前說的對象都是老百姓，沒有提出過這樣的問題。現在問良知在哪裡？拿也拿不出來啊，他就說，你把衣服脫了，我就告訴你，賊就脫了。他說，還沒脫乾淨，還得脫，賊就說，不能脫了，不能再脫了。這時他就大喝一聲，說，這就是你的良知！

孟子講「四端」,「惻隱之心,仁之端也;羞惡之心,義之端也」,人都有羞辱之心,你說你沒有良知,我讓你把你的褲子脫下來,你怎麼不脫呢?這就是你的良知。就是說,即便是賊,也不是良知泯滅的。

王守仁的學生有一段話:

良知者,性之所發也,日用之間,念慮初發,或善或惡,或公或私,豈不自知之?知其不當為而猶為之者,私慾之心重而恕己之心昏也。苟能於一起之時,察其為惡也,則猛省而力去之,去一惡念,則生一善念矣。唸唸為善去惡,則意之所發,心之所存,皆天理,是之謂知行合一。

什麼是天理?天理就是道德原則,古人認為,這套法則是上天所定的,就把它叫天理。這個法則不是人定的,是整個宇宙的一個普遍法則。這叫知行合一,就是「時時勤拂拭」、「唸唸為善去惡」。

還有一個他的學生講,說:「喜來的時候一點檢,怒來的時候一點檢,惰怠的時候一點檢,放肆的時候一點檢。」私意不見得明顯的是要幹壞事,「怠惰就是私意」,什麼是省察,這就是省察!就是自我反省,自我檢查。又說:

每日點檢,要見這念頭自德性上發出,自氣質上發出,自習識上發出,自物慾上發出。如此省察,久久自識得本來面目,初學最要知此。

什麼是本來面目?在佛教,本來面目就是你的佛性很清靜。據《壇經》記載,五祖傳法之後,要慧能趕緊走,說你不走一會兒就會被人抓住,六祖趕緊就跑了。結果快到廣東這個地方,就有人追上來了,追上來的人說,你得告訴我,你到底得了什麼法。六祖就說,少安毋躁,你現在就想想,你現在也不要思善,也不要思惡,然後你看,哪個是你的本來的面目?後來佛教裡面講話頭,父母未生你之前,你不思善、不思惡,你的本來面目是什麼?儒家也是講這個本來面目的,佛教講的本來面目是指佛性,儒家講的就是我們的良知善性。

梁啟超《德育鑒》第五項講省察克制:「隨時省察,每一動念,每一發言,每一用事,皆必以良知以自鏡之。」這就是照鏡子,就是要用良知當鏡子來

照一下。每一動念，每一發言，你都要用良知來照一下。「其為良知所不許者」，良知認為這是不對的，「即力予消除」，把它趕緊消除了。其中以省察及動念為最真，特別是意念發動的時候，這個時候最重要，「是曰：隨時省察法」。

最後講「主敬」的問題。特別是在宋代，有二程，大哥叫程顥，弟弟叫程頤。程頤特別強調「主敬」，四傳之後，朱熹就是繼承他。歷史上記載說，有一個人姓趙，來跟小程子來學，怎麼學呢？小程子就「令看敬字」，就讓他體會那個「敬」字。過兩天，這個人又來了，請益，小程子就說，「正衣冠，齊容貌而已」。講「主敬」有兩個方面，第一個方面對外，「正衣冠，齊容貌」，另外一方面就是內心保持警戒之心。《禮記》講「正其衣冠，尊其瞻視」，都是從前理學家修養工夫的重要方面。

國家圖書館出版品預行編目（CIP）資料

儒學發展與進化：陳來講談錄 / 陳來 著. -- 第一版.
-- 臺北市：崧博出版：崧燁文化發行, 2019.09
　面；　公分
POD 版

ISBN 978-957-735-915-5(平裝)

1. 儒家 2. 儒學 3. 文集

121.207　　　　　　　　　　　　　　108014126

書　　名：儒學發展與進化：陳來講談錄
作　　者：陳來 著
發 行 人：黃振庭
出 版 者：崧博出版事業有限公司
發 行 者：崧燁文化事業有限公司
E-mail：sonbookservice@gmail.com
粉 絲 頁：　　　　　網址：
地　　址：台北市中正區重慶南路一段六十一號八樓 815 室
8F.-815, No.61, Sec. 1, Chongqing S. Rd., Zhongzheng Dist., Taipei City 100, Taiwan (R.O.C.)
電　　話：(02)2370-3310 傳　真：(02) 2370-3210
總 經 銷：紅螞蟻圖書有限公司
地　　址: 台北市內湖區舊宗路二段 121 巷 19 號
電　　話:02-2795-3656 傳真:02-2795-4100　　網址：
印　　刷：京峯彩色印刷有限公司（京峰數位）

本書版權為九州出版社所有授權崧博出版事業股份有限公司獨家發行電子書及繁體書繁體字版。若有其他相關權利及授權需求請與本公司聯繫。

定　　價：540 元
發行日期：2019 年 09 月第一版
◎ 本書以 POD 印製發行